Marx und Philosophie

大阪経済大学研究叢書第46冊

マルクスと哲学

Nochmaliges Marx Lesen als Methode

方法としてのマルクス再読

田畑　稔［著］

新泉社

「人々がかれを偉人と称するときが来れば、かれはすでに傀儡に変じているのだ。」

（魯迅「花なきバラ」、竹内好編訳『魯迅評論集』岩波文庫）

まえがき

この本は、〈もう一度〉マルクスを読む試みである。〈もう一度〉というのは、言うまでもなく、「ソ連型社会主義体制」の生成と展開と大崩壊という二〇世紀の歴史の現実をふまえて、〈もう一度〉という意味である。あたかも何事もなかったかのように、マルクスを読むことではない。正反対なのである。

再読は当然、これまでの読み方への異議申し立てに至りつくだろう。その意味で言えば、この本は「マルクス像の変革」を目指していると言い換えてもよい。少なくとも自負としてはそういうことになる。

1

歴史の審判が下った以上、もうマルクスなど読むに値しないとする人のほうが、圧倒的に多いだろう。〈「ソ連型社会主義体制」がマルクスを思想的旗印に掲げていた以上、「ソ連型社会主義体制」とともにマルクスの思想も瓦解したのだ〉と。だが、事態はそれほどシンプルであったろうか。象徴的事例をあげてみよう。

『マルクスと哲学』という本書のタイトルを見た読者は、おそらく「弁証法的唯物論」や「史的唯物論」、あるいは「唯物論的歴史観」などといった言葉を思い起こされたことだろう。では、〈マルクスは「弁証法的唯物論」

とか「史的唯物論」、「唯物論的歴史観」などといった言葉を一度も使っていない〉と申し上げると、たいへん驚かれるのではなかろうか。公平に見て、マルクス文献の精読に人一倍努力したと思われるレーニンでさえ、『唯物論と経験批判論』(一九〇八年)で、次のように書いている。

「この人達[ボグダーノフら]はみな、マルクスやエンゲルスが何十回となく自分の哲学的見解を弁証法的唯物論と呼んだことを知らないはずがない」(大月版レーニン全集、第一四巻九頁)。

驚くべき指摘である。マルクスは「弁証法的唯物論」などとは(「史的唯物論」とか「唯物論的歴史観」とも)一言も言っていないのである。そもそもマルクスは「自分の哲学的見解」として、何かを論じたのではない。一八四〇年代の半ば以降は、哲学の外部にポジションをとっているのだ。「共産主義からの哲学の一掃」という言葉さえ使っている。ところがマルクス死後二十数年にしてすでに、マルクスの思想は「真の哲学」でもあり、それをマルクスは「弁証法的唯物論」として構想し、のみならず「何十回となく」自らそう語った、ということが自明の事柄として受け取られ、この「事実」を無視(!)している論争相手を非難する論拠とさえなっていたのである。

さらにそのうえ、一九一七年の一〇月革命に始まる一党支配のシステムは、「国家哲学」という、マルクスには思いもよらなかった事態を生んだ。旧東ドイツの党哲学者であったゲルハルト・ハーリッヒは、一九四九年に、ある日刊紙に「レーニンとスターリンの哲学的業績を讃えて」という記事を書き、「諸国家は哲学者たちによって指導されねばならないとする、古代思想家プラトンの要請は、この三二年来、地球の六分の一で、つまり社会主義ソ同盟で実現しているのだ」とまで書いている。プラトンの哲人政治の幻想まで共有されていたのである。

歴史の中で働く神話化する圧力の巨大さに、いろいろ思いをはせてしまう。大阪の町人思想家富永仲基（一七一五—四六）の言葉を借りると、オリジナル・マルクスに次から次へと「加上」されて、ほとんど原形が見えなくなっていたのだ。とりわけ「国家哲学でもある党哲学」が重くのしかかった。だが、「加上」は、釈迦から葬式仏教への展開についても、イエスとパウロ主義の関係についても、あるいはその他のどんな思想の展開についても、常に見られる事態である。思想の受容といっても、受容それ自身が、特定の歴史的情況下で現に生き、現に闘う人々の主体的営為である以上、「加上」のない、思想の純粋受容など、もともとありえないのである。

2

この「加上」の形態が、エネルギーを使い果たし、知的モラル的政治的抑圧力に転化し、破綻が顕わとなった時に、しばしば「原点回帰」＝「原典回帰」の革新運動が生じる。「イエスに帰れ」、「釈迦に戻れ」、「マルクス復権」などである。だから歴史に刻印されているような思想は、自己刷新的にアクチュアリティーを回復する力を内在させているかに見える。しかし、「原点回帰」＝「原典回帰」それ自身が、自足的に、革新のエネルギーを形成しているのではない。ましてや原点との神秘的一体性の意識が、変革力なのではない。むしろ逆に、自分たちが現に生きている歴史的情況との間に、いきいきとした思想的通路を再構築することが本来の眼目なのであって、そのための〈形〉として、しばしば「原点回帰」＝「原典回帰」が機能するということであろう。

3

もちろん、「ソ連型社会主義体制」が崩壊するはるか以前から、オリジナル・マルクスの復権が叫ばれてきた。この回帰運動は、異端視されながらもインディペンデントに生きた、内外のすぐれた思想家たちによって担われたのであって、その功績はきわめて大きい。だが、あえていえば、強大な既成権力としての「ソ連型社会主義体制」の思想的正統性を拒むという消極機能に力点があった。「ソ連型社会主義体制」を批判するだけで存在理由が保てるという「甘え」も見られた。しかし、大崩壊があった以上、ポジティヴに現代世界の変革への再挑戦を方向づけるものであることなしに、オリジナル・マルクスの復権の意味を語ることは、きわめて困難になったと言わねばならない。この点が従来のマルクス復権論と我々のような再読論との、置かれた時代情況の根本的な違いであろう。

著者が前著『マルクスとアソシエーション』(新泉社、一九九四年)で主張したように、新しいマルクス像の中心にアソシエーション論が置かれるべきだと考える理由はそこにある。このようなマルクス再読が、新しい「加上」をはらむことを我々は否定しないばかりか、この「加上」に積極的に成功しない限り、マルクスのよみがえりもないと考える。マルクスを再読する行為と、マルクスを現代へと超える行為とが、ともに不可欠なのである。後者については、著者は非力を省みず、いろいろな領域の活動家や研究者と対話を重ね、彼らから学びつつ、共同作業を呼びかけて、基礎研究ながら『アソシエーション革命へ』(社会評論社、二〇〇三年)を出しているし、また石堂清倫や松田博に学びつつ、マルクスを現代へと超える中間点にグラムシの「市民社会論」「ヘゲモニー論」「陣地戦論」「アソシエーション論」を位置づける方向を志向しているので、あわせて検討いただきたい。

4

しかし、当然のことながら、マルクスのような思想家においては、社会変革論だけが一人歩きしているわけではない。アソシエーション論を軸にマルクス像を変革するには、マルクスの思想の裾野に広く深く分け入って、もう一度きちんと、彼の思想の基本性格にかかわる、いろいろな境界線を一から引き直さなければならない。本書の課題はそこに置かれている。

本書は九つの章と二つの補論からなっている。第1章では、哲学に対するマルクスの関係を問い直し、第2章ではマルクスの「意識」論を根本から提出し直し、第3章ではマルクスにおける解放論的構想力の問題を提起している。第4章から第8章まではマルクスの「唯物論」のほぼ全面的な読み直し作業である。第9章ではマルクスにおける国家の概念の再提出を企てている。二つの補論は、「マルクス〈主義〉哲学」を扱ったもので、一つは、エンゲルスによる「哲学の根本問題」導入の経緯を批判的に追跡し、もう一つは、旧東ドイツに見られた「国家哲学でもある党哲学」の生態を紹介している。

5

マルクス思想の普及と教義化につとめた晩年のエンゲルスは、マルクスの死の三年後に、「哲学の根本問題」視点を導入するなど、マルクス主義の哲学化を進めた。やがて「マルクス〈主義〉哲学」の存在は自明化し、最終的には「党哲学でもある国家哲学」へと行き着いたのである。

そこで我々は、哲学に対するマルクスの関係を根本的に洗い直すことから始めている（第1章）。マルクスは、①理性主義的観念論の立場に立つ「意志としての哲学」から始まり（博士論文への注など）、②「哲学とプロレタリアートの歴史的ブロック」、つまり実在勢力と哲学の連合構想へと進んだ（『ヘーゲル法哲学批判序説』）が、③一八四〇年代半ば以降、一転して「イデオロギーとしての哲学」という基本了解に至って脱哲学化した（『ドイチェ・イデオロギー』）。④六〇年代には経済学批判の方法にかかわって「批判的概念把握」の出自として哲学、とりわけヘーゲル弁証法を再評価する（『資本論』第二版後記）ものの、最晩年にも自分の思想が一種の「歴史哲学」と見られることを拒否し続けた。なぜなら自分の思想は「その最大の長所が超歴史的であるという点にあるような、普遍的な歴史哲学的理論の万能の合い鍵」を与えようとしているのではないからである、と（『オテーチェストヴェンヌィエ・ザピスキ』編集部への手紙など）。

これら転変の全体が「哲学に対するマルクスの関係」なのである。少なくとも、四〇年代の半ば以降、マルクスは明らかに哲学の外部にポジションを占めていることは、ごまかしなしに確認しておかねばならない。〈もう一度〉、哲学に対するマルクスの関係を、その転変の意味を、マルクスが哲学の外部にポジションを取ろうとした意味を、そして「万能の合い鍵」を拒んだことの意味を、逆に言えば、人々が「万能の合い鍵」をマルクスに求め続けたことの意味を、問い直すべきである。そのための素材は十分に提出できたと考えている。

6

続いて第2章と第3章では、マルクス「意識」論の再読を行っている。周知のとおり、「国家哲学でもある党哲学」の中心素材とされたレーニン『唯物論と経験批判論』では、意識、独立、反映、物質が相互限定的に定義された。簡略に書けば、〈意識は独立な物質の反映である〉、〈物質は意識から独立で意識において反映されるものである〉と。この意識論は、哲学史的には一七～一八世紀の感覚論の土俵で意識をとらえるものであったが、社会的機能として見れば、端的に言えば、客観主義的思考様式と権威主義的コミュニケーション様式に連動するものとなった。このような意識論にとどまる限り、マルクス解放論の中心に置かれるべき「アソシエートした知性」（MEGA² II-4-2-331）の歴史的現象学へと展開する道はまったく閉ざされたままであろう。

マルクスの意識論はこれとはまったく異質なものである。我々はマルクス意識論の端初規定の抽出から始めている。それによると、意識とは「自分の生活活動それ自身を対象とする」あり方（『経済学哲学草稿』）、「自分を取り囲んでいるものに対する自分の関係が自分自身に対して関係として現存する」あり方（『ドイチェ・イデオロギー』)、「人間たちの［他者との］関係が関係として彼らに対して定在する」あり方(『資本論』)にほかならない。つまり意識の前提は「自分の生活活動」なのであり、また意識の対象も「自分の生活活動」なのである。もちろん意識の対象である「生活活動」は、活動主体、活動対象、活動そのものへと分節化し、また「対象とする」あり方自身も、知覚、判断、価値判定、意志、などへと分節化するが、しかし注意がどこに向けられるにせよ、また認識や価値判定や意志のいずれが前景に出るにせよ、常に全体としての「自分の生活活動」を、全体としての意識が対象としているのである。

我々は、このように、マルクス意識論の端初規定をまったく新たに確定する作業を行ったうえで、マルクスにおける実在論の問題、言語論の問題、イデオロギー論の問題、認識論の問題、解放論的構想力の問題などを追跡している(第2章、第3章)。たとえば構想力の問題で見ると、「幻想的幸福」形態や「ユートピア」形態や「再演(パロディー)」形態を経過してきた解放論的構想力を、「実在的可能性」の構想力へと批判的、対話的に転形させようとするところに、彼の論争的介入の核心があったことを、大枠ではあるが、示すことができた。断片しか残されていないものの、著者としては、マルクスの意識論が、二一世紀の我々の時代にも独自な存在理由を保持し続けていることを示したつもりであり、また「アソシエートした知性」の歴史的現象学へ向かって、いくつかの通路を敷設したつもりである。

7

第4章から第8章までは、マルクス自身に徹底内在しつつ〈マルクスにおいて唯物論は何を意味したか〉を追跡する作業である。我々の内に根付いている「弁証法的唯物論」や「史的唯物論」や「唯物論的歴史観」を、あたかも存在しなかったかのごとく、いったん全部消し去って、彼に耳を傾けようとした。

まず、前-唯物論期マルクスの唯物論了解の追跡（第4章）を通してはっきりしたことは、マルクスにおける唯物論の基本モチーフが、「自由の実現」（人間相互の関係において歴史的に実現されるべき自由）のための闘争の中で浮上してくる〈唯物論問題〉にあったという事実である。エンゲルスが「マルクス〈主義〉」の中に組み込もうと努力した自然科学的唯物論問題とか、レーニンがマッハ主義論争に介入する形で持ち込もうとした認識論的唯物論問題とかは、基本モチーフにおいてすでにマルクスのそれとは大きくずれている。そもそも、マルクスの物質概念は「人間たちの物質的生活」の概念なのであって、エンゲルスの「世界の統一性」を基底で担う「物質」でもなければ、レーニンの「意識から独立な実在」でもないのである。

8

続いて我々は「唯物論へのマルクスの移行」論争を吟味している（第5章、第6章）。エンゲルス『フォイエルバッハ論』（一八八六年）では、『キリスト教の本質』（初版一八四一年）でフォイエルバッハが唯物論を玉座につけ、それに感激してマルクスが唯物論へと移行したように描かれているが、どうもこれはエンゲルスの不正確な記憶に基づくものであり、また「哲学の根本問題」というエンゲルスが導入した視点に基づくものであって、現実の事態にまったく合致していない。

論争の一方は、『ヘーゲル国法論批判』（一八四三年夏執筆）におけるフォイエルバッハ「主語—述語転倒」説の採用をもって唯物論へのマルクスの移行指標とするクロイツナッハ期移行説で、ルカーチやコルニュや旧ソ連系学者などがこの立場に立っている。もう一方は『ドイチェ・イデオロギー』（一八四五／四六年執筆）などにおける脱ヒューマニズムをもって移行指標とするブリュッセル期移行説で、アルチュセールや廣松渉がこの立場に立っている。我々の内在研究によると、この両説はともに外挿法に基づくものであり、マルクス唯物論の内在研究の欠落を象徴している。

我々は『経済学哲学草稿』第三ノートを指標に、パリ期移行説を提唱している。マルクスにおいては、唯物論と唯心論／観念論の対立と言っても、単に哲学上の対立ではない。近代市民社会における人々の存在、行動、意識における分裂と対立を表している。だから単なる哲学の枠内で、この対立を克服することはできない。そしてこの対立を揚棄するのが歴史的運動としての社会主義であり共産主義なのである。ところで、この実践的揚棄運動自身が、再び唯物論（ただし「真の唯物論」）として了解され始めるのがパリ期である。

したがって、マルクス唯物論は「市民社会の唯物論」と「新しい唯物論」の二重構造を持っている。また、影響史的にみれば、当時、パリに実在した唯物論運動としての、唯物論的社会主義や唯物論的共産主義が注目されなければならない。フォイエルバッハについては、むしろ、パリの共産主義的唯物論運動の一面性を克服する「真の唯物論」の構想者として〈マルクスの方が〉読み込んだというのが実態だったろう。

9

マルクスは晩年に自分の思想を「批判的唯物論的社会主義」（MEW 19-229）と表現した。マルクスの唯物論の特質は、唯物論〈哲学〉としてではなく、「批判的唯物論的社会主義」という形態規定において了解されねばならない（第7章）。このうち、「社会主義」はマルクスの思想の本来の眼目（目的）を表し、「批判的」は思想のスタイルを表すのに対して、「唯物論的」は運動の物質的諸条件（諸制約）への自覚化努力を表すと言えるだろう。

だからマルクスの唯物論は〈目的の唯物論〉ではなく〈制約（Bedingungen 諸条件、条件づけているもの）の唯物論〉である。眼目はあくまで、アソシエーション社会をベースに人類が「自由の国」へと前進することである。

しかしそのためにこそ、歴史的運動の物質的諸条件に自覚的でなければならないのだ。

この場合、〈制約（条件）の唯物論〉は〈決定の唯物論〉〈還元の唯物論〉と厳密に区別されねばならない。なぜならば後者は、制約するものと制約されるものとが一対一対応するという、人間社会では通常見られない、自然界でも普遍的とは言えない、きわめて例外的な制約関係を表しているにすぎないからである。

また、〈教義的唯物論〉ではなく〈批判的唯物論〉である。つまり物質に関するあれこれの一般原理を掲げて、そこから演繹的に現象を説明するのではなく、具体的現実や具体的生活過程に内在しつつ、その危機（切断局面）から、より深い認識へと対話的に進む唯物論なのである。

さらには〈直観的唯物論〉ではなく〈実践的唯物論〉である。つまりモノであれ脳であれ身体であれ自然であれ、直接知覚において与えられたものをそのまま実体化するのでなく、人間たちの実践的媒介や共働的媒介や相互行為的媒介において「ある」ものとしてとらえようとするのである。

10

マルクスの「市民社会の唯物論」は、「フェティシズム」「物件化」「物化」の概念に直接、連続しており、このようにして、マルクスの唯物論は本質的に唯物論批判でもあることが明らかとなった（第8章）。我々は、カントやヘーゲルの唯物論批判を紹介しつつ、「誤謬推理」や「無限判断」という彼らの唯物論批判の論理がマルクスにおいても再現するのを確認した。しかし、カントについて言えば、現象的実体としては物質のみを認める点で力学的唯物論と世界像を共有しており、物自体による自由の救済という彼のアプローチは、彼の唯物論批判の根本的限界を示すものである。ヘーゲルでも、市民社会において人々の意志が「物件」に汲みつくされる事態（「意志の物件性」）を、否定的であれ人倫的理念の不可欠の契機として受容してしまっている。また両者とも、人格の物件化を厳しく批判するが、その典型は近代以前に、奴隷制や女性の隷従に置かれている。つまり両者は市民社会の立場に立つ哲学者として、「市民社会の唯物論」を分有しているのである。

マルクスの唯物論批判は、初期から一貫しているが、「市民社会の唯物論」批判の質において、カントやヘーゲルよりはるかに根本的な地平に立っている。彼の唯物論批判が最も完成度の高い形で展開されたのが『資本論』における「フェティシズム」と「物件化」にほかならない。そこでは、資本は、人格相互の関係の重畳する「物件化」の問題として展開されるのである。

二一世紀の現実を見れば、マルクスの唯物論批判の戦略的意義はきわめて大きい。さかのぼって考えると、エンゲルスが「哲学の根本問題」を導入し、哲学を「二大陣営」に分けたのは、マルクス唯物論の二重構造を消し去り、唯物論批判のこの戦略的意義を見えなくさせるミスリードであったと言わなければならない。

11

最後に、我々は、マルクス国家論の端初規定の見直しを行っている（第9章）。国家は、レーニンにより、本質から見れば「階級支配の機関」として規定されてきた。しかしこの本質規定は概念的媒介を欠いているのではないか。この概念的媒介の欠如が、超越的で硬直した実践の理論的源泉の一つになったのではないか。これが著者の主張であり、マルクス再読のポイントである。マルクスでは、政治過程や国家制度は「市民社会の公的総括」であるという規定から始まっている。社会の公的総括（総括国家）から始めて、分業国家へ、さらには階級国家へという、概念的順序を踏むことによって、市民社会から国家が分節化してくる内在的関係も見えてくるし、政治過程や国家制度の総括形態としての特殊性も見えてくる。逆に、アソシエーション過程の進展に伴う、国家の社会への再吸収という目標も、論理的にとらえられるのではなかろうか。

＊

以上が、この本の基本内容であり、基本主張である。もちろん、マルクスのようなスケールの大きい思想家のことであるから、論じ残した問題もきわめて多い。また、アソシエーション論について我々が不十分ながら行ったように、哲学論、意識論、解放論的構想力論、唯物論、国家論についても、マルクスを再読する作業に、二一世紀的地平へとマルクスを超える作業を並行させる課題が残されている。しかし、思想の裾野に広く深く立ち入って、境界線を引き直すことによって、マルクス像の変革を基礎づけるという作業の骨格は示しえたのではないかと思っている。読者の批判を仰ぐことにしたい。

二〇〇四年三月一〇日　大阪・東淀川にて

第5章［移行1］唯物論へのマルクスの移行……233

装幀 勝木雄二

凡　例

一、マルクスおよびエンゲルスからの引用は、煩雑を避けるためにつぎの略記号を用いた。

・MEGA¹＝戦前にソ連で編集されたマルクス・エンゲルス全集（『哲学の貧困』のみこれを利用した）。

・MEW＝旧東ドイツのディーツ社から刊行されたマルクス・エンゲルス著作集（大月版マルクス・エンゲルス全集の原本なので、巻数および原頁をあたれば該当箇所がわかる）。

・MEGA²＝旧東ドイツで刊行が開始され、現在も刊行継続中の新マルクス・エンゲルス全集（『経済学批判要綱』、いわゆる『剰余価値学説史』、『直接的生産過程の諸結果』、『資本論』第一巻初版は、この版で指示した。大月版『資本論草稿集』の原頁をあたれば該当箇所がわかる。このほか『経済学哲学草稿』もこれで指示した）。

・H＝『ドイチェ・イデオロギー』第一章「フォイエルバッハ」の廣松独語版（河出書房新社、一九七四年。セットになっている廣松日本語版で該当箇所がわかる）。

一、マルクス以外にも、次のものに限って、煩雑をさけるために略記号を用いて引用している。

・KW＝Walter de Gruyter & Co. 社から出た九巻本のカント著作集（一九〇二年からプロシャで刊行され始めたアカデミー版カント全集の、注を除いた写真復刻版。ただし『純粋理性批判』のみ慣例により初版をA、第二版をBとしてページを付している。理想社版カント全集の原頁をあたれば該当頁がわかる）。

・HW＝一九七一年にズーアカンプ社から刊行された二〇巻本のヘーゲル著作集。

・FSW＝ボーリンとヨードルが編集し、一九〇三年から一九一一年にかけて刊行されたフォイエルバッハ全集。

一、原文イタリックス（強調体）の箇所も例外を除き区別せずに引用した。

一、引用中の［　］内は田畑の補足であり、〈　〉内は例外を除き田畑の強調である。

第 **1** 章

［哲学］

哲学に対するマルクスの関係

四つの基本モデル

「自分の中で自由となった観照する精神が，実践的エネルギーとなって，意志として……立ち現れ，精神なしに現存している世界の現実に向かって反転するということは，一つの心理学的法則なのである．」

（『博士論文への注』1840/41年，22歳，ベルリン）

章扉写真＝学生時代のマルクス
（出典） N. I. Lapin, *Der Junge Marx*, Dietz Verlag, Berlin, 1974.

二一世紀初頭の今でこそ影は薄くなったが、少し前まで、「マルクス〈主義〉哲学」について書かれた書物は、それこそ万巻溢れるばかりであった。ところが「哲学に対するマルクスの関係」を主題的に論じたものは今日に至るまできわめて例外的である。(1) しかも、あとで述べるように、これら例外的な著作にも、哲学に対するマルクスの関係をマルクス自身に徹底内在して論じるという姿勢は残念ながら欠けているのである。マルクスへの内在がなぜこうも困難であったのか。最初にその問題を反省しておかねばならない。

まず思い浮かぶのは、言うまでもなく、マルクス自身が少なくとも一八四〇年代後半以降、哲学に対する自分の関係について主題的に論じておらず、断片的なものしか残していないという事情である。ただ、カントやヘーゲルのような哲学体系をマルクスは残さなかったと言われる場合、あたかもマルクスがそれを目指しながら実現できなかったかのように見る誤認が紛れ込まないようにしなければならない。彼は四〇年代後半以降、もはや哲学の〈外部〉にポジションを取っているのである。一七世紀から顕著になるが、西欧哲学は、しばしば啓蒙君主とブロックを組み、法やモラルや確実な知の基礎づけをめぐって教会権力と闘い、一九世紀には近代社会における知的ヘゲモニーをほぼ確立したと言えるだろう。しかし早くも一九世紀後半には、哲学のこのヘゲモニーは凋落傾向を示すのである。哲学的急進派から出発して脱哲学化するマルクスの軌跡は、それ自身が哲学のこのようなヘゲモニー喪失傾向を典型的に表現している一事例と見ることができるのであって、この事態が「哲学に対するマルクスの関係」をきわめて複雑にしているのである。

もちろん哲学はマルクス以降も生き続けている。精神分析学や現代自然諸科学や言語理論の展開などが、哲学にインパクトを与え、哲学がそれらを取り込む様式として「言語論的転回」とか「科学哲学」とかが語られるように、「マルクスの哲学」も語られるだろう。しかし「哲学に対するマルクスの関係」の考察において、まず問われなければならなかったのは、「哲学にとってマルクスとは何か」なのではなく、「マルクスにとって哲学とは何か」なのであったのである。そのことを忘れるべきではないだろう。

第二の困難さは「マルクス〈主義〉哲学」が我々の側で自明化してしまったという、そのことにある。「マルクス〈主義〉哲学」は主に各種の党哲学として、それどころか国家哲学でもある党哲学として、それこそ物質的機構を装備して、存在した。凋落したとはいえ現在も一部に存在する。「マルクス〈主義〉哲学」はマルクス＝エンゲルス一体説というマルクス解釈に立って、後期エンゲルスやレーニンを中心素材に、マルクスの諸言明をあれこれ組み込む形でさまざまに展開されたのである。マルクスの思想が、早くも一九世紀末には、「哲学」で〈も〉あり、のみならず〈真の〉「哲学」であるというように受けとめられていった理由は何であったのか。直接的な経緯は、新カント主義による「哲学復興」があり、社会主義を新カント主義で基礎づけようという動きも出て、これとの対抗上、プレハーノフなどによりマルクス主義は独自な哲学として主張されたということである。(2) しかしマルクス主義の哲学化というこの動きは、「哲学の根本問題」視点の導入を図った晩年のエンゲルスから事実上すでに始まっていた（本書補論1参照）。

大事なことはその背後にある事態である。今日我々は「哲学」をあたかも人間本然の意識形式であるかのごとく受けとめている。単純化を恐れずに言えば、近代市民社会の諸システムと不可分である一定の歴史的な知的モラル的システムとしての「哲学」が我々にとって「自然」である以上は、「マルクス主義」もまた〈当然〉に「哲学」で〈も〉なければならないのだ。「資本による労働の実質的包摂」というマルクスの発想を踏襲するならば、この「実質的包摂」が政治的にも（普通選挙権など）、文化的にも（論壇、講壇、メディアなど）進行したということであろう。だから「哲学に対するマルクスの関係」を直視することの困難さは、これほど「自然な」哲学をマルクスはなぜ一定の歴史的な知的モラル的システムとして相対化するのか、今日では「哲学の揚棄」などあまりにも非現実的すぎて、ついていけないという気分で表現されるだろう。

さて第三の困難は「哲学」定義の困難性にある。「哲学に対するマルクスの関係」を比較的マルクスに内在して論じる論者も（たとえば後出の廣松渉論文「マルクスにおける哲学」）、〈マルクスが「哲学批判」として語るものも一種の哲学である〉、というように外挿法的転倒を行うのが通例である。もちろんこの外挿法的転倒を支えているのは、哲学の自然性という気分であろうし、またマルクスを哲学に何とか取り込もうとする関心でもあろう。しかし同時に哲学定義の困難さがこれにかかわってくる。宗教の場合と同様、哲学の場合も定義（意味の限定）の中に〈哲学はかくあるべし〉という各論者の〈要請〉が含まれてしまうので、定義論争はまったく不生産的になる場合が多いのである。「哲学に対するマルクスの関係」を論じていても、実質は各論者が「〈私の〉〈あるべき〉哲学に対するマルクスの関係」を論じているということになってしまうのである。哲学は当事者には通常、超歴史的真理獲得の超歴史的形式だと了解されているために、こういうやり方が平気でまかり通ってしまうことになる。我々は、マルクスがそうしたように、我々が〈現に〉入り込んでいる生活諸関係にしっかりと定位することから始めなければならない。哲学の定義（意味の限定）も、我々が現に入り込んでいる生活諸関係のなかで哲学的生活（哲学的生産、哲学的交通、哲学的消費）が占めている位置を明らかにするという方向で行われなければばならない。マルクスに内在する場合も同じことである。最低限、論者各々が自分の哲学定義をマルクスの中に持ち込むという外挿法を避けるということ、したがってまた「哲学」は超歴史的に同じものであり続けたという仮象を取り除くことである。「哲学に対するマルクスの関係」を論じるためには、当該意識であるマルクス自身の生活諸関係において「哲学」や「哲学の揚棄」が各時機にいかなる意味を持ったのかを徹底追跡するという姿勢を取らなければならない。その上で、そういう追跡を通して、現代に生きる我々に〈何か〉が見えてくる、その〈何か〉を問うという姿勢が必要なのである。

「哲学」に対するマルクスの関係は、したがってまた「哲学」がマルクスにおいて持った意味は、彼の人生の諸段階において、大きく変化した。私はこれを以下で、

①「意志としての哲学」
②哲学とプロレタリアートの歴史的ブロック
③「イデオロギー」としての哲学
④批判的「概念把握」の出自としての哲学

の四つにモデル化して叙述してみようと思う。マルクスは第二モデルまでは哲学の内部に、第三モデル以降は哲学の外部にポジションを取っている。第一、第二モデルを含めて四つのモデルのそれぞれが、少なくない現代的意味を持っていると思われるが、当該意識としてのマルクスに内在する限りは、第三モデル以降、彼が哲学の外部にポジションをとり続けたということは、ごまかし抜きに確認しておかねばならない。そして「哲学」に対するマルクスの関係の、この転変史の全体こそが、〈マルクスにおける「哲学」の意味〉なのであり、〈「哲学」に

対するマルクスの関係〉なのである。

［1］「意志としての哲学」——第一モデル

一八三七年一一月の父への手紙からうかがえる限りでは、ベルリン大学法学部学生のマルクスが、哲学へと進む入口となったのは、「法哲学をして法領域を貫徹せしめるよう試みる」（MEW Eg.1-4）という作業、つまり法という領域を哲学的に体系化しようとする作業であった。当初はカントやフィヒテに依拠して行われたこの作業は失敗したようだ。そして「ドクトル・クラブ」での交流を通して、彼はヘーゲル哲学、とりわけ青年ヘーゲル派へと進むことになった。マルクスはヘーゲルの流れを汲むドイツの哲学的急進主義から彼の思想家としての活動を開始することになるのである。この時期の哲学観は、博士論文『デモクリトスとエピクロスの自然哲学の差異』（執筆一八四一年春まで、二三歳）の第四章注二と『ライン新聞』論説「ケルン新聞第一七九号社説」（一八四二年）などに見える。

博士論文の第四章注二から見ておこう。ヘーゲルは『歴史哲学』で「新しい哲学」というものを「後に現実的な形態へと歩み出る［新たな］精神の内的生誕地」と見た。それでは新たな理念を自覚したこの哲学的精神が、いや、この哲学的精神の担い手である個々の「哲学者」が理念なき現実に対して、いかなる実践的連関に立たなければならないのか。この点に関してヘーゲルは整合的な主張を提出できずに終わっている(3)。だからヘーゲルは「体制順応（Akkommodation）」にとどまったのだという非難が弟子たちの中から生じてきた。マルクスは博士論文への「注」において、この事態を次のように了解しようとする。

弟子たちは師ヘーゲルの「体制順応」を彼の哲学原理との不整合のゆえに道徳的に非難するにとどまっていて、逆にその「体制順応」を「彼の内的な本質意識」〈自身の〉必然的帰結として説明するような、原理的ヘーゲル超克が要請されているのだということを、まだ意識していない。しかし弟子たちのこの離反の背後には、この学派自身がはぐくんだ「自由な精神」が、学派の「規律」を越えて行くという事態が横たわっているのである。「自分の中で自由となった観照する［理論的］精神が、実践的エネルギーとなって、意志として……立ち現れ、精神なしに現存している世界の現実に向かって反転する（kehren）ということは、一つの心理学的法則なのである」（MEW Eg.1-326～330）。

哲学的精神はいまや、「意志としての哲学（Philosophie als Wille）」（MEW Eg.1-328）として立ち現れ、単なる「内面的自己充足と円熟」の道を断ち、「外へと向かう焼き尽くす炎」となる。「哲学の実践（die Praxis der Philosophie）」とは、それ自身が理論的な実践、つまり「個別的実存を本質で測り（messen）、特殊な現実を理念において測る〈批判（Kritik）〉」にほかならない（MEW Eg.1-326）。

けれども哲学が自分を世界に実現しようという衝動を持つということは、哲学自身が自分の非世界的あり方を「抽象的総体性」にすぎぬものとして、つまりは「欠如」として、感じているということである。したがって事態は、哲学なき世界と世界なき哲学との反省的対立関係と、その相互揚棄の運動として、「世界の哲学化（das Philosophisch-Werden der Welt）」即「哲学の世界化（ein Weltlich-Werden der Philosophie）」として、把握されねばならないのである（MEW Eg.1-328）。

すると世界と哲学のこの相互揚棄の運動は、個々の哲学者において、一方で非哲学からの世界の解放を〈世界に〉要求する意識と、他方で、非実在からの哲学の解放を〈哲学に〉要求する意識との、「哲学的自己意識の二重性」を生むことになる。またこの「二重性」に基づき、哲学者運動は「リベラルの党派」と「積極哲学」に分裂するのである。(4)「積極哲学」は哲学の「非概念」の契機、つまり「実在性」の契機に固執して、欠陥は哲学にありと〈哲学と〉闘うのであるが、既成的なもの、実在的なものを無批判的に非実在的哲学に対置する結果、一つの「倒錯」となる。これに対し「リベラルの党派」は欠陥を「哲学的にされるべき〈世界の〉欠陥」としてとらえ、哲学の原理を掲げて〈世界と〉闘う。それは「概念の党派（die Partei des Begriffes)」(MEW Eg.1-330）であるがゆえに「実在的進歩」へと導くのだ（以上 MEW Eg.1-326～330)。

マルクスはこのように自分の哲学観を整理しているのである。一年後に書かれた『ライン新聞』論説「ケルン新聞第一七九号社説」では、この「意志としての哲学」は、ジャーナリストとしての実践をふまえ、はるかに具体的様相で叙述されている。

「哲学は世界の外に立っているのではない」。「建設業者たちの手でもって鉄道を建設している、その同じ精神が、哲学者たちの頭脳の中で哲学体系を建設している」のである。たしかに哲学は両足で大地に立つ前に、最初は頭脳で世界の中に立つ。「真の哲学はその時代の精神的エキス」なのだから、テオーリア（観照）としての哲学もその内実によってすでに「内面的に」現実世界と接触している。しかしそれだけにとどまりえず、必ず「外面的にも哲学の［現実世界への］現象を通して、その時代の現実世界との接触や相互作用に入るような時がやって来ざるをえない」のである。このようにして哲学が「現在世界の哲学」「文化の生きた魂」となり、「哲学が世界的となり世界が哲学的となる」局面が始まる。具体的には「哲学がサロンへ、牧師部屋へ、新聞の編集室へ、宮廷の控えの間へと招き入れられ、同時代人たちの憎悪と愛情の渦中へと招き入れられる」局面が始まるのである。

この局面で「哲学の敵」の異端審問的な「叫び」が待ちかまえている。なぜなら「公衆が、物質的諸欲求の体系とほとんど同じほどに価値を信じている唯一の観念圏は、宗教的観念圏である」からだ（以上MEW 1-97/98）。

しかし哲学は「宗教国家」に「理性国家」を対置して闘う。「人間的諸関係自身の理性から国家を展開すること、これこそが哲学がなす仕事」なのであり、「自由の理性から国家が構成されねばならない」と主張することによって、哲学は諸科学がそれぞれの分野で行った神学からの解放を政治の分野で行うのである。まさに「個々の公民が国法の中で、個々人自身の理性の自然法則、つまり人間的理性の自然法則に従う」状態こそが「理性的人倫国家」である（MEW 1-103/104）からだ。

さて、この「意志としての哲学」モデルでは、哲学は①「テオーリア（観照）としての哲学」から、②「意志としての哲学」へ、そして③「哲学の実現」による「哲学の喪失」へ、という三つの局面を経過する運動として了解されている。〈哲学の揚棄〉とは、哲学が自覚した内的理念を世界に実現することによって、哲学が実在世界に対して反省的に対立しているあり方を失うということにほかならない。「テオーリアとしての哲学」から「意志としての哲学」への移行はこの〈哲学の揚棄〉の過程の始まりをなすと言えるだろう。

このモデルを〈基礎づけ（Grundlegung）〉の面から見れば、それは理性主義的存在論（形而上学）である。マルクスは力を込めて「我々は諸事物の実存に対して内的理念の本質という尺度を当てねばならない」（MEW 1-50）と強調する。「理性」とはすなわち、「各々の自然［人間なら人間、国家なら国家］に対して、各自然の持つ普遍的性格を尺度に、関係行為するというあの普遍的なリベラルさ」（MEW 1-7）にほかならない。

ところで、哲学者たちが世界の「個別的実存」や「特殊な現実」をそれらの「内的本質」や「理念」で「測り」、判決を下し、世界に訴えると、「世界の哲学化」に至るだろうというこの期待は、世界そのものがすでに即自的には理性的で哲学的であるという確信に支えられているだろう。マルクスの言い方を借りると「理性はたしかに実存してきた。ただ必ずしも理性的形態で実存してきたわけではなかっただけだ」（MEW 1-345）という確信である。まさにこれこそ「意志としての哲学」を志すものの基礎的確信なのである。もちろん哲学は歴史的地平で自己揚棄的に実践するが、この歴史性も「精神」がその「本質」である「自由な理性的自己意識」に到達するという、超歴史的原理の上に構成されている。世界に対する哲学者たちの「批判」的実践も、「精神の本質」についての先行的自覚者の実践として意味づけられているのである。

この哲学モデルを歴史的実践の形態として反省すれば、僧侶たちの組織である教会権力から知的モラル的ヘゲモニーを奪い、科学的認識、近代市民社会の諸規範、近代市民国家の体制と法を原理的に基礎づけようとして闘った哲学的急進主義の立場だと言えるだろう。「人間的精神の自律」（MEW 1-13）、「公共性（Öffentlichkeit）」（MEW 1-15）、「討論の自由」（MEW 1-43）、「公衆の啓蒙」（MEW 1-99）、「国家と教会との分離」（MEW 1-101）、これらが『ライン新聞』論説における「意志としての哲学」の旗印であった。(5)

だが、マルクス自身が後年述懐するところによると、「哲学の外への転回」を敢行したわずか一、二年の後には「いわゆる物質的利害に口を差し挟む羽目に陥って困惑する」（MEW 13-7）のである。当然予想されることとは言え、大学知識人の世界から新聞編集者の世界に飛び込んでも、理性主義的哲学主義的イデアリスムス（理念主義）の〈気負い〉はあっても、現に世界を変えるには、現実認識も理念（変革目標）も変革手段も抽象的すぎて役に立たないのである。

もちろんこういう「困惑（Verlegenheit）」を感じることのない幸福な哲学者も結構多い。彼らは理性への深い確信において尊敬されるべきかもしれないが、現実への鈍感さで軽蔑され、しばしば「哲学屋」として自己卑下するのである。マルクスの側に立って言えば、彼らは「哲学の外への転回」において真剣でなく、中途半端だから、マルクスのような「困惑」に陥らないで済んでいるだけの話である。「哲学的意識自身が、単に外面的のみならず内面的にも、闘争の苦悩の中にわが身を引き入れる」(MEW 1-344)。幸福なことに、この契機が欠けているのだ。

[2] 哲学とプロレタリアートの歴史的ブロック――第二モデル

プロイセン政府の圧力とラインの自由主義者たちの弱腰で、マルクスは『ライン新聞』退社を余儀なくされ、哲学的急進主義の挫折を味わった。そして四三年秋にパリに移る。二五歳の時である。パリは当時、社会主義や労働者共産主義が花盛りであった。彼らと接する中で、「意志としての哲学」は変容を迫られる。我々は、この第二の哲学モデルを『ヘーゲル法哲学批判序論』(一八四三/四四年)の中に見いだすことができるであろう。我々はこのモデルを「哲学とプロレタリアートとの歴史的ブロック」と呼んでおこう。

「ドイツ人の解放は人間の解放である。この解放の頭脳は哲学であり、その心臓はプロレタリアートである。哲学はプロレタリアートの揚棄なしには自己を実現しえず、プロレタリアートは哲学の実現なしには自己を揚棄しえない」(MEW 1-391)。

まず「哲学の批判的闘争」のみが「今日の闘争」の総てであるとする「哲学出の理論的政治党派」(つま

り第一モデル）の自己誇大視が自己批判されねばならない。「これまでの哲学自身がこの［現存］世界に属していて、たとえ観念的な補足物であるとは言え、哲学がこの世界の補足物であるのだということを考慮していない」（MEW 1-384）のだ。つまりこの哲学党派は批判対象には批判的であっても、自分自身にはまったく無批判であって、「これまでの哲学の否定、哲学としての哲学の否定」が必要であり、「哲学を揚棄することなしには哲学は実現できない」ということに気づいていないのである。

もはや哲学だけが解放の担い手ではありえない。「思想が実現へと突き進むだけでは不十分なのであり、現実の方も思想へと突き進まなければならない」のであって、「理論は常に、それが人民の諸欲求の実現である限りで、人民の中で実現する」のである（MEW 1-386）。だから哲学は現存世界の実在勢力と歴史的ブロックを組まねばならないのである。ではなぜ「プロレタリアート」なのか。彼らは、「人間の全き喪失」であるがゆえに「人間の全き再獲得によってしか自分を獲得しえない」という、「ラディカルな鎖をつけた一階級」である（MEW 1-390）。そういう歴史的に特殊な境遇によって、他の諸勢力のように自己疎外の中に自己実現の仮象を持つことはできない。だからこそ「解放の心臓」であることが期待されるのである。

「歴史に仕える哲学」は「批判」として世界に立ち向かうのであるが、「天上の批判は地上の批判に、宗教の批判は法の批判に、神学の批判は政治の批判に転化する」べきである。つまり中心的批判対象の移動が不可欠である（MEW 1-379）。哲学の掲げる原理、したがってまた「批判」の尺度も、「理性」から「人間」に代わる。「ラディカルであるということは事柄を根元で把握するということだ。だが人間にとっての根元とは人間自身である」（MEW 1-385）。原理が単なる「理性」から「人間」に移ったからこそ、その「解放」には「頭脳」のほかに「心臓」が、「哲学」のほかに「プロレタリアート」が、「理論」のほかに「人民の欲求」が、「精神的武器」のほかに「物質的武器」が必要となる。現存世界も、理性の自己疎外ではなく、「人間の自己疎外」（MEW 1-379）として解釈されるべきだ。宗教や国家や私的所有のみならず、「これまでの哲学、哲学としての哲学」もこの疎外された世界の一部をなし、その「観念的補足物」なのである。このようにして「人間が見下げられ、奴隷化され、見捨てられ、軽蔑された存在者となっているような総ての関係をくつがえせという定言命令」（MEW 1-385）に基づいて、哲学とプロレタリアートとの歴史的ブロックが期待されるのである。

この第二のモデルでも哲学は、①現存世界の「観念的補足物」である「哲学としての哲学」から、②その自己否定としての「解放の頭脳としての哲学」へ、そして③「プロレタリアート」による「哲学の実現」へ、という歴史的プロセスを通して、疎外形態としての「哲学としての哲学」も、また疎外された世界と実践的に対立する「解放の頭脳としての哲学」も、存在理由を歴史的に喪失していく、一つの運動として構想されている。〈哲学の揚棄〉とは、ここでも哲学が自覚した内的理念を世界に実現することによって、哲学が実在世界に対して反省的に対立しているあり方を失うということにほかならないが、「哲学の実現」はプロレタリアートの自己揚棄の運動と一体化して〈のみ〉可能なのである。

この哲学モデルを〈基礎づけ〉の面で見れば、「人間の本質」に関する「哲学的人間学」、その限りで超歴史的な理論が全体を支えていると言えるだろう。ここでも自己揚棄的に働く「哲学」は歴史的存在として了解されているが、しかしその歴史性は超歴史的な「人間の本質」の疎外と自己回復の過程として構成されているのである。ただしここで「理性」から「人間」への原理の移動の意味に注意しておかねばならない。「人間」は、第一モデルの「理性」とは異なり、自然／人間、身体／精神、理性／感性、自我／他者、個人／社会の綜合として、言わば〈実在する綜合概念〉として自覚され、主張されている。綜合として機能する「人間」概念は、哲学とプロレ

タリアの歴史的綜合という実践形態と不可分なのである。(6)

この第二モデルを歴史的実践の形態としてみれば、それは「哲学的共産主義」にほかならない。哲学的急進主義の限界が「政治的解放」にとどまる点にあることが自覚され、私的所有と社会の階級分裂が問題の中心に据えられ、「公衆（Publikum）」一般から「プロレタリアート」へと担い手の変動が生じている。しかし同時に批判の尺度、歴史的ブロックを支える論理は、もはや単なる「精神の本質」でないにせよ、依然「人間の本質」に関する哲学的洞察なのである。

第二モデルでは、哲学は、社会の実在勢力との結合を通して現実性を確保し、哲学自らが歴史内存在であることを積極的に受け入れる。裏を返せば「ラディカルな諸欲求」が人民の側に欠けているところでは、一体哲学に何ができるのかという難問に哲学は直面していることになる。実在のプロレタリアートとともに、現存の非哲学的諸実在が哲学の前に迫ってくるであろう。マルクスが感動した一八四〇年代前半のパリの共産主義的社会主義的労働者たちだけが労働者なのではない。「ラディカルな欲求」というより、多くは「中流意識」を持った現代日本の労働者もあるのだ。はたして「事柄を根元で把握」し「ラディカルな理論」であろうとする哲学が、「ラディカルな欲求」を欠いたこのような実在勢力との歴史的ブロックに自己欺瞞なしに耐えられるのか。こういう難問を抱えることになるだろう。

もっとも、マルクスの構想した〈歴史的〉ブロックを〈超歴史的〉に了解して、このモデルを忌避することは、このモデルの核心を取り逃がすことを意味する。哲学自身が形成したのではない所与の歴史的諸条件が存在する一定の〈時〉と〈所〉で、はじめてこのブロックは〈歴史的に〉構想され、実践されるのである。その意味で哲学は、もはや〈超歴史的な〉真理の〈超歴史的な〉探求という安定した場所を、永遠に失っているのである。あるいはむしろ断ち切っているのである。「思想が実現へと突き進むだけでは不十分なのであり、現実の方も思想へと突き進まなければならない」ことを受け入れるだけで済ますのではなく、所与の歴史的「情況」の中で、実在勢力とのブロックを形成、再生産しつつ、哲学の自己揚棄的実現を「情況的」に追求し続けるという、困難な歴史的実践に立ち向かわねばならないのだ。(7)

しかしマルクス自身は、四五年前後から、哲学とプロレタリアートとのこの歴史的ブロックの危機を体験する。「人間」とはいかにも無限定であって、こんな抽象的原理ではプロレタリアートは何も闘えないだろう。こういう抽象原理を脱却できない哲学はそもそも「精神的武器」たりうるのだろうか。プロレタリアートとの歴史的ブロックを形成するためには急進派知識人たちはむしろ「哲学の地盤」(H-10)そのものを去らねばならないのではないか。こういった自問の延長線上に第三のモデル〈「イデオロギー」としての哲学〉が提起されてくるのである。第三モデルはエンゲルスと共同執筆の『ドイチェ・イデオロギー』(一八四五/四六年)に集中的に確認できる。

[3]「イデオロギー」としての哲学——第三モデルA

パリで発行されていたドイツ語新聞『フォアヴェルッ!』に掲載されたマルクスの論文をめぐり、プロイセン政府がフランス政府に圧力をかけた結果、四五年二月にはマルクスはフランスから追放され、ブリュッセルへ移住することになった。二七歳である。マルクスは、すでに『経済学哲学草稿』(一八四四年)で、フォイエルバッハに仮託しつつ、「哲学が人間の本質の疎外のもう一つの形態、もう一つの存在様式である」(MEW Eg.1-569)という認識を示し、哲学という知の形態そのものに批判を向けるに至っているが、国民経済学を批判し、共産主義を基礎づける自らの原理としては、依然として〈哲学的人間学〉的な構想を提示しようとしていた。しかしブリュッセルへの移住を境に、哲学批判というこの問題意識が急速に前景に出、しかもきわめて先鋭な形を取ってくる。この頃書かれたメモ『フォイエルバッハ・テーゼ』の、

「第一一　哲学者たちはこれまで世界をさまざまに解釈した（interpretieren）にすぎない。問題はそれを変革する（verändern）ことなのだ」（MEW 3-7）

は、しばしば〈変革の哲学〉の宣言として受けとめられてきた。しかしこれはまったくの誤解である。そうではない。哲学とは所詮、世界解釈以上のものではない、フォイエルバッハを含めて哲学者たちは結局世界解釈以上のことをやる気はないのだ、という、哲学および哲学者との決別宣言なのだ。マルクス自身も、後年、ブリュッセル期に「我々のそれまでの哲学的良心を清算（mit unserm ehemaligen philosophischen Gewissen abzurechnen）した」（MEW 13-10）と述懐しているとおりである。

この時点でマルクスに一体何が起こっていたのか。当時の手紙交換には「共産主義からの哲学の篩《ふる》い分け（Sichtigung der Philosophie vom Kommunismus）」（MEGA² III-1-513）という言葉が散見する。たとえば一八四六年三月三〇日にブリュッセルで持たれた出版援助資金の使用法をめぐる共産主義者の会合で、マルクスは「共産主義者の党の内部で一つの篩い分けが実施されねばならない」「〝職人共産主義〟〝哲学的共産主義〟とは闘わねばならない」と提案している。(8) この「篩い分け」は、運動内部で大きな摩擦と不信を呼んだようで、たとえば四六年七月一七日付のロンドン在住共産主義者グループからの手紙はマルクスらを諌めて次のように書いている。

「共産主義の哲学的感傷的方向が一面的であり、あるいは一面的になる限りで……君たちが彼らと闘うのは正しい。だが君たちも一面的になるのは避けねばならない。君たちが共産主義の可能性を、単に労働者の欠乏の増大や機械などなどの完全化にしか基づけない場合には、君たちも一面的になっているのだ。哲学者には彼の共産主義を学問的に展開させたまえ。彼［哲学者］には、我々が今日まで人間の本性を認識していなかったこと、……人間と社会と自然のあいだの調和が再びうち立てられるべきであるということを、示させればよいではないか」（MEGA² IV-2-252）。

「哲学的共産主義」として非難されているのは、主にフォイエルバッハにつながるH・クリーゲやK・グリュンなどである。これら二人の立場は、マルクス自身の場合では第二モデルに該当するものであったろう。しかし、ドイツ系の共産主義運動の再編成が進行する中で、マルクスには、「哲学的共産主義」はドイツに共産主義が移植する際の独特な過渡形態にすぎなかったのであり、いまやその段階は越えられなければならないのだ、という基本了解が進んだようだ。

M・ヘスがこの「篩い分け」に際して、マルクスがあまりに「解体的」（MEGA² IV-2-211）であると諫めたように、周りの同志たちの多くはこの内部抗争で揃ってマルクスの性格的欠陥を指摘している。その問題の意味も小さくはないであろう。しかし、ロンドン・グループの先の手紙にあるとおり、マルクスは「哲学的共産主義」とは異なるアプローチで共産主義を構想、実践しつつあったのである。マルクスは青年ヘーゲル派のみでなく、フォイエルバッハにつながる（かつての自分自身をも含む）「哲学的共産主義」との対決を決意していたのであり、「哲学の地盤を離れない」（H-10）のか「実践的唯物論者つまり共産主義者」（H-16）の道を選ぶのかが、明確な選択肢として彼に意識されていた。〈イデオロギーとしての哲学〉了解は、この〈共産主義の脱―哲学プロセス〉

を理論的に表現するものであったと言えよう。そしてこれ以降、マルクスは哲学の〈外に〉ポジションを取り続けることになる。

マルクスが決別しようとしていたこの「哲学の地盤（Boden der Philosophie）」を、彼自身はどう了解していたのか。『ドイチェ・イデオロギー』は論争的文脈で書かれ、エンゲルスとの共同執筆であり、何度も加筆され、しかも未完で終わっていて、不整合も目立つが、あえて整理すると、次のようになろう。

①個別存在に「内住する」普遍　哲学者たちは「人間たちを彼らの所与の社会的諸連関において、彼らをして彼らたらしめているところの彼らの現前の生活諸条件のもとで把握せず、その結果、現実に実存する、活動している人間たちへとけっして至ることなく、〈人間なるもの〉という抽象にとどまっている」（H-20）。彼らは「分与」（プラトン）とか「即自」（ヘーゲル）という形で個別存在に「内住する（inwohnen）抽象」としての「本質」（MEW 3-6）を把握しようとするにすぎない。たとえこの「内住する」普遍が、次の局面で自己を限定・疎外すると想定されるにせよ、出発点そのものが「内住する抽象」にとどまる限り、結局のところ哲学者たちには、「現実に実存する、活動している人間たち」「彼らの所与の社会的諸連関」「彼らの現前の生活諸条件」などに対する根本関心がどうしようもなく欠落してしまうのである。

②言葉の実体化　「ドイツの哲学的批判家たちは……全員、諸理念、諸表象、諸概念がこれまで現実の人間や世界を支配し規定してきたと主張している」（H-3）。思想や理性の世界支配というこのロゴス主義的存在論の秘密は、哲学者たち自身において言葉の実体化の習慣が身についてしまっているということにほかならない。「哲学者たちにとって、思想の世界から現実の世界に下降するということは最も困難な課題である。思想の直接的現実といってもそれは〈言語〉だ。哲学者たちが思想を自立化させたように、彼らは言語を独

自の国に自立化させねばならなかった。これが哲学的言語の秘密であって、そこでは思想は言葉として独自の内容を持つのだ」(MEW 3-432)。

③「哲学の実践」の内実 「彼らは人間たちに、現在の意識を、人間的、批判的、エゴイスト的意識と交換し、それらによって人間たちの諸制約を取り除け、というモラル的要請を行う。意識を変えよというこの要求は、現存するものを別様に解釈せよ、つまりそれを別様の解釈で承認せよという要求に行き着く」(H-14)。確かに哲学も実践する。つまり「意識を変えよ」と世界に訴える。しかし〈どんな〉意識に変えよと訴えているのか。「人間的、批判的、エゴイスト的意識」に、つまりは「哲学的意識」に、つまりは「本質」が個別存在に「内住する」という本質意識に。だから「哲学の実践」はいつまでたっても「所与の社会的諸連関」や「現前の生活諸条件」の〈具体的〉否定形態を提示できないのだ。

④思想の自立 哲学的な「思想の生産」にあっては、「思想の生産」の実在的諸条件が無反省無意識のままである。「これらの哲学者の誰も、ドイツ哲学とドイツの現実との関連、彼らの批判と彼ら自身の物質的環境との関連を問うということに思い当たらなかった」(H-14)。しかも「思想の生産」の実在的諸条件が生産主体に対して構造的に「隠れて」しまうというこの事態を、哲学者たち自身は逆に、思想の持つ「自立性の仮象」(H-31)において、転倒して意識する。「ドイツのイデオローグたちが告げるところによれば、ドイツはこの数年、比類なき仕方で一つの変革を完遂した。……これら一切が何と純粋思惟の中で生じたのだそうだ」[9](H-6)。

⑤「実体」系列概念のイデオロギー的解明 それゆえ哲学的意識のイデオロギー(観念学)的解明が分業論と支配論に基づいて行われねばならない。「我々が示したように、思想や観念の自立化は諸個人の人格的な諸関係、諸関連の自立化の帰結である。我々が示したように、イデオローグたちや哲学者たちの側でのこ

れら思想への排他的な体系的取り組みは、したがってまたこれら思想の体系化は、分業の帰結なのである」(MEW 3-432)。分業論から見れば、社会的分業の展開に伴って、諸個人の間の「社会的連関」は「分業に入り込んでいる諸個人の相互依存性として現実に実存し」(H-34)、のみならずこの連関はますますユニヴァーサル化する。にもかかわらず「分業」においては、この連関は、連関しあう各個人の相互孤立化、機能的細分化と表裏一体である。その結果、自分たちが形成している諸連関が当該諸個人各々には、自分たち自身の諸連関としては見えなくなる。「諸個人の共働を通して生成する社会的威力」も「これら諸個人には彼ら自身の統一された威力として現象せず、疎遠な、彼らの外部に立つ威力として現象する」(H-36)。これが哲学による概念、思想、言語の自立化を客体面で条件づけているものである。そしてこれが〈普遍者〉、〈類〉、〈世界精神〉、〈人間の本質〉、〈理性の狡知〉といった〈実体〉系列の哲学カテゴリーのイデオロギー的解明の基軸に置かれるべき論理である。

⑥「主体」系列概念のイデオロギー的解明　他方、哲学における思想の自立化を主体面で条件づけているのは「物質的労働と精神的労働の分割」、つまり物質的労働から実在的に自由となった精神的生産者層の歴史的生成である。「この瞬間から意識は現存する実践の意識とは異なる何かであるように想像することができ、……この瞬間から意識は世界から自己を解放し、〃純粋な〃理論、神学、哲学、モラルの形成へと移行できるようになる」(H-30)。これが〈純粋意識〉、〈自己意識〉、〈自由意志〉、〈心の非物質性〉といった〈主体〉系列の哲学カテゴリーのイデオロギー的解明の基軸に置かれるべき論理である。

⑦固定観念のイデオロギー的解明　さらに、哲学を含む知識人内部の専門的細分化、存在と関心の狭隘化が、彼らの用いる諸概念の固定化を条件づけている。「法律家たち、政治家たち(国家従事者一般)、モラリストたち、宗教家たち。ある階級内部でのこのようなイデオロギー的下位区分のために、……分業による仕

事の自立化。各人は自分の仕事を真なるものとみなす。……諸関係は法律学、政治学などにおいて、意識の中で諸概念になる。彼ら［専門知識人たち］はこれらの関係を超えていないので、これらの関係の概念も彼らの頭の中で固定観念になる。たとえば裁判官は法典を適用し、したがって彼には立法こそ真の能動的原動力と思われる。自分たちの商品への尊敬。なぜなら彼らの職業は〈普遍的なもの〉を扱うのだから」（H-152）。

⑧幻想的共同性の生産　社会機能として見れば、哲学はヘゲモニー階級のために「幻想的共同性」を形成する形で思想のヘゲモニーを担おうとする。支配する諸階級は自分たちの特殊利害を普遍的利害だと他の諸階級にも了解させ、「幻想的共同性」（H-35）を不断に確保しなければならない。「支配的思想とは……ある階級をまさに支配する階級たらしめている諸関係の思想」であって、「この［支配する］階級の、自分自身に関する幻想の形成を主な生業とする能動的で概念構成的（konzeptiv）なイデオローグたち」が「その時代の思想の生産と分配を規制する」（H-66）のである。

このように整理すると、第三のモデルである「イデオロギー」としての哲学は、直接の実践的動機としての自己決別の層と、観念学的解明の層に分かれていることがわかる。この観念学的解明の層は、派生的展開の層である。後者は完成度から見ても、いまだ着想の断片の域を出ていないのであるが、基本線としては意識論に分業論と権力（支配）論を結合する方向で構想されていると見てよいだろう（本書第二章、第三章参照）。

「イデオロギー」としての哲学了解の核心は、「哲学の地盤を離れない」のか「実践的唯物論者つまり共産主義者」の道を選ぶのかという、マルクス自身の主体的な選択にあったことは間違いない。その面から前述の哲学論を読めば、決定的な切断面はおそらく次の点にあったと思われる。つまり、哲学者たちは結局、個に普遍が「内住」するという思考様式の枠内でしか運動できない。これは哲学者たちの根本関心における限界なのだ。哲学的行為自身も、まるで普遍(「理性」や「人間の本質」)が哲学者個人の口を借りて直接自己主張しているように了解してしまうのだ。ところが社会変革を目指す思想の根本関心は、「現実に実存する、活動している人間たち」に向かい、「彼らの現前の生活諸条件」や「彼らの所与の社会的諸連関」に向かい、そしてまた現状に代わるべき〈具体的〉否定形態の構想に向かわねばならないのである。

ここで我々に一つの疑問が生じる。つまりマルクスはヘーゲル学派およびフォイエルバッハ系の哲学的共産主義と対決しているだけではないか。これをもし哲学一般との対決として了解していたとすれば、それは彼が不当な一般化を行ったということになってしまうのではないか、と。だが、この疑問こそ「哲学に対するマルクスの関係」の外挿法的解決を再生産してきた当のものなのである。マルクスがここで、まさに「哲学なるもの」の抽象的本質を超歴史的に論じる〈哲学的哲学論〉を拒否しようとしているのだという肝心のことを忘れてはならない。個々の哲学行為に「内住する抽象」としての「哲学の本質」を論じるとすれば、それは哲学的哲学論にとどまる。イデオロギー(観念学)的哲学論では「現実に実存する、活動している人間たち」「所与の社会的諸連関」「現前の生活諸条件」の〈中で〉、哲学的行為が具体的に意味づけられねばならないのである。「言語の自立化」を拒否するとはそういうことなのである。観念学的哲学批判は〈哲学なるもの〉を超歴史的に抽出・批判する不生産的作業としてでなく、マルクスが現に入り込んでいた生活諸関係の中で、とりわけ同時代の初期共産主義運動のあの局面のなかで、哲学的行為が占める位置や機能の解明、およびその批判=自己批判として遂行されたのである。マルクスによる哲学批判のこの〈質〉を取り違えないようにしなければならない。

[4] 「現実的でポジティヴな学」——第三モデルB

〈哲学の揚棄〉は、この「イデオロギー」モデルでは、当然ながら社会的分業や権力支配の実践的揚棄によって、社会諸関係や社会的諸力の「自立化」や「幻想的共同性」や「純粋意識という抽象」を克服する過程として構想されることになるだろう。だが同時に『ドイチェ・イデオロギー』は〈哲学の揚棄〉のもう一つの次元を提示しようとしている。同じく〈哲学の揚棄〉と言っても、従来の二つのモデルでは、哲学によって自覚された理念が世界に実現されることによって、世界に反省的に対立してきた哲学が歴史的使命を全うして終焉するということであった。その意味でマルクスは、あくまで哲学の内部にポジションを取っていた。ところがこの第三のモデルでは、哲学の歴史的揚棄以前にも、新しいタイプの「歴史の学」ないし「現実的でポジティヴな学」の展開によって、「自立性の仮象」に囚われ続ける哲学という古いタイプの「学」の「生存基盤」を積極的に掘り崩して行かねばならないのである。

「それゆえ思弁が止むところで、現実の生活のもとで、現実的でポジティヴな学（die wirkliche, positive Wissenschaft）が、人間たちの実践的活動と実践的発展過程の叙述（Darstellung）が、始まる。……自立的哲学は現実の叙述によって生存基盤を失う。哲学に代わって登場しうるのは、たかだか人間たちの歴史的発展の考察から抽象される、最も一般的な諸帰結の総括（eine Zusammenfassung der allgemeinsten Resultate）である。これら抽象されたものは現実の歴史から切り離されると、それだけでは何の価値もない。それら抽象されたものはただ歴史的素材の整理（Ordnung）を容易にするのに、また素材の個々の層の連なりの概略を示すのに役立つにすぎない。それらはしかし、けっして哲学のように、それに基づいて歴史の諸時代が適当に刈り込まれるような、処方箋ないし図式を与えるのではない」（H-33）。

ここで、①「人間たちの実践的活動と実践的発展過程の叙述」を目指す「現実的でポジティヴな学」と、②「人間たちの歴史的発展の考察から抽象される最も一般的な諸帰結の総括」とが区別されている点が注目されねばならない。この両者の相互関係についても、十分考え抜かれているわけではないが、その骨格を推測すれば次のようになろう。

「哲学の生存基盤」を奪うのは、あくまで前者、つまり「人間たちの実践的活動と実践的発展過程の叙述」を目指す「現実的でポジティヴな学」の方である。マルクスの知的営為にとっての本来の眼目も、この「現実的でポジティヴな学」の方であることは言うまでもないだろう。

ではこの「現実的でポジティヴな学」と個別実証諸科学との関係はどうか。「現実的でポジティヴな学」は、マルクスの別の構想表現では、「自然の歴史と人間の歴史とが相互に制約しあっている」あり方をとらえる「唯一の学、歴史の学（die Wissenschaft der Geschichite）」（H-23）でなければならないとされている。だから特殊領域を分業的に扱う「〈科〉学（Fachwissenschaft）」なのではない。あくまで総体を対象にする統一的な「学」なのである。しかし伝統的な意味での哲学的総体、たとえばカントの言う「無制約者」としての「魂」や「世界」や「神」などを対象とするのではないだろう。認識主体自身が〈現に〉その内部で実践的に定在している〈所与の歴史的総体〉を対象とするものと構想されていたと見るのが妥当だろう。つまりは「現実に実存する、活動している人間たち」、「彼らの現前の生活諸条件」や「彼らの所与の社会的諸連関」の〈総体〉を、時間の流れの中で、先行する制約諸条件から現在を了解し、また現在の危機から現在を越える実践を了解しつつ、対象とするものと構想されていたと見るのが妥当だろう。

他方「人間たちの歴史的発展の考察から抽象される、最も一般的な諸帰結の総括」の方はどうか。これは『ドイチェ・イデオロギー』が数ヵ所で「この歴史観（Geschichtsauffassung）」（H-44, 48, 50, 140）と呼んでいるものに当たるだろう。これは〈所与の歴史的総体〉の研究や叙述それ自身ではなく、そこから「抽象」され「最も一般的な帰結」として暫定的に一般命題化された命題群の全体である。「最も一般的な」命題群からなる点で「哲学に代わって登場しうる」という表現になったのだろう。これらの「最も一般的な」命題群は「歴史的素材の整理」や「素材の個々の層の連なりの概略を示す」という機能を果たすことが期待されるのであるが、「現実の歴史から切り離されると、それだけでは何の価値もない」ことも確認されている。

「この歴史観」は「歴史哲学」とどこで区別されると見られていたのか。「歴史哲学」では「世界精神」や「人間の本質」といった「想像された主体の想像された営み」として歴史過程が思弁的に構成されてしまうのに対して、「この歴史観」はあくまで歴史の経験的認識から「抽象」されて一般化された命題群である。「それに基づいて歴史の諸時代が適当に刈り込まれるような、処方箋ないし図式を与えるのではない」と確認されているように、この「最も一般的な諸帰結の総括」は「現実的でポジティヴな学」と区別されるような、のみならずそれに優越さえするような、独自の対象、独自の方法をもった学的認識の体系（哲学のような）として構想されていたわけではまったくないだろう。むしろ本来の眼目である「現実的でポジティヴな学」のために、そのつど発見的（heuristisch）あるいは方法的な機能を果たすべき一般諸命題の暫定的総括というべきものとして位置づけられたと言えるだろう。つまり経験的観察を基礎に暫定的に一般化して獲得された一般諸モデルが、逆にさらなる経験的観察のために一般作業仮説、一般方法論として機能していくが、歴史認識の深化とともに不断に再構成されるべき暫定性を失うことはないのである。

後に例の『経済学批判』の序言でも、マルクスは「私に明らかとなり、いったん獲得した後は私の研究に導きの糸（Leitfaden）として役立った一般的な諸帰結」（MEW 13-8）と、まったく同様の表現を用いている。この「導きの糸」という了解も、我々の右のような認定を裏付けるものであろう。『経済学批判』でも眼目はあくまで「システムの叙述であると同時に叙述によるシステムの批判」（MEW 29-550）なのであった。

この点から見れば、マルクス死後の「マルクス主義」が「哲学」へと退行したという事態は、本来の眼目であるべき「現実の叙述」または「現実的でポジティヴな学」における無関心無能力と、単なる「導きの糸」であるべき「最も一般的な諸成果の総括」の実体化・法則化との、表裏一体的進行という形態で進んだと言わねばならないだろう。

では、この第三モデルにおける〈基礎づけ〉の構造はどうか。哲学は自分自身の超歴史的原理により自分自身を基礎づけるという自立性の外見を拒否され、イデオロギーの一形態として、思想の生産者たちが現に入り込んでいる対自然対他者の諸関係の歴史的に特定の様式（とくに分業と支配の展開）によって歴史的に〈基礎づけ〉られる。これが観念学的解明にほかならない。

それでは、この歴史的〈基礎づけ〉を与える「現実的でポジティヴな学」自身はいかなる〈基礎づけ〉の構造を有するのか。まずは「ポジティヴ」である以上、経験的観察に基づくと言えるだろう[10]。この「学」は「現実の諸個人、彼らの行為、彼らの物質的生活諸条件」から始めるのであって、「これらの前提は純粋に経験的な道で確証可能なのだ」（H-23）。

しかし、ただちに「抽象的経験論者」や「いわゆる客観的歴史記述」との間に〈二つ目の境界線〉が引かれる。自分たちは「抽象的経験論者」のような「死せる諸事実の集合」（H-33）に落ち込んでしまったり、「いわゆる客観的歴史記述」のように「歴史的諸関係を活動から分離して把握する」(H-54)立場ではないとも明言されるのである。

〈基礎づけ〉の構造はこの二つの境界線の内部にあると示唆されるだけで、それ以上の展開はないのである。二つ目の境界線の「死せる」とか「いわゆる客観的」とか「活動から分離」という表現が示唆しているのは、マルクスの側では、経験主体は同時に「活動」主体であり、そのようなものとして経験主体は常にすでに「歴史的諸関係」の内部に位置を占めているということであろう。常にすでに所与の「歴史的諸関係」の内部にある「活動」主体であることを捨象した純粋経験主体というものを前提する限りは、経験もまた「死せる諸事実の集合」にとどまるだろう。つまり〈二つの境界線〉は没経験的思弁的構成主義と、その対極としての没構成的受動的経験主義の両極を認めないということであろう。

ということは根本的には、この「現実的でポジティヴな学」自身もイデオロギーとしての哲学と同様、「思想の生産者」自身が入り込んでいる諸関係によって〈基礎づけ〉られるということである。ただし哲学が分業や権力支配という現存秩序によって無批判無意識に〈基礎づけ〉られているのに対して、この「現実的実証的な学」は現存秩序の危機と揚棄の運動によって、社会的諸権力として自立化している諸個人自身の結合された諸力を諸個人自身のコントロールのもとに服属させようとする歴史的な実践によって、つまり分業や支配の諸関係を実践的に揚棄しようとする歴史的実践の過程によって、歴史的に〈基礎づけ〉られねばならないと了解されていたと解釈できるだろう。

「共産主義とは我々にとって樹立さるべき一つの状態でも、現実がそれに基づいて自分を正すべき一つの理想でもない。我々は現在の状態を揚棄する現実の運動を共産主義と呼ぶ。この運動の諸条件は現に存立している前提から生じる」(H-37)。

「現実的でポジティヴな学」はこの「現実の運動」自身の「学」的契機ないし「学」的表現形態として要請され構想されたと言えるであろう。だからこの「現実的でポジティヴな学」には、危機の学的概念把握と現実の変革的諸実践の制約諸条件と未来に向けた歴史的構想力を、情況の内部でそのつど批判的に綜合するような営みであることが要請されよう。もちろん学的な側面と実在的実践の側面と歴史構想力的側面は不断の相互乖離に開かれている。既存秩序の内部に自己実現の条件を持たないという認識者の立場は、既存秩序の批判的解明にとり有利な条件ではあるが、十分な条件ではなく、条件の一つにすぎないからである。だからそれら三者の予定調和という楽観が何かの歴史存在論的理由づけでドグマとして確信され、逆にそのつどの情況的批判的綜合の緊張した営みが後景に退くと、その度合いに応じて、この「現実的でポジティヴな学」の後退、「一般的帰結の総括」の「歴史哲学」化、「イデオロギー」としての哲学への退行が待ち受けていることになるだろう。

[5]　批判的「概念把握」の出自としての哲学——第四モデルA

一八四〇年代の半ば以降、残念ながらマルクスには哲学についての主題的言及がない。しかし我々は第四のモデルをヘーゲル弁証法との再会(一八五七年、三九歳)以降に見ることができる。ここでも依然マルクスは哲学の外にポジションを占め続けているが、哲学に対するスタンスの取り方で、第三モデルとベクトルが逆になっている点が注目されるべきであろう。第三モデルで見た、あの二つの境界線で囲まれたマルクスのポジション、つまり哲学的総体性と個別経験諸科学の、双方から境界づけられた〈所与の歴史的総体〉を対象とする「現実的でポジティヴな学」、哲学的思弁と抽象的経験論の双方から境界づけられた「現実的でポジティヴな学」というあのポジションの明確化が、哲学からの分離の方向においてでなく、ますます強まってくるポジティヴイズム（実証主義・既成主義）との対峙の方向で、改めて問われることになったのである。

「ヘーゲル弁証法の神秘化する側面を、私は三〇年も前に、それがまだ流行であった時に批判した。だが私が『資本論』第一巻を仕上げていたちょうどその頃、現在ドイツの知識人の世界で大きな口をきいている、不愉快で不遜で凡庸な亜流がヘーゲルを……「死んだ犬」として扱っていい気になっていた。だから私は、自分があの偉大な思想家の弟子であることを認知し、のみならず価値論に関する章ではあちこちで、ヘーゲル特有の表現様式に媚さえ呈したのである。弁証法がヘーゲルの手によってこうむった神秘化は、彼が弁証法の一般的運動諸形態を初めて包括的で意識的な仕方で叙述したということを、けっして妨げるものではない」（MEW 23-27）。

この時期のマルクスにとって「ヘーゲル弁証法こそ総ての哲学の最後の言葉」（MEW 29-561）なのであった。しかしなぜマルクスは『資本論』第一巻第二版後記（一八七三年）でもわざわざ弟子宣言をし、自分の哲学的出自を強調したのだろうか。実はこの後記には『資本論』初版への各国での反響が紹介されている。そこには、マルクスは「経済学を形而上学的に扱っている」とか「ヘーゲル的詭弁である」とか「叙述方法が不幸にもドイツ的・弁証法的である」とか「マルクスは最大の観念哲学者である」という非難が含まれていたようだ（MEW 23-25）。

マルクスがこのような反響に反発し、あえて弟子宣言までして守ろうとしたものが一体何であったのか。それはとりわけ価値形態論に関わっていたと言えるだろう。この価値形態論は、繰り返し理論的彫琢が加えられ、マルクスの中でも最も理論的完成度の高いものであるが、これに対するヘーゲルの影響は初版『資本論』において一層鮮明にうかがえる。たとえば初版には第二版で削除された次のような注が付いていた。

「ヘーゲル以前には、専門の論理学者たちでさえ、判断や推論の諸範式の形態内容（Forminhalt）を見過ごしていることを考えると、経済学者たちが、まったく素材的関心の影響下で、相対的価値表現の形態実質（Formgehalt）を見過ごしたということは、なんら驚くべきことではない」（MEGA² II-5-32）。

また第二版で削除された次の箇所もヘーゲル概念論の影響を示している。

「決定的に重要なことはしかし、価値形態と価値実体と価値量との内的必然的連関を発見すること、観念的に表現すれば、価値形態が価値概念から発生することを証明することであった」（MEGA² II-5-43/44）。

つまり「概念把握する（begreifen）」とは、本来「諸形態」の推理連結的展開を必然的に含んだものでなければならない。だからこそヘーゲルには形態と内容の相互外在性を克服した新しい論理学の創造という画期的な位置が与えられているのである。マルクスはヘーゲルのとくに反省論、概念論、判断論、推理論から大きな示唆を得て、経済学における批判的概念把握の欠落を強く意識し、独自の地平を拓くことができたのである。

「たしかに経済学は、たとえ不完全であるとは言え、価値と価値量を分析し、これら諸形態の中に隠された内容（Inhalt）を発見した。しかしまた経済学は、〈なぜこの内容があの形態を取るのか〉したがって〈なぜ労働が価値において自分を表し、継続時間により測られた労働が労働生産物の価値量において自分を表すのか〉という問いを一度も立てたことがないのだ」（MEW 23-94/95）。

ある事柄を「概念把握」するとは「諸形態の中に隠された内容を発見」するだけでなく、「なぜこの内容があの形態を取るのか」を明らかにすることでなければならない。まさにこの点にマルクスによる経済学批判の戦略的ポジションが表明されているのである。

「A・スミスやリカードといった、まさにその最良の代表者たちにおいても、古典経済学は価値形態をまったくどうでもよい何かとして、商品そのものの本性には外的なものとして取り扱う。その理由は、価値量の分析が彼らの注意を完全に吸い取ってしまっているということだけにあるのではない。理由はもっと深いところに横たわっている。労働生産物の価値形態は市民的生産様式の最も抽象的で最も普遍的でもある形態なのであり、市民的生産様式はそのことによって社会的生産様式の一つの特殊なあり方として特徴づけられ、したがって同時に歴史的に特徴づけられるのである。だからもしこの生産様式を社会的生産の永遠の自然形態と見誤るならば、必然的にまた価値形態の、したがって商品形態や、さらに展開して貨幣形態や資本形態等々の特殊的なものも見落としてしまうのだ」（MEW 23-95）。

経済学に対するマルクスの立場のこういう境界設定は、啓蒙的宗教論に対する境界設定でも繰り返される。

「実際、分析によって宗教的なぼんやりした諸形象の地上的な核心を見いだすことは、逆に、その時々の現実の生活諸関係から、それらの天上化された諸形態を展開するよりはるかに容易である。後者のみが唯物論的で学的な方法なのだ」（MEW 23-393）。

形態論への無関心は、単に特定の歴史的形態を、自然形態として無批判に受容してしまう方向で問題になるだけではなく、「啓蒙の手法」のようにそれを「人間たちの恣意的な反省の産物」（MEW 23-106）として、つまり単なる主観的誤謬として了解し、その形態の歴史的実在性を見逃してしまう方向でも問題になる（プルードンやリカード派社会主義へのマルクスの批判）。『資本論』が「叙述方法が不幸にもドイツ的―弁証法的である」と受けとめられ、現在なお「最も悪い意味において一層「哲学的」である」(11)と受けとめられている背景には、形態論を組み込むという、経済学とマルクスの経済学批判との課題設定上のこのような根本的差異があり、さらに一般化して言えばマルクスの「批判」ないし「学」の戦略的ポジションのこのような境界設定があったのである。実際、この「学」が共産主義という歴史的運動の理論的表現形態であろうとする以上、対象を歴史的形態規定性において概念把握することは、戦略的な意味を持つと言えるだろう。まさにこのようなマルクスの戦略的ポジションが、「弁証法の一般的運動諸形態を初めて包括的意識的な仕方で叙述した」ヘーゲルへの積極評価と結びついているのである。

しかし批判的概念把握の哲学的出自をマルクスが強調したからといって、マルクスがヘーゲル哲学へと回帰したわけでない。このことは、ヘーゲルに対するマルクス自身の批判的諸言明からも明らかである。それどころか、ほかならぬこの価値形態論の展開を通して、マルクスは従来の哲学的存在論を（非哲学的に）解明する画期的な一歩を踏み出しているのである。周知のとおり、価値形態論は、対象世界が単に①自然や②労働の産物というあり方においてだけでなく、③「価値対象性（Wertgegenständlichkeit）」（MEW 23-62）というあり方において我々に現象してくる姿を解明している。けれども、物が「一つの感性的―超感性的な物」（MEW 23-85）として「形而上学的小理屈」に満ちて現象してくる（商品形態）のも、普遍者ないし類がヘーゲルの「理念」のように、諸個体の「横かつ外に」「個体的化身」（MEGA² II-5-37）として実在する（普遍的等価形態ないし貨幣形態）のも、総じて言えば人と人との社会的関係が「物と物との社会的関係」として「物件化」されて現象するのも、いずれも「社会的生産様式の一つの特殊なあり方」から、歴史存在論的に解明されるべき事柄なのである。

このような「価値対象性」を「仮現する」がままに受け取り絶対化するポジティヴィズムが「俗流意識」ないし「粗雑な唯物論」なのであり、逆に「隠れた」「神秘」（つまり例の「内住する」普遍者）の側に立って「俗流意識」を批判するのが「粗雑な観念論」であろう。しかし歴史的形態規定性という媒介を欠いているという点では、両者は共に同じ「没概念的（begriffslos）」（MEW 25-824）な地盤に立っているのである。

「人間の社会的生産諸関係とこれらの関係に包摂された際に物件が受け取る諸規定を、物の自然的諸性質として考察する経済学者たちの粗雑な唯物論は、同じく粗雑な観念論なのであり、社会的諸関係を物に内在する諸規定として物に帰せしめ、かくて物を神秘化するフェティシズムである」（MEGA² II-1-567）。

このように〈二つの境界線〉がここでも再現するのである。しかしベクトルが逆になっていることも確認しておかねばならない。ア・プリオリな認識ではなく経験的認識の基盤に立っているという意味では、マルクスも「俗流意識」と同じであるが、経験的認識自身がマルクスではもはや単純な構成を持ってはいない。たとえば資本―利潤、土地―地代、労働―労賃という三位一体的収入形態は「隠された連関や媒介する中間項から切り離された」「最もフェティッシュな形態で資本制生産の諸関係を表現」しているのであって、「資本制生産に囚われているその担い手たち」には、まさに「表面に仮現しているがままの定在」において、自然なもの、恒常的なもの、法則的なものとして経験されているのである（MEW 26-3-445）。

マルクスの批判的概念把握はこの経験の転倒性を顕にしようとするのであるが、しかし四八年革命挫折後、西ヨーロッパでは、いまだ不均等とは言え、資本制生産、議会制国家、大学制度、ジャーナリズムなどの制度的定着に伴う、労働者や知識人の「実質的包摂」の大きな進展が見られた。こういう歴史的背景から、広い意味でのポジティヴィズムが台頭してくる。「学」のモデルの理解において、人々はマルクスとの間に隔たりを感じ、それを時代遅れの「ヘーゲルぶり」として了解しようとしたことが推測される。逆にマルクスから見れば「没概念的」な直観主義、ポジティヴィズムのこの台頭に対抗して、歴史的総体としての現実を「批判的に概念把握する」ことを目指すラディカルな「学」の存在意義がますます強く主張されねばならないと思われただろう。マルクスが「批判的概念把握」の先行形態としてヘーゲルを改めて高く評価し、あえて弟子宣言するのは、こういう文脈においてである。

［6］　再び「歴史哲学」との自己区別――第四モデルB

ところが最晩年に〈二つの境界線〉のうち、思弁性批判にベクトルを向け直す時がもう一度やってきた。『資本論』第一部の「本源的蓄積論」で描いた資本制化のコースがロシアでも「歴史的宿命」なのかどうかという論争がロシアの社会主義者の中で生じた。この論争に対するコメントを求められたマルクスは、再度「歴史哲学」と自分の差異について確認を迫られることとなった。「『オテーチェストヴェンヌィエ・ザピスキ』編集部への手紙」（一八七七年）、「ザスーリッチへの手紙」およびそのための三つの下書き（いずれも一八八一年）に示されたこの差異の自己了解は、マルクス解釈の根幹に触れるほど、特筆に値するものである。

「私の批判者は、否応なく、西ヨーロッパでの資本制の生成に関する私の歴史的素描を、歴史的諸環境がどんなものであれ総ての民族に運命的に予定されている普遍的発展行程に関する一つの歴史哲学的な理論に転化させねばならないことになります。……著しく類似性をもつ出来事も、まったく異なる歴史的環境の中で生起すれば、まったく異なる結果へと導かれるのです。これら諸発展の各々を個別に研究し、そのうえで相互にそれらを比較すれば、この現象に至る鍵を容易に発見できましょうが、その最大の長所が超歴史的（suprahistorique）であるという点にあるような、普遍的な歴史哲学的理論の万能の合い鍵では、そこへ至ることなどできません」（MEGA² I-25-116/117）。

『資本論』で素描した本源的蓄積による資本制化の道は、西ヨーロッパの道をあとづけた限定的なものである。ロシアがこの道を歩むかどうかは「特殊研究」（MEGA² I-25-240）のみが確定できる。ロシアの「農業共同体の歴史的経歴」は「宿命的」なのではなく、「それが内在させている二元性（dualisme）が、私的所有の要素が集団的要素を押しのけるか、それとも後者が前者を押しのけるかという、一つの二者択一（une alternative）を許容している。すべてはそれが置かれている歴史的環境（milieu historique）に依存している」（MEGA² I-25-238）のである。この「歴史的環境」の中で最も重要なものが資本制生産や世界市場との「同時存在（la contemporanéité）」であって、これは一方で農業共同体を基礎とするロシアの再生の非資本制的な道のために大規模共同労働の物質的基礎を提供しているが、他方でイギリスによるインド共同所有の破壊の場合のような「野蛮行為（vandalisme）」をも条件づけているのである。しかし「いったん資本制レジームの懐に引き込まれると、その無慈悲な諸法則に服従させられ」（MEGA² I-25-116）るのであって、諸条件の歴史的組み合せで生成したシステムは、その後はシステム拡大再生産の「無慈悲な諸法則」の過程をたどるのである。

周知のように、マルクスは『経済学批判』（執筆一八五八年）の「序言」で「大きな輪郭で言えば、アジア的、古代的、封建的、そして近代市民的な生産様式が経済的社会構成の前進的諸時代の標識とみなされうる」（MEW 13-9）と書いた。これを「歴史哲学」風に解釈すると、「アジア的、古代的、封建的、そして近代市民的」へと前進する運動が個々の民族の歴史に「内住する」ことになるから、「歴史的諸環境がどんなものであれ総ての民族に運命的に予定される」ことになり、「特殊研究」抜きの「万能の合い鍵」を手にすることができることになるだろう。しかしマルクスのこれらの定式は、あくまで本来の眼目である現実認識に対して「導きの糸」、一般作業仮説、一般的方法として機能すべき暫定的総括であるにすぎず、それに取って代わるべきものではなかったのである。

けれども単なる「導きの糸」として見ても、先の「序言」の定式には過度の単線化があり、これが彼の死後に生じた彼の思想の「歴史哲学」への転化に口実を与えたとも言えるだろう。五八年の「序言」の先の定式には、すでにその直前に書かれていたいわゆる「資本制生産に先行する諸形態」（一八五七／五八年）と比較しても単純化、単線化が見られる。まして古代史研究や土地所有研究に本格的に取り組んだ晩年のマルクス（いわゆる「古代史ノート」一八七九〜八二年）の地平から見て、五八年の「序言」の定式が変更不要と思えたとは、まったく想定しにくい。もともと「現実的でポジティヴな学」とそれから推定され、また「現実的でポジティヴな学」の新展開のために「導きの糸」として機能すべき一般諸命題群は、暫定的性格を持ち、不断の更新を必要とするものであった。まことに残念なことに、マルクス最晩年の古代史研究や土地所有研究は、膨大な抜粋と若干の覚書を残すにとどまっていて、マルクス自身による「一般的な諸帰結」や「歴史観」の再定式化にまで至らなかった。

しかし先に紹介したロシアの社会主義者たちとのやり取りだけを見ても、少なくとも次のような「一般的な諸帰結」の提示が見られ、「歴史観」のバージョンアップが事実上進展していたと見ることもできよう。

①「同時代存在」視点の提示、つまり通時的に見て異なる段階に属する多様な諸形態が歴史的空間において相互作用的に「同時存在」するという視点の提示。

②生成論と構造論の区別、つまり特殊的諸条件の一定の歴史的偶然的組み合せとしての「歴史的環境」から個性的一回的様相で把握されるべき生成と、いったん成立したシステムが拡大再生産し、外部を内部化していく再生産の論理との明確な区別だて。

③先行形態に「内在する二元性」を根拠とする、生成論における「オールタナティヴ」の積極的承認。

④直線発展観的外見の排除。たとえば土地共有に基礎を置く原古共同体自身がすでに「同じ型」としてあるのでなく、「タイプも時代も異にし、継起的進化の諸局面を表す一連の社会集団」を形成し（MEGA² I-25-236）、その一部は現在なお「同時代存在」として存続し続けている。共有が解体した場合に成立する「二次的構成」は「奴隷制や農奴制に基礎を置く一連の社会を含む」（MEGA I-25-238）のであるが、「二次的構成」が共同体の全的排除なしに部分システムとして共同体に接合される場合が多く想定される。また奴隷制→農奴制という移行は「歴史的環境」による特殊な場合で、普遍モデルとはされていない。

［7］「哲学に対するマルクスの関係」についての諸見解

以上、「哲学に対するマルクスの関係」を彼の思想行程に即しつつ、四つにモデル化し、それらの転変の内面的外面的諸条件を整理した。

社会変革への志は、正義や理念が実在諸関係を律するべきだという強い信念に裏打ちされたものでなければならないだろう。なぜなら実在の非理性不正義を問題にするのでなく、哲学の非実在性こそ問題だという立場に立ってしまうと、実在秩序の名で哲学的理性の抽象性を批判する保守主義に終わるからである。しかし理性主義哲学が、啓蒙という「焼き尽くす炎」となって「哲学の〈外への〉転回」を敢行した時、「物質的利害」が抵抗するだろうし、それに直面して挫折を余儀なくされることにもなる。そこでむしろ実在そのものの内部に理念を担う運動を見いだし、この実在勢力と哲学が結びつくことの必然性が自覚されてくるだろう。しかしこの時、理性主義哲学は自らの掲げる原理の抽象性を自覚せざるをえない。そこで理性だけでなく「人間」という身体を持ち生活する綜合的な存在が、変革の原理として自覚されてくるのである。

ところが変革的実践が、単なる文筆の世界を超えて組織的に遂行され始めると、「現実に実存する、活動している人間たち」、「彼らの現前の生活諸条件」、「彼らの所与の社会的諸連関」、そしてまた現状に代わるべき〈具体的〉否定形態の構想へと向かう関心が、哲学には根本的に欠落していることが自覚されてくる。哲学の根本関心は、個体に「内住する」本質や普遍を自覚し、自ら普遍そのものとして語ろうとすることに向かうからである。

こうして、自らの思想的実践を制約している現実的諸条件に関する無関心無意識を、哲学者の自由な自己決定として了解する、哲学のイデオロギー的倒錯が自覚されてくる。だが、単なる哲学批判に終始するだけでは哲学の内部にとどまる。「哲学的良心の清算」は、むしろ現に我々が入り込んでいる生活諸関係の歴史的総体に関する「現実的でポジティヴな学」の展開としてポジティヴに遂行されねばならない。

けれども歴史的総体の「ポジティヴな」認識を進めると、日常意識や俗流意識や実証主義意識に対する批判が避けられない。生活当事者が入り込んでいる生活諸関係は、彼ら自身には構造的に隠されてしまっている。そういう事態が見えてくる。彼らには、転倒した事態こそが「自然」な事態であり、表層の現象形態こそが本質そのものとして「見える」のだ。そこで社会的存在の存在論をめぐる批判の闘いとなる。その闘いの中で「批判的概念把握」の出自としての哲学、とりわけヘーゲルが彫琢した弁証法の積極性も自覚されるのである。

しかしまた晩年には、自分の思想が大衆的に受容されるに応じて、自分の労苦の学的成果が「最大の長所が超歴史的であるという点にあるような、普遍的な歴史哲学的理論の万能の合い鍵」として「歴史哲学」化される危険が自覚され、これらを峻拒するのである。だが、はたして自分の思想が一種の国家哲学になるという事態まで予想できたであろうか。このようにして「哲学に対するマルクスの関係」は死後も続くことになるのだ。

我々の理解では、矛盾をはらんだ思想行程のこの個性的プロセスの全体が、「哲学に対するマルクスの関係」なのである。我々は、彼の情況的実践の推移から、ある特定の局面を切り離して、哲学に対するマルクスの「真の」または「最終の」関係を特定するというアプローチは取らない。我々のアプローチのこういう特質を浮き彫りにするために、「哲学に対するマルクスの関係」についてのいくつかの見解を批判的に紹介しておこう。

1　カール・コルシュ

哲学に対するマルクスの関係について、比較的早期に論じたものに、カール・コルシュの論文「マルクス主義と哲学」（一九二三年）がある（石堂清倫訳『マルクス主義と哲学』三一書房、一九七五年、所収）。彼は、マルクス主義と哲学の関係の理解について、第二インターナショナル期の情況を次のように描く。哲学教授たちは「マルクス主義は固有の哲学的内容を持たない」と主張し、カウツキーら「正統マルクス主義者」は「マルクス主義はその本質からして哲学とは関係がない」と認識し、ベルンシュタインら「哲学化する」社会主義者たちは新カント主義やマッハ主義でマルクス主義を「補完する」べきことを主張した、と。コルシュ自身は、マルクスらが「哲学一般を、形式上も内容上も、最終的に克服し「揚棄」する」と考えたことを確認するが、それは哲学を「無造作にわきへ投げ捨てる」こととは違うと考え、とりわけヘーゲルに見られる「哲学と現実、理論と実践の関係の弁証法的観察」への再着目を訴える。だからコルシュの論点は我々の第四モデルにあたると言ってよいだろう。マルクスの第四モデルが「俗流経済学」に対抗しているのに対し、コルシュの哲学復権は帝国主義戦争とソビエト革命の到来で危機に瀕した「俗流マルクス主義」に対抗しているのである。

しかしコルシュは「哲学の揚棄」にまったく新たな解釈を加える。つまり「哲学の揚棄」は、マルクスの頭脳で「一挙に」実現するのではなく、「国家の揚棄」と同様の、長期の「革命的歴史過程として遂行する」べき課題なのである。そして「国家の揚棄」のために過渡期の独裁権力、独裁国家が必要であるように、「哲学の揚棄」のためには過渡期の「イデオロギー独裁」が要請されることになる。芸術、宗教、哲学などのブルジョワ的精神構造は、理論的に批判され実践的に変革されねばならず、「国家権力獲得後には、組織的科学的活動およびイデオロギー的独裁として……理論的および実践的に徹底して遂行しなければならない」のだ。コルシュは一九二九年執筆の「「マルクスと哲学」の問題の現状――同時に一つの反批判」（石堂清倫訳、前掲書、所収）で、この「イデオロギー独裁」はロシアで実在する精神的抑圧とは違うものだと弁明しているが、過渡期論が介在した結果、コルシュの哲学復権論が、マルクス主義の国家哲学化というあの忌まわしい歴史的事態から、それほど距離をとれていなかったことは確認しておくべきことだろう。

コルシュやルカーチは、第二インターの代表的理論家たちが見落としていたマルクスの中の批判主義（たとえば物象化論など）に光をあてたという点で、きわめて重要な意味をもったと思われる。しかし彼らの根本関心が「現実に実存する、活動している人間たち」、「彼らの現前の生活諸条件」、「彼らの所与の社会的諸連関」、そしてまた現状に代わるべき〈具体的〉否定形態の構想へと向かっていたかというと、そうは思えない。むしろ革命的危機の到来に、ヘーゲル弁証法や自己意識論の復権で対応しようとした。その限りでは「哲学的共産主義」モデルに近づいたと言えよう。

2　エヌ・カーレフ

ソ連では、デボーリン派と思われるエヌ・カーレフ「マルクス主義における哲学の問題」（一九二五年）がこのテーマを比較的に包括的に扱っている。永田廣志の翻訳で日本にも紹介された（プロレタリア科学研究所ソヴェート科学研究会編『マルクス主義の旗の下に』創刊号、一九三〇年）。この論文は、マルクス主義を哲学化する方向にきわめて懐疑的であったいわゆるボグダーノフ派に対する「聖典」解釈的批判であって、〈党哲学でもある国家哲学〉の方へ、すでに舵は大きく切られていたのである。カーレフによると「マルクス主義における哲学の意義をまったく否定する者」は次のように主張していたらしい。すなわち、マルクス主義は科学であるのに対して、哲学は科学と信仰、知識と宗教の混合物であって、宗教と妥協するブルジョワジーの製作物である。哲学はイデオロギーの一種であって、あらゆるイデオロギーは世界に関する歪曲された知識を与えるのだ。「マルクス主義哲学」と主張されているものは科学的知識を何も与えない単なるスコラ学であって、むしろ科学、自然科学それ自体が哲学を含むと考えるべきだ、と。彼らは第三モデルの「イデオロギー」としての哲学をたてにとって「マルクス主義哲学」に対する懐疑を表明したといえよう。ここでは詳述できないが、ボグダーノフには、きわめて多くの可能性を感じさせるものがあった。少なくとも、国家権力と「哲学」の一体化に対する警戒心という点において、はるかに健全な歴史感覚をもっていたと言えるだろう。

カーレフ自身は、エンゲルスやレーニンに依拠しながら「マルクスとエンゲルスの哲学的発展の結果も……方法、弁証法的唯物論の方法であった。この方法は我々の時代の哲学、マルクス主義の哲学である」と主張しているが、彼らデボーリン派も、次の局面では「デボーリン派の方法論主義」として批判されるだろう。「聖典」解釈による異端論難の力は、党内闘争に勝利した権力者との密着度に左右されてくるのである。第三モデルである「イデオロギー」としての哲学、しかも国家イデオロギーとしての哲学が赤裸々にそこにあった。

3 ルイ・アルチュセール

いわゆる構造主義的マルクス主義者として一九六〇年代以降に活躍したルイ・アルチュセール(一九一八—一九九〇)は、『資本論を読む』(改訂版一九六八年)の第一部「『資本論』からマルクスの哲学へ」で、最も成熟した科学的著作である『資本論』を「兆候的に読む」ことによって、つまりマルクスにおいて「見られていないながら見えていないものを見る」ことによって、「マルクスの哲学」を読み取ろうとした。しかし、マルクスという当該意識への可能な限りの内在を通して、「哲学に対するマルクスの関係」の推移・転変を跡づけつつ、それらの総体からマルクスの哲学観を判定しようとする我々の方法からすれば、アルチュセールの方法は、極端に外挿法的特質をもつものであった。細部の論証は避けるが、ここでは、彼の最晩年のインタビュー集『不確定な唯物論のために』(原著一九八八年、原題は『哲学とマルクス主義』、山崎カヲル訳、大村書店、一九九三年)を、その証拠として提示するにとどめよう。そこでアルチュセールは、『資本論を読む』における自分の「マルクスの哲学」抽出作業について「私たちがマルクスに与えたのは、バシュラールや構造主義からヒントをえた、「時代の雰囲気」に支配された哲学でした」と、その外挿法的限界を自己批判的に語り、課題は「どのようなタイプの哲学が、マルクスが『資本論』で書いた内容に最もよく照応する哲学なのかを知ること」、つまり「マルクス主義哲学」ではなく「マルクス主義の〈ための〉哲学」を明らかにすることであると確認している。彼の新しい回答は、エピクロスにはじまりハイデッガーにまで流れ込んでいる「不確定な唯物論」「出会いの唯物論」にそれを求めるべきだということであった。結局、アルチュセールは終生、マルクスとは別の時代を生きている自分自身を語り続けたのに、いつも「マルクスのために」語るという形式だけははずせなかった哲学者なのである。

4　廣松渉

日本のニューレフトの代表的哲学者であった廣松渉にも「マルクスにおける哲学」という論文がある(『物象化論の構図』一九八三年、所収)。これを読むと、廣松は、我々の第二モデルでこの問題を基本了解しようとしていたことがわかる。マルクスが哲学の外にポジションを移して以降の、第三モデル(「イデオロギー」としての哲学)と第四モデル(出自としての哲学)を第二モデルに組み込む形で了解しようとしているのである。廣松は、解放の「頭脳は哲学」、「心臓はプロレタリアート」と見る『ヘーゲル法哲学批判序論』について、「枠組みとしてはこの時の姿勢がその後も貫徹している」と確認している。そこから、「私としては、マルクスがいわゆる哲学体系を著作の形で書こうとはしなかったことを承知の上で、なおかつ、マルクスの哲学体系を云々することができると思います」という確認が出てくる。そしてこの「マルクスの哲学」は次のようなものとして「推及」されている。

「この意味でのマルクスにとっての哲学は、「思考とその一般的諸法則の学」はひとまずさておき、対象知的体系に関していえば、彼が「経済学批判」において構想した構案と構制、すなわち、即自的に〃客観的〃な事態の「体系的叙述であると同時にその叙述を通じておこなうシステームの批判」、これを推及して考えることができるのではないでしょうか。この〃哲学〃はマルクスの経済学が普通の意味での経済学ではなく、「経済学批判」であるのと同趣的に、普通の意味での哲学ではなく「哲学批判」――即自的な世界像の批判、既成的世界観のイデオロギー論的批判と弁証法的に統合された体系的批判、批判的体系――という性格をもつ所以となりましょう。それは、日常的・現実的意識の批判、そして歴史的・社会的に相対的なこの意識の地平内での〃体系知〃たる既成的諸学の「批判」、そのような体系的批判＝批判的体系として存立するはずのものであります」。

しかしなぜ「哲学批判の〈哲学〉」なのか。未完・未熟ながら、まさにこの意味での「哲学的諸カテゴリーの批判」を試みたのは、第三モデルの『ドイチェ・イデオロギー』であった。「普遍者」「実体」「人間」「精神」「自己意識」「本質」「概念」「自然」「感性」「自由」「個人」などが、少なくとも方向としては、「システムの叙述であると同時にその叙述を通してのシステムの批判」として遂行されたのである。現に、「自立的な哲学は現実の叙述とともに生存の地盤を失う」（H-33）という多少類似した表現もすでにそこに見られる。マルクスの方はなぜこれを「哲学的良心の清算」と了解して「現実的でポジティヴな学」の課題として構想し、廣松の方はなぜ「哲学批判の哲学」を「推及」するのだろうか。

廣松は「勿論「哲学」の定義が問題なのではありません。マルクス主義の思想的な構えそのものを、謂うなればメタ・レベルにおいて自覚的に把らえ返すこと、これが課題です」と書いている。廣松にとっては「マルクス主義の思想的な構えそのものを謂うなればメタ・レベルにおいて自覚的に把らえ返すこと」は「哲学」にほかならず、また「把らえ返し」を通して把握されるメタ・レベルも「マルクスにおける哲学」にほかならない。もちろんこれはマルクス自身の自己了解としての「哲学」ではなく、廣松がマルクスの中に「把らえ返した」「哲学」なのである。こういう「把らえ返し」によって廣松は「マルクスにおける哲学」を独自に再生産し、「マルクス主義」と「哲学」の綜合可能性を確保しているのである。しかし、この「把らえ返し」のリスクも見ておくべきだろう。つまり「共産主義からの哲学の篩い分け」というマルクスのあの思いつめた切断が視界から消えるというリスクである。

廣松は「マルクスと哲学」の緊張関係を、「マルクス主義者」と「哲学者」の分裂を、大きなスケールでタフに生きた人であった。廣松は一方できわめてアカデミックな(見方によれば過度にアカデミックな)スタイルで哲学の体系構築を続けたが、他方では、少なくとも七〇年代の初頭までは、現代革命論の問題に直接取り組もうとしている。内容上の賛否は別にして、こういう姿勢は、日本のいわゆる左翼哲学者の中でもまったく例外的なことであった。ところで、廣松は死の直前、「日中を軸とした東亜の新体制」を「反体制左翼のスローガン」とすべきだという唐突な提言を行った。この提言は論旨の飛躍と混濁を含むものであったが、その短い提言の中で廣松は二度も自分を「哲学屋」と卑下している。まずは前置きで「筆者が哲学屋であることに免じて書生談義をお許し願いたい」と書き、少し後で「新しい世界観や価値観は結局のところアジアから生まれ、それが世界を席巻することになろう。日本の哲学屋としてこのことは断言してもよいと思う」との予言を行っている(『朝日新聞』一九九四年三月一六日)。チンドン屋がチンドンするように、「哲学屋」は書生談義と予言をする、ということなのだろうか。廣松における「マルクス主義」と「哲学」の分裂の深刻さをはしなくも垣間見た思いであり、「共産主義からの哲学の篩い分け」というマルクスの「解体的」な言葉がどこからか聞こえてくるような思いであった。

5　エティエンヌ・バリバール

アルチュセールの流れを汲むバリバールは、『マルクスの哲学』（原著一九九三年、杉山吉弘訳、法政大学出版局、一九九五年）を書いている。ただし、我々のような「マルクス〈と〉哲学」ではなく「マルクス〈の〉哲学」なのである。正確には「マルクスの諸哲学」というタイトルが望ましかったと彼は日本語版の序文で書いている。「マルクスの哲学」は分岐、矛盾をはらみ、むしろ複数の哲学からなるということである。彼によれば、マルクスの学説体系としての「マルクス主義哲学」なるものは存在しなかったし、今後も存在しえない。しかし国家哲学や党哲学の崩壊によって、逆説的なことに「哲学にとってのマルクスの重要性はかってよりももっと大きくなる」のだ。「マルクスが哲学的言説の伝統的な形態と使用法にたとえどれほど反対していたとしても、彼自身が哲学的諸言表を彼の歴史―社会的な分析や政治活動の命題と織り合わせた」のであり、ただ「それらの言表が総合的な総体」を形成することはなかったということである。マルクスが哲学的実践として行ったことは、哲学の内部と哲学の外部を「不断に揺れ動きながら」、哲学活動の本質そのもの、その内容、様式、方法、政治的機能を「問題に付す」ことであり、「哲学の場、諸問題、諸目標」を「位置変動」させることであった。

だからバリバールが言う「マルクスの哲学」とは、「マルクスにおいて哲学する」とか「マルクスとともにマルクスに抗して哲学する」と言い換えられる。マルクスが体系化することなく、不整合なまま残した「諸問題編成」「諸公理系」を、それらの限界および開口部までとことん突きつめて、「まったく新たな情勢の中で、我々がマルクスとともに、またマルクスに抗して何がなしうるか」を考えることなのである。こうして複数の「マルクスの哲学」が自覚されるだろうが、それらは党哲学でも大学哲学でもない「いかなる制度に対しても不安定な立場」にとどまるだろう、と。

バリバールの意図を離れて言えば、ここで言われている「マルクスの哲学」とは、「マルクス〈が〉哲学する」のでなく「我々がマルクス〈において〉哲学する」ことであり、「我々」とは哲学者バリバール自身であり読者に呼びかけるバリバールであるから、「哲学者バリバール〈が〉マルクスとともに、またマルクスに抗して哲学する」ことにほかならない。「兆候的読書」以来の外挿法がここでも堅持されていることになる。

奇妙なことに彼は「マルクスの哲学」を語りながら、正真正銘の「マルクスの哲学」であった第一モデルと第二モデルをまったく扱っていない。第三モデル以降だけを扱いながら、そこにも理性主義哲学への反転があることを確認しようとしている。むしろマルクスの思想行程を、四つのモデルの転変として読めば、理性主義哲学のある面が第三モデル以降も、形を変えて再現している事態を、もっと自然に了解できたのではなかろうか。

第1章　註

(1)　哲学に対するマルクスの関係を比較的主題的に論じたものとしては次のようなものがある。

①カール・コルシュ『マルクス主義と哲学』原著一九二三年、石堂清倫訳、三一書房、一九七五年。

②エヌ・カーレフ「マルクス主義における哲学の問題」原著一九二四年、永田廣志訳、プロレタリア科学研究所編『マルクス主義の旗の下に』創刊号、一九三〇年。

③ H. Givsan, *Materialismus und Geschichte*, Verlag Peter Lang, 1981. とくにその第一章「マルクスと哲学」。

④廣松渉「マルクスにおける哲学」『物象化論の構図』岩波書店、一九八三年。

⑤アルチュセール『不確定な唯物論のために』原著一九八八年、原題は『哲学とマルクス主義』、山崎カヲル訳、大村書

店、一九九三年、および『哲学について』原著一九九四年、今村仁司訳、筑摩書房、一九九五年。
⑥Eberhard Braun, *Aufhebung der Philosophie—Marx und die Folgen*, Verlag J.B. Metzler, 1992.
⑦エティエンヌ・バリバール『マルクスの哲学』原著一九九三年、杉山吉弘訳、法政大学出版局、一九九五年。

（2）プレハーノフは、『反ベルンシュタイン論』（一八九八～一九〇二年）などで「史的唯物論」とは別に、それを基礎づけている「一般哲学的根拠」としての「唯物論哲学」の存在を主張して、外部補完説と論争した。

（3）拙論「ヘーゲル歴史哲学と理性の狡知」、高橋昭二・徳永恂編著『歴史の哲学』北樹出版、一九八〇年、参照。

（4）息子フィヒテら「積極哲学」派も、最初はヘーゲル学派に属していた。Inge Taubert, Probleme der weltanschaulichen Entwicklung von Karl Marx in der Zeit von März 1841 bis März 1843, in *Marx-Engels Jahrbuch*, Bd. 1, 1978, S.208. 参照。

（5）いわゆる「ソ連型社会主義諸国」の異論派が、彼らの民主化要求に際してマルクスの第一モデルを典拠の一つにしたことはよく知られている。日本でも一九三〇年代に「理性」を最後の砦として「日本主義イデオロギー」に抵抗した哲学者群があった。これは、「受動革命」の一環として体制によって受容された哲学が、やがて体制の「天皇制ファシズム」化の中で、理性主義的反体制分派を派生したということであった。しかしこの理性主義分派は二つの試練を受けた。第一は国家による言論抑圧で大量の「転向」現象を生じたことであって、「転向」の多くは理性主義の限界の自覚という形をとった。第二は敗戦と受動的民主化の結果、体制自身が「合理主義」を標榜し始めると、彼らの多くは、かつてのような批判性を失っていった、ということである。ハーバーマスも「目的合理性」から「コミュニケーション的合理性」や「公共性」へと「理性」をシフトさせることによって、理性主義の今日的意義を強調する（『コミュニケーション的行為の理論』原著一九八一年）。彼も、共和制的国家理性として「コミュニケーション的合理性」を強調する点で、ごく大雑把に見れば、この第一モデルの系譜にあると言えるだろう。もちろん彼は「ポスト形而上学」の立場を鮮明に打ち出していて、「哲学の揚棄」というマルクス的問題意識も持っている。さらに彼は「理想的発話状況」と現実のコミュニケーションとを明確に区分する。その点ではこの第一モデルとまったく異なるのであるが、フィヒテの言う〈哲学者の根本傾向と根本関心〉という面からハーバーマスを読めば、彼はアドルノなどによる「啓蒙の弁証法」批判から何とか理性主義を救済しようとしたのであって、この第一モデルに相当に近いと言えるだろう。ハーバーバスは、マルクスの第二モデル以降が立っている知識人と労働者の歴史的ブロックという基盤が、一九六〇年代末以降その有効性を失ったと見る。マルクスに対するハーバーマスのこの批判的関係という面で見れば、ハーバーマスはマルクスの第一モデルへと回帰したと言うこともできよう。理性主義は今日では、単に伝統的な知的モラル的システムとしての宗教権力との対立においてのみでなく、「大衆社会化」と「新たな独裁国家」、「官僚制」と「資本制」による「理性の道具化」と「生活世界の植民地化」といった新しい「敵」にも挑戦しなければならなくなっているのである。この意味でこの第一モデルの現代的意義も再認識されるべきだろう。またハーバーマスは人道的介入を理由とするNATOによる旧ユーゴ空爆を支持した。ここに理性主義の限界を見る議論もある。

(6) これはアルチュセールから廣松渉に至る、いわゆる「理論的反人間主義」的マルクス解釈が見落としていた点である。

(7) 多くの留保条件付きでだが、私の理解では、第二モデルの優れた実践者はA・グラムシであろう。グラムシはマルクスの思想を「実践の哲学」として（したがって一つの「哲学」として）とらえている。たとえば彼はクローチェによる「フォイエルバッハ・テーゼ第一一」の解釈に異を唱え、「マルクスが実践的活動でもって哲学一般を「踏みつけ」ようとしたとする馬鹿げた仮説」（第一〇ノート第三一節）とこれを非難している。「実践の哲学」という呼称は、けっして獄中での監視の目をごまかすためのものではなく、むしろ彼のマルクス解釈の一特徴と見なければならない。もちろんグラムシはマルクスの思想を「実践の哲学」として受けとめた上で、マルクスの「実践の哲学」の中に「哲学観そのものの完全な革新」（『獄中ノート』第一一ノート第二七節）を読みとろうとするのであるが、彼が正統マルクス主義の経済決定論への傾斜に対抗し、あるいはエンゲルスやレーニンの中のブルジョワ唯物論への傾斜に対抗して、「知的モラル的ヘゲモニー」を強調し、またとくにマルクスの中にある「カタルシス（浄化）」への志向（必然を自由へ、構造を上部構造へ、所与を自己決定へと高める志向）の存在を強調する時、彼は自分が「哲学」にこだわった積極的意味を語ろうとしていると思われる。プロレタリアートとの歴史的ブロックという面では、グラムシは「知識人—大衆—弁証法」の問題として、第二モデルのマルクスよりはるかに深くかつ多面的に考えている。とくに知識人を「大思想家」と「有機的知識人」に区分し、「大思想家」と「大衆」の中間にたつ「有機的知識人」に「知識人—大衆—弁証法」における決定的な役割を見ている点でも、マルクスを越えていると言えよう。拙論「すべての人間は哲学者である——アントニオ・グラムシと哲学の現実諸形態」『情況』一九九七年七月号、参照。

(8) *Der Bund der Kommunisten: Dokumente und Materialien*, Dietz Verlag, 1983, Bd. 1, S.307.

(9) 「裸の王様」風のこういうアイロニーないし滑稽としての哲学了解が、したがって、イデオロギー論的哲学了解に随伴する。

(10) この「現実的でポジティヴな学」という構想は、サン＝シモン主義の流れを汲むオーギュスト・コントとの関連を推測させるものであるが、いまのところ確たる事実はつかめていない。マルクス、エンゲルスに対するコントの影響を追跡したものとしては、Paul Kägi, *Genesis des historischen Materialismus*, Europa Verlag, 1965. があるが、ケーギも決め手に欠いているように思われる。なお『ドイチェ・イデオロギー』については、廣松渉により「エンゲルス主導説」が唱えられている（『エンゲルス論』盛田書店、一九六八年）。とりあえずここでは、筆者が「エンゲルス主導説」に同意していないことだけを確認しておきたい。

(11) シュンペーター『資本主義・社会主義・民主主義』原著一九四二年、中山伊知郎ほか訳、東洋経済新報社、新装版一九九五年、三九頁。

第 **2** 章
［意識］

マルクス意識論の端初規定

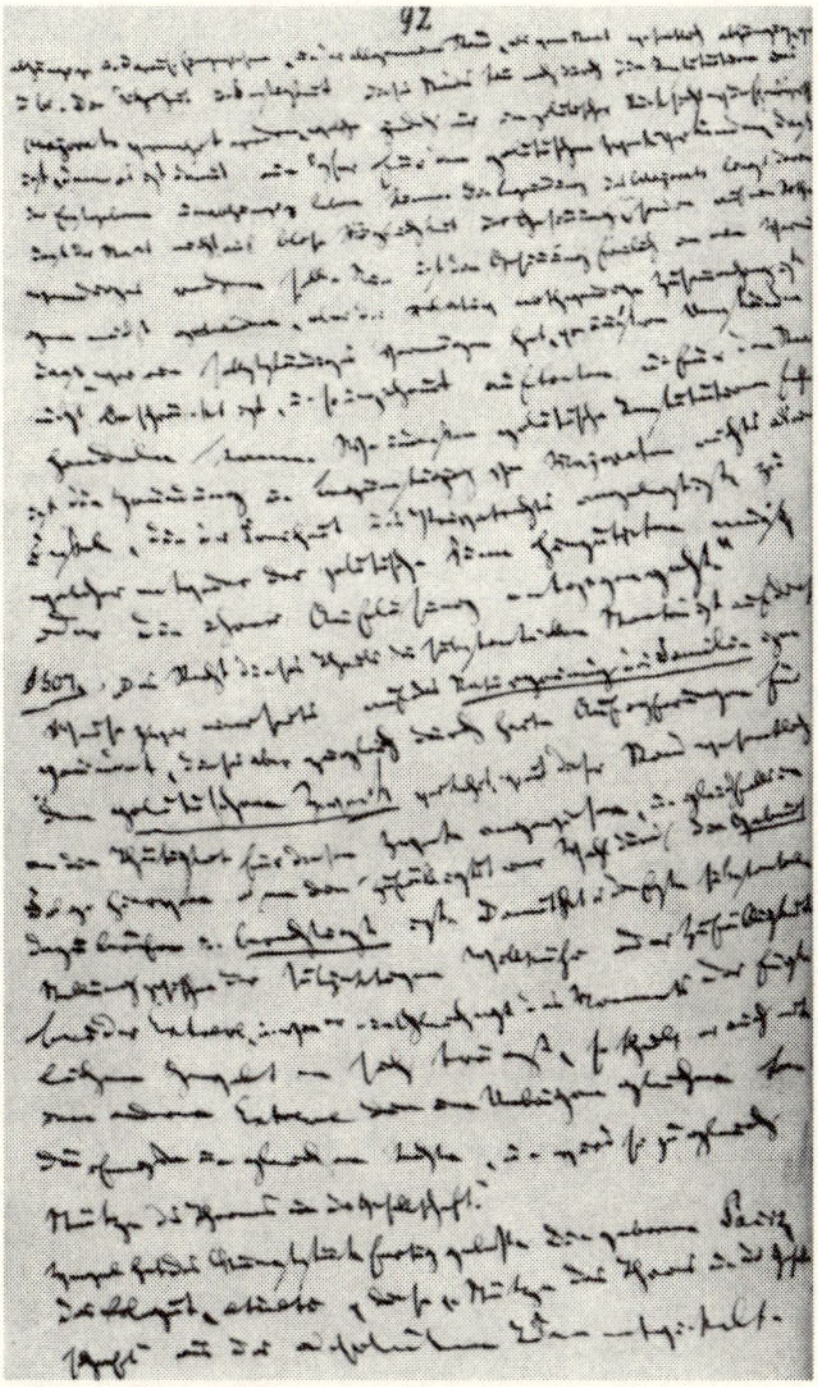

「まさに人間が類的存在者であるがゆえにのみ，人間は意識的存在者であり，つまり自分自身の生活が自分にとって対象なのである．それによってのみ人間の活動は自由な活動なのだ．」
（『経済学哲学草稿』1844年，26歳，パリ）

章扉写真＝『経済学哲学草稿』第１ノート第 XXIV ボーゲン
（出典） MEGA² I-2

マルクスには「意識」についての体系的叙述はない。主として論争的文脈で、定式化を試みた諸断片が残されているだけである。けれども、これら諸断片を、それなりに系統立てて再読すると、彼の死後に「弁証法的唯物論」とか「マルクス主義哲学」などとして「体系化」されたものとはおおよそ異質なものが、かなりぼやけた輪郭だけではあるにせよ、浮かび上がってくるように思える。マルクスを現代へと超える道は、この領域でも、大きな可能性を秘めているのではなかろうか。ひとつ探ってみよう。

[1] マルクス「意識」論の端初規定の抽出

まずはマルクス「意識」論の端初規定の確認から始めることにする。意識を論じると言っても、さまざまな側面から論じなければならないのであるが、それらを順序立てて論じ、叙述する場合に、まさに〈それ〉から始めるべき、その〈それ〉、最初に置くべき意識の規定についてである。初めに、三つの用例を列挙してみる。

1 『経済学哲学草稿』(一八四四年)

『経済学哲学草稿』で意識が論じられるのは、「疎外された労働」の四つの側面のうちの第三、いわゆる「類(Gattung)の疎外」を明らかにするため、人間という「類」の「性格」を限定するという文脈においてである。

「生活活動の様式の中にこそ、一つの種の全性格が横たわっており、自由で意識的な活動というのが、人間という類の性格なのだ。……動物はその生活活動と直接に一つである。動物は自分を自分の生活活動から区別しない。動物は生活活動〈である〉。人間は自分の生活活動そのものを自分の意欲や意識の対象とする。人間は意識的生活活動をもつ。だから人間はある限定されたあり方に直接融合するということはない。意識的生活活動が人間を直接に動物的生活活動から分かつのである。まさにそれによってのみ、人間は類的存在者(Gattungswesen)なのだ。別言すれば、まさに人間が類的存在者であるがゆえにのみ、人間は意識的存在者であり、つまり自分自身の生活が自分にとって対象なのである。それによってのみ人間の活動は自由な活動なのだ」(MEGA² I-2-240)。

まず、右のテクスト中の「人間は意識的存在者であり、つまり自分自身の生活が自分にとって対象である(Sein eigenes Leben ist ihm Gegenstand.)」という箇所と「人間は自分の生活活動そのものを自分の意欲や意識の対象とする(Der Mensch macht seine Lebenstätigkeit selbst zum Gegenstand seines Wollens und Bewußtseins.)」という箇所に目を向けてみよう。人間は、他の人間や環境的自然や最広義の生産物を「生活活動」の対象、マルクスの言う「本質(Wesen存在者)の対象」として実践的に「生活」を営んでいるだけではない。「自分を自分の生活活動から区別」し、自分のこのような「生活活動それ自身」をも「対象とする（zum Gegenstand machen）」のである。いわばこういう二乗に「対象とする」という点で、人間は、「自分の生活活動と直接に一つ」である動物と異なる。「自分を自分の生活活動から区別」し「自分の生活活動それ自身を対象とする」という、人間のこの〈あり方〉が、マルクスによれば、「意識」にほかならないということになる。念のために以下、定義的に定式化しておこう。《「意識」とは、自分を自分の生活活動から区別し、自分の生活活動それ自身を対象とする人間のあり方である。》

2　『ドイチェ・イデオロギー』（一八四五／四六年）

次に『ドイチェ・イデオロギー』に移ろう。バガトゥーリアの執筆推定時期で最古層とされている箇所で、(1)マルクスとエンゲルスは「本源的歴史関係の四つの契機、四つの側面」を叙述した後、意識の叙述に移っている。最初、彼らは意識の「言語」形式に注目することにより、意識の物質性と社会性を強調しようとするが、その途中で、意識の一般規定を与えようとする、後からの挿入がなされている。

「"精神"はそれ自身において最初から、物質に"まとわれている"という呪いを負っている。つまり物質はここでは振動する空気層、音という形式で、要するに言語において、立ち現れるのである。言語は意識と同い年である。言語は実践的な、他の人間たちに対しても現存する【がゆえにはじめてまた私自身に対しても現存する】現実的意識である。言語は、意識と同様、〚交通〛他の人間たちとの交通への欲求【と必要】からはじめて生じる。【〚私を取り囲んでいるものに対する私の関係が私の意識である。〛ある関係が現存するところには、その関係は私に対して（für mich）現存する。動物は〚対自的にはしない〛何に対しても

〃関係行為せ〃ず、一般に〃関係行為し〃ない。動物に対しては他のものへの動物の関係は関係としては現存しない。】意識はしたがって、最初からすでに社会的産物であり、一般に人間が現存する限りはそうであり続ける」(H-28,【 】内はのちの加筆。〔 〕内は削除分。ゴチックはマルクス筆跡)。

右の文はよく注意すると三層からなることが了解されよう。

第一層はエンゲルス筆跡(必ずしもエンゲルスのオリジナルとは限らない)の地の文で、これは意識の言語性格から意識を「社会的産物」と確認し、ただちに意識の歴史的叙述に移っていく。第二層はエンゲルス筆跡の加筆分で、これは地の文における意識の一般規定の欠如に気づき、それを補足しようとしている。第三層は第二層へのマルクス筆跡の加筆分で、この加筆は、エンゲルス筆跡による補足箇所では、意識に固有の規定性を十分には限定できていないという判断に基づいていたと推定される。右の文は、こういう加筆変更のプロセスを想定しないで、廣松版以前の諸版のようにそのプロセスが消失した形で読めば、おそらく整合的には読解不能であると思われる。

ここに言う「私を取り囲んでいるものに対する私の関係」は、『経済学哲学草稿』で見たとおり、「生活活動」における「本質の対象」との「関係行為」にほかならないのであって、「その対象が私に対して「私の対象として」現存する」というレベルが、初めて意識の規定なのである。ところがエンゲルス筆跡の加筆箇所では、この二乗の「対象とする」という視点が明確でないために、マルクスがさらに加筆した形跡がうかがえるわけである。「動物は関係行為しない」(エンゲルス筆跡)のではない。「対自的にはしない」(マルクス筆跡)だけなのである。あるいは「動物に対しては「動物自身の対象としては」他のものへの動物の関係は関係としては現存しない」(マルクス筆跡)だけなのである。また「私を取り囲んでいるものに対する私の関係が私の意識である」(エンゲルス筆跡、削除箇所）のではない。「私を取り囲んでいるものに対する私の関係」が「私に対して現存する」というあり方が「私の意識」なのである。

したがってマルクスの加筆箇所をベースに『ドイチェ・イデオロギー』における意識の端初規定を定式化すれば次のようになろう。《自分を取り囲んでいるものに対する自分の関係が自分自身に対して関係として現存する（Für ihm selbst existiert sein Verhältnis zu seiner Umgebung als Verhältnis.）という人間のあり方が意識である。》

3　『資本論』初版（一八六七年）

〃後期〃マルクスにもあたっておこう。

「人格的関係は物件的形態により覆い隠されている。したがって価値の額に価値とは何かが書かれているのではない。彼らの生産物を商品として相互に関係づけるためには、人間たちは彼らの相異なる労働を抽象的人間労働［として］等置しなければならない。彼らはそうしていることを知って（wissen）いないが、物質的な物を価値という抽象物に還元することにより、そう行っている（tun）のである。彼らの物質的生産の特殊な様式から、またこの生産が彼らをその中に置き入れる諸関係から、必然的に生育してくるのは、彼らの頭脳の自生的で、したがって無意識な（bewußtlos）働きなのである。最初は彼らの関係は実践的に定在する。第二にしかし、彼らは人間なのであるから、彼らの関係は関係として彼らに対して［彼らの対象として］定在する。その関係が彼らに対してどのように定在するかの様式は、この関係そのものの本性（Natur）から生じる。後になって彼らは学（Wissenschaft）により、彼ら自身の社会的生産物の秘密の背後に至ろうとするのである。というのは物の価値としての規定は、言語と同様、彼らの［社会的］産物だからである」(MEGA² II-5-46, [ ] 内は田畑)。

ここには「自生的」「無意識的」な「実践」「行い」、つまり関係行為が先行し、次にその実践的関係が当該主体へ向かって現れる当該意識が論じられ、最後にその関係の「学」的反省に至るという、三段階構成が見られる。我々がとりあえず注目する点は「彼らは人間なのであるから、彼らの関係は関係として彼らに対して定在する(Ihr Verhältnis ist als Verhältnis für sie da.)」という、意識の端初規定がここにも見られるということである。定式化しておくと次のようになる。《人間たちの[他者との実践的]関係が関係として彼らに向かって定在しているというあり方が意識である。》

以上、我々は、「自分の生活活動それ自身を対象とする」(『経済学哲学草稿』)、「自分を取り囲んでいるものに対する自分の関係が自分自身に対して関係として現存する」(『ドイチェ・イデオロギー』)、「人間たちの[他者との]関係が関係として彼らに対して定在する」(『資本論』)という、意識に関するマルクスの端初規定の三つの事例を確認した。これら三事例は、表現にこそ差異が見られるものの、内実から見れば、ほぼ重なり合うものであることは疑問の余地がない。

念のため他の事例をあげることもできる。『ドイチェ・イデオロギー』は「意識の始まり」について次のように特徴づけている。

「意識は、もちろん最初は、感性的な四囲(Umgebung 取り囲んでいるもの)に関する意識、意識するようになりつつある個人の、外部にある他の諸人格や諸事物との局限された連関(Zusammenhang)の意識である」（H-28）。

これをもとに定式化すると、《意識とは、意識している個人の外部にある他の諸人格や諸事物との、この個人の関連に関する意識である（Das Bewußtsein ist Bewußtsein des Zusammenhangs mit anderen Personen und Dingen außer dem sich bewußten Individuum.）》となろう。

あるいは『ドイチェ・イデオロギー』には「意識は、……現存している実践（Praxis）の意識である」（H-30）とか「単に個別的人格の意識があったのではなく、全社会との関連における個人の、その中で彼が生きる全社会に関する意識があったのだ」（MEW 3-167）という表現も見られる。これらをもとに定式化すれば、《意識とは現存している実践の意識である（Das Bewußtsein ist Bewußtsein der existierenden Praxis.）》とか《全社会との連関にある個々の個人が、その中で彼が生きている全社会に関して意識する（Die einzelne Person im Zusammenhange mit der ganzen Gesellschaft ist sich der ganzen Gesellschaft, in der sie lebt, bewußt.）》となる。これらは〈意識は……意識である〉という反復を含んでいるが、述語の「意識」を「に対してあるあり方」とか「対象とするあり方」と置き換えてやると、先の諸事例と同じ実質が見えてくるであろう。他の事例もあるが、一応これで十分と思われる。

[2]　マルクス意識論の特徴づけ

そこで次に、マルクス意識論の端初規定を少し敷衍しながら、彼の意識論の基本特徴を浮かび上がらせてみることにしよう。

1 意識の前提

マルクスでは、意識は無前提な何かなのではない。意識の直接所与性はあくまで、ヘーゲル風に言えば「媒介の揚棄」（被媒介面が後景に退いている状態）として了解される。では意識が〈その上に〉成立するまさにその〈それ〉、つまり意識に〈固有の〉前提は何であるのか。自然なのか。物質なのか。脳なのか。社会なのか。ア・プリオリな意識形式なのか。いずれでもなく、人間たちの「生活活動」「生活」「自分を取り囲んでいるものに対する自分の［実践的］関係」「自分たちの［他者との］関係」にほかならない。

マルクスにおいては「自分の生活活動」「自分自身の生活」「自分を取り囲んでいるものに対する自分の［実践的］関係」「自分たちの［他者との］関係」が概念上、意識に、つまり「自分の生活活動」自身を「対象とする」あり方に、先行する。その意味で「実在」するものは「生活活動」であり、その限りでマルクスの実在論は「生活活動」の実在論と言えるだろう。あるいは彼は「フォイエルバッハに関するテーゼ」（一八四五年）の第一テーゼで「対象、現実、感性」を「感性的人間活動、実践」としてとらえるべきだとも言っているので、「感性的人間活動、実践」の実在論と表現することもできるだろう。表現にいくつかの違いがあるが、事柄としては同じものと考えられる。

「これまでの総ての唯物論（フォイエルバッハ的なそれを含め）の主要欠陥は、対象、現実、感性が〈客体または直観〉の形式のもとでとらえられていて、〈感性的人間的活動、実践〉として、主体的にとらえられていないということである。したがって〈活動的〉側面は唯物論に対立して観念論によって抽象的に展開されたのだが、この観念論は当然のこととして感性的な活動そのものを知らないのである。フォイエルバッハは感性的な——思想諸客体から現実に区別される——諸客体を欲している。だが彼は人間的活動自身を〈対象的な〉活動としてとらえない。彼はそれゆえ『キリスト教の本質』で理論的な振る舞いのみを真に人間的な振る舞いと考え、一方、実践はその汚らしいユダヤ的現象形態においてだけとらえられ固定されるのである。だから彼は「革命的な」活動、「実践的—批判的な」活動の意義を把握しなかった」(MEW 3-5, 〈 〉内はイタリックス)。

つまりマルクスは、意識の前提である実在領域を、単なる〈客体または直観〉の形式でしかとらえなかった「これまでの総ての唯物論」と明確に一線を画しているのである。

こういう前提の上に意識、つまり「自分の生活活動そのもの」を「自分の対象にする」という生活活動の〈あり方〉が分節化してくるのだ。しかしこの分節化は二元性を意味しない。あくまで人間たちは「自分の生活活動そのもの」を「対象にし」〈つつ〉、「生活活動」を営むのである。マルクスは「生活活動の様式」という視点から「人間という類の性格」を規定しようとし、それを「意識的生活活動 (die bewußte Lebenstätigkeit)」に見たのであって、意識とは「自分の生活活動そのもの」を「自分の対象にする」という、したがってまた「自分の生活活動そのもの」を「自分の対象にし」〈つつ〉「生活活動」を営むという、人間たちの生活活動の〈この〉様式、〈この〉契機を示す概念にほかならない(2)。

「生活活動」は意識の固有の前提として、概念上、意識に先行しなければならないが、次に意識を分節化させる。つまり「自分の生活活動そのもの」を「対象にし」〈つつ〉、かつこういう「対象にし」〈つつ〉あるあり方を生活活動に不断に再統合し〈つつ〉、生活活動を営むのである。植物や胎児や睡眠状態や無意識な行動があるように、「生活活動」は必ずしも〈常に〉「自分の生活活動そのもの」を「対象にし」〈つつ〉営まれるわけではない。意識的生活活動も、無意識的生活活動も、人間たちの生活活動の循環的局面にほかならないのである。

2　意識の対象

では意識の対象は何であるのか。つまり意識は何に「向かって」いるのか。レーニンの言う「客観的実在」のような無関心な存在なのだろうか。それともフッサールが「意識は常に〈何か〉に関する意識である」と言う場合の〈何か〉なのだろうか。もちろん、いずれでもない。意識が「向かう」もの、意識において人間たちが「対象とする（zum Gegenstand machen）」もの、それはマルクスにあっては再び「自分の生活活動」「自分自身の生活」「自分を取り囲んでいるものに対する自分の［実践的］関係」「自分たちの［他者との］関係」なのである。このことは決定的に重要な事柄である。

もっとも、意識は自己の前提である生活活動に「向かう」にせよ、「意識の前提」が意識に向かって全面的に現象する（自己をあらわにする）ということはない。別言すると、意識が自己の前提を完全に意識することはない。現に先の『資本論』からの引用にもあるように「彼らはそうしていることを知って（wissen）いないが、物質的な物を価値という抽象物に還元することにより、そう行っている（tun）のだ」（MEGA² II-5-46）という事態が、あるいはこれに類するさまざまな事態が、すぐに想定できるからである。意識が「向かう」のは「自分の生活活動」である点に変わりはないが、「意識の前提」と「意識の対象」とのこのズレは不断に意識されるのであって、このズレそのものを対象にして意識は先験的反省（意識を可能にする諸条件の反省）の次元をもつことができるのである。しかし結論だけ先取りして言うと、この先験的反省自身も、先験的なものによる経験的なものの了解と、経験的なものによる先験的なものの了解との、歴史的循環性を免れることはできないのである。

3 意識の対象の分節化と自立化

意識は少なくとも端初規定では、「自分を取り囲んでいるものに対する自分の関係」を、あくまで〈全体として〉「自分の対象とする」。したがって、この「生活活動」や「関係」の諸契機――［α］活動／関係主体（もちろん我／我々の二重化を含む）、［β］他者や物を含む活動対象＝環境（関係対象）、［γ］活動そのもの（関係行為そのもの）――を「対象とする」のは分節化の成果（結果）としてである。この分節化については、乳児の意識形成とか日常の目覚めの瞬間とかの、経験的事態が想定されるかもしれないが、ここではさしあたりは生活／意識の概念的諸契機への展開を一般的に表現していると了解願いたい。この場合も、これら諸契機を〈単なる契機として〉「対象とする」のであって、意識は少なくとも端初規定では、「自分の生活活動」や「自分を取り囲んでいるものに対する自分の関係」をあくまで〈全体として〉「自分の対象と」しているのである。つまり意識の注意（Aufmerksamkeit）によって、諸契機のどれかが前景に出る場合も、〈全体として〉の「自分の生活活動」は背景として「対象とし」続ける。もちろん、これら〈単なる〉契機は「人間たち」に「対して」自立的な「対象」として現象しうるが、あとで見るように、この自立化には意識のイデオロギー構造がかかわってくるのである（主体主義、客体主義、関係主義など）。

だから、意識の対象を単なる「客観的実在」とみなす見解の難点の一つ、つまり意識は「自己」を「対象とする」という側面を展開しえないという難点は、マルクスによる意識の端初規定では生じない。意識は「生活活動」を「対象にする」以上、活動主体（関係主体）をも「対象にする」。しかしこの主体は「自分を取り囲んでいるものに対する自分の「実践的」関係」という全体の、単なる契機として「対象になる」のであって、実体化された主体として「対象になる」のではない。この点についてはブルーノ・バウアーの「自己意識の哲学」に対するマルクスの激しい批判に見られるとおりである（MEW 2-82 以下参照）。

同様にして活動対象（関係対象）も「生活活動」の〈単なる契機として〉「対象になる」。他者や物件や社会についてはこのことは了解されようが（意味存在、価値存在、役割存在など）、自然をも「生活活動」や「関係」の〈単なる契機として〉「対象にする」という表現には、昔の「弁証法的唯物論」に親しんできた者には異論があるかもしれない。自然を一種の交渉存在へと相対化し、「意識から独立な客観的実在」を否定する「観念論」への逸脱である、などと。マルクス意識論における「実在論（Realismus）」問題については後に詳しく論じるが、一言で言えば、この種の反問は事態をまったく逆立ちして了解している。マルクスにあっては意識は無前提ではありえず、「自分の生活活動」の上に成立しているのであって、「独立な対象」は「意識の対象」である〈前に〉「存在者の対象（Gegenstand des Wesens）」（MEGA² I-2-296）、「生活（生命）の対象（Gegenstand des Lebens）」（Ibid., 236）なのである。ところが「弁証法的唯物論」のベースとなったレーニン『唯物論と経験批判論』のケースで見ると、「生活活動」視点抜きに、感覚論の土俵で意識を論じてしまい、意識を「客観的実在の反映」と定義して、裸の「意識」と「客観的実在」との二元的構成を出発点に置いてしまっている。(3) こうなると、「意識からの独立」は定義的に前提されているだけであって、根拠づけは不能になる。裸の「意識」から「客観的実在」など導出できはしない。それでこの前提そのものの基礎づけが問題になると、レーニンは事実上「生活活動」視点に移っているのであるが、ただその不整合に無自覚なままだったのである。(4)

4 「対象とする」の分節化と自立化

「対象とする（zum Gegenstand machen）」とか「対象が対象として私に対して定在する（Ein Gegenstand ist als Gegenstand für mich da.）」という表現は、もちろん知覚や認識の「対象とする」ことと同じではない。感情や価値判定の「対象とする」ことも、欲求や意志の「対象とする」ことも、構想力の「対象とする」(可能態において「対象とする」)ことも、含まれる。正確に言えば、比較的に無限定な「対象とする」あり方から始まり、諸契機への分節化を経て、欲求、感情、知覚、認識、価値判定、意志、構想力などを包括するような諸契機の統一として、「対象とする」あり方へと進むのである。ここでも関心によって前景に出るものと後景にとどまるものが交替するが、それらの交替を超えて常に包括的なあり方で「対象とする」事態が持続している。別言すれば、欲求、感情、知覚、認識、価値判定、意志、構想力などはバラバラにあるのではなく、「生活活動」主体の統一的な意識の諸契機として統合されてあるのであるから、「対象とする」とは、現実的にはこの統一的意識の「対象とする」ということであって、この意味では意識はきわめて複雑な構造をもつと言える。

しかし、これらの諸要素は自立したものとしても生活活動当事者に現象しうる。認知主義や情念主義や主意主義や空想主義や規範主義などに見られる自立化にも、意識のイデオロギー構造がかかわっているのである。「対象とする」のこのような包括性を表現するには、「反映する」(abspiegeln, widerspiegeln)」というような、本来、感覚論(知覚論)に由来し、鏡—像—関係とのアナロジーに基づいているような意識了解は、いかに「反映」概念の意味を定義的に拡張しても、「狭すぎる」のは明らかだろう。

5　意識と生活活動の統一面と対置面

ところで、マルクスは、人間たちが「自分を自分の生活活動から区別する」と言うが、意識において「対象とする」これらの「生活活動」、「自分を取り囲んでいるものに対する自分の関係」は、すでに意識を不可欠な契機として持つのではなかろうか。もちろんそのとおりであって、意識の対象としての生活活動は意識を不可欠な契機として伴うからこそ、意識は自己意識を伴うのである。つまり「自分の生活活動」を「対象としている」こと自体を、再帰的に「対象とする」あり方を伴うのである。

しかし、人間たちの生活活動は〈常に〉自分の生活活動そのもの「に向かって」ある様式で営まれているわけではない。「向かって」ある様式で営まれる局面もあれば、そうでない熟睡状態などの局面もあり、こういう局面の交替を、そしてまたこれら局面の交替を超えた生活活動の持続を、我々は、疑いえないものとして日々体験するのである。とりあえずはこの意味で、意識は生活活動そのものではなく、その契機にほかならないと言えるだろう。

しかしこの対置は、所与の生活活動や所与の意識の、被媒介的諸局面でも不断に再現する。先の『資本論』からの引用に即して具体的に見てみよう。人間たちは商品交換において「彼らの相異なる労働を抽象的人間労働として等値しなければならない」〈という一定の意識について見れば〉、商品交換当事者は「意識しないで(bewußtlos)」ただそれを「行う」のみである。そしてこの自生的生活活動の大量的反復的展開が先行してはじめて、人間たちは「意図的に(absichtlich)」(MEW 23-103)交換を目的にした生産を行うに至るのである。そしてその上ではじめて、「彼らは学(Wissenschaft)により、彼ら自身の社会的生産物の秘密の背後に至ろうとする」。つまり価値関係についての「学」的意識も生成する。だからといって最初の商品交換当事者は純粋無意識に行為しているのでないことは明らかである。現にマルクスは商品交換者の一定の無意識=一定の意識をフェティシズムとして意識分析しているのである。

このように所与の生活活動も所与の意識も媒介されてしか存在しないのであるから、生活活動と意識の境界線は分析対象である〈一定の〉意識に応じて移動させねばならない。分析対象である〈一定の〉意識に対して、〈そのつど常に〉生活活動の〈一定の〉あり方が制約条件として概念上先行するということが主張されているのであって、必ずしもこの先行する生活活動の純粋無意識性が主張されているのではないのである。

たしかに、マルクスが「人間は意識的な生活活動を持つ」と言う時の「生活活動」と、「人間は自分の生活活動そのものを自分の意欲や意識の対象とする」と言う時の「生活活動」とは、概念的には同じでない。後者は意識と対置された「生活活動」であるのに対して、前者は意識を不可欠の契機とした「生活活動」なのである。しかしこれはマルクスの不整合というより、このように、「生活活動」と意識の相互関係を現実のプロセスに即した形で論理化しようとすると、両者の対置面と統一面がともに不可欠であることを示しているのである。

6　意識の端初規定と特殊諸規定

右に抽出し、特徴づけたものは、あくまで意識の端初規定なのである。この端初規定と意識の特殊諸規定とは厳密に区別されなければならない。たとえば、旧ソ連や旧東ドイツでは、意識を「中枢神経系による客観的実在の、特殊人間的な観念的反映」と定義してきたが[5]、この定義はそもそも意識の端初規定を意識の生理構造という特殊規定と混同しているのであって、一種の科学主義（生理学主義）的狭さが隠されているのである。同じことは神経生理学の発展に伴う英米の現代唯物論についても言える。P・K・モーザーとJ・D・トラウトは『読本・同時代の唯物論』への序文で次のように書いている。

「唯物論はいまや、哲学者や科学者の間で、ドミナントな体系的存在論であって、最近ではそれに競合するような確立されたオールタナティヴな存在論的見方など存在しない。その結果、哲学や諸科学における典型的な理論的労作は、暗示的であれ、明示的であれ、〈唯物論が何を含意するか〉についてのさまざまな理解によって拘束されているのである。いまや、体系的存在論としての最良の表現であることを、唯物論の還元的ヴァージョンや消去的ヴァージョンが、非還元論的唯物論と競合しているのである[6]」。

意識が「フィジカルな諸現象」に「還元可能」か、「随伴する」か、あるいは「フィジカルな諸現象」の「機能である」かという選択は、いずれを選ぶ場合も、意識を「フィジカルな諸現象」との関係において〈しか〉規定していないのである。意識の生理構造という観点からみて、今日では伝統的な意味での「唯物論」、つまり「心の物質性」を主張する立場が「ドミナント（支配的）」であることは、そのとおりであろう。しかし伝統的な意味での「唯物論」は意識を生理過程との関係において〈しか〉見ないという欠陥も抱えているのである。意識の生理構造に関する規定が意識の端初規定と混同されてしまうという狭さのために、端初規定から他のさまざまな特殊諸規定への内在的展開が妨げられてしまったと言ってもよいだろう。こういう狭さは意識の生理学的規定の場合だけに限られない。意識の端初規定と先験的（超越論的）規定を混同する場合もしばしば見られる。逆に言えば、意識の特殊諸規定を全体として視野に収めるためにも、意識の端初規定を特殊諸規定から厳密に区別して論じなければならないのである。

意識の特殊諸規定は意識の端初規定を前提したうえで、意識のもつ特殊な諸構造を展開するものである。相互に重なりとズレを含むのであるが、具体的には次のようなものが列挙できよう。

・意識の言語構造
・意識の先験的（超越論的）構造
・意識の価値判定構造
・意識の行為制御構造
・意識の深層／表層構造

・意識のイデオロギー構造
・意識のパーソナリティー構造
・意識の生理構造

これら特殊諸規定のうち、未完のままに終わったものの、マルクスが多少とも自覚的に展開しようとしたのは意識のイデオロギー構造のみであろう。その他については論争的文脈での諸断片や着想が残されているだけだと言ってよい。それでも、これらを多少なりとも系統立てて整理すると、彼の意識論の端初規定の意味が、十分に伝わってくるだろう。しかし我々はこれをたどる前に、意識の端初規定のもう一つの意味、つまり意識の〈固有の前提〉として「生活活動」が立てられていることの意味、を確認するために、マルクスにおける実在論（Realismus）の問題を見ておくことにする。

[3]　マルクスと実在論（Realismus）の問題

先に見たとおり、マルクスにおいては「自分の生活活動」「自分自身の生活」「自分を取り囲んでいるものに対する自分の［実践的］関係」「自分たちの［他者との］関係」が概念上、意識に、つまり「自分の生活活動」自身を「対象とする」あり方に、先行する。その意味で「実在」するものは「生活活動」〈その主体、その対象＝環境、活動そのものへの分化をはらむ〉であり、その限りでマルクスの実在論は「生活活動」の実在論と言えるだろう。あるいは先に見たように、彼は「フォイエルバッハに関するテーゼ1」で「対象、現実、感性」を「感性的人間活動、実践」としてとらえるべきだとも言っているので「感性的人間活動、実践」の実在論と表現することもできるだろう。表現に違いがあるが、事柄としては同じものであろう。では、こういう立場から伝統的な「観念論」問題はどう解けるのであろうか。

1 観念論（Idealismus）問題のマルクス的提出

意識に純粋内在する観念論は、たとえばバークリーの場合、次のような主張を掲げる。

「可感的諸事物の実在性（reality）とは、それらが知覚されているということに存するのか、それともそれらの実在性とは、それらが知覚されているということから区別される何かであるのか」。「何であれ直接（immediately）知覚されるものは観念（idea）である。一体どんな観念が心（mind）の外に現存するというのか[7]」。

バークリーが反復するこれらのテーゼは、我々なりに〝翻訳〟すれば、意識の「直接性」を〈ヘーゲルが言うところの〉「媒介の揚棄」と見ずに、「媒介」の絶対排除と見る〈限りで〉、意識の一切の「対象」は「意識内容」にすぎない、ということである。あるいは次のようにも言えよう。主体が生活活動主体としてでなく〈単なる〉意識主体としてある〈限りで〉、この主体は対象の実在性の中に、〈意識されている〉ということから区別される何ものをも確かめることはできない。つまりバークリーの「観念論」は意識の直接性を媒介性の絶対排除と見、主体を単なる意識主体と見るという前提の上に成り立っているのである。マルクスの言い方では次のようになる。

「存在者（Wesen）や対象が思想存在としてしかないように、主体もまた常に意識ないし自己意識なのである」（MEGA² I-2-285）。「要点は、意識の対象が自己意識にすぎないということ、別言すれば対象とは対象化された自己意識、対象としての自己意識にすぎないということである」（MEGA² I-2-293）。

だからマルクスによる観念論問題の提出の仕方は次のようになる。

《人間たちはどのような条件下で（バークリーのように）自分を生活活動主体としてでなく単なる意識主体として意識するのか。》

この問題は『ドイチェ・イデオロギー』では、意識の自立化の問題として分業視点から考察されるのである。

2　「身体主体」と「本質の対象」

マルクスの場合、意識されていることから「独立」な「実在」の演繹は、したがって、まずは〈単なる〉意識主体というバークリーなどの前提そのものを拒むことから出発せねばならない。主体はあくまで「自分の生活活動そのもの」を「対象にし」〈つつ〉「生活活動」を営む主体としての人間たちなのである。そういう主体が対象を「自分から独立な対象（ein von ihm unabhängiger Gegenstand）」として意識する条件は何か、ということである。まずはマルクスの三つの文章を並べてみよう。

「飢えは自然的欲求である。したがってそれは自分を充たし黙らせるために、自分の外部の自然、自分の外部の対象を必要とする。飢えとは、私の身体の外部にあり、かつ私の身体の統合（Integrierung）と本質表出に不可欠である対象への、私の身体の欲求の告白である」（MEGA² I-2-296）。

「労働の現実化は、労働者が餓死するまでにも現実性を喪失するほどの現実喪失（Entwirklichung）として現れる。対象化は、労働者が最も必要とする（notwendigst 最も必然的な）諸対象を、単に生活の諸対象のみならず労働の諸対象をも、奪われるほどの、対象の喪失として現れる」（MEGA² I-2-236）。「したがって、もし彼が彼の労働の生産物、彼の対象化された労働に対して、疎遠な、敵対的な、強力な、彼から独立な対象として関係行為（sich verhalten）するのだとすれば、彼は彼の生産物に対して、彼に疎遠な、敵対的な、強力な、彼から独立なある人間が、この対象［彼の生産物］の主人である、というように関係行為しているのである」（MEGA² I-2-243）。

以上に見られるとおり、人間たちは生活活動の主体として「身体主体（phisisches Subjekt）」（MEGA² I-2-296）であり、「自分の外部」に「本質的対象」「本質の対象（Gegenstand des Wesens 存在者の対象）」「最も必然的な対象」を持ち、これらとの不断の「関係」の中にある。カントは彼の認識論の根本問題を「先天的綜合判断はいかにして可能か」と定式化したのである（『純粋理性批判』B-19）が、生活活動主体のこれら「本質の対象」との関係行為の中に、我々はまさに〈実在する「先天的綜合判断」〉を見いだすことができるのである。なぜなら、これら「本質の対象」との結合は「一切の経験に先立つ」「必然的な」ものであり、しかも対象（客語）は主体（主語）の中にあらかじめ含まれておらず、主体の外部に実在する対象が主体に「綜合的に」付け加わらねばならないからである。

この「身体主体」の「本質の対象」は分節化して意識されると、空気、水、光、他者の身体（とりわけ母体）、食料、土地などであるが、しかしあくまでこういう意識化に先立って、我々の生活活動には〈実在する「先天的綜合判断」〉の構造があるということである。

ところがこの「本質の対象」「最も必然的な諸対象」について、我々は「対象の喪失」「欠如」という危機に陥る。つまり〈実在する「先天的綜合判断」〉の構造が〈ある〉のは「類」についての反省においてのみであって、今、この主体に、この対象が必然的に結びついているという保証はない。あくまで個別主体については〈実在する「先天的綜合判断」〉は危機（切断）と同化（統合）の交替として要請され、実践されねばならないのである。この危機が当該主体に対して直接「対象となる」（意識される）形式が、ネガティヴには「苦しみ（Leiden）」であり、ポジティヴには「情熱（Leidenschaft）」であると言ってよいだろう。

「対象的感性的存在者としての人間は、したがって、苦しむ（leidend）存在者であり、また自分の苦しみを感じる存在者であるから情熱的（leidenschaftlich）な存在者である。情熱、パッションとは自分の対象を獲得しようとエネルギッシュに努力する人間の本質力なのだ」（MEGA² I-2-297）。

要約すればこうなる。人間たちはその生活活動において「最も必要な対象」を「喪失」「欠如」するという危機に陥る。この危機は「苦しみ」や「情熱」という感情で「対象となる」（意識される）。

3　「敵対的」な「他の人間」

しかし、以上は事柄の一半にすぎない。もう一度、先に引用したマルクスの三つの文章に戻ろう。すると生活活動の一層具体的な場では、ある対象が「疎遠な、敵対的な、強力な、彼から独立な対象」として現れる背景には「この対象の主人（Herr）」であるところの「彼に疎遠な、敵対的な、強力な、彼から独立な他の人間」が存在していることが主張されている。つまり現実の生活過程では人間たちが対象と関係行為するという単純なあり方をせず、〈この〉人間の対象との関係行為は〈他の〉人間という特殊な対象との関係行為により媒介されているのである。詳しく見れば、〈この〉人間が〈他の〉人間を介して対象と関係行為する面（我—汝—対象）、〈この〉人間が対象を介して〈他の〉人間と関係行為する面（我—対象—汝）、〈他の〉人間が〈この〉人間を介して対象と関係行為する面（汝—我—対象）と、三要素の各々が媒介項になるような、三つの実在的推論構造からなる連関を形成しているのである。

ところが〈他の〉人間という対象は、自然や物とは違って、〈この〉人間に対して単に「独立的（unabhängig 非依存的）」とか「疎遠（fremd）」といった消極的なあり方をするにとどまらない。積極的関係行為主体として立ち現れて「敵対的（feindlich）」とか「強力的（mächtig 権力的）」といったあり方をしてくるのである。おそらくマルクスがここで下敷きにしていたのはフォイエルバッハの次の認識であろう。

「私の外部の他の事物の存在（Dasein）に関する確実性自身が、私にとっては、私の外部の他の人間の存在の確実性によって媒介されている」。私に「現実的客体」が与えられるのは、私の「自己活動」が「他の存在者の活動においてその限界と抵抗を見いだす」場合である。だから「客体」の概念の確実性は、本源的にはむしろ他の活動「主体」である「他我」の確実性として体験されるのである。私は活動主体として、対象に能動的に関係するだけでなく、対象、客体もまた主体として私を対象に能動的に関係行為する。このような相互の能動的関係においてこそ、まずは客体の実在の確実性が体験されるのである（『将来の哲学の諸原則』初版、三二、三三、四二節）。

マルクスの文脈で要約するとこうなるだろう。単にある主体にとっての「本質の対象」、本質の客体であるばかりでなく、その客体自身が活動主体でもあり、したがって、かの主体に対し「敵対的」「権力的」でもある〈他の主体〉においてこそ、かの主体は対象の独立性を根源的に経験する、と。

4　マルクス実在論からの哲学史再読

マルクスによる実在論のこのような展開が、哲学史的内在性を確保していることを示すために若干の補足をしておこう。まずカントから。

カントの考えでは、ある「物」は単に悟性と関連づけられて「経験の形式的条件と合致する」場合、その「物」は「可能的」である。しかし、さらに「経験の実質的条件（感覚）と関係するもの」は「現実的」である。したがってカントによれば「現実性」が含む「可能性」〈以上のもの〉とは「物［の概念］が知覚と結合していること」にほかならない（『純粋理性批判』B-287）。つまりカントは生活主体の問題を提出することなく、思惟主体と知覚主体の区別によって「現実性」を基礎づけようとした。ところがその同じカントは「観念論論駁」のために次のような議論を展開してもいるのである。

「現実的なものは単に可能なもの〈以上のもの〉を［概念の内包としては］含んでいない。現実の百ターラー［昔のドイツの貨幣］は可能的百ターラーよりも少しも多くを含んでいない。というのは可能的なものは概念を意味するのに対し、現実的なものは対象とその定立自体を意味するのであるから、もし現実的なものが可能的なものより〈以上のもの〉を含んでいるとすれば、私の概念は対象全体を表現しておらず、したがって対象にふさわしい概念ではないことになるからである。だが〈私の財産状態においては〉現実の百ターラーは百ターラーの概念（つまりその可能性）よりも〈より以上のもの〉である。というのは対象は、現実性においては、単に私の概念の内に分析的に含まれているだけでなく、私の概念〈私の財産状態の規定であるところの〉に綜合的に付け加わるものであるからである」(B-627)。

ここでは論理的思惟主体としての「私」に知覚主体としての「私」が対置されず、「私の財産状態」に関心を持つ主体としての「私」が対置されていることに気づくであろう。「私」が関心を持つのは、百ターラーの「概念」でもなければ百ターラーの「知覚」でもなく、「私の」百ターラーなのである。だからカントは百ターラーの「知覚」に含まれる百ターラーの「概念」〈以上のもの〉とは何かを問うだけでなく、「私の」百ターラーに含まれる百ターラーの「知覚」〈以上のもの〉とは何かをこそ問うべきであった。「私の百ターラー」において「私」に「綜合的に付け加わる」のは、単なる「知覚」などではなく、物件をめぐる他者との相互的関係行為だったのであり、そこでは「私」は生活活動主体として現れると同時に、他者と「敵対的」「強力的」に関係しあうのである。

ヘーゲルを見てみよう。ヘーゲルは「市民社会」においては一方に「奢侈」、他方に「依存と窮乏」の「無限の増大」の傾向があることを確認した上で、次のように指摘している。

「[プロレタリアの]依存と窮乏が直面するのは、無限の抵抗を行う物質、つまり[他の人間の]自由な意志の所有物であるという特殊なあり方をした外的諸手段、したがって絶対に硬いものなのである」(『法の哲学』一九五節、HW 7-351)。

見られるとおり、ここでは我々が「無限に抵抗する物質」「絶対的に硬いもの」を体験する地盤が的確につかまれている。まず「物」は単に知覚の対象であるから「実在的（real）」なのではない。「依存と窮乏」の対象であるから「実在的」なのである。しかもこの対象は他者の「所有物としての特殊なあり方」においてある。だからその「物」の使用や享受から窮乏主体は絶対的に排除されているのである。「物」の絶対的硬さとしての実在性体験は、相互「敵対的」な他の人間の実在性により媒介されているのである。(8)

5　「意味」と「実在」

このように見てくると、意識から独立な実在の確証を、時間的空間的構造的に、人間の「生活活動」からできるだけ遠いものに即して、たとえば粒子構造を持つとされるニュートンの「物質」とか、膨張しつつあるとされる物理学的「宇宙」などに即して行おうとすることは、順序がまったく逆であるということが明らかになる。これらはむしろ「生活活動」主体であることを「観察者」から捨象することができる格好の条件を、哲学者や物理学者に提供してきたと考えるべきである。意識から独立な実在の確証はむしろ、「生活活動」主体としての我々にとっての「最も必要な［必然的］諸対象」、つまり「生活活動」という〈実在する「先天的綜合判断」〉により、常にすでに我々がそれらと結びつけられている対象、その意味では本質的に身近な諸対象に即してはじめて可能となるのである。

ところでその場合、次のような問題が残されている。マルクスがある種の対象を「最も必要な［必然的］」と表現し、またある種の「他者」を「敵対的」「権力的」と表現する場合、これらの表現は対象そのものについてでなく、対象の我々にとっての「意味（Sinn）」について語っているのである。また「苦しみ」とか「情熱」というのも、生活活動主体が生活活動対象との結合の危機＝切断を「対象にする」（意識する）あり方、したがって意識の一定の状態を表しているのである。どうしてこれらの「意味」や〈意識の一定の状態〉が意識から独立な実在の確証となるのであろうか。

マルクス自身も「ある対象の私にとっての意味（Sinn）は私の感受性（Sinn センス）が到達するところまでしか到達しない（［対象は］それに照応する感受性（Sinn センス）に対して意味（Sinn）を持つにすぎない）」（MEGA² I-2-270）ことを確認している。対象の「意味」は「意味」を付与する意識の働きなしにはありえないのである。人間が意識的生活活動を営むということの中には、人間が生活活動主体や生活活動対象や生活活動そのものに、あれこれ意味付与し、意味了解し〈つつ〉生活活動を営む、ということも当然含意されていると見るべきだろう。だとすれば「最も必要な［必然的］」とか「敵対的」「権力的」といった「意味」、「苦しみ」とか「情熱」といった意識状態が、どうして意識から独立な実在の確証となりうるのであろうか。

ここがポイントである。確証もまた意識の一つの状態である以上、意識からの独立を意識において確認するというのはそれ自身が背理なのであろうか。私の理解では、マルクスは「敵対」や「権力」や「苦しみ」に注意を向けることにより、〈意識の終わりの意識〉、〈意味作用の終わりという意味〉、〈体験の終わりという体験〉、つまり意識的生活活動そのものの〈限界（Grenz）〉の体験に注意を向けたということにほかならない。「限界」の体験はたしかに〈まだ〉体験であるが、〈もう〉体験の終わりに隣接しているという体験なのである。

ヘーゲルの『精神の現象学』でも、各人は「自己意識の自立性」を相互に主張しあい、他者に対して相互に抽象的否定を行いあうことによって、かえって相互に「生死を賭した闘争」に陥るのであるが、エイエイオーで死を恐れぬ人間は「主人」となり、観念論にとどまるのに対して、「死の恐れ」に戦慄した人間は「生命というものが純粋な自己意識と同じだけ本質的である」ことの自覚へと「転倒」する。「奴」は「死の恐れ」の体験を通して「〈存在する〉意識または物性（Dingheit）においてある意識」として、つまり実在論者として登場するのである（『精神の現象学』B自己意識、第四節のA「自己意識の自立性と非自立性」）。ここでも実在論は限界体験によって支えられているのである。

このことを現代ドイツの現象学的哲学者ヴァルデンフェルスの論文「志向性と因果性(9)」に依拠して少し敷衍しておこう。

バークリーでは、体験はあくまで知覚体験にとどまっている。しかし今、我々はバークリーと一緒に日の出を実際に知覚しながら、太陽は「観念」にすぎないかどうか議論することにしよう。日が昇るにつれて我々は〈まぶしく〉なり、目が〈痛く〉なり、さらに見続けようとしたところ〈目が見えなく〉なってしまった。我々と知覚対象との関係のこのような「急変（Umschwung）」は、日常的に体験される。たとえば、向こうから一台の車がこちらにやってくるのを私は知覚していたが、急ブレーキの音とともに私に衝突してくる。あるいは、アルコール・ランプの火にマグネシウムの粉をふりかけて炎の色を観察していたところ、突然ランプがポンと音を立てて割れ、机いっぱいに広がったアルコールに引火して、私の服に燃え移る。

では何が「急変」したのだろうか。当初、我々は〈単なる〉知覚主体として〈単なる〉知覚対象に向かい合っているように〈思われた〉。ところが対象は我々を傷つけ、我々は「苦しむ」ことになったのである。当初は我々は「脱身体化（entleiblichen）」していたのに、いまや我々の身体性が急浮上してくるのである。ここでは視覚や聴覚の場合のように、直接体験される知覚像と物理的原因性（単に反省的にしか与えられない電磁波、空気振動、神経・脳過程など）とが分離状態にあるのではない。知覚において我々に与えられている〈その同じもの〉が我々を傷つける原因性として働くのを我々は体験する。主体面でも対象を知覚している〈その同じもの〉が対象によって苦しむのを我々は体験するのである。

しかも苦しみにおいて我々は意識や体験や意味そのものの〈終わり〉に隣接させられていることを体験する。もちろん瀕死の苦しみにあっても意識のミニマムが前提されている。この限界が超えられると、気絶や死が我々を待っており、苦しみもなくなる。限界の彼方の「純粋な現実」は悩む当事者には予期されるだけであるが、彼と共同生活する我々には無反応で腐臭を放つ死体の現在として体験されることになる。

我々の意識に概念上先行し、これを制約する「実在」である我々の生活活動（その主体、その対象＝環境、活動そのもの）は、〈実在する「先天的綜合判断」〉の構造をはらんでおり、この構造はある範囲内で調和的に再生産される限りで、かえって我々の意識から「隠れて」いる。しかしいったん不調和に陥ると、事態は「急変」し、意識を圧倒する危機として急浮上してくる。「苦しみ」の体験は意識の「限界」の体験であり、つまり「生活活動」そのものを「対象とする」我々のあり方の終わりの体験なのである。

ヴァルデンフェルスの場合、「苦しみ」は事故、つまり回避可能の偶然事を事例として展開されている。これは単なる知覚関係を生活（生命）関係へと現象学的に「急変」させる思考実験上の効果を考えたからであろう。マルクスの場合はむしろ「最も必要なもの」との〈切断〉〈分離〉の体験が事例とされる。たとえ事故が回避されても、人間はいずれは労働能力、摂食能力、呼吸能力を失う。その意味での「苦しみ」や「限界」は普遍的であろう。けれども、土地を失い流民化する農民の歴史的不幸の根底にも「労働者たちと労働実現諸条件の所有との間の切断（Scheidung）」（MEW 23-742）という、したがってまた労働実現諸条件を自分の排他的所有として労働者から「切断」する「敵対的」他者の実在という、根源的暴力と危機的な事態が生起していたのである。マルクスはこういう社会＝歴史存在論のレベルで実在論の問題を突きつけようとしているのである。

[4] 意識の言語構造

次にマルクス意識論の特殊規定に移ることにしよう。まずは意識の言語構造に関する彼の断片的言及を整理することから始めたい。

1 言語と「類」対象性・「類」主体性

『ドイチェ・イデオロギー』には「言語は意識と同い年である」(H-28)という表現が見られる。前言語的な知覚や感情も「生活活動を対象とする」のであるが、マルクスの了解では、人間においては「類(Gattung)」を対象とする意識、したがってまた「類」と個別との「区別」を対象とする意識であってはじめて〈厳密な意味で〉意識である。同じ事柄を意識する主体の側から見ると、人間においては「類」として働く意識、したがってまた「類」と個別の二重の主体として働く意識であってはじめて〈厳密な意味で〉意識である。ところで人間たちの意識のこのような「類」対象性や「類」主体性は意識の言語構造と不可分なのである。

後年マルクスは『A・ヴァーグナー傍注』(執筆一八七九/八〇年)で、人間たちが諸対象と「能動的に関係行為する」過程を反復しつつ、「一定の段階で」、ある現象やある事物を「そのクラス全体において言語的に命名(taufen)し」、それらに「特別の属名(generic name)を付与する」と書いている(MEW 19-363)。語(Wort)は信号(Signal)と異なる。「おもて!」と犬に向かって言うと犬は表の庭に飛び出す。しかし犬にとっては「omote」は語ではなく「散歩に行くという行為が継起するぞ!」という信号である。ところが人間にとっての「おもて」は、どの家にも、どの服にも、どの人格にも見られる裏―表関係の表側一般、表側の「類」を表す言語記号である。同じく「このもの」と指さす時、個別事物が指示されるが、しかし「このもの」という語は「このもの」一般、「このもの」として指さされるものの「類」を表すのである。人間たちは自分たちの生活活動自身を「対象とする」(意識する)のであるが、それを「類」において、したがってまた「類」と個別との「区別」において「対象とする」。このもの〈は〉皿〈である〉。このものを皿〈として〉対象とする。このものは〈人間〉である。このものを人間〈として〉対象とする。つまり、個別〈は〉類〈である〉。個別を類〈として〉対象とする。マルクスによれば、この「類」対象性は人間の抽象能力、一般化能力、実践的自由、一言で言えば「類」主体性と不可分なのである。

「動物はその生活活動と直接に一つである。動物は自分を自分の生活活動から区別しない。動物は生活活動〈である〉。人間は自分の生活活動そのものを自分の意欲や意識の対象とする。人間は意識的生活活動をもつ。だから人間はある限定されたあり方に直接融合するということはない。意識的生活活動が人間を直接に動物的生活活動から分かつのである。まさにそれによってのみ人間は類存在者(Gattungswesen)なのだ。別言すれば、まさに人間が類的存在者であるがゆえにのみ、人間は意識的存在者であり、つまり自分自身の生活が自分にとって対象なのである。それによってのみ人間の活動は自由な活動なのだ」(MEGA² I-2-240)。「人間は類存在者(Gattungswesen)なのであるが、それは単に、人間が実践的にも理論的にも類――人間自身の類や他の事物の類――を自分の対象とするからだというだけではない。同じ事柄の他の表現にすぎないが、人間が、現存する生きた類として自分自身に関係し、普遍的であるがゆえに自由な存在者としての自分に関係するからである」[10](MEGA² I-2-239)。

マルクスは「人間は意識の中で知的に自分を二重化（verdoppeln）する」（MEGA² I-2-241）と書いているが、これらの文を読むと、マルクスが意識の中に、相互に不可分ないくつかの二重化を見ようとしていることが推測される。整理してみると次のようになろう。

①生活活動と「直接に一つ」なのではなく、生活活動自身から自分を区別し自分の生活活動自身を「対象とする」という二重化（対象＝生活活動と意識の二重化）

②生活活動やそれを構成する事物や関係や出来事を、個別事態と「類」との二重性において「対象とする」という二重化（対象の中の個別と普遍の二重化）

③意識的生活活動主体自身が個別（個別主観、個別存在）と「生きた類」（共同主観、共同存在）との二重性において働くという二重化（個別主体と共同主体の二重化）

④対象や主体の、実在する〈このあり方〉は「類」の枠内でのさまざまな〈可能なあり方〉の中の〈一つのあり方〉であるという二重化（実在態と可能態の二重化）

①の二重化は意識の端初規定であるが、②の二重化は客体面、主体面に関わる「類」対象性による類と個の二重化であり、③の二重化は「類」主体性による主体の働きの個別と類への二重化であり、④の二重化は自由な存在者を根拠づける実在態と可能態の二重化を表現している。

だから「自分の生活活動それ自身を対象とする」という意識の端初規定を考える場合、対象との空間的距離で知覚の「対象とする」ことだけをイメージしてはならない。「類」主体として働くことによって個別としての自分の生活活動から距離を取り、逆に個別として働くことによって「類」としての自分の生活活動から距離を取る。人間が「自分の生活活動それ自身を対象とする」のはこういう〈構造的〉距離に関わるのである。人間たちは〈この〉個別過程に絶対的に縛られているのでなく、「類」の枠内で、別の主体が別の対象に別様にも活動〈しうる〉というような、可能的諸過程〈の一つ〉として〈この〉生活過程を生きている。その限りで人間たちは他の動物たちと違って、〈この〉生活活動に排他的に縛られない自由を確保している。つまり「普遍的であるがゆえに自由な存在者」なのである。そして生活活動におけるこの「自由」は「自分を自分自身の生活活動から〈区別する〉」という、「意識」成立の条件でもあるのである。

前記の四つの二重化の相互制約関係をこのように見ていくと、人間たちの意識の「類」対象性や「類」主体性に関わって、意識の言語構造の持つ決定的な意味が了解されよう。人間の意識の、他の動物との差異が、単に人間に備わる理性として宣言されるにとどまったという、従来の哲学にしばしば見られた限界を克服する道が、意識の言語構造への言及を通して示唆されるのである。

2 言語の「交通性」

マルクスはすでに『経済学哲学草稿』で「思惟そのものの地盤(Element)、思想の生命発現の地盤である言語は感性的な性質のものである」(MEGA 2-I-2-272)ことを確認している。さらに『ドイチェ・イデオロギー』では次のように書かれている。

「〃精神〃はそれ自身において最初から、物質に〃まとわれている〃という呪いを負っている。つまり物質はここでは振動する空気層、音という形式で、要するに言語において、立ち現れるのである。言語は意識と同い年である。言語は実践的な、他の人間たちに対しても現存する【がゆえにはじめてまた私自身に対しても現存する】現実的意識である。言語は、意識と同様、〔交通〕他の人間たちとの交通への欲求【と必要】からはじめて生じる」(H-28,【 】内はのちの加筆、〔 〕内は削除分)。

ここで言語が「感性的な性質のもの」とか「物質に〝まとわれている〟」とされるのは、言語(および記号一般)の能記(意味の物質的担い手)の面を指しているのであろう。マルクスが言語の物質性を強調するのは、言語が、したがってまた意識が、単に類対象性や類主体性をもつだけでなく、「交通(Verkehr)」においてあること(意識のコミュニケーション性)を強調するためである。意識は言語構造をもち、「物質に〝まとわれている〟」からこそ「他の人間たちに対しても現存する」ことができるのである。逆に言えば、意識が本質的に言語構造を有するということは、意識が、一見そう見えるように、孤立した個人の単なる内面としてあるのではなく、「他の人間との交通」において〈ある〉のだという意識了解の転回をはらむ問題なのである。裸の「観念」が「言語」と並んでどこかに〈ある〉のではない。「諸観念は言語から離れては存在しない」(MEGA^2 II-1-95)のであり、「一緒に生活し一緒に話をする諸個人のいない言語の発展」というのはナンセンスなのだ(MEGA^2 II-1-22)。純粋な内省といえども、言語的に思考している以上は「交通」の内部で思考しているのである。

マルクスは『経済学哲学草稿』で「思惟するものは言語の中で活動する」が、その言語は「社会的生産物として所与(gegeben)である」(MEGA^2 I-2-267)ことを確認している。諸個人は言語において歴史的に組織された記号と意味の体系を所与として受け取るのである。『経済学批判要綱』で「貨幣材料」と「文字」の共通性に注目し、「語のための記号も一つの歴史をもつ」(MEGA^2 II-1-80)と書いているとおりである。

こういう「社会的生産物として所与」である言語を共有しつつ、相互に「交通」しあうものとしては、意識は

〈言語的共同主観〉にほかならない。先に見た「類」主体性もこういう〈言語的共同主観〉と結びついているのである。先に我々は「人間たち」は「自分の生活活動」を「対象とし」〈つつ〉生活活動を営む、と一般的に表現したのであるが、意識が言語構造をもつということは、我々が〈言語的共同主観〉として、また他者との「交通」の内部で、自分自身の生活活動を「対象にする」ということにほかならない。

3　言語における意識の対自化

ところで、「言語は実践的な、他の人間たちに対しても現存する【がゆえにはじめてまた私自身に対しても現存する】現実的意識である」(H-28,【 】内はのちの加筆)という『ドイチェ・イデオロギー』の指摘は、言語における意識の対自化を言おうとするものであろう。我々は第一に、「生活活動」において諸対象を「存在者(Wesen)の対象」とするのであるが、しかし第二に、意識においてこの「生活活動」自身を「対象とする」。ところがさらに第三に、この意識自身が言語的表現形式を取ることによって、意識の対象となるのである。つまり我々は言語表現を介して意識そのものを意識するのであり、生活活動を対象とするあり方そのものを対象とするのである。

この場合、意識の対自化の構造を、言語的表現において意識が自分を知覚対象として客体化するという面だけでとらえるのは誤りだろう。そうではなく言語において、意識の「他の人間たちに対して現存する(für andere Menschen existierend)」ことと「私自身にとって現存する(für mich selbst existierend)」こととが、同時的に成立しているのである。別言すれば、言語的表現において意識は〈社会的共同対象〉となっているのである。

「物の価値としての規定は、言語と同様、彼らの[社会的]産物である」(MEGA² II-5-46)。言語記号という「物」が意味をもつということは、それが〈言語的共同主観〉による〈社会的共同対象〉であることを前提するが、逆にこういう〈社会的共同対象〉の体系が構築されることによって〈言語的共同主観〉も成立するのである。[11]だから言語において意識を意識するということはけっして単なる個別主観の内省を意味せず、むしろ「交通」という地盤における「現実的意識」のあり方を示すのである。

4　意識の「表現」またはテキストの「生産」

ところで諸個人が〈言語的共同主観〉と〈社会的共同対象〉の歴史的体系的な構築を所与の前提とし、社会的「交通」において、「自分の生活活動」を「対象とする」ということは、社会を構成する諸個人の意識が他者に対して、そしてまた自分自身に対して、言語的形態であれ非言語的形態であれ必ず〈表現〉されねばならず、記号の一定の集合が〈生産〉されねばならないということである。つまり諸個人の意識は記号やテキストの一定の集合という対象的感性的形態を不断に〈生産〉し、この対象的形態を自分の周りに、また自分と他者の中間に〈蓄積〉し、この対象的形態を他者と〈交換〉し、この対象的形態の意味をそのつど相互了解しつつ、「自分の生活活動」を「対象とする」のである。

5　言語と意識の「自立化」

意識の言語構造はしかし、マルクスの見方では、生活からの意識の自立化の条件ともなる。マルクスによれば「言語はそれが自立化されるとただちに空辞となる」(MEW 3-433) のであり、これが意識のイデオロギー構造と深く関わっているのである。

まず、言語の「類」対象性や「類」主体性は、一面では個別的生活過程への緊縛から人間たちを解き放ちはするが、逆に人間の意識が個別的身体的生活過程から倒錯的に自立化する〈可能性〉をも提供する。いわゆる「ホモ・ロクエンス(話すヒト)」の影の部分である。たとえばマルクスは次のような言い方をする。

「民主主義者たちによって人民(Volk)という語(Wort)が聖なる存在者にされているように、君たちによってプロレタリアートという語がそうされている。民主主義者と同様、君たちも[現実の]革命的発展を、革命という空辞(Phrase)とすりかえて(unterschieben)いる」(MEW 8-413)。

しかし言葉の「自立化」は他にも、いろいろな現れ方をする。たとえば表現者の意味付与からの意味解釈者の「自立」がある。つまり記号もテクストも解釈者も「外部」にある以上、伝えようとした意味から、解釈された意味は「自立」しうる。あるいは、発話やテクストは、それが生産された具体的文脈や歴史的文脈から切り離されて、「自立化」もする。つまり文脈からの「自立」である。さらには、当該言語共同体が絶滅した後の記号やテクストの感性的存続という意味での「自立」もある。

「ブルジョワは、自分たちの用いている言語自身がブルジョワジーの生産物であり、したがって現実においてと同様に言語においても、商売の諸関係が他の総ての関係の基礎にされているので、それだけ容易に自分の言語から商業的諸関係と個人的ないし一般人間的諸関係の同一性を証明できる。たとえば仏語の propriété や独語の Eigentum [いずれも所有] と Eigenschaft [性質]、英語の property や独語の Eigentum と Eigentümlichkeit [固有性]、商業的意味における eigen [私の所有する] と個人的意味における eigen [自分の]、仏語の valeur や英語の value および独語の Wert [いずれも商品価値と価値一般の両義]、仏英語の commerce および独語の Verkehr [いずれも商業と交通の両義]、仏語の échange や英語の exchange

およびドイツ語の Austausch［いずれも商品交換と交換一般の両義］などなど、これらの語は商業的関係のためにも、諸個人そのものの諸性質や諸関係のためにも用いられるのである」(MEW 3-212/213)。

つまり「商売の諸関係」と「個人的ないし一般人間的諸関係」の歴史的一体性を示していた時期に、言語においても Eigentum とか Verkehr という同一の語が未分化ながら両義をもつことになる。ところが現実の生活活動が歴史的に変動しても、言語は「物質に〝まとわれ〟」、社会的共同所有されている歴史的構築物として、独自の変化リズムで動いているから、生活活動とその言語的対象化との間にズレが生じてくる。そのため「[私的]所有」を廃棄することは「個性」を廃棄することだとか、「[商品]交換」を廃棄することは諸個人間の「交通」を廃棄することだという意識が再生産され続けることになるのである。

「思想［考えられたこと］の直接的な現実性は言語である。哲学者たちは思惟作用を自立化させたように、言語を独自の領域にまで自立化させねばならなかった。これが哲学的言語の秘密であって、そこでは諸思想は諸語として独自の内容を持つとされるのである」(MEW 3-432)。

たしかに、哲学者たちはギリシャ以来の、法学者たちはローマ法以来の膨大なテキスト、テーゼ、概念の中に「思想の直接的な現実」を持っていて、これらが巨大な歴史的構築物として彼らに対峙している。彼ら自身が営む生活活動よりも、これら歴史的構築物の方があたかも現実そのものであるかに見えてくる。そして意識の言語構造がはらむこの自立化可能性を現実化するのが分業なのであるが、これについては第3章で意識のイデオロギー構造を論じる際に見ることにしよう。

［5］マルクスと認識論の接点

認識論の問題に移ろう。もちろん、マルクスには認識論についても主題的な考察や記述は存在しない。我々は諸断片から、彼の認識論に関わる見解の諸特質を推定するほかない。そのうち一番強く印象づけられるのは、実践と認識の結合という観点であろう。彼が認識を自立系と見ず、実践の契機と見ていることは、広く確認されている。『フォイエルバッハ・テーゼ』も、それを裏付けていると言えるだろう。

「人間の思考に対象的現実が届くかどうかの問題は、理論の問題ではなく、〈実践的な〉問題である。実践において人間は、彼の思考の真理を、つまりその現実性と力、此岸性を証明しなければならない。思考の現実性ないし非現実性に関する争い――実践から孤立したところの――は、純粋に〈スコラ学的な〉問題である」（MEW 3-5,〈 〉内はイタリックス）。

1　実践の契機としての認識、意識の契機としての認識

しかし、もう少し厳密に事態を見ると、彼の認識論を特徴づけるためには、実践論と認識論の間に、意識論の介在が不可欠であると言わなければならない。つまり、認識は実践（生活活動）の契機であるだけでなく、意識の契機でもある。価値意識、欲求や意志、構想力、認識などは、不可分の結びつきにおいて、全体としての生活活動を「対象とする」のである。もし生活活動を「対象とする」あり方が、単に知覚や認識の「対象とする」こ

と〈のみ〉を意味するとすれば、活動主体も活動対象も活動そのものも、その全体的な意味において「対象とする」ことはできないであろう。たとえばここに銀貨一ターラー（あるいは一万円札）が落ちているとしよう。我々はこれを知覚する場合、同時にこれを価値あるものと判定し、落ちていることの「意味」を了解しようとし、自分のものにすることが許されるか否か判定し、自分の行為をコントロールするということを行うのである。「純粋な」知覚とされるものは、むしろ、こういう原初的全体性からの、ある抽象の結果でしかない。そもそも我々は意識の対象である生活活動を、それ自体としてでなく、実践的関心で「対象とする」。あとで触れるように、実践的構想力は「実在的可能性」を「対象とする」。環境や情況は、「活動」を通して実現するべき「事柄＝目的」の「前提」や「条件」〈として〉「対象となる」。このこと自体が、すでに意識の全体性を示すものなのだ。

逆にもし、意識の対象が生活活動の主体や対象や活動そのものを含む生活活動全体でなく、単に生活活動の対象（他者や物や事態など）〈のみ〉であるとすれば、意志や価値判定などの面は展開不能となろう。なぜなら意志は、活動対象、活動主体、活動そのものを同時に「対象とする」ことなく行為をコントロールすることはできないし、価値意識も活動対象、活動主体、活動そのものを同時に「対象とする」ことなしには、価値判定できないからである。

人間たちの生活活動と意識のこういう原初的全体連関は、理論的科学的認識を専門とする集団の分業的分化以降も、事柄としては不変である。しかし分業にとらわれた当事者意識には、この全体連関が「隠れて」しまうという事態が歴史的に生成する。そしてそこにマルクスの論争的立場も成立してくる。こういう文脈で筆者は、実践論と認識論を意識論で媒介する必要を訴えたいのである。

2　実践諸形態と認識

認識は「人間たちの生活活動」ないし「実践」の、さらには上記の意味での「意識」の、不可欠ではあるが、単なる契機である。この場合、「人間たちの生活活動」「実践」は歴史的に分化したあり方をしている以上、その契機である認識もまた、歴史的形態規定性において把握されることが要請される。従来の認識論は、主に「確実な認識」「妥当な認識」の可能性の諸条件を探求するという方向で展開された。まずは幾何学的、数学的、論理学的、物理学的な知に焦点があてられ、さらには経済学や心理学や社会学や歴史学などの非自然科学的認識の「妥当性」の特異性へと反省を進める形で、これら諸学への超越論的反省（つまり確実な知の可能性の条件の反省）を行ったのである。これに対して、実践や生活活動との相関を重視するマルクスの場合は、まずは次のような実践／認識諸形態の区別を要請することになろう。

［α］日常的実践とその契機としての日常的認識

［β］資本制生産とその契機としての諸科学（主として自然諸科学）

［γ］近代市民社会、資本制生産、近代国民国家を構造的に再生産する、経済的社会的政治的人格的諸実践の契機としての学的認識（実証的な社会諸科学や人間諸科学）

［δ］近代市民社会を超えようとする「変革的実践」の契機としての学的認識

マルクス自身の理論的認識の課題が［δ］に、つまり近代市民社会を超える歴史的運動の諸条件の学的批判的把握にあったことは言うまでもないだろう。彼は初期社会主義運動や労働者共産主義運動のもつ職業運動的、モラル運動的、宗派運動的あり方に対して、「学的」認識の欠如を訴え、自ら資本論体系などを提示することにより、その欠如を埋めようとしたのである。『経済学哲学草稿』（一八四四年）には「それゆえ歴史の運動全体は、共産主義の〈現実的〉産出行為、その経験的定在の生誕行為であるように、また、共産主義の思考する意識にとっては、共産主義の〈生成〉の〈概念把握され〉〈知られた〉運動なのである」（MEW Eg.1-536, 〈 〉内はイタリックス）とある。これは『ドイチェ・イデオロギー』（一八四五／四六年）における、「自然の歴史と人間の歴史とを相互制約において」とらえようとする「一つの学、歴史の学」（H-23）の構想や「人間たちを、彼らの所与の社会的連関において、彼らを彼らたらしめている彼らの現前する生存諸条件のもとで把握」（H-20）しようとする「現実的でポジティヴな学」（H-33）の構想、そして「システムの叙述でもあり、また叙述によるこのシステムの批判でもある」（MEW 29-550）ような「経済学批判」および「資本論」の展開へとつながる線であり、さらには「学的社会主義（der wissenschaftliche Sozialismus）」（MEW 19-181, 185, 34-475）や「唯物論的―批判的社会主義（der materialistisch-kiritische Sozialismus）」（MEW 34-303）という自分の思想的立場の特徴づけへとつながる線である。

この線は常に［γ］との対抗関係に立っている。マルクスで［γ］を典型的に代表するものとして扱われているのが「俗流経済学（Vulgärökonomie）」であって、これは［α］の日常意識の自明性を無批判に受け入れ、それを理論の言葉にかえたにすぎない弁護論、システム再生産的実践の肯定的自己了解である。マルクスは、さまざまな理論認識を「批判的（kritisch）」と「俗流的（vulgär）」という対立軸の中間に、あるいは少し「批判」よりに、あるいは少し「俗流」よりに、位置づけるかたちで、批判的に叙述することになる。

ところがマルクスには、資本制生産は諸科学を直接的生産諸力に転化させるという認識がある。この意味での諸科学、つまり［β］は、資本制の内部で構造的な位置を占めつつも、未来社会の構想にも積極的に関わってくるものである。マルクスはこの文脈で科学的認識を「普遍労働」として位置づけようとする構想をもっていた。

もちろんこれも構想、むしろ着想のレベルに終わっているものの、科学的認識に関するマルクスのアプローチの特徴を示唆するものとして大いに注目される。さしあたりここでは［α］と［β］を取り上げておこう。

3　日常的実践と「センス」論

自分たちの日常的実践という生活活動を「対象とする」あり方を端的に特徴づけるならば、まずは、実際的（pragmatisch）である。意識の関心（志向）は、科学のように普遍妥当的真理に向かっているのではなく、その時々の日常生活上の必要事に、つまり自分たちの日々の食住衣や病老死、身近な対人関係の調整、当面するトラブルの解決に向かっている。第二に、日常意識は即断的（prompt）である。いかに日常世界というミクロ・コスモスとはいえ、生活者は時時刻刻の世界認識、真偽、善悪、美醜などの瞬時の判定、間髪を入れない行為選択や行為コントロールを永続的に行い続けていく。「厳密性」を基準にする諸科学や司法では、常に仮設性や蓋然性や反証可能性や方法的判断停止の内部で運動しなければならないのに対して、日常意識では「厳密性」などまったく要求されないが、ほとんどの活動はモラトリアム（猶予）の余地のないものである。第三に、日常意識は反省知との対比で見ると、直接的（非媒介的 unmittelbar）なものを地盤にしている。反省的に見ると歴史的実践的社会的論理的媒介の成果であるものも、主体的には「センス化（感性化）」としての直接化（勘やコツ、常識＝共通感覚など）、客体的には直観対象化（「もの」化）としての直接化、実践的には「ルーチン化」「慣習化」としての直接化、こういった諸レベルでの直接化を待ってはじめて、日常意識の地盤を構成することになる。常に媒介性を消去し、直接所与から直接所与へと動く日常意識のこの特質は、緊張や労苦のエコノミー（節約）や即断性という点で生活者には必要不可欠なものなのである。最後に、自明（selbstverständlich）なものとして、日常意識（日常認識や日常価値判定）は独自の妥当性を持っている。科学言語や科学知と比べて、日常言語や日常知が大いなる曖昧さ、多義性をはらんでいるにもかかわらず、日常意識の実際的有効性は日々反復的に確証されており、それらは生活当事者にとって、自明なものとして科学的認識とは異なる妥当性をもっているのである。

日常的実践の契機としての日常認識は、歴史的であれ論理的であれ、一定の事態を成立させている媒介性が揚棄され、消失している形で、事態を認識する。その直接性（媒介の揚棄）は、緊張のエコノミーや即断性を存在条件とする日常生活において（もちろん絶対的な意味でなく比較的な意味においてにすぎないが）不可欠であろう。誰もが「人を殺すなかれ」という規範意識を、生成の歴史的諸媒介を了解することなく直接、常識として受容しているし、コンピューターを成立させている技術的社会的諸媒介を了解することなくコンピューターを直接、使用しているのである。マルクスの日常認識論は、主として、反省的に見て媒介されたものが、日常生活者には直接無媒介なものとして認識されるというこの日常認識の特質が、近代社会においては「フェティシズム（Fetischism）」や「物象化（Versachlichung 物件化）」として現れる事態を主題にしている。たとえばマルクスは「資本が利子を生む」「土地が地代を生む」「労働が賃金を生む」という我々の時代の「常識」について次のように指摘する。

「その中に一定の経済的諸関係が現象し、総括されている非合理な諸形態の諸媒介は、これら諸関係の実践的担い手たちには、その日その日の生活においては、何ら問題にならない。彼らはそれら諸関係の中で運動することに慣れ親しんでいる（gewohnt）ので、彼らの分別はほんの少しもそれに対する違和を感じない。完全な矛盾が彼らにとっては何ら不可解なものをもたないのである。内的連関から疎外され、それだけで孤立的に受け取られている凡庸な現象諸形態の中で、彼らは水中の魚のように、アット・ホームに感じている」（MEGA^2 II-4-2-720）。

「現実の生産当事者たちが、資本―利子、土地―地代、労働―賃金というこの疎外された非合理な諸形態の中で、まったくアット・ホームに感じるのは当然である。というのはその中で彼らが運動し、それと彼らが日々関わり合っているものは、まさにこれら仮象の諸姿態なのだから。同様に、現実の生産当事者たちの日常諸表象（Alltagsvorstellungen）の教育的で大なり小なり教義的な翻訳にほかならず、一定の分別的秩序をこれら日常諸表象のもとへと持ち込んでいる俗流経済学が、総ての内的連関が解消しているこの三位一体の中に、彼らの浅はかな尊大さの自然にかなった土台、一切の疑いを超えた土台を見いだすことも当然である」（MEGA² II-4-2-852）。

我々の時代のこのような日常意識の構造を、マルクスは「日常生活の宗教（Religion of everyday's life）」（MEGA² II-4-2-852）と特徴づけている。なぜならここでは人間たちの結合された諸力が、商品や貨幣や土地がもつ「神秘な」諸力としてモノ化の形で直接化されて把握され、実践的にはモノの排他的所有へと意志が汲みつくされる方向へシフトしていくからである。これが近代において日常的実践を当の日常生活者が「対象とする」あり方の構造的特質なのであり、同時にそういうあり方の妥当性は自明として了解されていることになる。しかし、マルクスは日常生活世界がただちに「疎外された非合理な形態」を取ると主張しているのではない。「資本―利子、土地―地代、労働―賃金というこの疎外された非合理な諸形態の中で、まったくアット・ホームに感じる」事態を、この直接性が我々の時代において取る〈歴史的形態として〉批判しているのである。

逆に見れば、近代を超える新たな日常世界や日常的実践やそれを「対象とする」日常意識の歴史的形成が、マルクスにおいて構想されていたということにほかならない。マルクスは『経済学哲学草稿』の「センス（Sinn）」論でそれを論じている。通常、ドイツ語の Sinn は第一に、目や耳などの感官（Sinnesorgane 感覚諸器官）の意味で用いられ、感覚諸器官が中心的に働き、それらが前景に出ている意識のあり方はSinnlichkeit（感性）と表現される。ところが第二に、Sinnはセンスを、つまり反省的論証的媒介的な意識ではなく、感性を基本にした直接的な無媒介的直感的な認識や価値判定や行為制御を内容とする意識のあり方を表す。しかし、さらに第三に、Sinnは「意味」を、つまりセンスによる意味付与や意味了解の対象をも表すのである。Sinnという言葉のこのような多義をマルクスは意図的に利用して、独特の「センス」論を展開しているのである。

「音楽が初めて人間の音楽的センス（Sinn）を目覚めさすように、また、非音楽的な耳にとっては最も美しい音楽も意味（Sinn）を持たず、対象ですらない。というのは私の対象［音楽］は私の本質諸力［意味付与＝意味了解力］の確証でありうるだけであり、したがって私の本質力が主観的能力として自覚的にあるようにだけ、私に向かってあるにすぎないからである。ある対象の私にとっての意味（Sinn）は（その対象に対応するセンス（Sinn）にとっての意味（Sinn）でしかないが）、私のセンス（Sinn）が到達する所までしか到達しないのである。したがって社会的人間の諸センス（Sinne）は、非社会的人間のそれとは異なる。人間的本質の対象的に展開された富を通してはじめて、主観的人間的感性（Sinnlichkeit センス性）の富が生成する」（MEGA^2 I-2-270）。

「なぜなら単に五感（die 5 Sinne 五つのセンス）のみでなく、いわゆる精神的諸センス、実践的諸センス（意志や愛など）、一言で言えば人間的センス（Sinn）や諸センス（Sinne）の人間性は、その対象が現存することを通して、人間化された自然を通して、はじめて生成するからだ。五感の形成は、これまでの全世界史の労働である。粗野な実践的欲求に囚われた感官（Sinn）は、事実、局限されたセンス（Sinn）しかもたない。飢え切った人間にとっては食物の人間的形式は存在せず、食物としての抽象的なあり方が存在するだけである。……心配事でいっぱいの欠乏した人間は最も美しい演劇に対するセンス（Sinn）をもたない。鉱石商人は商業的価値だけを見るが、鉱石の美や本来の自然を見ることはない」（MEGA² I-2-270）。

このようにして、マルクスの「センス（Sinn）」論の重要な特質が見えてくる。まず第一に、Sinn（センス）は生活活動を「対象とする」直接的直感的な（媒介を揚棄した）あり方であって、知覚的センスは、それだけが孤立してあるのでなく、美的センスや愛的センスや精神的センスや実践的センスなど、価値判定的、行為制御的なセンスと不可分である。第二に、主観的センスは「全世界史の労働」の成果であって、意味（Sinn）ある対象の実践的社会的産出と、その対象の意味（Sinn）を了解し獲得する個別主観的共同主観的センスの生成とは、自然史的にも、世界史的にも、人格史的にも、不可分なのである。第三に、対象の意味（Sinn）は、主観的センスにとっての意味であるから、意味のセンスにとっての相関性という意味での相対性が成立する。飢えた人間にとって「食物の人間的形式」は、また、「心配事でいっぱいの欠乏した人間」にとって「最も美しい演劇」は、「鉱石商人」にとって「鉱石の美」は、「存在しない」。第四に、この意味とセンスの相対性は歴史的社会的相対性へと展開される。貨幣という対象的価値形態が社会的共同行為として産出され、総ての生産物やサーヴィスが、のみならず自然や人格すら、この価値形態との関係において自己の価値を表現するという事態に至っている近代社会においては、貨幣という対象的価値形態の支配に対応して「〈持つ〉というセンス（der Sinn des Habens）」が支配的となる。つまり「総ての身体的精神的センス（Sinne）に代わって、これら総てのセンスの単純な疎外が、つまり〈持つ〉というセンスが登場した」（MEGA² I-2-269）のである。人間たちの結合された諸力が、商品や貨幣や土地がもつ「神秘な」諸力としてとらえられるという認識上のフェティシズム的倒錯は、こういう「〈持つ〉というセンス」の支配と不可分一体なのである。

それゆえ、マルクスの「センス」論は解放論的構想と結合してくる。マルクスにおける未来社会は、一方で、諸個人が「アソシエートした知性」を発揮し、協議などの相互行為を通して自治的に行為調整するあり方として構想されると同時に、他方で、日常世界を「人間的」に再構築し、媒介を揚棄した直接性のレベルでも、日常実践や日常意識（センス）を「人間的」なものにするあり方としても構想されているのである。ただし、『経済学哲学草稿』のこの箇所では「人間的（menschlich）」は、ほぼ「社会的（gesellschaftlich）」と同義で用いられ、しかもこの「社会的」は後の「アソシエートした（assoziiert）」の意味で用いられていて、未来社会における諸個人相互の関係のあり方を指すといえる。諸個人が、豊かな対象的表現諸形態を産出し、かつそれを享受する能力をもった「すべてのセンスをもち、かつ深いセンスをもつ（all-und tiefsinnig）」存在へと移行すること、共同の諸力を権力やモノの神秘な力として外化して直感するのでなく、まさに自分たち自身の諸力として受けとめるセンスをもつこと、それによってモノや自然が「社会的な対象」となり、他者との絆として感じられるようになること、マルクスが『経済学哲学草稿』の時点で「人間的なセンス（der menschliche Sinn）の形成」とか「人間の諸センスを人間的にする」などと表現している（MEGA² I-2-270）ことの内実は、このようなものであった。

4　「普遍労働」としての科学的認識

科学的認識の問題に移ろう。科学的認識は長い前史を持っているが、マルクスの考えでは、大工業の成立以降、科学的認識は、生産過程の中の「自立的ファクター」として、生産過程の中に構造的に組み込まれるに至ったのである。

「大量の生産、機械装置を利用した大規模の協業が、初めて、風、水、蒸気、電気といった自然諸力を直接生産過程へと服属させ、自然諸力を社会的労働の作動因に転化する」(MEGA² II-3-6-2059)。

「自然的作動因の応用、いわばそれらの資本への合体は、生産過程の自立的ファクターとしての科学の発展と重なり合う。生産過程が科学の応用となるように、逆に科学は生産過程の一ファクター、いわば一機能となる。発見の一つ一つは新しい発明や生産方法の新たな改良の土台となる。資本制的生産様式が初めて、自然諸科学を直接的生産過程に役立てるのであるが、一方、逆に、生産の発展は自然の理論的服属のために手段を提供するのである。科学は富の生産手段、つまり致富手段であるという使命を受け取る」(MEGA² II-3-6-2060)。

周知のとおり、二〇世紀にはいると、人間自身の自然(身体諸能力、脳、遺伝子など)、産業組織、そして情報の科学的認識が、人間諸科学、人間工学(Ergonomics)、産業社会学や産業心理学、情報科学などとして、広義の産業システムに包摂されつつ展開され、またテーラー・システムや情報革命などとして応用されていくのであるが、マルクスの時代では、主として環境的要素的自然の科学的認識とその産業的応用が中心であった。科学的認識が「生産過程の自立的ファクター」に転化したという認識に対応して、マルクスには、科学的認識を「普遍労働(die allgemeine Arbeit)」としてとらえる着想があった。[12]『資本論』第三部草稿(一八六三〜六五年執筆)で次のように書いている。

「ついでに注意しておくと、普遍労働と共同労働(gemeinschaftliche Arbeit)は区別されるべきである。両者は生産過程でそれぞれの役割を演じ、合流するが、両者は相互に区別されもする。普遍労働は総ての科学的労働、総ての発見、総ての発明である。それは、一部は、ともに生きている人たちとの協業により、一部は先人たちの仕事により、制約されている。共同労働は諸個人の直接的な協業を前提する。……だから、人間精神の普遍労働や結合労働によるその社会的応用の総ての新たな発展から最大の利益を引き出すのは、たいていは、最も惨めで無価値な貨幣資本家たちなのである」（MEGA^2 II-4-2-159）。

科学労働や発見や発明という「普遍労働」は、それ自身が協業組織や分業の内部で営まれ、かつ「先人たちの仕事」、つまり一方では、観測装置や実験装置や情報処理装置などの物的装置として対象化されたそれと、他方では、先行のパラダイムやカテゴリーや理論や方法、データやテクストや技術など、さまざまな知的先行成果を前提として営まれているのである。マルクスの科学的認識論は、科学的認識を単に科学的命題の集合としてだけとらえ、そして後者を、経験的諸事象を分析したり、科学的命題を構成したりする天才的個別主観の創造としてとらえる立場とは大いに異なる。マルクス自身に展開はないものの、科学的認識を「普遍労働」としてとらえるということの含意は、［α］「普遍労働」の生きた諸主体の諸能力と彼らの協業組織、［β］「普遍労働」の手段（物的装置やテクストとして対象化されている知的装置）、［γ］「普遍労働」の対象、［δ］「普遍労働」の生産物（モデルや科学諸命題）、［ε］そしてこれら諸契機の所有と交換と流通と消費、という観点から、科学的認識をとらえようとするということであろう。

ブイコフの指摘するとおり、[13] 直接的労働過程は、労働主体（能力、編成）→労働手段→労働対象→生産物のサイクルを反復しながら、同時にモデルA→ズレ（欠陥、新用途）→工夫、改善、革新→モデルA′（またはモデルB）という認識サイクルを構造的に随伴している。しかし分業的に営まれる「普遍労働」では、同じ直接的労働プロセスが新たな認識の獲得自体を目的に編成されるのであって、認識主体（能力、編成）→認識手段（物的手段と知的手段）→認識対象→科学的モデルや命題の生産および検証、という実験サイクルを反復しながら、モデル

A↓ズレ↓工夫、改善、革新↓モデルA′（またはモデルB）という認識サイクルを自覚的に反復しているのである。前者では、「生活活動」を「対象とし」つつ「生活活動」を営むのであるが、後者では、「生活活動」を「対象とする」行為自身が、分業的生活活動として営まれ、それが生産過程に「自立的ファクター」として構造的に組み込まれていることになる。いずれの場合も、マルクスの認識論の特徴が実践（生活活動）の構造的契機としての認識にあることが知れるだろう。

科学的認識においては、日常的認識のように単に直接のセンスの「対象とする」のではない。歴史的に産出・伝承されたさまざまな物的装置や知的装置を介して、直接には「対象とする」ことの不可能な、我々の生活活動の「普遍的エレメント」（普遍的地盤、普遍的要素）を「対象とする」のである。

科学的認識においても、我々は自分自身の生活活動を「対象とする」のであるが、しかし個別生活者が自分の個別生活活動を「対象とする」のと同じではない。科学的認識は社会的な規模での、さらには世界的な規模での、人間たちの生活活動の一契機なのであって、社会的分業の意味でも、専門的分業の意味でも、また作業的分業の意味でも、複雑に分業する科学者たちが、人間たちの生活活動や生活環境を、ミクロな物質や遺伝子や細胞のレベルからマクロな人類的地球的宇宙的なレベルに至るまで、「対象とする」のである。

しかし、科学的認識は、個人が自分の生活活動を「対象とする」場合のように生活活動の全体を「対象として」いるのではない。生活活動の全体は、個別科学者たちにはまったく見えないし、彼らの総労働の成果としてのみ構想されるにすぎないのであって、そもそも個別科学者の志向は生活活動の全体にではなく、専門領域に向かっているわけである。その結果、細部を分業的に「対象とする」科学者たちは、その分業の枠内でいかに妥当な認識を生産できても、いったんその枠を超えると、ある種の科学主義的倒錯に陥る場合が多いのである。

「歴史的プロセスを排除する抽象的自然科学的唯物論の欠陥は、その提唱者たちが彼らの専門性をあえて超えでるやいなや示される、彼らの抽象的でイデオロギー的な諸表象ひとつ見ても明らかである」(MEW 23-393)。

したがって、生活活動の契機として科学知の積極的意義を認めることと、科学主義とは厳密に区別されねばならない。同時に、科学主義の限界づけは反科学主義の方向においてでなく、日常知、技術知、哲学知、科学知を相互移行性においてとらえる知の全体化の方向でなされねばならないだろう。

科学的認識の場合も、我々は我々の生活活動を単なる純粋認識の「対象とする」のではない。新たな有用性の発見やその応用という実践的意志に基づいて、発見的発明的構想力の「対象とする」のであり、またそれによる「特別剰余価値」の獲得を目指して、事業家的構想力の「対象とする」のである。認識は実践の契機であるだけでなく、意識の契機でもあるということは、もちろん科学的認識でも確認されねばならないのである。

第2章　註

(1) マルクス、エンゲルス『新版　ドイツ・イデオロギー』花崎皋平訳、合同新書、一九六六年、一九六頁。

(2) したがって寺沢恒信のように「類」に「種差」を加えて意識を定義するというのであれば(『意識論』大月書店、一九八四年)、類概念は物質一般の相互作用とされる「反映」でなく、「生活(生命)」でなければならないだろう(この種の「定義」の形式が意識規定にふさわしいとは思えないが)。また寺沢は「意識」を「脳」の機能とみる見方に反対して「身体」の機能とするべきだと考えているが(三四頁)、むしろ「人間たち」の機能とするべきだろう。

(3) マルクスの意識論を、とりあえず従来の「マルクス主義哲学」が立脚してきたいわゆる意識=反映説とおおまかに対比しておこう。周知のとおり、意識=反映説はレーニンの『唯物論と経験批判論』(一九〇八年)を典拠に、ソビエト心理学の一定の成果を加味して〝定説〟となった。たとえば旧東ドイツの『哲学事典』(一九六八年版)は意識を「中枢神経系による客観的実在の、特殊人間的な観念的反映」と定義している。旧ソ連のプログレス出版版『哲学事典』(フロロフ編、第二版、一九八四年)なども ほぼ同じである。

まずレーニンについて。彼は「唯物論一般は、人類の意識、感覚、経験等々から独立した客観的実在的な存在(物質)を認める。史的唯物論は、社会的存在を人類の社会的意識から独立したものと認める。意識はどの場合も、存在の反映、せいぜい近似的に正しい(正しい、理想的に正確な)その反映にすぎない」(『レーニン全集』大月書店、第一四巻、三九四頁)と書いている。確認しておきたいことは、第一に、レーニンの意識規定はマルクスのそれとはまったく異質であるということ、第二に、彼は『経済学哲学草稿』も『ドイチェ・イデオロギー』も読んでいないということ、第三に、彼は意識を感覚や経験や認識などの概念と区別もせずに議論しており(これは物質、存在、実在などの概念についても同じ)、レーニンのこの前哲学的概念使用のために、権威主義的受容はあっても、議論は常に不毛化したということである。

次にパブロフなどソビエト心理学について。彼らはレーニンに同意しつつ「反映」を全物質に普遍的な性質(「外的諸作用を内的諸変化により再生産しつつそれらの作用に反応する性質」)としてとらえ、意識をその高次形態としてとらえようとする。このような立場は意識過程に物質的相互作用の特殊形態という観点からアプローチする心理学的個別科学の立場の一つとしては有効でありうるだろう。しかし、そのことと哲学的意識論としての有効性とはおのずと別である。意識の特殊規定である意識の生理構造についてのあれこれの知見と意識の一般規定との素朴な混同が、つまり一種の科学主義が、「党哲学でもある国家哲学」と同居していたのである。ハンス・ハインツ・ホルツが「パブロフ――反映の遍在化」という論文を書いているが(『ドイツ哲学雑誌』一九九〇年三月号)、パブロフ心理学の哲学的展開が、結局一種の自然哲学、自然の形而上学になっていくのは興味深い。従来、ソビエト哲学は「認識論主義」であったという批判的特徴づけがしばしばなされたが、こういう特徴づけは、むしろ批判者自身の批判対象との距離のなさを示すものであったと思われる。

最後に古在由重のいわゆる「二重の反映」説について。「一つは意識の外にある対象からの反映であり、もう一つは意識の所有者である主体そのものの反映であります。この後者の意味を我々は、人々の社会的存在が社会的意識を「制約する」あるいは「規定する」と言い換えてもよろしい」(「上部構造としてのイデオロギー」『古在由重著作集』第二巻、勁草書房、一九六五年)。この「言い換えてもよろしい」に注目しよう。反映概念のこのような拡張は反映概念を救っているのだろうか。拡張すれば意味も変わる。古在がここで拡張使用した反映概念を定義の形で定式化し、レーニンやパブロフのそれと対比されたい。言葉さえ同じであればよいというものではないのだ。こういうつじつま合わせを、日本はもとより国際的にも通説になりつつあると推薦する人がいた（牧野広義「意識と反映の問題」『唯物論研究年報』第五号、一九八九年）のも興味深い現象であった。

付言しておくと、意識＝反映説の擁護者によって、マルクスも自分たちの同類であることを示すために、『資本論』第二版後記の「私にとっては逆に、観念的（ideell）なものとは、人間の頭の中で変換（umsetzen）され、翻訳（übersetzen）された素材的（materiell）なものである」（MEW 23-27）という箇所が持ち出された。この人たちは「変換」や「翻訳」という記号論や言語理論の鍵概念を概念的に考えたことがあったのだろうか。

（4）詳しくは拙論「マルクスとレーニンの差異について——レーニン哲学におけるマルクス不在問題」『社会主義理論学会年報』創刊号、一九九二年四月、参照。

（5）前記註（3）参照。

（6）P. K. Moser, J. D. Trout, *Contemporary Materialism*, Routledge, 1999, p. ix.

（7）Berkeley, *Philosophical Works*, Dent, p. 138, 160.

（8）もっともヘーゲルの場合、この「絶対的硬さ」の体験を、プロレタリアに対する「法」の規範的拘束性（他人の物に絶対手を出すべからず）として、したがって「実在論」に対する「法」の「観念論」の勝利として描かれる面もある（『法の哲学』四四節）。しかしホッブスを持ち出すまでもなく、法の威力は敵対的他者やそれとの敵対的関係の根源的実在性を前提に持っており、あくまで二次的形成にほかならない。

（9）G. Waldenfels, *Der Spielraum des Verhaltens*, stw, 1980, S. 98ff.（ベルンハント・ヴァルデンフェルス『行動の空間』新田義弘ほか訳、白水社、一九八七年、第一章）

（10）マルクスがここで下敷きにしているのはフォイエルバッハの次の文章である。「だが人間と動物との最も本質的な区別は何か。この問いへの最も単純で最も一般的で最も通俗的でもある答えは意識である。しかし厳密な意味での意識なのだ。というのは自己感情や感性的識別力や知覚という意味での意識、特定の目立つ標識に基づく判定という意味での意識すら、動物たちにも拒まれないからである。厳密な意味での意識は、ある存在者に対して彼の類が、彼の本質性が対象であるところでのみ存在する。動物はたしかに個体としては自分に対し対象である。だから自己感情をもつのだ。しかし類としては自分に対象ではない。……我々は生活においては個々人と交通（verkehren）するが、学において類と交通する。だが自分自身の類、自分の本質性がそのものに対象となっている存在者のみが、他の事物や存在者をそれらの本質的性質に基づいて対象としうるのだ」（『キリスト教の本質』第二版、第一章）。

（11） 精神が「自分を物［共同対象］とする（das Sich zum Dinge machen）」過程を通して自覚を深化するというのは、ヘーゲル『精神の現象学』の重要なテーマである。マルクスのこれに対する評価は両面的であるが、人間たちの実践的共同対象としての「物件」に即してこのテーマがマルクスにおいても再現すると言ってよいだろう。

（12） マルクスのこの「普遍労働」の概念に光を当てたのは、異端として追放された旧東ドイツの自立的哲学者P・ルーベンの論文「普遍労働としての科学」であった（Peter Ruben, Wissenschaft als allgemeine Arbeit: Über Grundfragen der marxistisch-leninistischen Wissenschaftsauffassung, in *Sozialistische Politik*, No.8, 1976）。この論文は、公式イデオロギーの柱の一つであった「反映論」の枠組みそのものへの批判は避けているものの、マルクス「普遍労働」論の科学史的、科学社会学的意義を強調しているだけでなく、科学認識論的、科学方法論的意義を強調している点で、たいへん注目すべきものであった。なおマルクスでは、「普遍労働」という表現のほかに「精神労働」「精神的生産」という表現も使われる（たとえばMEW 26-1-253など）。また「普遍労働」という表現は「抽象的人間労働」の意味にも使われており、『資本論』第一部第二版以降に、具体的普遍労働である「普遍労働」と抽象労働である「抽象的人間労働」は用語分化した。マルクスの「普遍労働」論については、次の論文も参照。

・ヴェ・ヴェ・ブイコフ「認識過程の構造の研究にとっての『資本論』の認識論的意義」（一九六四年）。花崎皋平『マルクスにおける科学と哲学』社会思想社、一九七二年、第二章「マルクス主義認識論の構造と方法をめぐって」で詳細な紹介。
・K. M. Jensen, *Beyond Marx and Mach: A Bogdanovs Philosophy of Living Experience*, D. Reidel Publishing, 1976.
・Worfgang Fritz Haug, Die allgemeine Arbeit, in *dem Historisch-kritischen Wörterbuch des Marxismus*, Bd. 1, Argument, 1994.

（13） 花崎、前掲書、一五五頁。

第3章
［構想力］

解放論的構想力と実在的可能性

「〈活動〉もまた，［α］それだけで（ある人間とか，ある役柄として）自立的に実存するが，同時に〈活動〉は，その可能性を，もっぱら〈諸条件〉と〈事柄〉においてのみ持つのである．［β］〈活動〉は〈諸条件〉を〈事柄〉へと，〈事柄〉を実存の側面としての〈諸条件〉へと，移そうとする運動である．というよりむしろ，〈諸条件〉――その中で〈事柄〉が即自的［可能的］に現存しているところの――から〈事柄〉のみを取り出して，〈諸条件〉がもつ実存を揚棄することによって，〈事柄〉に実存を与えようとする運動なのである．」

（ヘーゲル『エンチクロペディー』148節）

章扉写真＝パリ・コミューン成立宣言（1871年3月）
（出典）　ア・イ・モロク『パリ・コミューン』大月書店，1971年.

第2章で我々は、「意識」を「自分の生活活動それ自身を対象とする」こととか、「自分を取り囲んでいるものに対する自分の［実践的］関係が自分自身に〈対して〉関係として現存する」あり方として、一般的に規定した。さらに、意識は言語構造をもっており、言語的共同主観／言語的共同対象の歴史的に構築された体系という枠組みを通して、したがってまた諸個人の交通の内部で、類対象性や類主体性という形式を伴いつつ、我々が「自分の生活活動それ自身を対象とする」ことが確認された。

本章で検討する意識のイデオロギー構造は、これらを前提にして、社会の内部で相互行為的、コミュニケーション行為的に働く意識、つまり他者や自己に向かって、一定の世界了解やあるべき価値や規範、変革の必要性などへの、理解や賛同や同調や共同行為を訴えるという場面で働くような、意識の構造をとらえようとするものである。

[1] 意識のイデオロギー構造

マルクスは意識のイデオロギー構造について、必ずしも体系立った叙述を与えていないが、残された諸断片を読む限り、彼が意識のイデオロギー構造に関して次のような一連の契機に着目していたことは十分うかがえるだろう。

①一定の社会＝歴史的共同行為を促進・抑止・正当化・非難するという、意識の相互行為的諸機能への反省の契機

②この相互行為的に働く意識は自生的集合的に、あるいは自覚的個人的に「生産される」という、「精神的生産」「思想の生産」のメカニズムへの反省の契機

③相互行為的に働く意識が「生活諸関係」により二重の制約のもとにあることへの反省の契機

④相互行為的に働く意識の持つ、当事者たちには自覚されていない「倒立」構造への反省の契機

⑤相互行為的に働く意識を〈歴史的意識形態〉として把握する方法への反省の契機

体系的叙述が欠如したままに終わっているものの、マルクスのイデオロギー論は、少なくともこれら諸契機の全体からなるものとして、了解されるべきだろう。イデオロギー（観念学）は元来、社会歴史的意識諸形態の具体的批判的な把握を迫るものであって、「土台」による「決定」を振り回し、政敵に対してレッテル貼りするこ

とをもって満足するような、イデオロギー理解の「通俗マルクス主義」的退行形態と混同されてはならない。

1 イデオロギーの端初規定——社会歴史的行為の相互行為的促進または抑止

『経済学哲学草稿』には次のような記述が見られる。

「この国民経済学は、私的所有の現実的エネルギーと運動の産物、現代産業の産物とみなされるべきである（それは私的所有の自立的運動が意識において対自的（für sich）になったものであり、自己（Selbst）としての現代産業である）が、他面それはまた、この産業のエネルギーと発展を加速し、讃美し、『承認された威力』意識の威力とした」（MEGA² I-2-257,〘 〙内削除分）。

ここでは「国民経済学」は「対自的」となった「私的所有」として、つまり「私的所有」が「自己自身を対象とする」あり方として了解される。「私的所有」は「国民経済学」という形態で自己を意識することによって、自分を「讃美」し「承認」し「加速」する。一言で言えば先行する自生的運動に「意識の威力（Macht des Bewußtseins）」を付け加えるのである。自生的生活過程に対して、「讃美」し「承認」し「加速」する「意識の威力」を付加するというこの契機、つまり、望ましい世界像や価値や規範の提示、実践に向かっての意志の集中や情念の喚起などによる、一定の社会的行為の相互行為的促進または抑止というこの契機が、意識のイデオロギー構造の本来の端初規定なのである。

『経済学批判』「序言」でも、イデオロギーは「人間たちがそのもとで、この［経済的諸条件における］衝突を意識し、決着をつけるべく闘い抜くところの、イデオロギー的諸形態」（MEW 13-9）と定式化されている。ここに言う「決着をつけるべく闘い抜く（ausfechten）」意識形態という表現も、イデオロギー構造の端初規定が、望ましい世界像や価値や規範の提示、実践に向かっての意志の集中や情念の喚起などによる、一定の社会的行為の相互行為的促進または抑止にあることを示唆しているだろう。

この端初規定は、意識のイデオロギー構造が働く固有の地盤を規定するものであって、この端初規定が曖昧なまま、イデオロギーを単なる倒錯意識と見、イデオロギー論を単なる倒錯意識批判と見てしまうと、マルクス・イデオロギー論のポジティヴな意味が消失してしまうことになろう。その結果、マルクスには労働論はあるが相互行為論は欠如しているという奇妙な議論も生じてしまうのである。イデオロギー論は歴史的実践にかかわる相互行為的関係そのものを扱うものであるはずなのに。

2　思想の生産と流通と分配

イデオロギーは個々人の個別意識という次元とは異なり、一定の社会歴史的行為の相互行為的促進または抑止として相互行為的に働く意識であるので、言語的に表現されるだけでなく、共有されるべき概念体系や価値体系や行為原則体系として体系的に構築されたあり方、つまり「思想」としてのあり方を要請する。だからイデオロギーはマルクスの表現では自覚的な「思想の生産」「精神的生産」の成果としてのみ存在するのである。

「物質的生産の手段を自由処分できる階級は、それゆえ、同時に精神的生産の手段を意のままにし、その結果、精神的生産の手段が欠けている人々の思想は、平均して言えば、彼らに服属させられる。……支配的階級を構成している諸個人は、思想の生産者としても支配し、彼らの時代の思想の生産と分配を規制する」（H-66）。

「思想の生産と分配」とあるように、また「精神的交通」（H-29）という表現も出てくるように、イデオロギーは「生産」され、「分配」され、「交通」（交換）を通して流通する。思想の交換＝交通は相互行為が比較的に対等なあり方を、思想の分配は相互行為が比較的に共同体的なあり方を表すと見てよいだろう。ある思想がドミナント（支配的）であるということも、あくまでその思想が相互行為的に「交換」され、「分配」される結果なのである。

ところで、思想の生産と交通と分配というこのアプローチを具体化すると、「思想の生産」における材料と道具（生産手段）、生産主体と生産関係、生産物としての思想、それから思想の流通や分配における流通・分配手段、流通・分配主体と流通・分配関係といった問題をどうとらえるべきかが、課題にのぼってくる。もちろん若干の示唆を超えて、マルクス自身に十全な展開はないが、イデオロギーが単なる受動的「反映」、あるいは単なる「仮象」などではなく、当該主体による自覚の有無にかかわらず、生産・交通・分配の固有の構造をもつものとして学的に反省する道が開かれるであろう。

思想の生産における主な材料は、現実的素材としての実践的生活諸関係（その総体としての世界）であることは言うまでもない。しかし、言語の自立化の箇所（第2章第4節）で見たように、先行し並存する思想の諸形態も、きわめて重要な素材、観念的素材である。思想の生産手段は、現存する語彙の体系、論理法則、カテゴリー、類型、方法などからなる知的手段と、観察・実験道具などの物理的手段に分かれよう。思想の生産関係や交換分配関係としては、知識人とその集団、共同作業と論争、知識人たちが社会の実践的エリートや民衆や従属集団とのあいだで入り込む実践的相互行為的諸関係、教育・研究システムや出版やメディアなどが問題となるだろう。

る。

3 生活諸関係による意識の二重の制約

ところが生産され交換され分配されるものとして、それ自身が固有の構造をもつこの思想は、同時に実践的生活諸関係により二重に制約されてあることが反省される。『哲学の貧困』（一八四七年）には次のような一文がある。

「彼らの意見の差異は、世界の中で彼らが占める位置（position qu' ils occupent dans le monde）により説明され、そしてこの位置は社会組織の所産なのだ」（MEGA[1] I-VI-129）。

『聖家族』（一八四四年）でも「問題は両者がこの対立の中で占める特定の位置（die bestimmte Stellung）なのである」（MEW 2-37）という、これに類する定式があり、『ドイチェ・イデオロギー』でも「彼らの実践的生活位置から（aus ihrer praktischen Lebensstellung）説明される」（H-72）とか「彼らの生活位置を指定される」（H-118）という表現が見られる。『共産党宣言』には「生活位置」という表現が数ヵ所見受けられるほか、「社会的位置（die gesellschaftliche Stellung）」（MEW 4-462, 475）という表現もあり、注目される。

意識主体は、意識の前提であり意識対象でもある生活活動や生活世界の外部に超然としてあるわけではない。意識主体自身が意識対象の〈中に〉「特定の位置」を「指定され」「占めていて」、そこ〈から〉生活世界全体を「対象にしている」のである。つまり我々は我々の生活活動自身を「対象にする」のであるが、現実には、社会的生活活動を、我々がその中に占める「特定の生活位置」〈から〉対象にするのであり、自分たちの生活世界を、自分たちがこの生活世界の中に占める「特定の位置」〈から〉「対象にする」のである。ということはつまり、生活世界は「生活位置」により異なって見えるという〈意識のパースペクティヴ性〉が問題となることになる。もちろん空間的な見え方でなく意識の〈関心〉を制約することを通して、「対象とする」仕方を、制約するのである。マルクス自身「資本主義生産の地平（Horizont）にとらわれている」（MEW 26-3-255）とか「市民的地平にとらわれている」（MEW 26-3-459）という言い方をしているが、〈意識の特殊な地平性〉と言うことも可能であろう。

先に引用したとおり、『資本論』では次のように書かれていた。

「彼らは人間なのであるから、彼らの関係は関係として彼らに対して［彼らの対象として］定在する。その関係が彼らに〈対して〉どのように定在するかの様式は、この関係そのものの本性から生じる」（MEGA² II-5-46,［ ］内は田畑）。

「人間たちの［対自然対他者の実践的］関係」は、「人間たちの関係」が意識主体に〈対して〉〈どのように〉現れるかの仕方を、二重に制約している（bedingen 条件づけている）ことになる。つまり、一方で「人間たちの関係」は意識の〈前提〉であり〈対象〉でもあるという意味で意識を制約している。しかし意識主体自身が意識対象である「人間たちの関係」の中で「特定の生活位置」を占めていて、「人間たちの関係」は、〈そこから〉「人間たちの関係」が意識される〈そのそこ〉をも制約しているのである。だから「その関係が彼らに〈対して〉どのように定在するかの様式」、つまり「人間たちの関係」の意識への現象の仕方は、「人間たちの関係」による二重の制約の結果として了解されねばならないのである。これが意識のイデオロギー構造の第三の契機とみることができよう。「人間たちの意識が彼らの存在を規定するのでなく、逆に彼らの社会的存在が彼らの意識を規定する」（MEW 13-9）という有名なテーゼについても、「社会的存在」による意識の二重の制約の意味で了解される必要がある。

4 意識の「逆立ち」

ところが、歴史世界における一定の共同行為の促進または抑止という相互行為の場では、人間たちが「一定の生活位置」〈から〉彼らの「現実的諸関係」を「対象とする」際に、彼らに〈対して〉彼ら自身の「現実的諸関係」が「逆立ちして現象する」という事態が生じる。この事態も、意識のイデオロギー構造の本質的契機をなすのである。

「もしこれら諸個人の現実的諸関係の意識的表現が幻想的（illusorisch）だとすれば、つまり彼らが彼らの諸表象において彼らの現実を逆立ちさせて（auf den Kopf stellen）いるとすれば、このことも再びまた、彼らの局限された物質的活動様式や、そこから生じる彼らの局限された社会的諸関係の結果なのである」。「もしイデオロギー全体において人間たちや彼らの諸関係が、暗箱の中でのように、逆立ちして現象する（auf den Kopf gestellt erscheinen）とすれば、この現象は、網膜上の諸対象の倒立が彼らの直接生理的な生活過程から生じるように、彼らの歴史的な生活過程から生じるのである」（H-29）。

「倒立」（頭が足の位置に、足が頭の位置に移ること）というのはあくまで比喩であるが、何らかの本来的順序を予定し、その逆転を暗示している。マルクスの具体例で見れば、人格的諸関係が物件的諸関係として、特殊利害が普遍利害として、派生的形態が本源的形態として、非自立的なものが自立的なものとして意識されるのである。人格的諸関係を物件的諸関係〈として〉、特殊利害を普遍利害〈として〉、派生的形態を本源的形態〈として〉、非自立的なものを自立的なもの〈として〉「対象とする」ということは、一般的に言えば「置き換え（Quidpro-quo）」（MEW 23-86）なのであるが、「倒立」ではこの「置き換え」が、本来的順序の逆転をはらんだ形で遂行されているのである。

もちろん当該意識自身は、自分の「倒立」を意識していない。ちょうど我々は日常生活者としては「網膜上の諸対象の倒立」をまったく意識せず、また意識しえず、この隠れた「倒立」メカニズムは生理学者たちの学的反省意識によってしか「対象となる」ことはないように、意識の「倒立」的あり方も、当事者には隠れたメカニズムなのであって、意識のイデオロギー構造に関する観念学的反省においてはじめて「対象となる」のである。当該意識に対する「現実的諸関係」の「倒立」的現れを結果するような、内的な（当該意識に対して隠れている）メカニズムに関する学的反省、これこそがイデオロギー論の核心をなすのであるが、これは社会存在分析を通して遂行されるべき観念学的課題なのであって、本来、万能薬として利用可能な出来合いの真理なのではない。ましてや政敵への単なるレッテル貼りとはまったく無関係の事柄である。もちろん当該意識の転倒性をあらわにする観念学的反省自身の妥当性はどのように根拠づけられるのかが問われねばならないが、これについては主題的展開が欠けている。ただ、この観念学的反省自身、社会歴史的世界の内部にある以上、当事者意識から純粋であるわけではないから、当事者意識との相互行為的交渉（対話や批判）を通して、open-endedな過程をたどることは避けがたい。これについてはのちに、解放論的構想力の対話的構成において見ることにしたい。

5　意識形態論

マルクスによる「倒立」メカニズムの観念学的解明のいくつかの事例を後で整理してみるが、その前提として、彼の意識形態分析の方法的特質について言及しておかねばならない。

「実際、分析を通じて宗教的なもろもろとした諸形象の地上的核心を見いだす方が、逆にその時々の生活諸関係から、その天上化された諸形態を展開するより、はるかに容易である。後者が、唯一、唯物論的な、したがって学的な方法なのである」(MEW 23-393)。

一定の社会歴史的形成体を「分析」を通じて一般規定へと還元しようとする方法に対するマルクスのこの批判は、『資本論』の読者には、価値形態論ですでになじみのところである。「価値の実体は労働である」ということだけで価値の秘密が明らかになるのではないし、マルクスの価値論の特質もそんなところにあるのではない。まったく逆に、なぜ社会的労働が価値という〈形態〉を取り、なぜ価値そのものもまた商品〈形態〉や貨幣〈形態〉や資本〈形態〉を取るに至るのかを、人々の共同行為から概念把握しなければならない。マルクスは意識形態論でもまったく同じ方法的主張を行っているのである。

たとえばフォイエルバッハは「神の本質は人間の本質以外のなにものでもない」(『キリスト教の本質』第二章)という有名なテーゼを残している。つまり〈神は理性、愛、道徳意志の存在である〉という神学の意識は、フォイエルバッハによれば〈人間が自分の本質である理性、愛、道徳意志の価値の「絶対性」を意識している〉ことを表すにすぎないのである。神学的意識形態を形態と実質に「分析」し、形態面を捨象すれば、その意識の対象と実質は、本質的には人間たち自身の「その時々の生活諸関係」にほかならないということである。それはそのとおりであるにしても、イデオロギー論の中心課題は逆に立てられるべきであって、人間たちの「その時々の生活諸関係」を「対象とする」〈仕方〉が、〈どうして〉神学的〈形態〉を取ることになるのか、つまりある人間集団はどうして自分たちの理性や愛や道徳意志という活動を「神の本質」として意識するという〈形態〉で意識するのかを概念把握する点にあるのである。だから「生活諸関係」による意識の二重の制約という観点だけでイデオロギー論は終わるのでなく、その制約下で構築されている一定の概念、価値、規範の体系的構造物、つまり思想の生産・分配・交換の構造形態こそが、説明されるべき事柄にほかならないのである。

マルクスによる意識形態の観念学的反省と演繹の最も完成度の高い遂行は、言うまでもなく『資本論』第一章で価値形態論と一体的に遂行されたフェティシズム的意識形態論であるが、それについては本書第8章で詳しく述べるので、ここでは『ドイチェ・イデオロギー』に見られる観念学的反省と形態演繹のいくつかのモデルを確認しておこう。

6　分業と「倒立」——観念学的反省モデル1

まず、分業（労働の分割）から展開される意識形態の観念学的反省から見てみよう。一面で、分業の展開とともに「労働を相互に分割しあう諸個人の相互依存性」（H-34）や「分業の中に制約されているさまざまな個人の共働」（H-36）は、外延的内包的に画期的に拡大する。それはついには「どの個人をも、自分の諸欲求において全世界に依存せしめ」（H-110）、「諸個人の世界史的協働のこの《最初の》自生的形態」（H-42,〔 〕内は削除分）と言わしめるものにまで展開していくのである。

ところが他面で、この分業下では「諸個人は相互から独立であって、交換を通してのみ共に《帰属》結び合わされている」（H-88,〔 〕内は削除分）にすぎない。「各人は各人に押し付けられている活動の排他的圏域をもち」（H-34）、「各人の特殊利害を追い求め」（H-35）続ける。前近代社会を特徴づけた「局限された社会的諸関係」は、分業の全世界的展開により画期的に超えられながらも、「分割」されている当の個人においては別の形態で再生産されているのである。

このように、一面で「相互依存性」が「世界史的協働」へと「自生的に」拡大しながら、他面で、各人は「相互から独立」で「活動の排他的圏域」に縛り付けられ、「特殊利害を追求し続ける」というのが、近代の分業なのであるが、このような「生活活動」を、「排他的圏域」に縛り付けられ、「特殊利害」を追求している当の各人自身が、彼らの局限された「生活位置」〈から〉「対象にする」時、この生活活動自身が次のように「逆立ちして現象する」ことになる。

「分業の中に制約されているさまざまな個人の共働」から生じる「社会的威力」は「これら諸個人には……彼ら自身の合一された威力としてではなく、疎遠な、彼らの外に存立する強力（Gewalt）として現象する」（H-36）。「諸個人がまさに彼らの特殊な利害を追求するがゆえに、この共同利害は、彼らに〝疎遠な〟、彼らから〝独立した〟利害として、それ自身再び特殊な独自の〝普遍〟利害として、通用する」（H-35, 37）。

人間たち自身の「合一された威力」が「彼らの外に存立する強力」と「置き換え」られて「対象となる」という、分業下における意識のこの構造的特質は、さまざまな形態で現れる。まずは「フェティシズム」があげられよう。

「生産者たちは彼らの労働生産物［という物件］の交換によって、はじめてコンタクトするのだから、彼らの私的労働が――［分業という］特殊な姿においてであるが――もっている社会的性格もまた、この［物件の］交換においてはじめて［彼らに対して］現象してくる。……だから彼らの私的労働がもつ社会関係は……彼らの労働そのものにおける諸人格の直接に社会的な諸関係としてではなく、むしろ諸人格の物件的諸関係として、諸物件相互の社会的諸関係として、彼らに現象する」(MEW 23-87)。

彼ら自身の「共働」が生む「社会的威力」は、彼らが日々所有し交換する「物件」(商品や貨幣)がもつ「威力」〈として〉見えるという「置き換え」が生じる。宗教意識の中にも、同じ構造が見られる。原始社会においては「自然」が「疎遠で全能で手も足もでない威力として人間に対立」(H-28)したのであるが、分業下では、「社会的威力」がこのような「超越者」として「対象になる」という「置き換え」が生じるのである。

「宗教とはもともと超越者の意識なのであって、この意識は現実の諸威力から生起する」(H-153)。「彼らはこの強力がどこからきてどこへ行くのか知らず」、「この強力」が「イギリスのある経済学者が言うように、古代人の『信じた』運命のごとくに地上をさまよい、見えざる手で幸福と不幸を諸個人に分配する」(H-36)ように見える。

しかもこの超越的普遍は、それ自身またイデオローグや国家官僚たちにより分業的に担われて意識的に「生産」される。その上、イデオローグや国家官僚たち自身が職業的に細分化する。こういう二乗三乗の分業が、超越的普遍を「生産」「流通」させているのである。

「分業は……いまや支配する階級の内部でも、精神的労働と物質的労働の分割として現れ、その結果、この階級の内部で、一部がこの階級の思想家として登場する(この階級の、自分自身に関する幻想の形成を自分たちの主な生業とする、能動的で概念構成的な(konzeptiv)イデオローグたち)。一方、他の部分はこの思想や幻想に対して、どちらかといえば受動的、受容的に振る舞う」(H-66)。「なぜイデオローグたちはすべてを逆立ちさせるのか。……分業による生業の自立化。各人は自分の手がけた仕事を真なるものとみなす(sein Handwerk für das Wahre halten)。……諸関係は法律学や政治の中で、意識において諸概念になる。彼らイデオローグたちは[存在において]これら諸関係を超えていないので、これら諸関係を表す諸概念も、彼らの頭の中では固定的な諸概念である。たとえば裁判官は法典を適用する。だから彼にとっては立法が真の能動的推進者だと思える。自分たちの商品への尊敬。なぜなら彼らの生業は普遍的なものを取り扱うことなのだから」(H-152)。

イデオローグたちは「概念構成的に」働く。つまり現実の諸関係から「思想」や「法」や宗教的信念といった「普遍的なもの」を生産する。ところが、イデオローグたちは分業一般を超えていないだけでなく、精神的な生産と流通そのものの内部でも「生業の自立化」が進行して、きわめて局限された「実践的生活位置」に縛り付けられている。だから彼らの生産流通する概念も「固定的」にならざるをえない。つまり一定の概念を総体性と運動性において展開するだけの視界の広さが彼らの「生活位置」には欠けているのである。こういう条件のもとで「自分の手がけた仕事を真なるものとみなす」結果、『経済学哲学草稿』の言い方を借りると「哲学者[およびイデオローグ一般]は、自分を、つまりそれ自身疎外された人間の抽象的な姿を、疎外された世界に対して真理の尺度として当てる」(MEGA² I-2-284)結果となる。「思想の世界支配」とか「真の世界推進者としての立法」といった、イデオローグたちの、世界への、転倒的自己投影が、分業的意識形態の裏面をなしているのである。

7　支配と価値意識の対抗——観念学的反省モデル2

次に支配（Herrschaft）との関係で意識形態を観念学的に反省してみよう。まずは価値意識の対立という形態的特質が確認できるだろう。『聖家族』（一八四四年）には、次のような一節がある。

「所有する階級とプロレタリアの階級は、同一の人間的自己疎外を表している。しかし前者の階級は、この自己疎外の中で快適（wohl）と感じ、また［自分の存在が］確証されている（bestätigt）と感じ、この疎外が彼ら自身の力であることを知っており、その疎外の中に人間的生存の外見を持っている。ところが後者は疎外の中で［自分の存在が］否定されている（vernichtet）と感じ、疎外の中に自分の無力と非人間的生存の現実性を見るのである」（MEW 2-37）。

これまで見てきたように、意識とは「自分の生活活動そのもの」を「対象とする」人間の生活活動のあり方なのであるが、それはただちに知覚や認識の「対象とする」ことと同じではない。意識は「自分の生活活動そのもの」を「対象とする」人間の生活活動のあり方を総体として、統一体として表現する概念であって、知覚や認識の「対象とする」こと（認識）、価値判定の「対象とする」こと（価値意識）、可能態において「対象とする」こと（構想力）、実践的制御の「対象とする」こと（意志）などは、単に意識（「対象とする」あり方）の諸契機にすぎず、いずれも他から切り離されて純粋にあるのではないのであるが、支配関係を「対象とする」場合、まずは意識の価値判定構造が前景に出てくる。支配という関係を、その関係の内部にある人間たちが「対象とする」場合、その関係内部における当該主体の「生活位置」により、「対象とする」仕方に違いが生じるのは言を待たない。〈同一の〉支配関係は、支配する「生活位置」からは「快適な」もの、自分が「確証されている」もの、したがって〈肯定的価値を持つ〉ものとして「対象になる」。だが、支配される「生活位置」からは、自分が「否定されている」もの、したがって〈否定的価値を持つ〉ものとして「対象になる」のである。つまり価値意識の敵対性がある。

第二の形態的特質は「幻想的共同性（illusorische Gemeinschaft 幻想的共同社会）」である。

「これまで諸個人がそれへと連合してきた外見上の共同社会は、彼ら諸個人に対立して常に自立化した。同時にそれ［外見上の共同社会］は、ある階級の他の階級に対抗する連合化であったので、支配される階級にとっては、まったく幻想的な共同社会であっただけでなく、ひとつの新たな桎梏でもあった」（H-120）。

支配関係はヘゲモニーを伴う。つまり、一方は「彼らの利害」を「社会の全成員の共同利害」として提示し、したがってまた「彼らの思想」を「唯一、理性的で普遍妥当的な思想」として提示する（H-70）。すなわち「普遍妥当」面を自分に包摂していると意識する。だが他方にとっては、この「共同社会」「共同利害」は、単に特定の「特殊利害」を「通用させる（geltend machen）」ための、幻想的形式にすぎない。つまり、支配する「生活位置」からは「特殊利害」は「共同利害」として「対象となる」が、支配される「生活位置」からは、逆に「共同利害」が「特殊利害」として「対象となる」のである。ヘゲモニーはこの反対のベクトルの緊張関係をはらんでいると言えるだろう。

第三は「肯定的なもの」への「とらわれ」である。

「［私的所有という］この根本前提は、国民経済学にとっては、それ以上の吟味に付されることのない、覆しがたい事実とみなされる」（MEW 2-32）。「［土地が地代を、資本が利潤を、労働が労賃を生むという］収入の形態と収入の源泉は、資本主義生産の諸関係を最もフェティッシュ的形態で表現している。隠れた連関や、媒介的中間項から切り離された形で、まったく表面に見えてくるような存在が問題なのだ。……実際、通俗経済学者たちは、資本家的生産にとらわれているその担い手たちの諸表象や諸動機を翻訳するのであるが、この担い手たちにあっては、資本家的生産はその表面的外見においてしか映じないのである」（MEW 26-3-445）。

マルクスは「資本家的生産の地平にとらわれている」（MEW 26-3-255）とか「市民的地平にとらわれている」（MEW 26-3-459）という言い方をしているのだが、まさに「生活位置」による意識の「地平（Horizont）」的制約があるのである。支配する「生活位置」は「この対立の肯定的側面」（MEW 2-37）であるために、対象である支配関係と主体の「生活位置」とが癒合していて、対象の媒介面が視界から隠れてしまい、直接的なもの、外面的なものに意識が「とらわれる（befangen）」ことになる。

逆に言えば「生活活動」の「根本前提」そのものを「吟味」に付さねばならないとか、「表面」の背後の「内的連関を概念把握」せねばならないといった、意識のラディカルな志向は、当該諸関係の中で危機的生活を強いられている「生活位置」から促されてくるのである。つまり価値意識の対抗は、対象認識の志向のラディカルさにおける差異へと連動してくるのだ。つまり生活活動における日常的反復性が「切断（ギリシャ語の krinein）」されるクライシスの局面（critical moment）で、我々は否応なくクリティカルに「自分自身の生活活動」を「対象にする」のである。

しかし問題は単純ではない。支配関係は、支配する／される関係であるだけでなく、「支配的（herrschend）」

な関係でもあるという、支配の二重性をもっているからである。

「支配的な思想とは、支配的な物質的諸関係の〈イデオロギー的〉観念的表現、思想として把握された支配的な物質的諸関係――したがってまさにある階級を支配的な階級とする諸関係――にほかならず、それゆえ彼らの支配の思想にほかならない」(H-64)。

支配関係が「支配的な」関係、日常的関係でもある限り、「特殊利害」が「普遍利害」として「対象となり」、媒介面が隠れて、意識が直接的なもの、外面的なものに「とらわれる」という事態は、「通常の表象」「常識」「日常の表象」(MEW 26-3-446, 493)の特質でもあることになる。この点は労働者意識といえども例外ではありえない。

「資本制生産の進行に伴い、教育や伝統や慣習により、この生産様式の諸要求を自明の自然法則として承認する(anerkennen)労働者階級が発展してくる。……事態の通常の進行のためには、労働者は「生産の自然法則」に任せておくことができる。つまり生産諸条件自身から生起し、それらにより保証され永遠化されている、資本への労働者の依存に任せておくことができる」(MEW 23-765)。

このように、〈一定の歴史的形態を自然として受けとる(eine bestimmte historische Form für natürlich halten)〉という「置き換え」の構造は、支配の二重構造に支えられて、広く深く人々の意識(自分の生活活動自身を「対象とする」仕方)をとらえているのである。

［2］解放論的構想力と実在的可能性

マルクスの意識論が観念学的反省に終始するのでなく、すぐれて解放論的モチーフをもつことは言を待たない。歴史的事件や闘争を通して、当事者意識と反省意識との批判的対話のプロセスが進展し、「アソシエートした知性」（MEGA^2 II-4-2-331）が生成する過程を現象学的にとらえようとするのがマルクス意識論の本来の眼目であっただろう。しかし意識のイデオロギー構造と解放論的構造は別々にあるのではない。この不可分の結びつきは、解放論にきわめて複雑な様相を与え、マルクス自身に難問を抱えさせているのである。そこで次に解放論と構想力の問題に移ろう。

像（Bild）を生産する働きとしての構想力（Einbildungskraft 想像力）は、哲学史においてつとに明らかなとおり、意識の全領域に関わっている。たとえばカントは「構想力」を「直観において対象が現存していなくとも対象を表象する能力である」とし、想起などの「再生産的構想力」のみならず、知覚や認識の生産においてもすでに「生産的構想力」が働いていると考えた（『純粋理性批判』先験的分析論第二版二四節）。ヘーゲルでは「表象（Vorstellung）」は「想起（Erinnerung）」と「構想力」と「記憶（Gedächtnis）」からなり、「構想力」は「再生産的構想力」（像の再生産）、「連想的構想力」（諸像の連合）、「象徴化的構想力」（象徴と記号から像をつくる働き）に分けている（『エンチクロペディー』四五一～四六四節）。マルクスでは、カントの言う「直観において対象が現存していなくとも対象を表象する能力」は、とりわけ、解放論的構想力の問題として、つまり人間たちが自分自身の「生活活動」を「可能態において（der Möglichkeit nach）」（MEGA^2 II-1-2-376）、もっと言えば〈自由の可能態において〉、「対象とする」あり方の問題として、登場してくる。では、どういう情況下で人間たちは自分自身の「生活活動」を〈自由の可能態において〉「対象とする」のだろうか。

「プロレタリアたちにおいては……彼ら自身の生活条件である労働が、そしてそれとともに、今日の社会の生存諸条件の総体が、彼らにとって何か偶然的なものとなってしまっている」(H-122)。

自分たちの「生存諸条件の総体」が、いわば歴史=必然的に「偶然」化してくるような「生活位置」から、この「生存諸条件の総体」が「対象となる」場合、この対象がすぐれて〈自由の可能態において〉「対象となる」。つまり解放論的構想力の「対象となる」のである。しかし解放論的構想力もいろいろな現れ方をする。

1 「幻想的幸福」と宗教的構想力

マルクスは宗教意識を次のように特徴づけている。

「たしかに、宗教とは、自分自身をまだ獲得していない［未来の構想面］か、あるいは自分自身をすでに失ってしまった［過去の構想面］人間の、自己意識であり、自己感情である」。「人間の本質［という可能態］が、真の現実を持たないからこそ、宗教は人間の本質のファンタジー的実現なのである」。「人民の幻想的幸福（das illusorische Glück des Volks）としての宗教を揚棄することは、彼らの現実的幸福を要求することである。自分の状態についての幻想を捨てよと要求することは、幻想を必要とする状態を捨てよと要求することである」(MEW 1-378/379)。

人間たちがその「本質」を喪失した状態において自分たちの「生活活動」を「対象とする」時、この「生活活動」はすぐれて「可能態において」対象となる。つまり構想力の対象となる。だが「幻想（Illusion）」や「空想（Phantasie）」は構想力の「転倒した」働きである。それは「転倒した世界意識（ein verkehrtes Weltbewußtsein）」（MEW 1-378）であり、したがってまた「転倒した」「自己意識」でもある。たしかに「幻想的幸福」において、人々は自分たち自身の「生活活動」を〈自由の可能態において〉「対象とする」。しかしそこでは構想力は「自分の現実を形成する（gestalten）」（MEW 1-379）方向で働くのではなく、「悩めるもののため息」として「鉄鎖に咲いた想像の花」として働くのである。つまり構想力の働きは〈現実形成的〉でなく〈自己慰撫的〉なのである。しかし構想力がこのように転倒した形で働く場合ですら、自分たち自身の「生活活動」を〈自由の可能態において〉「対象としている」以上は、宗教的構想力も解放論的意味を担い続けているというのが、マルクス宗教論の基本特徴なのである。

2　ユートピア的構想力

解放論的構想力がユートピア的となると、宗教的な姿を取る場合でも、非宗教的な姿を取る場合でも、現実形成的に働くようになる。これは画期的な一歩である。しかしここにも限界が見えてくる。

「プロレタリアートがまだきわめて未発達で、彼ら自身、自分の位置（Stellung）をまだ空想的に把握していた時代に、彼ら［ユートピアン］は社会の全般的改造を求めて、予感に満ちて殺到したのだが、未来社会のこの空想的描写は、プロレタリアートのそういうあり方と照応していたのである」。「社会的活動の代わりに個人的考案（Erfindung）が、解放の歴史的諸条件の代わりにその空想的諸条件が、徐々に行われるプロレタリアートの階級への組織化の代わりにわざとらしく企まれた社会の組織化が、取って代わられねばならなかった。将来の世界史は、彼らにとっては、彼らの社会プランの宣伝と実践的遂行に帰着した」（MEW 4-490）。

マルクスが言おうとしているのは、要するに構想と実在の相互外在性ということである。つまりユートピア的構想力の特徴は、生活当事者や実在的諸条件との媒介の不足ないし欠如にある。可能態の意識としての構想力といえども、常に実在態の認識を基盤にして働くのであるが、ユートピア的構想力においては、単に構想の実現過程においてだけでなく、構想の生産過程そのものにおいて、すでに実在態との媒介が不十分なのである。「アソシエートした知性」へ向かっての実践的相互行為的前進という観点からすると、応答すべき生活当事者のなかに解放論的構想力がまだまったく働いておらず、あるいは働いていても「自己慰撫的」であるような事態を想定するならば、歴史的構想力と生活当事者意識のこの乖離は避けがたい。一つの歴史的課題が意識される「初期の未発達の時期」には、このように、構想と実生活の分裂において自分たちの生活活動を「対象とする」ことから始めるほかないのである。この分裂は、構想を単なる構想で終わらせない場合は、しばしば生活当事者たちの自発的関与抜きの合理的設計主義や構想実現の権力による強要という形も取りうるのである。

3　再演的構想力

構想力は、何らかの過去の経験を素材としてはじめて「像」を結ぶ。つまり自分たちの生活活動を「可能態において」対象とする場合に、この構想は過去の経験によっても制約されるのである。だから人間たちは歴史的実践を行うに際して、自分たちの行為を過去の再演として構想する場合も非常に多い。

「彼らが、自分および物事を変革し、まだなかったものを創出することに携わっているように見える、まさにこの革命的危機の時期に、彼らは不安げに過去の亡霊を呼び出して利用し、由緒ある衣装を身にまとい、借り物の言葉を語りながら、新しい世界史の場面を演じるために、亡霊たちの名前、闘いの合言葉、コスチュームを拝借したのである。かくてルターは使途パウロの仮面をつけ、一七八九～一八一四年の革命はローマ共和制とローマ帝政で交互に身を飾り、一八四八年革命は、こちらでは一七八九年のパロディーを、あちらでは一七九三～一七九五年の革命的伝統のパロディーを演ずること以上はできなかったのである」(MEW 8-115)。

再演的構想力(die parodistische Einbildungskraft)においても、構想と実在の相互外在性が問題になるのであるが、構想の生産においても、構想の実現においても、所与の歴史的諸条件との媒介の面が、過去の模範との媒介の面の背後に隠れてしまっているのである。しかしこの再演的構想力の機能的意味は「昔の闘争のパロディーを演じることとそのことにあるのでなく、新たな闘争に栄光を添えること、所与の課題を空想において誇張すること」(MEW 8-116)にある。

4 「実在的可能性」の構想力

このようにして、解放論的構想力はヘーゲルの言う「実在的可能性(die reale Möglichkeit)」を自覚的に「対象とする」あり方へと展開する。ヘーゲルは、論理的に無矛盾という意味での「形式的可能性」と区別して、「現

実（Wirklichkeit）」を構成する契機としての「可能性」を「実在的可能性」と呼んだ。この「実在的可能性」は、

①内的なものから外的実在へと移行するべき〈当のもの〉である「事柄（Sache）」

②当初は所与の「諸前提（Voraussetzungen）」として現れ、次に「事柄」との相関において「諸条件（Bedingungen）」として現れる直接的な実在

③「事柄」と「実在」の「交替（Wechsel）」、つまり「事柄」の「実在」化と「実在」の「事柄」化を促す行為としての「活動（Tätigkeit）」

の三つの契機からなり、図で整理すれば次のようになる（『エンチクロペディー』一四六～一四八節ほか）[1]。

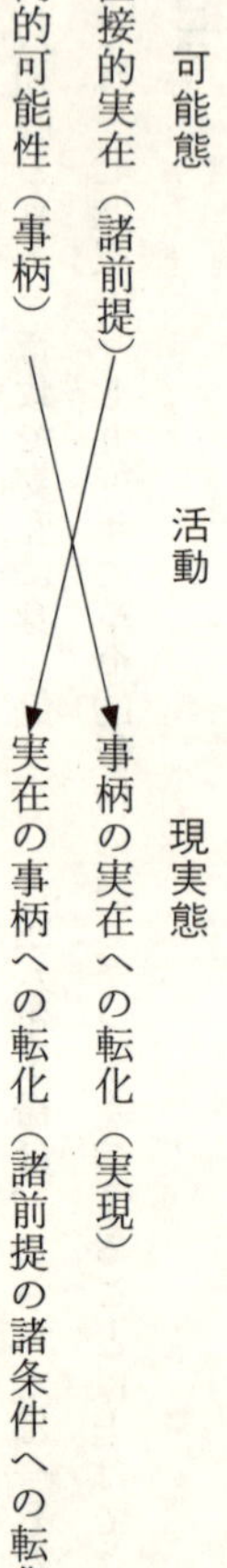

マルクスは、『経済学批判』序言で「したがって人類は常に解決しうる諸課題を自分に立てる。というのは、詳しく見れば、課題自身が、ただその解決の物質的諸条件がすでに現存しているか、それとも少なくともその生成過程において把握されるところでしか生じない、ということが解るからである」（MEW 13-9）と書いているが、この「課題（Aufgabe）」、別の箇所では「時代の課題」（MEW 8-116）と表現されているものが、ヘーゲルの「事柄」に該当するものである。解放論的構想力が、幻想的幸福やユートピアや再演的構想力を超えるということは、

したがって、構想力が〈課題〉〈諸前提→諸条件〉〈活動〉の三契機の全体を自覚的に「対象とする」に至るということにほかならない。別言すると、「活動」の「諸前提」「諸条件」の学的認識に媒介されてはじめて、解放論的構想力は「実在的可能性」の地平に至るのである。

もちろんユートピアにおいてもこれら三契機は「対象となる」が、「諸条件」自身の即自＝内面＝可能態であり、したがってまた活動側の構想でもあるところの「事柄」の面が、未展開なのである。「事柄」が「諸条件」の側で未展開＝内面的で、隠れていればいるほど、活動側の構想としてもそれだけ非現実的という意味で主観的であるほかない。このようにして実在と構想の相互外在性を超えることができないのである。

「人は、全社会を革命するような諸理念があるじゃないかと言う。それによって言われていることは、古い社会の内部で新しい社会の諸要素がすでに形成されたという事実にほかならない」(MEW 4-480)。「彼らは実現すべき理想を持っているのではない。彼らはただ、崩壊しつつあるブルジョワ社会（bourgeois society）自身がはらんでいる、新しい社会の諸要素を解放しなければならないだけである」(MEGA² I-22-143)。

ここで構想される可能態は、「諸条件」「諸要素」を「活動」を通して実践的に綜合する可能性である。解放論的構想力は、むしろ、「古い社会の内部ですでに形成された諸要素」の成熟とその認識を前提しつつ、これら諸要素を、「新しい社会の諸要素」として、新しい「事柄」との相関において意味づけ、実践的に再編する形で働くのである。だがその場合でも、解放の諸要素は、同時に可能な他の「事柄」の「諸要素」でもありうる。その限りは、歴史的構想力も一義的ではありえないのである。そもそも意識は意識の前提である自分の生活活動自身を全面的に意識にもたらすことはありえないのであるが、構想力においてはその上、「可能態において」「対象とする」のであって、ますます蓋然化してくるのである。

このようにして解放論的構想力が単に価値意識や意志によってだけでなく実在の認識によって媒介されていることが了解されたが、逆に実在の認識が解放論的構想力により、したがって価値意識や意志により媒介されている面も見ておかねばならない。認識主体を単なる認識主体と見るのでなく、生活活動諸主体が認識〈も〉するという立場に立てば、つまり認識を意識(自分の生活活動を「対象とする」あり方)の一契機と見る立場に立てば、人間たちは認識のための認識を行っているのではなく、あくまでその時々の実践的目的(「事柄」「課題」)を実現しようとするパトスと関心を持って、自分の生活活動(その主体、対象、活動そのもの)を認識しているのであるから、認識対象は根源的にはそのつど常に「事柄」の「諸前提」「諸条件」「諸要素」として、「事柄」との相関において、認識されていることになる。

もちろん、解放論的構想力が逆方向へと向かう局面もあるだろう。「諸条件」自身の即自=内面=可能態であり、したがってまた活動側の構想でもあるところの「事柄」の面が、混濁してくると、両者の相互外在化が深化し、構想力は再演的、ユートピア的、幻想幸福的な形態へと移ることは避けがたいのである。

5 「疎外」概念と解放論的構想力

マルクスの「自己疎外(Selbstentfremdung)」や「自己外化(Selbstentäußerng)」の概念も、このような解放論的構想力抜きには了解不能であろう。アルチュセールの「認識論的切断」論も、廣松渉の「疎外論から物象化論へ」も、ともに疎外論と人間主義が不可分一体であるという前提のうえでの議論である。しかし、これらの反疎外論者がはたして解放論的構想力を問題にしたのかどうか。その宗教形態、ユートピア形態、再演形態などとマルクス的形態との差異を確認したうえで、疎外概念の是非を論じようとしたのかどうか。大きな疑問が残る。

たとえばマルクスは『経済学批判要綱』で次のように書いている。

「現実性から見れば（der Wirklichkeit nach）、富の発展はかかる諸対立［労働の側での貧困の蓄積と不労働側での富の蓄積］の中でしか実存しないが、可能性から見れば（der Möglichkeit nach）富の発展は、かかる諸対立の揚棄の可能性である」（MEGA² II-1-308）。

見られるとおり、「富の発展」という同一の事態は「現実性から見て」と「可能性から見て」の二つの様相から解放論的構想力の「対象となる」のであり、「事柄」との相関において正反対の価値を担うものとして「対象となる」のである。こういう観点からマルクスの疎外概念を理解すればどうなるのか。たとえば『資本論』の次のような箇所を見てみよう。

「［生産］過程に入る前に、労働者自身の労働は彼自身から疎外され、資本に領有され、資本に体化されているので、労働はこの過程の期間中、他者の生産物に対象化される。……したがって労働者自身が、客体的富を不断に資本として、つまり労働者に疎遠で、彼を支配し搾取する権力として、生産する」（MEW 23-596）。

ここでは「人間なるもの」はまったく出てこない。資本制的「生産過程」という同一事態が、「現実性から見て」と「可能性から見て」の二重の様相下で「対象となり」、まったく相反する価値（現実性から見れば資本という疎遠な権力の増殖として、可能性から見れば直接生産者たちによる労働時間に応じた富の正当な領有として）を担うものとして「対象となる」。「自己疎外」とは、自己のあり方やその所産が自分から「疎遠な（fremd）」ものになってしまうことであるが、結局、現実態としての自分のあり方が可能態としての自分のあり方に対立している事態を表現しているのである。この場合、可能態として構想力の対象となっているものは〈現在に〉あるのだ。

構想力が宗教的、神話的に働く場合にだけ、この可能態は神やエデンとして過去に実在するものとして構想されることになり、世界は神の疎外態として見られる。あるいは構想力が思弁哲学的に働く場合は、この可能態が「人間の本質」として諸個人に「内住（innewohnen）」するものとして構想され、現実は「人間の自己疎外」として了解されることになる。しかし反疎外論者の議論は、解放論的構想力のこれら前マルクス的諸形態を批判しているだけではなかったのか。反疎外論者は、「認識論的切断」だけで事態を了解してしまって、「実在的可能性」を追求する解放論的構想力が、本来、価値判定や意志や認識を不可分に組み込みつつ働いている構想力であることと、そのことを見忘れてしまったのではなかろうか。マルクスの中の解放論的モチーフを「認識論的切断」と同時に「切断」してしまったのではないか。

［3］「アソシエートした Verstand」の現象学

マルクスの解放論的構想の中心に「アソシエーション」があったことは、拙著『マルクスとアソシエーション』で見たとおりである。たとえば『資本論』第三部草稿の次の一節を見てみよう。マルクスの理論の全体構成のなかで、アソシエーションがいかに核心的位置を占めているかが了解されるだろう。

「資本制的生産諸部門の内部では、均衡は不均衡から脱出する不断の過程としてしか自分を表さない。というのはそこでは生産の連関は、盲目的法則として生産当事者たちに作用し、彼ら［生産当事者たち］が、アソシエートした知性として（als assoziierter Verstand アソシエートした悟性として）、その連関を共同のコントロールのもとに服属させていないからである」（MEGA² II-4-2-331）。

ここで現れている論理をたどってみよう。

［α］権力、外化、物象化（物件化）、物化、疎外の論理

マルクスの理論は近代社会を根底的に批判する批判理論であるが、その鍵概念は「権力（Macht）」、「疎外（Entfremdung）」、「外化（Entäußerung）」、「物象化（Versachlichung 物件化）」、「物化（Verdinglichung）」などと表現される。それぞれに意味はずれるが、共通面でとらえると、こうなるだろう。相互孤立的に振舞う諸個人には、彼ら自身の連関や結合力が、外部の権力（権力者の力）として、物件の神秘な力（貨幣や資本の力）として、「自然法則」や「運命」として、外化形態をとって立ち現れる、と。これがマルクスの批判の論理である。(2)ではこの事態は、どのように解決されるのか。

［β］危機と破局の論理

ひとつは危機と破局ということである。「不均衡」や「外化」がある限度を超えると、「均衡」や「社会諸力」は諸個人を圧倒する暴力形態で発現する。経済恐慌しかり、現代で見れば、地球レベルの環境破局しかり、全面核戦争しかりである。これも一つの解決形態ではあるが、いわゆる否定的弁証法である。しかしマルクスはこれで終わっていない。破局の必然を断言し、人間の愚かさを確認するだけでは、実践的には受動

性に終始することになるからである。

［γ］対抗過程としてのアソシエーション過程

ポジティヴな解決形態として構想されるのが、アソシエーション過程をこれに対抗させることであり、我々が「アソシエートした知性」として立ち現れることなのである。我々は、一方で孤立しあって生活しながら、他方で「結合した労働」により巨大な社会的諸力を展開する。その結果、巨大な権力、巨大な資本の力、暴走する市場という外化形態が構築される。逆に我々が相互孤立したあり方を克服し、結合された力を我々自身の共同の力として自覚的に組織し、コントロールする過程をこれに対抗させねばならない。我々が「アソシエートした知性」として立ち現れる度合いに応じて、外化諸形態の克服の過程が進行するのである。

では相互孤立的に生きる我々は、どのような中間諸形態を経て、「アソシエートした知性」に移行できるのだろうか。逆に「アソシエートした知性」は、どのような条件下で、どのような中間諸形態を経て脱アソシエーション化し、権力や資本といった外化形態を再生産するのか。「アソシエートした知性」の現象学的反省が問われてくる。ただ、現象学的反省といっても、直接的な意識がさまざまな経験を経て「絶対知」に至る過程を叙述するヘーゲルの『精神の現象学』（一八〇七年）のようなわけにはいかない。著者ヘーゲルと読者との対話的進行の結果、「絶対知」の必然性が読者に納得させられて、一冊の本が完結するというような完結性は、「アソシエートした知性」の現象学では期待できない。「アソシエートした知性」の歴史的生成は、現在もなお、途上でしかないからであり、不断に「脱アソシエーション化」過程を伴うからである。以下、「アソシエートした知性」の現象学の若干の断片を拾い集めてみよう。

１　日常意識

マルクスの場合、出発点は日常生活者としての労働者である。彼らは生活の資本制的生産と再生産の、大なり小なり安定したメカニズムの中で生活しているだけでなく、意識においても（つまりそういう生活自身を「対象とする」あり方においても）、そういう日常性を「自然」なものとして「承認している」。

「資本制的生産の進展の中で、教育や伝統や習慣などにより、その生産様式の諸要求を自明の自然法則として承認するような、労働者階級が発展する」（MEW 23-765）。

彼らも「自生的」には分業や支配や競争による相互孤立の下にあり、その限りで「社会的諸力」は彼らに「対して」も、「権力」や「物件」の威力として、「神」や「運命」の威力として、立ち現れてくる。彼らもまた「自分自身に関する幻想や思想をつくる」ための手段や時間を持たないので、「概念構成的（konzeptiv）」なイデオローグたちに対して「受動的受容的に振る舞う」のである（H-66）。

２　危機意識

生活者において意識の現象学的運動が不可避になるのは、生活手段（生産手段や交換手段や消費手段）や他の人間たちとの彼らの結合が、歴史必然的に偶然化してくるために、日常的反復性の切断＝危機が訪れてくるからである。『聖家族』（一八四四年）の美しい言葉によると「もはや斥けがたい、もはや言いつくろいのできぬ、絶対に有無を言わせぬ困苦（Not）——必然性（Notwendigkeit）の実践的表現——によって、この非人間性に対して反乱するよう直接強制されている」（MEW 2-38）からである。

「危機（Krise）こそ、前提を超え出て行けとの、全般的指示であり、新たな歴史的姿態（eine neue geschichtliche Gestalt）を受容せよとの脅迫である」（MEGA² II-1-152）。

生活者は危機の初期局面では、穏便な解決を望み、なんとかして従来どおりの生活を維持しようと努力するが、その空無性が自覚されて、「闘争（Kampf）」（他者への訴え、敵対と提携）へと移る。「闘争」は生活の生産と再生産を中心とする日常的生活活動とは異なり、非日常的生活活動である。恒常的反復性を特徴とする日常的生活活動が、当該生活者たち自身の「対象となる」場合の緊張の度合いと比して、この生活者が「危機」に陥り、恒常的反復性が切断された際に、この生活者たちが自分の生活活動を「対象にする」場合の緊張の度合いは、画期的に高まる。現状を否定的価値を持つものとして判定すること、世界了解が表面にとどまりえず、深部で事態をとらえようとすること、あるべき解決策を構想すること、そして闘争を決意すること、このようにして日常意識は超えられることになる。

3　学的批判意識

「アソシエートした知性」の現象学のもう一方の担い手は、学的批判意識である。そこで『聖家族』に基づいて、この批判的学的意識の生成について見ておこう。学的意識の出発点は市民的意識である。「私的所有という この根本前提は、国民経済学にとっては、それ以上の吟味に付されることのない、覆しがたい事実として通用する（gelten）」（MEW 2-32）。だから賃金、商業、貨幣といった私的所有に基づく諸関係は「人間的理性的関係として受け止められる」（MEW 2-33）。しかし、やがて危機がやってきて、その中に含まれる「最も敵対的な関係」

が明るみに出てくる。学的意識は、危機の初期局面では「それ自体としては理性的な」諸関係が「誤用」され、「変造」されたにすぎないとして、両替商や不生産的土地所有など、私的所有の特殊な部分姿態を攻撃することでなんとか済まそうとする。あるいは「これら私的所有の諸関係が人間的であるかどうかの問題から、自己を区別することを公言して、厳密に(strikt)経済学的な意味において、それを把握」(MEW 2-34)しようとする。ところが、危機がさらに深刻化すると、こういう没価値的な厳密な学のスタイルの対極を選ぶ一部の者が現れてくるのである。

「彼は国民経済学的な諸関係の人間的仮象を大真面目(ernst)に受け取り、それらの非人間的現実に険しく(schroff)対置した。彼は国民経済学的諸関係が、自分に関して表象している[理性的人間的]な姿が、現実にも存在するよう強制し、あるいはむしろそれら諸関係が自分自身に関するその表象を断念して、現実の非人間性を告白するように強制した」(MEW 2-34)。

マルクスの理解では、学的意識の現象学的運動は、このように、「人間的仮象」のイデオロギー論的倒錯批判の方向でではくなく〉、逆に「人間的仮象」を「大真面目に受けとめる」ことから始まるのである。ここで言う「真面目さ」とは「人間的仮象」を〈実践的意志として〉世界に反転させることにほかならない。本書第1章で見たとおり、これこそマルクスが博士論文において「概念の党派(Partei des Begriffs)」と呼んだ学的意識のあり方にほかならないのである。

「哲学が意志として、現象世界へと向き直ることにより、体系は抽象的総体性へとひきさげられている。

……自分を実現しようとする衝動に鼓舞されて、体系は世界との緊張関係に入る。……内面的光であったものが外へと向かう焼き尽くす炎となる。かくて世界の哲学化が同時に哲学の世界化であり、哲学の実現が同時に哲学の喪失である……という帰結が生じる」(MEW Eg.1.328)。

このイデオローグたちは、単なる観念学的反省を通してイデオロギー的倒錯の自己批判へと直進するのではない。こういう直進と見えるものは、実際には現状肯定にとどまる。そうではなく、「人間的仮象」をエルンスト(大真面目)に受けとめて「非人間的現実に険しく対置する」という、実践的反転こそが、イデオローグたちに向かって、世界を画期的にトータルな姿で現出させてくるのであり、したがってまたイデオローグたちに向かって、従来の自己のあり方の分業的一面性を浮かび上がらせてくるのである。つまり、実践的反転を介してはじめて、この過渡期の意識から、過渡期の意識自身を揚棄する運動も始まるのであって、現にマルクスは「理性的意志の観念論」の立場に立って実践的反転を行った結果、「いわゆる物質的利害に言及しなければならなくなり、初めて当惑した」(MEW 13-7)のであり、さらには「我々のかつての哲学的良心を清算しようと決意」(MEW 13-10)するに至るのである。

4　直接意識と反省意識

このように危機の中で闘争へと促されている日常意識と、同じく危機の中で「理性」や「人間性」を現実の諸関係批判へと反転させた学的意識とが、対話的に関係することになる。両者は、大衆意識と学的意識、前反省意識と反省意識、現象意識と本質意識、内在意識と超越意識、実在意識と可能意識などをそれぞれ代表する形で、この実践的対話に参加するのであるが、対話は自己対話でもあるという面で見れば、それぞれが自分の中に意識の両側面を抱えていることになる。

「問題は、あれやこれやのプロレタリアが、あるいはプロレタリアートの全体でさえもが、目標としてさしあたり（einstweilen）何を表象しているか、ということではない。問題はプロレタリアートとは何か、彼らがこの存在にふさわしく、歴史的に何をなすべく強いられているかである」（MEW 2·38）。

「彼ら共産主義者たちは、理論的には、プロレタリア運動の諸条件、行程、一般的結果についての洞察を、残りのプロレタリア大衆よりも多く持っている（voraushaben）」（MEW 4·474）。

ソクラテスの「エイロネイア[3]」を持ち出すまでもなく、対話は相互の内在面と超越面の両面なしには成立しない。大衆も批判的知識人も一緒になって「労働者階級の直接当面している（vorliegend）諸目的や諸利害の達成のために闘う」（MEW 4·492）。これが対話における内在の面であって、こういう共同闘争者の資格を前提にしてはじめて、両者は対話可能となるのである。そして「現在の運動において、同時に運動の未来を表象［代表］し」（MEW 4·492）、「一国的闘争において」国際的共同利害を強調し、闘争のそのつどの発展段階で「常に運動総体の利害を表象［代表］する」（MEW 4·474）というように内在に即しつつ超越面が主張される。つまり「さしあたりの目標」を共有しつつ、「プロレタリアートとは何か、彼らはこの存在にふさわしく、歴史的に何をなすべく強いられているか」が語られるのである。

5　直接意識の前進的転倒

では「直接当面する諸目的や諸利害の達成のために闘う」としよう。そして通常は、たとえ勝利しても一時的にすぎないから、敗北したとしよう。結局のところ敗北感、つまり闘争や反乱など空無であったという意識しか残らないのではないか。

たしかにこの闘争と敗北は直接には当事者たちにそのように意識されるだろう。しかしここで生起している事態をよく注視するよう促さねばならない。ここで敗北しており、空無性が明らかになっているのは、「直接当面する諸目的や諸利害の達成」〈しか〉関心がなかったという、意識の狭さにほかならないのだ。するとと結局、闘争といっても、〈お前たちの意識は狭く低かった〉と証明するためのものでしかなかったのか。そんな冷たい本質主義では、生活をかけて闘ったものは浮かばれないではないか。

そうではない。労働者たちはすでに積極的なものを産出しているのだ。ただそれが意識されていないだけなのだ。彼らは「直接当面する諸目的や諸利害の達成」のために、単なる手段として「連合（sich vereinen）」したにすぎなかった。しかし我々にとっては「労働者たちをますます広くとらえていく連合化（Vereinigung）」こそが「闘争の本来の成果」なのである。

「ときどき労働者たちは勝利するが、それは一時の（übergehend 過ぎ去る）ものにすぎない。彼らの闘争の本来の成果は、その直接の成功なのではなく、ますます広く労働者をとらえていく連合化なのである」（MEW 4-471）。

これは『共産党宣言』（一八四八年）でマルクスが示唆している対話的転倒の一例である。この転倒は「当面」の闘争と敗北という〈共有された実践〉を、当初、直接意識がそれを意味づけしてきた文脈とは別の文脈の中に置き入れて、意味づけ直すよう、反省意識の側が訴える形で展開するのである。対話の場は闘争であって、直接意識の反省的前進は、単なる言葉の交換だけで実現しているのではない。当該主体自身が「当面」の闘争の中でそのつどすでに自生的共働的に産出しているものを注視させ、意味づけ直させる形で、対話的に進行するのである。

6　現象意識と本質意識の分裂

けれどもこの対話的前進は、両意識の相互関係における一局面でしかないことを忘れてはならない。一八四八年革命の全ヨーロッパ的大敗北は、マルクス個人にとっても人生最大の挫折体験であった。この敗北後の時期には、両意識の分裂は対話不能なものにまで深刻化している。たとえば一八五〇年九月一五日に亡命先ロンドンで行われた共産主義者同盟中央委員会で、マルクスは労働者派のリーダーであるカール・シャッパーと対立した時、「私は常に、プロレタリアートの時々の（momentan）意見には反対してきた」、自分は「俗受け（Popularität）など求めない」（MEW 8-598/600）ことを強調している。両者の路線対立は、早期にやってくると思われていた（現実には幻想に終わった）革命再勃発に際して、労働者が直接権力を握るべきか否かにあった。シャッパーら労働者派は、民主党との同盟により即刻権力を握ることを主張した。マルクスらは、まずは民主党の権力と「並んで」労働者階級が独自の組織と路線を確保するべきだと主張した。

「我々が、とくにドイツの労働者たちに、ドイツ・プロレタリアートの未発達な姿を指摘するのに対して、君たちはドイツ職人たちの民族感情や身分的偏見に、最もぶざまなやり方でへつらうのだ。たしかにそういうやり方は俗受けする（populär）」（MEW 8-412/413）。

「人気取り」とか「へつらい」も対話の一形態であろうが、むしろその退行形態であろう。「民族感情」や「身分的偏見」を断ち切ったところに、自由な個人を前提にした新しい共同性の形態としてのアソシエーションが目指されているのに、あろうことか古い共同性に無批判に同調しようとしているではないか。これがマルクスの意見である。つまり、反省意識や本質意識は直接意識や現象意識との分裂の深さに耐え切れずに、対話的前進を自ら放棄して「人気取り」とか「へつらい」に退行してしまっているという非難であろう。

しかしシャッパーらから見れば、逆にマルクスら「学者」派こそが、労働者大衆との対話を本質主義的に拒んでしまい、「知的誠実」の孤立主義に逃れようとしていると映ったであろう。そしてその背後には知識人の労働者蔑視や〈知の支配〉という本音が潜んでいると嫌疑をかけたであろう。事実、プロレタリアートの本質(「プロレタリアートとは何であるか」)についての知識人の信念と、現実の「ドイツ・プロレタリアートの未発達な姿」との乖離があまりにも大きい場合、知識人主導でまずは国家権力を握り、次いでプロレタリアートに〈対して〉そのあるべき姿を強要するという、対話の別の退行形態もありうるのである。

このように、対話的前進を支えたあの好条件が、直接意識と反省意識の両側から崩れていく局面もあるのである。「アソシエートした知性」へ向けての現象学的運動は、こういう脱アソシエーション過程をはらみながらしか進まない、完結しない永続的プロセスである。労働者大衆の自己解放を目指したマルクスの解放論は、本質的に対話的であるほかないが、この対話はけっして、ある種の党哲学で描かれたような予定調和的なものではない。むしろ歴史的実践そのものなのである。

第3章　註

（１）　念のためヘーゲルの当該箇所を引用しておく。「〈活動〉もまた［α］それだけで（ある人間とか、ある役柄として）自立的に実存するが、同時に〈活動〉は、その可能性を、もっぱら〈諸条件〉と〈事柄〉においてのみ持つのである。［β］〈活動〉は〈諸条件〉を〈事柄〉へと、〈事柄〉を実存の側面としての〈諸条件〉へと、移そうとする運動である。というよりむしろ、〈諸条件〉――その中で〈事柄〉が即自的［可能的］に現存しているところの――から〈事柄〉のみを取り出して、〈諸条件〉がもつ実存を揚棄することによって、〈事柄〉に実存を与えようとする運動なのである」（HW 8-293）。

（２）　詳しくは本書第7章および第8章参照。

（３）　ヘーゲルはソクラテス弁証法（対話法）の内在原理であるエイロネイア（Ironie 無知を装うこと）を次のように特徴づけている。「彼は世間通常の考え方を受け入れる。……彼は無知の振りをし、ほかの人にしゃべらす。……彼はまったくの無邪気を装って質問する。……これが有名なソクラテスのエイロネイアの側面である」（HW 18-457/458）。

第4章
[唯物論]
「哲学の〈外への〉転回」の途上で
前－唯物論期マルクスの唯物論理解

「知性は制約されたものであるのに対し，意志は無制約なものとされる．まさに逆なのであって，意志こそいっそう制約されたものだと，はっきり言わねばならない．なぜなら意志の方は[α]外的で抵抗する物質とか，[β]現実的なものの排他的個別性と争いに陥り，[γ]しかも同時に，自分に対立する形で他の人間の意志を持つことになるからだ．しかるに知性そのものの方はと言えば，自分の外化において単に〈言葉〉にまで……しか進まず，したがってその外化において完全に自分のもとにとどまっているのである．」

（ヘーゲル『エンチクロペディー』444節補遺）

章扉写真＝講義するヘーゲル（1824年）
（出典）*Bildnisse des Philosophen G. W. F. Hegel,* Stuttgart, 1974.

「まえがき」ですでに触れたことだが、『マルクスと哲学』という本書のタイトルを見て、読者はきっと「弁証法的唯物論」とか「史的唯物論」とか、あるいは「唯物論的歴史観」とかをイメージされたことだろう。だが、実はマルクスはこれらの言葉（「弁証法的唯物論」、「史的唯物論」、「唯物論的歴史観」）を〈一度も〉使ってはいない。ところがマルクス文献の精読に人一倍努力したレーニンでさえ、『唯物論と経験批判論』（一九〇八年）で、次のように書いている。

「この人達［ボグダーノフら］はみな、マルクスやエンゲルスが何十回となく自分の哲学的見解を弁証法的唯物論と呼んだことを知らないはずがない」（大月版全集、第一四巻九頁）。

驚くべき記述である。マルクスは「弁証法的唯物論」などとは（「史的唯物論」とか「唯物論的歴史観」とも）一言も言っていないだけではない。第1章で見たとおり、そもそもマルクスは「自分の哲学的見解」として何かを体系的に論じたのではないのである。ところがマルクス死後二十数年にしてすでに、マルクスの思想は「哲学」

でもあり、それをマルクスは「弁証法的唯物論」として構想し、のみならず「何十回となく」自らそう語った、ということが自明の事柄として受け取られていたのである。我々は、歴史の中で働く神話化圧力の巨大さに、いろいろ思いをはせることを禁じえない。

本章以下第7章までの四つの章で、我々はこの神話と対決したい。つまりマルクスに徹底内在して、〈マルクスにおいて唯物論は何を意味したのか〉を全面的に問い直すことにしたい。そしてそれを通して、二一世紀における唯物論のアクチュアリティーと存在理由を厳しく問い直す道を敷設したいと願っている。

[1]「哲学の外への転回」——博士論文第四章注二

「唯物論」問題とのマルクスの遭遇・直面は「哲学の外への転回(das Sich-nach-außen-Wenden der Philosophie)」(MEW Eg.1-330)の途上に生じた事態だと私は考える。マルクスは力学や生理学の研究から、あるいは「心の物質性」をめぐる形而上学の伝統的争点の研究から出発しているのではない。法学や法哲学、つまり社会的に実現された「自由」としての「法(das Recht)」の研究から出発している。そして当時の青年ヘーゲル派の影響下に、現存社会関係と先鋭に対立しつつ「自由の実現」を志向する「自由な理性的意志」の「観念論(Idealismus)」の立場をとることになったのである。[1]

1 「意志としての哲学」

第1章に記したように、ヘーゲルは『歴史哲学』において「新しい哲学」を「後に現実的な形態へと歩み出る

［新たな］精神の内的生誕地」と見たが、そこで新たな理念を自覚したこの哲学的精神は、いや、哲学的精神の担い手たる個々の「哲学者」は、理念なき現実に対しいかなる実践的連関に立たなければならないのか、という点に関して整合的な主張を提出できずに終わっている。(2) それゆえヘーゲルは「体制順応（Akkommodation）」にとどまったのだと、弟子たちの中から非難が生じてきた。

すでに見たとおり、マルクスは博士論文『デモクリトス自然哲学とエピクロス自然哲学の差異』（執筆一八四一年春まで、二三歳）への「注」において、この事態を次のように了解しようとしたのであった。

弟子たちは師ヘーゲルの「体制順応」を彼の哲学原理との不整合のゆえに道徳的に非難するにとどまっていて、逆にその「体制順応」を「彼の内的な本質意識」〈自身の〉必然的帰結として説明するような、原理的ヘーゲル超克が要請されているのだということを、まだ意識していない。しかし弟子たちのこの離反の背後には、この学派自身がはぐくんだ「自由な精神」が、学派の「規律」を越えて行くという事態が横たわっているのである。「自分の中で自由となった観照する［理論的］精神が、実践的エネルギーとなって、意志として……立ち現れ、精神なしに現存している世界の現実に向かって反転する（kehren）ということは、一つの心理学的法則なのである」（MEW Eg.1-326～330）。

哲学的精神はいまや、「意志としての哲学（Philosophie als Wille）」（MEW Eg.1-328）として立ち現れ、単なる「内面的自己充足と円熟」の道を断ち、「外へと向かう焼き尽くす炎」となる。「哲学の実践（die Praxis der Philosophie）」とは、それ自身が理論的な実践、つまり「個別的実存を本質で測り（messen）、特殊な現実を理念において測る〈批判（Kritik）〉」にほかならない（MEW Eg.1-326）。

けれども哲学が自分を世界に実現しようという衝動を持つということは、哲学自身が自分の非世界的あり方を「抽象的総体性」にすぎぬものとして、つまりは「欠如」として、感じているということである。したがって事態は、哲学なき世界と世界なき哲学との反省的対立関係と、その相互揚棄の運動として、「世界の哲学化（das Philosophisch-Werden der Welt）」即「哲学の世界化（ein Weltlich-Werden der Philosophie）」として、把握されねばならないのである（MEW Eg.1-328）。

すると世界と哲学のこの相互揚棄の運動は、個々の哲学者において、一方で非哲学からの世界の解放を〈世界に〉要求する意識と、他方で、非実在からの哲学の解放を〈哲学に〉要求する意識との、「哲学的自己意識の二重性」を生むことになる。またこの「二重性」に基づき、哲学者運動は「リベラルの党派」と「積極哲学」に分裂するのである。[3]「積極哲学」は哲学の「非概念」の契機、つまり「実在性」の契機に固執して、欠陥は哲学にありと〈哲学と〉闘うのであるが、既成的なもの、実在的なものを無批判的に非実在的哲学に対置する結果、一つの「倒錯」となる。これに対し「リベラルの党派」は欠陥を「哲学的にされるべき〈世界の〉欠陥」としてとらえ、哲学の原理を掲げて〈世界と〉闘う。それは「概念の党派（die Partei des Begriffes）」（MEW Eg.1.330）であるがゆえに「実在的進歩」へと導く。

マルクスは自分の哲学活動の歴史的地平をこのように了解していくのである。哲学者はもはや「賢者」の「観照的平静」に自足しえず、また「行為の人」としての「英雄」に期待を寄せて済ますわけにもいかず、もちろん「理性の狡知」の働きの「事後的」了解に自分を限定することもできない。目指される「自由」は、哲学者〈自身が〉理念なき現実との対立において実践的に実現すべき「自由」なのであって、「唯物論」問題へのマルクスの直面は、まさにこの「意志としての哲学」「哲学の外への転回」「哲学の実践」の途上で、その限界、その危機の問題として立ち現れてくるのである。

後年述懐するところによると「いわゆる物質的利害に口をさしはさむはめに陥って当惑する」（MEW 13-7）のは、早くもこの二年後である。しかしこの「当惑（Verlegenheit）」は、けっして一回きりのものではないだろう。『博士論文』「注」ですでにマルクスは「哲学は、傷としてある敵［理念なき世界］のその傷に打ち勝とうとするが、まさにその闘争において哲学自身が傷を負う。哲学は傷へと身を落とすことによってはじめて、この傷を揚棄しうるのだ」（MEW Eg.1-328）と覚悟を表明している。しかし〈哲学なき世界〉と〈世界なき哲学〉との落差、この落差を媒介しようとする「意志としての哲学」に課せられる自己否定の深さ、これらはマルクスの当初の予想をはるかに超えるものであった。

2　ヘーゲル「実践的精神」論の地盤

マルクスにおいて「哲学の外への転回」が「唯物論」問題とクロスしていくこの問題連関を、念のため、当時のマルクスの思考の基本的枠組みであったヘーゲルに即して確認しておこう。ヘーゲルは「知性（Intelligenz）」（「理論的精神」）と「意志」（「実践的精神」）との区別を次のように論じている。

「知性は制約されたものであるのに対し、意志は無制約なものとされる。まさに逆なのであって、意志こそいっそう制約されたものだと、はっきり言わねばならない。なぜなら意志の方は［α］外的で抵抗する物質とか、［β］現実的なものの排他的個別性と争いに陥り、［γ］しかも同時に、自分に対立する形で他の人間の意志を持つことになるからだ。しかるに知性そのものの方はと言えば、自分の外化（Entäußerung）において単に〈言葉〉にまで……しか進まず、したがってその外化において完全に自分のもとにとどまっているのである」（『エンチクロペディー』四四四節、HW 10-239）。

また「客観精神」がその上で働く「有限性の大地（Boden der Endlichkeit）」について、ヘーゲルは次のようにも書いている。

「自由は自由な意志の〈内的〉規定であり、その目的であるが、自分を〈外的な〉眼前の客体性へと関係づける。この客体性は［α］特殊な諸欲求（Bedürfnisse）という人間学的なもの、［β］意識に対してある外的自然事物（die äußere Naturdinge）、［γ］個別意志（einzelne Wille）に対する個別意志の関係……に分裂する。この側面は意志の定有にとっての外的素材を形成する」（『エンチクロペディー』四八三節）。

哲学が「外への転回」を志向する時、そこに立ち現れる〈固有の〉物質領域とは何か。この点をこれらのテクストから、まずはしっかりと押さえておかねばならない。つまり①諸個人の「特殊な諸欲求」、②「外的で抵抗する物質」ないし「外的自然事物」、③「自分に対立する」「他の人間の意志」ないし「個別意志」間の排他的相互関係、これらが「有限性の大地」を形成しているのである。「意志としての哲学」はこの「有限性の大地」に立ち向かわねばならない。

「自由の実現」という根本問題抜きに、「唯物論」に対するマルクスの関係を論ずることは不可能である。彼の「唯物論」は、各種の唯物論哲学のごとく、実在が否定に媒介されないその直接的な姿で肯定され受容されるということではまったくありえないだろう。だから我々は、この「有限性の大地」にしっかり目を据えつつ、「自由の実現」という彼のモチーフが「唯物論」といかに結合していくのかを、一歩一歩追跡していかねばならないだろう。

もっとも、さしあたりマルクスが立っている地点は、ヘーゲルのフランス革命観を下敷きにしつつ、自分を哲学的ラディカリズムの流れの中におこうと決意したということである。ヘーゲルは、「理性的自己意識」が自己の普遍的法則（自然法則と理性的「法」）を世界に承認させる闘いとして「啓蒙（Aufklärung）」を位置づけ、フランス革命をこの「啓蒙」のフランスに固有な暴力的発現形態として位置づける。理性とそれを担う哲学が、迷妄や特権という強大で疎遠な力と果敢に闘い、ついに「思想の世界支配」という人類史の「輝かしい日の出」をもたらしたのである。ヘーゲルは言う。

「いまや本質的には、精神的なものの自覚が［社会の］基礎となった。だから支配は哲学の支配となったのである。フランス革命は哲学から出発したと言われた。実際、哲学が世界智（Weltweißheit）と呼ばれたのも理由なしとしない。というのは哲学は純粋な本質性として、即かつ対自的な真理であるだけでなく、世界性の中で活動する限りでの真理でもあるからだ。したがって革命が哲学から第一の勢いづけを受け取ったと言われる場合、何ら反対する必要はないのである。だがこの哲学は最初は単に抽象的思考にすぎず、絶対真理の具体的概念把握ではないのだ」（『歴史哲学講義』第四部第三章第三節、HW 12-527/528）。

ヘーゲル自身はフランス革命の世界史的意義を宣揚しながらも、それを支えた哲学が「抽象的思考」にとどまっていた結果、革命が「テロリズム」と政変の「悪無限」的展開となったと総括し、立憲君主制と「上からの改良」というプロイセンのコースに期待を寄せた。だが青年ヘーゲル派にとって時代はそのような期待を困難なものにしていた。エンゲルスがのちに回想しているように「一八四〇年に正統派敬虔主義と封建的絶対主義的反動がフリートリッヒ・ヴィルヘルム四世とともに玉座にのぼった以上、公然と党派的態度を取ることは不可避となった」(MEW 21-271) のである。

だから「哲学の〈外への〉転回」を、単に二二歳の哲学青年の気負いと了解してしまうと、マルクスが自分の哲学行為を自覚的にそれに結びつけようとした歴史的文脈を見落とすことになろう。ヘーゲルの期待が幻想にすぎなかった以上、ヘーゲルの「体制順応」と決別し、「世界」と闘いつつ、理性的「法」の承認を「世界」に迫ったあの「啓蒙と革命」へと復帰せざるをえないのだ。マルクスは、ヘーゲル歴史哲学の枠組みの中にありながら、このような時代認識に至ったのである。

[2] 古代原子論研究——博士論文『デモクリトスとエピクロスの自然哲学の差異』

少し先走りすぎた。博士論文本文に戻ろう。この論文でマルクスは古代ギリシャ原子論の二人の代表者、デモクリトス(前四六〇頃—三七〇/三六〇)とエピクロス(前三四一?—二七〇)の対比を試みている。その中心論点は、エピクロスをデモクリトス原子論の単なる模倣者として扱おうとする定説をくつがえし、エピクロスを「自己意識の哲学」に立つ「ギリシャ最大の啓蒙家」として描き出そうとする点にある。

1 「自己意識の哲学」と「唯物論」

哲学史上において、「唯物論者 (Materialist)」や「唯物論 (Materialismus)」といった用語は、本来一七世紀に始まるものである。(4) しかしマルクス自身も後に『聖家族』で「フランスとイギリスの唯物論は常にデモクリトスとエピクロスに密接に関係していた」(MEW 2-133) と書いているように、近代唯物論は古代原子論を重要な観念素材として受容している。そのためデモクリトスやエピクロスも通常、唯物論者とみなされるのである。たとえばマルクスが博士論文と相前後してつくった古典哲学からの抜粋（いわゆる『ベルリン・ノート』）には、ライプニッツからの次のような抜き書きが見られる。(5)

「哲学の数学的原理が唯物論者の諸原理と対立するというあなたの補足は、私には無根拠と思われます。反対に両原理は同一なのであって、単にデモクリトス、エピクロス、ホッブスのような唯物論者が数学的原理のみに限定し、物体しか認めないのに対して、キリスト教的数学者は非物質的実体をも認める、というにすぎません」（MEGA² IV-1-193）。

つまりマルクスの処女作であり、いわゆる哲学プロパーの唯一の論文でもあるこの博士論文は、哲学史上ホッブスとならぶ代表的な「唯物論者」を対象に選んでいるということになる。「唯物論者」を「無神論」の面で、一種の「自己意識の哲学」として積極的に評価しようとする姿勢は、マルクスが当時大きな影響を受けていた先輩ブルーノ・バウアー（一八〇九—八二）にも顕著であるが、バウアーはこのモチーフをヘーゲルから取ってきている。彼が匿名で出版した『ヘーゲルに対する最後の審判のラッパ』（一八四一年）には、ヘーゲル『哲学史』からの次のような引用が見られる。当時のマルクスの「唯物論」理解も、ほぼこのようなものであったろう。

「フランスの哲学的諸著作において……驚嘆に値するのは、現存［秩序］に対して、信仰に対して、数千年来の権威がもつ一切の権力に対して、〈概念〉というものが有している、このような驚くべきエネルギーと力とである。自己意識にとって疎遠な存在者、自己意識なしに存在しようとするもの、自己意識がその中で自分自身を見いださないもの、これら一切の現行制度に対する最も深い憤激の感情という性格（Charakter）、この性格こそ注目に値するものである」。「我々はここに……いわゆる唯物論と無神論が、純粋な概念的自己意識の必然的帰結として自由に立ち現れてくるのを見る」。「フランスの無神論、唯物論、自然主義は、宗教や法的道徳的諸規定や市民的制度における、概念なき諸前提に対する、既成のものの妥当性に対する、最も深く最も憤激した感情と連合している」（いずれも『最後の審判のラッパ』第五章[6]）。

マルクスはバウアーと共著でこの『ラッパ』の続巻の刊行を企てたほどだから[7]、バウアーとこの点で問題意識を共有していたに違いない。「唯物論者」エピクロスを「自己意識の哲学」として読もうとする、一見奇妙に見えるアプローチも、実はきわめてアクチュアルな関心に支えられたものであることが了解されよう。つまり「唯物論」は、意外なことではあるが、最初はいわば一種の同盟軍の思想として、マルクスの前に立ち現れていたのである。「唯物論」は、理性的自己意識によって根拠づけられていない一切を批判する「自己意識の哲学」である〈限りにおいて〉大いに注目されるが、いまだ不徹底な形態の「自己意識の哲学」にとどまる〈限りにおいて〉批判されるのである。つまり「唯物論」に対する博士論文期マルクスの基本認識は、①エピクロスの「自己意識の哲学」から区別される〈限りにおける〉デモクリトスの「自然哲学」へのマルクスの批判、②ヘーゲル＝マルクスの「理性的自己意識」から区別される〈限りにおける〉エピクロスの「自己意識」の「有的」「直接的」「抽象的に個別的」な性格へのマルクスの批判、という、二段構えの批判の形で提出されているのである。

2 「物質的基体」批判

マルクスは「物質的基体」への批判から始めている。

「アトムはデモクリトスにとってストイケイオン、物質的基体（das materielle Substrat）の意味しかもたない」（MEW Eg.1-293）。一方エピクロスにあっては、アルケー［原理］としてのアトムとストイケイオンとしてのアトムとの区別が見られるが、エピクロスの場合も現象界においてはアトムはもっぱらストイケイオンとしてある。現象の多様な転変にもかかわらず「アトムそれ自身は常に沈殿物として横たわったままである」。多様な形態は諸アトムの「合成（Zusammensetzung）」から説明されるが、元来諸アトムは自立的で既成的（fertig）なものである以上、まさにこの「合成体」に入り込まねばならない内的必然性に欠けている。だから諸形態［形相］は「物質的基体」にとっては「無関心で外的な形態」にとどまるのである（MEW Eg.1-294）。つまり諸形態はアトムからの原理的媒介を経ることなく、事実上「偶然性」のもとに放置され、結局のところ哲学外的な「実証知」の領域に追いやられてしまうことになる。「デモクリトスはしたがって経験的観察へと駆り立てられる。彼は、哲学に満足しえず、実証知の腕に身をまかす」（MEW Eg.1-272）。

質料―形相というアリストテレス的反省関係において了解される「質料主義」の意味での「マテリアリズム」に対するマルクスの批判姿勢が、ここにすでに出ていると言えよう。後年、マルクスは「概念把握（Begreifen）」の根本を、一定の「形態（Formen）」の必然性を内在展開することにあるとみなし、このような概念的媒介を欠いたまま、「諸形態」をその直接性において受容するだけの「俗流意識」や「ポジティヴィズム」と厳しく自己区別した。後年の『資本論』では「形態論」こそが「学的認識」の核心であることを、繰り返し強調している。

「経済学は、たとえ不完全ではあれ、価値と価値量を分析（analysieren）し、これらの〈形態〉の中に隠れている〈内容〉を発見（entdecken）した。しかし経済学は、なぜ〈この内容〉が〈あの形態〉をとるのか……という問いを、いまだかつて立てたことがない」（MEW 23-94/95）。「実際、〈分析〉を通して宗教的諸幻像の地上的核心を発見（finden）する方が、逆にその時々の現実的生活諸関係から、その天上化された〈諸形態〉を展開（entwickeln）するよりも、はるかに容易である。だが後者こそ唯一、唯物論的な、それゆえ学的な方法であろう」（MEW 23-393）。

しかしとりあえず博士論文期のマルクスは、哲学的原理であるアトムが「形態」に無関心な「基体」にとどまり、「形態」が非哲学的経験知に委ねられるという原子論のこの欠陥を、ヘーゲルの「対自有（Fürsichsein）」論に基づいて批判している。「一者（das Eins）」の真の意味は、アトムという「物質的基体」としてではなく、「その中で他者に対する総ての関係が否定され、運動が〈自己規定〉として定立されるところの、観念的側面」（MEW Eg.1-284）として、「かの多様性を観念化（idealisieren）し、それらに覆いかぶさる（übergreifen）威力」（MEW Eg.1-294）として、「全体」（「一者」）が諸要素を規定する有機体組織として、したがってさらに純化したあり方で言えば「自己意識」として、とらえねばならないのである。

3 「決定論」批判

第二は決定論への批判である。デモクリトスは「必然」という「反省形式」で世界を反省するのに対して、エピクロスは反対に「偶然」という「反省形式」で世界を反省しようとする。マルクスはここに二人の原子論者の

「関心」の根本対立を見る。

デモクリトスにとって一切は「必然」に基づいているのであり、「偶然」とは人間のつくった「虚像（Scheinbild）」、人間自身の困惑の表明にほかならない。「偶然は強い思考と闘う」のである。逆に言えば「強い思考」は一見「偶然」に見える所に「必然」を発見しようとする不断の努力である。「必然は有限な自然の中では相対的な［他者との関係における］必然として、決定論（Determinismus）として現れる。相対的必然は実在的可能性からしか演繹されない。つまり諸条件、諸原因、諸根拠などの連鎖があって、それを通して、かの相対的必然が媒介されるのである」（MEW Eg.1-275）。したがってデモクリトスの「関心」はこの「実在的根拠」を探求することにあり、彼の活動スタイルは「経験的自然科学と実証知の上に身をおき、実験し、至るところで学びつつ、遠方までさまよい歩く観察の不安（Unruhe）を示している」（MEW Eg.1-277）。

マルクスはこの種の「決定論」を「悟性的に規定していく、まさにそれゆえに一面的な説明の仕方」（MEW Eg.1-276）と排斥している。デモクリトスに対するマルクスの距離の置き方は、この場合とりあえず二面から見ておく必要があるだろう。一つは「哲学」の「関心」に関わるもので、デモクリトスのごとく、一定の現象に対し、それが「必然」であることの〈根拠〉を探求することに「哲学」の「関心」が尽くされてしまうことの「悟性的一面性」である。もう一つは「必然」の把握の仕方そのものにおける「悟性的一面性」である。「偶然」とは本来、「自己規定」としての運動を前提した上で、当該運動体の内部に根拠をもたない他の運動との交叉として成立するのであるから、デモクリトスのごとく「自己規定」としての運動の位置づけを欠き、「必然」を他者による決定としてとらえる場合には、究極のところ、「必然」と「偶然」の概念的区別そのものが不可能になってしまうのである。「デモクリトスの必然の概念は偶然から区別されなくなる」(MEW Eg.1-275)。

4 「アタラクシア」批判

エピクロスは、万物を支配するデモクリトスのこの「必然」と激しく闘う。エピクロスにとって「若干のものは偶然に存在し、他のものは我々の選択意志(Willkür)に依存する」のであり、「至るところに自由への、多くの短い容易な道が開かれている」(MEW Eg.1-274/275)のだ。「必然」の「奴隷」であるくらいなら、神々を信じた方がまだましなのである。ところがエピクロスが「偶然」が「現実的」と語る場合、この「現実的」とは、「思考可能であること」、「矛盾から自由であること」、つまりは「抽象的可能性」という「価値」しかもっていない。

エピクロスの「関心」は、単に、実在世界のどんな現象も(したがって「偶然」や「選択意志」も)「矛盾なく考えうる」ことを確認することにだけあって、それさえ確認されると「アタラクシア(心の平静)」は確保できるのである。「諸客体の実在的根拠を探求するという関心はまったくない。問題は単に説明している主体の安心なのだ」(MEW Eg.1-277)。逆に言えば、エピクロスの「自由」ないし「アタラクシア」が実在世界に対する行為的否定によって媒介される必要をもたないのは、実は実在世界自身がすでに実在性を失っていて、思考者エピクロスに対して〈実在的に否定的に〉立ち現れていないからである。そこでマルクスは言う。「抽象的に可能であるもの、思考可能なものは、思考主体に対し何ら妨害せず、何らの限界でもなく、何ら躓きの石でもない」(MEW Eg.1-276)。

マルクスの考えでは、エピクロスはあくまで「自己意識の哲学者」なのであって、「アトム」も「抽象的自己意識の自然形態」にほかならず、その意味で対象的自然は自己意識へと還元されている。けれどもこの自己意識はあくまで「自分を直接−有的なものとして、抽象的に個別的なものとしてとらえている自己意識」(MEW Eg.1-284) にとどまっている。普遍的理性的自己意識にまで到達していない。そのことがエピクロスの「自由」のあり方を決定しているのである。

「抽象的個別性が、その概念を、その形相規定を、純粋な対自存在を、直接的定在からの独立を、一定の定在の被揚棄存在 (Aufgehobensein) を、確証するのは、単にそれが、自分に対立する定在を捨象 (abstrahieren) することによってにすぎない」(MEW Eg.1-282)。エピクロスのアトムが直線落下運動から「それ曲がる (ausbeugen)」ように、エピクロスの目的は「乱れのないこと (die Ataraxie)」、つまり「苦痛や困惑からそれ曲がること」であり、善とは悪から「逃れる」こと、快とは苦から「それ曲がる」ことである。エピクロスの神々も世界から「それ曲がって」世界のことなど気にもかけずに、世界の外に住むのである (MEW Eg.1-283)。一言で言えば「抽象的個別性は定在〈からの〉自由であって、定在〈における〉自由ではない」(MEW Eg.1-294)。「何ら行為 (Handlung) を必要としない」ような、この「観照的平安 (die theoretische Ruhe)」(MEW Eg.1-283) を、アリストテレスもまた「最善 (das Beste)」と考えた。

世界〈における〉自由の実現を目指すマルクスとの差異は明らかだろう。

5　個別者相互の「反撥」

エピクロスはアトムの運動形態として「直線落下」と「直線からそれ曲がる」運動と「多くのアトムの反撥」の三つを考えている。マルクスの多少強引な解釈では、第一の「直線落下」は物質的運動一般を表現し、第二の「それ曲がる」運動はアトムの「形相的」自由、つまり他者とのあらゆる関係を否定して「個体としての自己」へと回帰する運動を表し、最後の「相互反撥」は、第一と第二の運動の「綜合的統一」、つまり個別的自我間の相互関係を表現しているということになる。つまり「反撥」において各アトムは、一方ですでに自己還帰した自覚的存在（Fürsichsein）になっているが、他方で同時に、相互外在性と他者性において関係しあう限りにおいて、「物質的」でもあるのだ。

先に見たとおり、ヘーゲル意志論では、意志（実践的精神）が働く「有限性の大地」は、①諸欲求、②外的自然事物、③「もろもろの個別意志に対するもろもろの個別意志の関係」からなっている。マルクスの解釈ではエピクロスの「多くのアトム間の反撥」は、まさにこの個別意志相互の社会関係を主題にしているのである。

「反撥（Repulsion）」とは、ある「個体」が〈本質において〉自分自身にほかならないところの「他者」に対して自分を関係づける行為である。「他者」との関係の中で生きるこの「個体」は、一面から見れば、すでに「自然の産物」であるというあり方を超えている。なぜなら「他者」は〈本質において〉その「個体」自身にほかならず、それゆえ「他者」によって規定されることは〈本質において〉自己規定にほかならないからだ。しかし他面から見れば、「個体」は自分の本質を「他者」という形態でしかもっていない。だから自己規定や自己の本質による規定を「他者」による規定という形態においてしかもっていない。その意味ではこの「反撥」という関係は依然「物質的」なのである。「だが私が、直接〈他なるもの〉としての私自身に対して自分を関係づける場合、私の関係行為は物質的関係行為（ein materielles Verhalten）である」（MEW Eg.1-284）。だからエピクロスの「反撥」は「自己意識の最初の形態」に対応しているのであって、「人間が最初に自然の産物であることをやめるのは、人間が自分を関係づける他者が、人間とは異なる存在なのではなく、それ自身が一人の個別的人間——たとえまだ精神ではないにせよ——である場合においてである」（MEW Eg.1-284）。

けれどもここではまだ「人間としての人間（der Mensch als Mensch）」が、その普遍性において、「私」の「唯一の現実的客体」となってはいない。マルクスによれば人間がかかる高次の「理性的自己意識」に高まるためには「人間は自分の相対的定在を、つまり欲望の威力や単なる自然の威力を、自分の中で打ち砕いていなければならない」（MEW Eg.1-284）のである。

マルクスにおける「唯物論」を探ろうとする我々にとって、この箇所は博士論文全体の中でも最も注目すべき箇所である。マルクスは「物質的関係行為」の領域を、〈本質の同一性〉が当事者たちには内的なものとして隠れたまま、相互に個別的他者として関係しあうような人間相互の関係としてとらえようとしているのである。もちろんマルクスには、そこから「物質的関係行為」の歴史的様式論へと進もうとする姿勢はまだない。だから彼は「自己意識」の生成視点に立って、単なる「自然の産物」としての人間と「理性的自己意識」としての人間との〈中間〉に、この「物質的関係行為」の領域をおくことになる。

解放論的関心からするマルクスの課題は、したがって、この「物質的関係行為」の領域における「自己意識」のあり方、つまり「自分を直接—有的なものとして、抽象的に個別的なものとしてとらえている自己意識」を〈批判〉し、「人間としての人間」を「唯一の現実的客体」としてもつような普遍的理性的自己意識へと高めることにほかならないだろう。そのためには「欲望の威力や単なる自然の威力を自分の中で打ち砕く」よう人々に訴えねばなるまい。彼はこのような展望で「世界の哲学化」即「哲学の世界化」という課題に立ち向かうことになる。しかしこの理性的自由の観念論は、早速試練にさらされるのである。

[3] 「救いがたい唯物論」――『木材窃盗取締法に関する討論』(一八四二年一〇/一一月)

「哲学の外への転回」は『ライン新聞』の編集者という形で実現することとなった。厳しい検閲のもと、わずか一年半(正規編集者としては半年間)で退かざるをえなかったものの、編集者としてのこの活動は、彼の政治活動の開始という重要な意味をもっている。若冠二三、四歳ながら、この「概念の党派」の哲学者の論戦ぶりは、当局や保守系新聞から注目された様子である。マルクスは基本的にはヘーゲルの「理性的国家」の理念を掲げて(ただし「身分代表制」を受け入れず「人民代表制」を主張)、論陣を張っている。ところが後年述懐するごとく、この過程で「いわゆる物質的利害に口をさしはさまねばならなくなり、初めて当惑した」(MEW 13-7)のである。この「当惑(Verlegenheit)」は、マルクスにおける「理性的意志の観念論」の危機であったといえるだろう。そしてまさにこの時期、マルクスは「唯物論」という言葉を一つの基本概念として用い始める。したがってマルクスにおける「唯物論」は、まずはこの危機との関係においてその意味が探られねばならないのである。

1 理性的意志の観念論の危機

この時期のマルクスの論戦を支えている最も基本的な論理は、『プロイセンにおける身分制議会委員会に関するアウグスブルグ一般新聞第三三五号および第三三六号付録』と題する論文(『ライン新聞』一八四二年一二月一一日)の次のような箇所に端的に現れている。

「自分の所帯のために闘う有用な(nützlich)知性は、自分の所帯に逆らってまでも法を押し通すことのできる自由な(frei)知性から区別される。特定の目的、特定の物質(Stoff)に奉仕する知性と、あらゆる物質を支配し、ただ知性自身にのみ奉仕する知性とは違うのだ」(MEW Eg.1-415)。「問題は次の二つに要約される。土地所有[などの特殊利害]が政治的知性を批判し、支配するべきか、それとも政治的知性が土地所有を批判し、支配すべきか」(MEW Eg.1-418)。「人民の知性の最高の欲求は国家そのものを君臨させること、しかも人民の知性自身の行為として、人民の知性自身の国家として、君臨させることである」(MEW Eg.1-419)。

編集者マルクスの意気込みでは、このような理性の自己統治、「理性国家」へ向けて、「自由な出版」こそ「物質的(materiell)諸闘争を精神的諸闘争へと浄化し、その粗野な物質的(stofflich)な形姿を理念化する(idealisieren)」(MEW 1-60)はずのものなのであり、また「新聞」こそ「物質的(stofflich)闘争を理念的闘争に、血と肉の闘争を精神の闘争に、欲求、欲望、経験の闘争を、理論、悟性、形相の闘争に転化する」(MEW Eg.1-405)はずのものであった。

だからマルクスの危機は二重であったと言えるだろう。まず形式面から言えば、自由を自覚した哲学が「焼き尽くす炎」となって、市民社会の私的利害の原子論を「批判」し、自由な国家的理性の自覚へと人々を促すためには、自由な言論の場が存在していなければならない。ところが即刻「原理なき強権(Gewalt)」(MEW 1-55)

が立ちはだかってくる。「自由な批判」が現実には「政府の独占物」、つまり「検閲という批判」でしかないことを思い知らされるのである。

単純化を恐れずに言えば、体制に対して「原理と原理の闘争」を挑むという意気込みには、体制というものがあたかもすでに可能的には哲学的な存在であって、真の哲学原理の挑戦の前には崩壊するほかないのだというような、そういう世界了解が予定されている。内容面でも同じ危機がはらまれている。「批判」でもって「私的エゴイズム」が「国家理性」に高められるに違いないという確信の前提には、ちょうどライプニッツの「物質」がすでに「濁った表象」にすぎず、ヘーゲルの「感性」が「即自的」精神にすぎないのと同様、「哲学化」さるべき「世界」を、たしかに〈まだ〉非哲学的非理性的ではあっても、〈もう〉可能的には哲学的理性的であると見るような、観念論的存在論の甘さがある。だから「私的エゴイズム」の頑迷さに対するマルクスの苛立ちは、マルクス自身の危機の表明でもあったと言えるだろう。

内容面での危機にはもう一つの要素がかかわってくる。たとえば『モーゼル通信員の弁護』(『ライン新聞』一八四三年一月一～一九日)で扱ったモーゼル地方のブドウ栽培農民の窮状という問題は、「特殊利害」対「国家理性」という対置ではもはやとらえ切れないのである。この窮状は一種の過剰生産恐慌に基づくのであって、マルクスは「ブドウ栽培農民の貧困層の没落があたかも自然の出来事であるかのごとく(gleichsam als ein Naturereignis)みなされている」(MEW 1-183)と政府報告を〈非難〉しているが、まさに「あたかも自然の出来事であるかのごとく」人々を危機に陥れる経済現象にマルクスは直面しているのである。

2 「救いがたい唯物論」

「唯物論」という言葉はまずはこういう文脈で、所有階級の「特殊利害」が貧困者を一層貧困化させる形で理不尽に主張されるあり方を非難する言葉として用いられてくる。(8) マルクスは『木材窃盗取締法に関する討論』(『ライン新聞』一八四二年一〇月二五日〜一一月三日)において、本来なら「最下層の無産で底辺の大衆」の慣習的権利と解すべき「枯れ枝集め」を、「木材窃盗」として法律で取り締まろうとする「森林所有者」および州議会におけるその代理人に、論戦を挑んでいる。

彼らの議論を貫いているのは「利己(Eigennutz)の世界観」(MEW 1-127)「利己の論理学」(MEW 1-130)以外のなにものでもない。「利害はその本性からして盲目で節度に欠け、一面的で、要するに無法な自然本能なのであって、このような無法なものが法律を与えることなどできようか」(MEW 1-146)。

マルクスは「国家理性」や「健全な理性」の高唱で懸命にこれに対抗しようとしているが、ビクともしない「利己」に直面して、「意志が、こぎ手の席に縛り付けられたガレー船の奴隷のように、最も小心で最も偏狭な利害に縛り付けられているところでは、一体、この[理性的意志の]精神には何ができるというのか」(MEW 1-130)と、「当惑」の色を隠し切れないでいる。

ところでマルクスは「利己」のこのような現れを「この救いがたい唯物論(dieser verworfene Materialismus)」(MEW 1-147)と規定し、それは「諸国民と人類の聖なる精神に対する罪」にほかならないとしている。ではなぜ「唯物論」なのか。なぜなら「私的利害の心、その魂は、いつ何時奪われたり傷つけられたりするかもしれない外的対象」にほかならず、人間はそこでは「非人間的なもの、疎遠な物質的存在が人間の最高の本質である」と意識しているからであり(MEW 1-121)、「一定の特殊な利害を代表し、それを究極目的として取り扱った」(MEW 1-146)からであり、「ある特定の物質[木材や黄金]や、それに奴隷的に服従する意識という、倫理も悟性も心情もなき抽象物を玉座にまつりあげる」(MEW 1-147)からである。[9]

だからこの「唯物論」は次の諸契機からなると言えるだろう。

[α] ここでは意志の客体および内容はもっぱら「外的対象」「疎遠な物質的存在」「ある特定の物質」なのであるが、[β] この意志は他の意志との関係で見れば「個別意志」「特殊利害」として、相互に外在的なあり方をしており、[γ] しかもある種の人間たちはこの「個別意志」「特殊利害」を「理性的意志」「国家理性」に従属させるのではなく、逆に後者を前者に従属させようとし、したがって他の「個別意志」を外的に支配しようとしている。[δ] これを人間のあり方という面で反省すると、人間がその総体的なあり方を喪失し、「倫理」や「悟性」や「心情」を捨象してしまって、「抽象物」と化したこの「特殊利害」のみを人間の「究極目的」として絶対化してしまっており、[ε] その結果、意志の客体および内容である単なる「外的対象」「疎遠な物質的存在」を、人間の「魂」「最高の本質」にまで高めてしまい、人間自身は「それに奴隷的に服従する」あり方となってしまっているのである。[10]

さてこの時期のマルクスの「唯物論」概念をこれらの契機に整理してみて、とりあえず次のような特徴が確認できるだろう。第一に「外的対象」や「物質的存在」がここで問題になるのは、あくまで意志の客体、所有の対象としてであって、「微粒子」とか「脳細胞」といった、理論認識の客体ではあっても所有意志には無関心な「物質」ではないということである。

とりあえずヘーゲルの枠組みで言うと、『精神の現象学』(一八〇七年)で「精神とは一つの物(ein Ding)である」「精神の存在は骨である」とする「頭蓋学」が「唯物論」と規定されているが、この「頭蓋学」的「唯物論」は「観察する理性」の段階で生じてくる転倒した意識なのであって、単に観察者として「物」を対象にしつつ、単なる「物」の中に、観察者が自分を「発見(finden)」しようとするのである。今日で言えば意識過程を脳過程に還元可能と見る神経生理学的唯物論を考えればよいだろう。マルクスが「唯物論」を問題にする地平は、「物」を介した他の意志との実践的関係の地平であって、その面の未展開な「観察する理性」段階の「唯物論」なのではない。このことがまず確認されるべきだろう[11]。

第二にマルクスにおいて「唯物論」は「物」との関係面と「他の意志」との関係面の両面をもっているが、これらの実践的意志関係それ自身を「唯物論」と見ているのではないということである。他の特殊意志との関係面で、自分の特殊意志という、本来理性意志に対して従属的な位置に置かれるべきものを絶対化していること、したがって「物」との関係面でも単なる「外的対象」という手段的なものを絶対化していること、この両面における転倒したあり方を「唯物論」と見ているのである。

第三に「唯物論」の論理的特徴を「抽象（Abstraktion）」にあると見ているということがあるが、これについては次節で詳しく検討する。

3　「フェティシズム」と「唯物論」

ところでこの『木材窃盗取締法』論文で、すでにマルクスは「唯物論」を「フェティシズム（Fetischism）」と類似のものと見ており、マルクスにおける「唯物論」と「物件化（Versachlichung）」「物化（Verdinglichung）」の概念との関係を我々が探る上で、きわめて注目される。

「キューバの未開人たちは黄金をスペイン人のフェティッシュと考えた。彼らは黄金のために祭祀を行い、その周りで歌い、その後それを海中に投じた。もしライン州身分制議会に出席しておれば、キューバの未開人たちは、木材をライン州の人々のフェティッシュだと考えたのではなかろうか」（MEW 1-147）。

マルクスは一八四二年の四／五月頃にシャルル・ド・ブロス（一七〇九―七七）の『フェティッシュ諸神の崇拝について』（一七六〇年）を、ピストーリウスによる独訳版をもとに抜き書きしている[12]（MEGA² IV-1-320ff）。『ライン新聞』掲載の他の論文でも「フェティシズム」に言及しているので、念のために引用しておこう。

「たしかに地方は、指定された条件のもとで、自分のためにこれらの神々［州議会議員］を作り出す権利をもっているが、この創造が終わるや否や、フェティッシュのしもべのように、それが自分たちの手でつくった神々であることを忘れなければならないのである」（MEW 1-42）。「社説［宗教哲学者ヘルメス執筆の『ケルン新聞』一七九号社説］はフェティシズムを宗教の最も粗野な形態と呼ぶ。したがって……「動物宗教」がフェティシズムより高次の宗教形態であることを社説は承認しているわけだ。ところで動物宗教は人間を動物以下に卑しめるのではないか。それは動物を人間の神にするのではないか。まして「フェティシズム」となればなおさらだ。……フェティシズムは人間に欲望（Begierde）を超越させるどころか、むしろそれは「感性的欲望の宗教」なのだ。欲望の空想（Phantasie）はフェティッシュのしもべをあざむいて、人間の欲情（Gelüste）をかなえるためなら「生命なき物」もその自然的性格を捨てるに違いないと思い込ませる。フェティッシュのしもべの粗野な欲望は、フェティッシュが自分の忠実なしもべであることをやめる時には、このフェティッシュを破壊してしまうのである」（MEW 1-91）。

とりあえず以上の引用から、「最も粗野な宗教形態」としての「フェティシズム」の中にマルクスが見ようとしていたのは、次の諸点であることが確認できよう。

［α］人間がそれに対して「しもべ（Diener）」として関係する対象は「生命なき物（Ding）」であって「動物」でさえない。［β］人間は、これらの「物」を神々として作ったのが人間自身であることを「忘れる」。つまり「物」の神化は無意識的過程である。［γ］人間は「物」を神化することにより、自分の本質を単なる「物」として、あるいはそれ以下として、対象化している。［δ］しかし「フェティシズム」の本質は、「感性的欲望の宗教」である点に、すなわちその目的が「感性的欲望」の充足であり、その実現形式が「欲望の空想」である点に求められねばならない。［ε］「フェティシズム」のもつ倒錯認識は、「しもべ」たる人間の欲望を充たすために、「物」が「その自然的性格を捨て」、単なる「物」以上の何かとして働くと見る点にある。これは「欲望の空想」の働きであり、「欲望の空想」への「物」の倒錯的現れである。［ζ］「フェティッシュ」はその「しもべ」たる人間の「粗野な欲望」の、そのまた「しもべ」にすぎない。「破壊」とか「投げ捨て」といった「フェティッシュ」に対する「しもべ」の攻撃的振る舞いは、両者の関係のかかる外面的性格から来る。外的関係が外的否定という形をとる。

以上の点からみて、一九世紀中葉ライン地方の森林所有者の「救いがたい唯物論」と、「最も粗野な宗教形態」としての「フェティシズム」との間に、大きな類似性があることは明らかだろう(13)。しかしそのことを確認することがここでの問題なのではない。マルクスにおける「唯物論」と「フェティシズム」「物件化」「物化」との関連を追うという立場に立つ場合、最も重要なことは次のことである。

つまり『ライン新聞』期のマルクスにおいては、「唯物論」概念の方には「個別意志」相互の社会関係という視点が見られるが、倒錯認識という視点が欠けており、これに対して「フェティシズム」概念の方には、倒錯認識という視点が見られるものの、社会関係視点が欠けているのである。議論を先取りして言えば、「唯物論」にも『フォイエルバッハ・テーゼ』に言う「直観的唯物論」のように社会的歴史的媒介性を見ないで「物」や「自然」をその直接的所与性において絶対化してしまう倒錯認識がはらまれているし、「フェティシズム」にも、「人間たちに対して、物と物との関係という幻覚的な形態を取って現れてくるものは、人間たち自身の特定の社会的関係にほかならない」(MEW 23-86) という『資本論』の指摘のとおり、社会関係視点が不可欠であろう。その意味では「唯物論」と「フェティシズム」は、これ以降、一層厳密に規定されるにしたがい、きわめて密接に結び付いたものとなっていくであろう。ここではとりあえず『経済学批判要綱』(一八五七/五八年) から次の引用をするにとどめる。

「人間の社会的生産諸関係と、これらの関係に包摂された際に物件 (Sache) が受け取る諸規定を、物の自然的諸性質として考察する経済学者たちの粗雑な唯物論 (der grobe Materialismus) は、同じく粗雑な観念論であり、しかり、社会的諸関係を物に内在する諸規定として物に帰せしめ、かくて物を神秘化するフェティシズムである」(MEGA² II-1-567)。

[4]「抽象的唯物論」と「抽象的精神主義」との「反省的対立」

——『ヘーゲル国法論批判』(一八四三年夏)

一八四〇年代初頭に高揚を見せたドイツの自由主義運動も退潮し、マルクス自身『ライン新聞』編集長を辞すのであるが、その後、彼はクロイツナッハでイエンニー・ヴェストファーレンと結婚し、歴史(とくにフランス革命史)を研究しつつ、ヘーゲル国家論を清算する作業に取り組んでいる。これはもちろん、編集者としての実践を踏まえた、自己総括、自己批判という意味をもっている。草稿『ヘーゲル国法論批判』(一八四三年夏、二五歳）では、もはや、「救いがたい唯物論」に「理性国家」や理性的意志の理念が対置されることはない。むしろ「抽象的精神主義［唯心論］（der abstrakte Spiritualismus）」と「抽象的唯物論（der abstrakte Materialismus）」（MEW 1-293）との「抽象的反省的対立（der abstrakte reflektierte Gegensatz）」（MEW 1-233）が、近代そのものの基本構造をなしているという認識に至る。したがってヘーゲル的理念それ自身が、それゆえまたこれまでのマルクス自身の立場が、近代の一面である「抽象的精神主義」の一形態にほかならず、近代社会を原理的に超えるだけの否定性を欠いていたことが反省されるのである。(14)

1 「抽象的反省的対立」

「国家としての国家という抽象は近代に初めて生じる。なぜなら私的生活（Privatleben）という抽象が近代に初めて生じるからだ。政治国家という抽象は近代の産物なのである」（MEW 1-233）。つまり「政治的圏域」と「私的圏域」、国家の「形相原理」と「質料［物質］原理」が、また諸個人の内部では「公民（Staatsbürger）」と「市民（Bürger）」、「政治的人間」と「私的人間」とが相互に自立化し、「抽象的反省的対立」の関係へと入り込んでいく。だから一見奇妙に見えるマルクスの次のような定式は、すべて、この「抽象的反省的対立」を表しているのである。

「［市民社会の］職業団体は［国家の］官僚制の唯物論であり、官僚制は職業団体の精神主義である」（MEW 1-247）。「［官僚制という］精神主義はそれに対立する［職業団体という］唯物論とともに消失する」（MEW 1-247）。「しかし官僚制自身の内部で精神主義は粗雑な唯物論となる」（MEW 1-249）。「彼［ヘーゲル］は官僚制を、知る精神として、市民社会の唯物論（Materialismus der bürgerlichen Gesellschaft）の上に位置づけた」（MEW 1-277）。

これらからうかがえるように、「精神主義」も「唯物論」もそれだけを孤立的に見ることは不可能である。「抽象的反省的対立」においてはじめて〈同時に〉意味が限定されねばならない。ではマルクスはこの「抽象的反省的対立」を一体どう見ていたのだろうか。マルクスによればこの「抽象的反省的対立」の本質は「自立化された抽象」、ただし「他のものの捨象［度外視］なのではなく、本来は自分自身であるものの捨象［度外視］」にある。その点でこの「抽象的反省的対立」は、男性と女性の関係のような「一つの本質の実存（Existenz）の仕方における差異」でもなければ、君主主権と人民主権の関係のような「相互に排斥しあう二つの本質の現実的対立」でもない（MEW 1-293）。

「両極（Extreme）の各々は他の極〈である〉。抽象的唯物論は抽象的精神主義である」。「この場合主要な規定は、一つの概念（定在 Daseinなど）が抽象的に把握されていること、一つの概念が自立的なものとして意味をもつのではなく、他の概念［他の極］の捨象として、そしてかかる捨象としてのみ、意味をもつということ、この点にある。だから、たとえば［精神主義的］精神は物質の捨象である。するとおのずと明らかなように、まさに［精神という］形式自身を自分の内容としなければならないために、かえってこの精神は、その抽象的反対物、捨象したはずの当の対象となっており、したがってここでは抽象的唯物論がこの精神の実在的本質なのである」（MEW 1-293）。

２　ヘーゲル『論理学』における「外面と内面の相関」論

おそらくマルクスがここで下敷きにしているのはヘーゲル『論理学』における「一つの規定の他の規定への直接的転倒（die unmittelbare Umkehrung）」を論じた箇所であろう（『大論理学』第二巻第二編第三章C「内面と外面の相関」HW 6-182）。そこでヘーゲルは「外的なものと内的なものとの相関（Verhältnis）」に関し、「外面」と「内面」の区別に固執する悟性の転倒を論じている。たとえばある芸術家が、下手な作品（外面）をつくりながら、内に秘めた才能（内面）で自分を慰めてみたり、カントが現象界（外面）に無関係な物自体（内面）としての神を論じたりする場合、我々は「外面」の捨象（度外視）において「内面」をとらえている。こういう悟性的抽象が陥る「一方の他方への直接的転倒」（マルクスの言う「両極の各々は他の極〈である〉」）をヘーゲルは次のように定式化している。

「まだ〈単に〉内面的にすぎないような〈あるもの（Etwas）〉とは、まさにそれゆえに〈単に〉外面的なものであるにすぎない。あるいは逆に、〈単に〉外面的にすぎないような〈あるもの〉とは、まさにそれゆえに〈単に〉内面的なものであるにすぎない」（『大論理学』同前、HW 6-181）。「〈単に〉内面的にすぎぬ」ものは「外面」に現れず、「外面」を限定・形成しないというのであるから、逆に「外面」の方も、なまの粗雑な「外面」、つまり「〈単に〉外面にすぎない〈あるもの〉」にとどまっていることになる。ところが、本来「内面」は「外面」と同時に成立するのであるから、実はこのなまの粗雑な「外面」、つまり「〈単に〉外面にすぎない〈あるもの〉」こそ「〈単に〉内面にすぎない〈あるもの〉」〈の〉「外面」にほかならないのである。逆に「〈単に〉外面にすぎない」ものの方から見ても、それは何ら「内面的なもの」を表現していないのであるから、「内面」の方も純粋な「隠れた」「内面」、「〈単に〉内面にすぎない〈あるもの〉」にとどまっていることになるだろう。ところが「外面」の方も本来「内面」と相関的に成立しているのであるから、実はこの「隠れた」神秘な「内面」こそが、粗雑なまの「外面」〈の〉「内面」にほかならないのである。

ヘーゲルの考えでは、この「直接的転倒」の欠陥は、「内面」も「外面」もまったく媒介を欠き、「直接的」であって、「自分に対する否定的関係」をまだ持っていない点にある。「一面ではまだ、外面性を出て、自分を内面化（Erinnern 想起）していないし、他面ではまだ、内面性を出て自分の活動を通じて自分を外化（entäußern）し、産出していない」（HW 6-183）のである。

たとえば第8章で見るとおり、ヘーゲルは『精神の現象学』で「頭蓋学」の「唯物論」を、「精神とは一つの物（Ding）である」とか「精神の存在は骨である」というふうに定式化している（『精神の現象学』「観察する理性」）。ヘーゲルはこれを「無限判断（das unendliche Urteil）」（HW 3-260）として特徴づけている。「唯物論」と「無限判断」との関係については立ち入った検討が必要であるが、とりあえずここの文脈で見れば、これも「直接的転倒」にほかならないだろう。

つまりこの場合「精神」はまだ「物」に対しても「他我」に対しても、「自分の活動を通して自分を外化し産出する」というあり方をまったく示していないわけで、「〈単に〉内面にすぎない〈あるもの〉」にとどまっており、逆に「物」の方も自分が「内的なもの」の現象形態というあり方を示していない（「自分を内面化していない」）わけで、「〈単に〉外面にすぎない〈あるもの〉」にとどまっている。だから「単なる外面」と「単なる内面」の「直接的転倒」を「単なる外面」サイドで表現しているのが「精神とは一つの物である」という「唯物論」の命題にほかならないことになる。

逆にこの「直接的転倒」を「単なる内面」サイドで表すと、「物とは一つの精神である」という主語と述語を直接転倒した判断になるだろう。これが、「フェティッシュ」についてマルクスが「欲望の空想はフェティッシュのしもべをあざむいて、人間の欲情をかなえるためなら「生命なき物」もその自然的性格を捨てるに違いないと思い込ませる」（MEW 1-91）とした側面であり、後に『資本論』で「商品の神秘な性格」とか「一つの感性的─超感性的な物」（MEW 23-85）といわれる側面である。

３　「抽象的唯物論」と「抽象的精神主義」

そこでこの「直接的転倒」論における「〈単に〉外面にすぎない〈あるもの〉」を「抽象的唯物論」に対応させ、「〈単に〉内面にすぎない〈あるもの〉」を「抽象的精神主義」に対応させてみると、マルクスの「抽象的反省的対立」は次のように理解することができよう。

［α］「精神」というものを「物質」をまったく捨象して「自立化した抽象」としてとらえてしまうと、逆に「物質」の方も「精神」による限定・形成を免れて、なまの粗雑な姿で放置されていることになる。同様に、「国家」に有機的統一をもたらすべき「国家の形相原理」も、「国家の質料原理」である「市民社会」をまったく捨象して「政治国家」として「自立化した抽象」と化すと、逆に「市民社会」の方も「形相原理」による形成・限定から免れて、「私的生活という抽象」において、したがってエゴイズムの粗雑な姿で、立ち現れてくることになる。

［β］ところで「精神」という「自立化した抽象」もそれが自立する以上、何らかの「外面」が必要である。ところがあらゆる「外面」は、なまの粗雑な「単なる外面」に押しとどめられているのだから、「抽象的唯物論」が「そのまま」この「抽象的」精神の実在的本質なのである」。すなわち「精神」は「パン」（キリストの肉）であり、「ブドウ酒」（キリストの血）であり、「骨」（仏舎利）であり、「フェティッシュ」なのである。同様にして

「政治国家」という「抽象」も「自立化」している以上、「政治国家」という「形相原理」自身をなまの粗雑な特殊利害に、つまりは「質料原理」に、「直接転倒」しなければならない。つまり「政治国家」に携わる者は、「政治国家」自身を自分の粗雑な特殊利害としてしまう。「官僚制自身の内部では精神主義は粗雑な唯物論となる。受動的服従、権威信仰の唯物論、固定した形式的行為、固定した原則、見方、慣習の機械論（Mechanismus）という唯物論となる」（MEW 1-249）。

［γ］逆に「物質」の側に立っても「抽象的唯物論は物質の抽象的精神主義である」という「直接的転倒」が生じている。「パン」も「ブドウ酒」も「骨」も〈単に〉外面にすぎない〈あるもの〉でありながら、同時に隠れた神秘な力、つまり「〈単に〉内面にすぎない〈あるもの〉」なのである。「市民社会」が「自立化」しても、例の「見えざる手」が働くし、貨幣は「神秘な」力を持つ。これが「物質の抽象的精神主義」なのであり、「〈単に〉外面にすぎない〈あるもの〉」〈の〉「〈単に〉内面にすぎない〈あるもの〉」なのである。

4 「血統」の「唯物論」

『ヘーゲル国法論批判』には、このように「政治的国家」の「抽象的精神主義」と「市民社会」の「抽象的唯物論」との「抽象的反省的対立」として近代社会を把握しようとする重要な視点が現れるのであるが、しかしこの「抽象的反省的対立」はけっして近代社会に限定されて用いられているわけでもない、ということも確認しておく必要がある。たとえばヘーゲルは「君主権」の根拠づけ（正当化）のために「自然的出生」を持ち出し（『法の哲学』二八〇節）、また「土地貴族」の「立法権」の根拠づけ（正当化）のために「長子」としての「生まれ」を持ち出す（『法の哲学』三〇七節）のであるが、これをマルクスは次のように批判している。

「ヘーゲルは至るところで彼の政治的精神主義から最も粗雑な唯物論（der krasseste Materialismus）へ落ち込む。政治的国家の頂点の至るところで、一定の諸個人への最高の国務の合体（Inkorporationen）をもたらすのは生まれ（die Geburt）なのだ。……国家はその最高の諸機能において動物的現実を保持している。自然はヘーゲルに対し、彼から示されたさげすみへの復讐をする。……生まれは人間に個体的存在を与えるだけで、人間をとりあえず自然的個人として定立するだけだから、しかしまた立法権などという国家的諸規定は社会的産物（soziale Produkte）、社会が産むものであって、自然的個人が産むものではないのだから、個人の生まれと、一定の社会的地位や機能などの個人化としての個人（Individuum als Individuation einer bestimmten sozialen Stellung, Funktion etc.）との間の直接的同一性、媒介なき合一（das unvermittelte Zusammenfallen）とは、たまげたことであり、奇跡である」（MEW 1-310）。

ここでヘーゲルが「最も粗雑な唯物論」と非難される理由は、本来「一定の社会的地位や機能などの個人化」として君主や土地貴族議員を把握すべきところを、彼らの「生まれ」「動物的現実」という「単なる外面」で彼らの特権を正当化しようとしているからである。この場合最も注目されるのは、ここでは「単なる外面」としての「動物的現実」に対して「単なる内面」として隠れているものが「精神」ではなく社会的諸関係であるということが明瞭に語られているという点であろう。マルクスは「「特殊な人格」の本質とは、その髪とかその血とかその抽象的身体なのではなく、その社会的な質（ihre soziale Qualität）だということをヘーゲルは忘れている」（MEW 1-222）とも書いている。つまり「単なる外面」を固執する「抽象的唯物論」が「直接転倒」して行く「単なる内面」は、当該意識にとっては（für es）、「物質の抽象的精神主義」、つまり「血」の神秘な力なのであるが、批判的反省者から見ると、「社会的な質」にほかならないのである。こういう議論の方向がすでにここで

出ていることは注目される。(15)

もう一つ注目されるのは近代的所有と封建的土地所有との対比にかかわる問題である。ヘーゲルは土地貴族の立法権を次のように基礎づけようとした。

5 「長子相続」の「唯物論」

土地貴族の「資産」は「営業の不安定や利得の追求や占有一般の移ろいやすさから独立して」おり、したがって政府金庫や市場に依存しない「独立した資産」である。また彼らは「資産」を「自由処分」できず、「子供たちへの愛の平等」に基づき分割もできず、代々安定的に「長子相続」している。だから「選挙の偶然によらず［貴族の長子としての］生まれによってそのような［立法］活動をする使命と権利とを与えられているのだ」（『法の哲学』三〇五~三〇七節）。

マルクスはこの論議を批判しつつ「長子相続」の「唯物論」を次のように論じている。

代々の相続主の転変にもかかわらず「資産」としての「土地」は「恒存するもの（das Beharrende）」であるから、「土地」こそ「実体」なのであり、各相続主や彼のもつ立法権はこの「土地」の「偶有性」「属性」にすぎない。「主語は物件（Sache）であり、人間は述語である。意志は所有物の所有物（Eigentum des Eigentums）となるのだ」（MEW 1.311）。

「物件」と「意志」とのこういう転倒は、「意志」とその「内容」との関係で、「この意志の自由とは、私的所有の内容［土地］以外の、意志の内容が空っぽ（leer）であるという点にある」（MEW 1-307）とも表現されている。マルクスのこの表現は、ヘーゲルが『法の哲学』の所有論で「意志の物件性（Sachlichkeit des Willens）」について「人格的意志は抽象的であり、外的物件に汲み尽くされている（erschöpft）」（『法の哲学』九〇／九四節への書き込み）と規定しているのに酷似している。[16] しかしヘーゲルの場合「意志の物件性」は所有一般に関わるものであり、とりわけ近代的所有に関わるものであるが、ここでのマルクスはむしろ、世襲的土地所有を商工業身分の所有から区別しようとして、この議論を持ち出しているのである。つまり「営業の不安定や利得の追求や所有一般の移ろいやすさ」は、マルクスから見れば、「人間への人間の依存」を、「自分を制約している領域が社会である」ことを、表しており、「まだしも人間的」なのである。これに反し、土地貴族の「社会」からの「独立」は「土くれ」への依存にほかならない（MEW 1-307）。つまり所有の両形態を分かつのは、「外的なもの［物件］の自由処分」の有無であり、「人間への人間の依存」の有無だということである。

ここでのマルクスは、土地貴族の方を一層「粗雑な」「唯物論」と見ている。しかし「意志」が「物件」を次々「自由処分」し、「所有」する「物件」を次々取り替えるという商工業的所有は、はたして「物件」への「意志」の依存を弱めるのだろうか。むしろ強めるのではないか。「物件」をめぐる「人間への人間の依存」は「物件」への人間の依存を弱めるのか。むしろ強めるのではないか。こういう反省はここではまだ見られない。第8章で見るように、カントやヘーゲルの「法の哲学」は人格の「物件化（Versachlichung）」の典型を、むしろ前近代的な人身的拘束の中に見ようとするのに対して、後年のマルクスは近代市民社会こそ「人格の物件化」が深刻に進む社会であると見る。その点ではここではまだ議論が逆転しているが、「意志」がその「内容」または「対象」としての「物件」に「汲み尽くされた」あり方をしているという意味での「唯物論」を、マルクスがここで提示しているのである。

6 「疎外」と「真の民主制」

さて、これまで依拠してきたヘーゲルの「理性国家」が「国家の精神主義」の一形態であり、「市民社会の唯物論」へと「直接転倒」するものであると了解した以上、マルクスの根本問題である「世界の哲学化」＝「哲学の世界化」はどういう方向で再探求されねばならないのか。マルクスはルソー『社会契約論』のアソシアシオン国家論やバウアーやフォイエルバッハらによる疎外論的宗教論を援用しつつ、「真の民主制」（MEW 1-232）を構想する。つまり「抽象的唯物論」は「抽象的精神主義」とともに「真の民主制」において克服されねばならないのである。

「民主制においては形相原理が同時に質料［物質］原理である。したがってそれが初めて、普遍的なものと特殊的なものとの真の統一である」（MEW 1-231）。「近代のフランス人たちはこのことを〈真の民主制のもとでは政治的国家は消滅する〉と理解した」（MEW 1-232）。

マルクスがここで想定している「民主制」とは、官僚機構に支えられた今日の代議制民主主義ではなく、ルソーが「政府なき政府（un gouvernement sans gouvernement）」（『社会契約』第三編第三章）と特徴づけた、「デーモス」が直接立法し、かつ直接執行もするようなシステムであろう(17)。

「体制」はここでは常に「人民の自己規定」「人民自身の作品（Werk）」なのであって、それ自身「社会化された人間（der sozialisierte Mensch）」にほかならない（MEW 1-231）。だからここでは普遍的形式である政治国家が、〈特殊な〉内容である市民社会と〈並んで〉、それ自身〈特殊な〉定在をもつことはないのである。「人民」が自分の普遍性を「政治的国家」へと「疎外」する過程は、同時に「人民」が「私的生活という抽象」へと自分を「疎外」していく過程でもある。この両面は「人民」の自己疎外という一つの過程なのだ。だから逆に「政治的国家」に対して「人民」が「人民の生活の普遍性」を「返還要求（Revindikation）」する過程は、同時に人民が彼らの「私的生活という抽象」を克服する過程でもなければならないだろう。「特殊領域の私的本質は、政体あるいは政治国家の彼岸的本質と一緒に崩壊する」（MEW 1-233）のである。だからこそ「私的生活という抽象」を、したがって「市民社会の唯物論」を放置したままの北アメリカの「共和制」は「疎外自身の領域の内部での疎外の否定」（MEW 1-233）にとどまるのである。

［5］「市民社会の唯物論」――『ユダヤ人問題によせて』（一八四三年）

一八四三年一〇月末、マルクスはパリへ赴く。二五歳である。アーノルト・ルーゲ（一八〇二―一八〇）の誘いがあり、ドイツの検閲を逃れて、パリで『独仏年誌』を共同編集することになったのである。しかしこれは、結果から見れば、生涯にわたる国外生活の始まりとなった。翌四四年の二月に『独仏年誌』の第一、第二合併号が出たが、マルクスとルーゲとの思想面、経済条件面での対立のために、最初で最後の号となってしまった。この号にはマルクス自身、四三年に書いたルーゲ宛ての三つの書簡[18]、論文『ユダヤ人問題によせて』（クロイツナッハで書き、パリで仕上げたと推定されている）、そして論文『ヘーゲル法哲学序論』（パリで執筆）を掲載している。このうち本章の主題から見て最も注目されるのは『ユダヤ人問題によせて』における「市民社会の唯物論」の展開であろう。

「だが国家の観念論（der Idealismus des Staats）の完成は同時に市民社会の唯物論（der Materialismus der bürgerlichen Gesellschaft）の完成であった」（MEW 1-369）。

マルクスは基本視点を端的にこのように提出している。「古い市民社会は直接政治的性格を持っていた」。たとえば所有とか家族とか労働様式といった「市民的生活の諸要素」は、「領主権」とか「身分」とか「職業団体」といった形式で、「国家生活の諸要素」として編成され意味づけされていた。ところが近代の諸革命はこの結びつきを断ち切り、「政治国家」と「市民社会」との相互自立化を推し進める。このようにしてマルクスは、近代における人間の「二重生活（doppeltes Leben）」（MEW 1-355）、「市民社会の生活と政治的生活との二元論」（MEW 1-360）という視点を近代認識の根本に据えることになるのである。

「政治国家がその真の形成に達したところでは、人間は単に思想や意識の中でのみならず、現実の中で、生活の中で、二重の生活を営む。天上と地上の生活、つまり政治的共同体での生活と市民社会での生活を。政治的共同体では、人間は自分を共同存在（Gemeinwesen）とみなすが、市民社会では人間は私人（Privatmensch）として活動し、他の人間たちを手段と考え、したがって自分自身をも手段におとしめ、疎遠な諸力の玩具になるのである」（MEW 1-354/355）。

「市民社会の唯物論」という概念は「市民社会の成員」である〈限りにおける〉人間たちの行動様式、価値意識、世界像を特徴づけるものであるが、それは「政治国家」と「市民社会」との相互分離的純化の過程を通して「完成」に至ったというのが、ここでのマルクスの認識なのである。

1　近代における人間存在の諸規定

マルクスは「観念論」や「唯物論」を、単に哲学史的枠組みで論じようとせず、「二重の生活」を営む近代の人間たちの歴史的存在として論じようとしている。この独特のアプローチに沿う形で、まず我々は『ユダヤ人問題によせて』における人間存在論の諸規定を整理することから始めよう。

①成員存在（Mitglied-sein）　マルクスが「二重の生活」を語るのは、人間における「感性」と「理性」の超歴史的対置のようなものを想定してのことではない。人間たちは「市民社会の成員」（MEW 1-355）と「政治国家の成員」（MEW 1-360）との「二重の生活」を営むのであって、その限りでは「感性」においても「理性」においても「成員」存在としてある。

「市民社会の成員」としての人間は「エゴイスト的人間」であって、「自分へと、自分の私的利害や私的選択意志へと引きこもり、共同存在から切り離された個人としての人間」（MEW 1-366）なのであるが、個人のこういう孤立したあり方は、社会関係を超越したあり方なのではなく、社会関係そのもの、つまり「市民社会」の「成員」性にほかならない。「彼らを一つにまとめている唯一の絆は、自然の必要、欲求、私的利害、そして彼らの所有と彼らのエゴイスティックな人格の保守なのだ」（MEW 1-366）。

②日常存在（Alltäglich-sein）　マルクスはこの「市民社会の成員」としての人間のあり方を「身近な（nächst）現実における人間」「俗世間的（profan）存在者」（MEW 1-355）とか、「日常あるがままの人間」（MEW 1-360）とか、「目の前の（vorgefunden）」「感性的確信の対象」（MEW 1-369）とか、「感性的で個体的で身近な実存における人間」（MEW 1-370）、「日常（Alltag）」（MEW 1-372）などと特徴づけている。そして「身近な」この「日常」存在に「現実的（wirklich）」という言葉を当ててもいる（MEW 1-355, 360, 370）。

③本来存在（Eigentlich-sein）　マルクスによれば、「市民社会の成員」としてのこの「日常」存在は、当事者である「市民社会の成員」自身には「人間そのもの（Mensch schlechthin）」「本源的」（MEW 1-366）で「自然的な人間」（MEW 1-369）、「本来的な（eigentlich）な人間」（MEW 1-366, 370）として「現象する」（MEW 1-369）のである。「市民社会」が持つ「日常的」生活世界としての存在性格と、その「日常」存在が、当該日常生活者たちに対して「現象する」形式とは明確に区別されねばならない。「自然的人間」とか「本来的人間」とか「人間そのもの」と言われるものは、「日常」存在が「日常」存在者自身によって意識される形態（日常意識）なのである。この意味で「日常」存在、「身近な実存」の概念は、マルクス批判理論の鍵概念の一つをなしていると言えよう。

④物質的存在（Materiell-sein）　ではこの「身近な」「日常」存在と「物質」存在はどういう関係にあるのか。

「完成された政治的国家は、その本質から見て、人間の物質的生活（sein materielles Leben）との対立においてある、人間の類的生活である。この［物質的生活という］エゴイスティックな生活の総ての諸前提は、国家領域の外部に、市民社会の中に、ただし市民社会の諸属性として、存続し続けているのである」（MEW 1-354）。

近代社会では人間たちは「政治国家の成員」として「類的生活」を営むが、「市民社会の成員」として「物質的生活」を営むのである。したがって「物質的生活」は「類的生活」との分裂において「エゴイスティックな生活」として営まれる。だから「政治国家の成員」としてのあり方との〈区別〉の方向で反省すると、諸個人が「市民社会の成員」として「物質的生活」を営んでいるという意味で「市民社会」やそこでの諸個人のあり方は「物質的」存在なのである。

このことからも明らかなように、マルクスが「唯物論」を問題にする際の「物質」存在とは、「人間の物質的生活」にほかならないのであり、しかも単に個別的身体的存在として抽象的に見られた「物質的生活」なのではなく、一定の社会成員としての具体的あり方において見られた「物質的生活」にほかならない。

しかし「市民社会」それ自身もまた「物質的諸要素（die materiellen Elemente）」と「精神的諸要素」とに分割されている（MEW 1-368/369）。「物質的諸要素」としては「私的所有」（MEW 1-356）や「営業」（MEW 1-369）があげられている。「精神的諸要素」として数えられているのは「宗教」と「教養」である（MEW 1-356）が、ただしそれらはすでに「市民社会の精神」（MEW 1-356）に転化してしまっているのである。

「たとえば北アメリカにおける宗教の無際限の細分化は、すでに外面的にも純粋に個人的な事柄であるという形式を宗教に対して与えている。宗教は数多くある私的利害関心の一つに身を落としたのであり、共同体としての共同体から追放されているのである」（MEW 1-356）。

つまり「政治国家の成員」としてのあり方との〈区別〉の方向で反省すると、諸個人が「市民社会の成員」として「物質的生活」を営んでいるという意味で「市民社会」やそこでの諸個人のあり方は「物質的」存在なのであるが、しかし「市民社会」やそこでの諸個人のあり方それ自身が、再び諸契機からなる総体として把握され〈総体性〉へと反省されなければ、認識としてはきわめて不十分であろう。そこで次に「精神的諸要素」が「市民社会」の内部に組み込まれている独特のあり方（「市民社会の精神」への宗教の機能転化・形態転化）などをマルクスは問題にするのである。マルクスの「物質的」を物理的ないし生理的という意味で了解（誤解）すると、こういう処理の仕方は奇妙に見えるが、そもそもマルクスは「抽象的自然科学的唯物論」（MEW 23-393）とは異なる地平に立っていることを忘れてはならないだろう。

⑤理念存在（Ideal-sein）　次に「政治国家の成員」としての人間のあり方、つまり「政治的人間」としての人間の存在性格に移ろう。一言で言えば、それは「市民社会の成員」としての自分たちのあり方からの「理念的（ideal）な独立」（MEW 1-368）、つまり理念性（Idealität）にある。近代の人間たちの「政治国家の成員」としてのあり方をポジティヴな面で見れば、「類的実存」（MEW 1-377）、「人間の類的生活」（MEW 1-354）、「共同存在者としての自己」（MEW 1-355）、「自己意識的な活動」（MEW 1-369）というあり方をすでに示している。けれどもそれは〈単に〉「理念的」であるに〈すぎない〉。それは「単に抽象された人為的人間、寓意的で精神的な人格としての人間」（MEW 1-370）「想像された主権の想像上の成員」「非現実的普遍性」（MEW 1-356）にすぎない。別言すれば「本質と規則からの一瞬の例外」（MEW 1-355）としての、「自分の現実の個人性の彼岸」（MEW 1-360）としての人間のあり方なのである。

⑥真理存在（Wahr-sein）　だから「市民社会の成員」は自分自身を「本来的」「自然的」存在と意識したように、「政治国家の成員」は自分自身を「真の人間（der wahre Mensch）」として「承認」し（MEW 1-370）、「真の生活（sein wahres Leben）」としてこれに「関係」する（MEW 1-360）。逆に言えば「市民社会の成員」は自分た

ちのあり方を「真でない（unwahr）現象」（MEW 1-355）と卑下する。マルクスは近代の人間における現実態と真理態との分裂を次のように書いている。「現実的人間はエゴイスティックな個人という姿でしか存在せず、真の人間は抽象的市民（citoyen）という姿でしか承認されない」（MEW 1-390）。

⑦土台存在（Basis-sein）「市民社会の成員としてのこの人間がいまや政治的国家の土台であり前提なのだ」（MEW 1-369）。早くもここに土台規定が出てくるのである。「市民社会」およびその「成員」としての人間のあり方の「土台」存在としての性格について、マルクスは他にも「国家自身の生存諸条件」（MEW 1-357）とか「自己の存立の基礎」（MEW 1-369）とか「もはやそれ以上根拠づけられない前提」（MEW 1-369）などとも表現している。あるいは「市民社会は政治的国家を自分の中から生み出す」（MEW 1-374）とか「政治国家が市民社会から生まれる」（MEW 1-357）と書き、また、革命期には「政治的生活は自分の前提である市民社会やその諸要素を押しつぶそうとする」が「市民社会の総ての諸要素の復活で終わる」（MEW 1-357）とか、「これら諸要素自身は革命されず批判に付されもしない」（MEW 1-369）とも書いている。「土台」という曖昧な建築学的表象によってマルクスは、「市民社会」やその「成員」のあり方が「政治的国家」やその「成員」のあり方に対して持っている、前提関係、条件（制約）関係、産出関係、機能的限界づけ関係などを表現しようとしたのである。

2　「貨幣人間」（der Geldmensch）

『ユダヤ人問題によせて』では、「市民社会の成員」としての人間たちの全般的特徴が、相変わらず「エゴイスティックな人間」（MEW 1-364, 366, 369）として把握されている。つまり「孤立的で自分自身へと引きこもった諸モナードとしての人間たち」（MEW 1-364）や、「おのれへと、おのれの私的利害、おのれの選択意志へと引きこもり、共同存在から切り離された個人」（MEW 1-366）などである。では近代において人々の生活にこのような特徴を与えるものを、構造把握というレベルで反省するとどうなるのか。さしあたりマルクスが試みているのは「貨幣人間」論である。

マルクスは宗教的疎外論を貨幣関係に適用しつつ、「貨幣こそが世俗権力（Weltmacht）となった」（MEW 1-373）のであり、貨幣は「人間の自己疎外の最高の実践的表現」（MEW 1-372）であると見ている。[19]

宗教的疎外が行為としての「礼拝（Kultus）」と対象としての「神」からなるように、貨幣関係も行為としての「汚い商売（der Schacher）」と対象としての「貨幣」からなる（MEW 1-372）。「貨幣とは、人間の労働や人間の定在の、人間から疎外された存在者なのであって、この疎遠な存在者が、人間を支配し、人間がそれを礼拝しているのである」（MEW 1-375）。なぜ「礼拝」するのか。それは「市民社会の成員」にとって「総ての事物の普遍的な価値であり、しかも［紙や金属という〈物〉の形で］自立して（für sich selbst）存立している価値」（MEW 1-375）にほかならないからである。「普遍的価値」の「物」としての自存化に平行して、「全世界、人間界や自然」の「総ての事物」は「それらに固有の価値を奪われ」、ますます自分の価値を「貨幣」で表すよう強制される。「貨幣はイスラエルの嫉妬深い神であって、その前ではいかなる他の神［価値］も存立を許されない。貨幣は人間たちの一切の神々［諸価値］を卑しめ、それらを商品に転化するのだ」（MEW 1-374）。

このようにして「貨幣人間」の次のような総括的特徴づけがなされることになる。

「人間がエゴイスティックな欲求の支配下で自分を実践的に確証したり、諸対象を産出したりできるのは、彼が自分の生産物や自分の活動を貨幣という疎遠な存在者の支配の下におき、それらにこの疎遠な存在者の意義［つまり価格］を与えることによってだけである」（MEW 1-376/377）。

ここでは「貨幣」を追い求める「唯物論」が『木材窃盗法論文』のように「救いがたい」といった単なる倫理的批判の対象としては扱われていない。「総ての事物の普遍的価値」はすでに貨幣という形態で「物」として自存化しており、そのために総ての人々は「自分の生産物や自分の活動を貨幣という疎遠な存在者の支配の下におく」ことなしには「自分を実践的に確証したり、諸対象を産出したり」できなくなっているのだ。つまり「貨幣人間」的な「唯物論」は「市民社会の成員」の構造的あり方として了解されてくるのである。(20)

［6］「物質的」なものへの態度変更――『ヘーゲル法哲学批判序論』（一八四三年）

同じ『独仏年誌』掲載論文でもパリ移住後に執筆を始めたと推定される『ヘーゲル法哲学批判序論』（執筆推定時期は早くとも一八四三年一〇月中旬から一二月中旬まで）になると、「物質的」の語を肯定的文脈で用い始めているのがわかる。

1　「物質的」の意味

この点は「唯物論」へのマルクスの移行の伏線として、大いに注目すべき事柄である。まず、いくつか事例を引用しておこう。

「つまり革命というものはある受動的な（passiv）要素、ある物質的基礎（eine materielle Grundlage）を必要とする。理論はそれが人民の諸欲求の実現である限りでのみ、人民の中で実現されるのである」（MEW 1-386）。「ドイツでは……市民社会のどんな階級も、彼らの直接的状況により、物質的必要性（die materielle Notwendigkeit）により、彼らの鎖そのものにより、強制されない間は、普遍的解放の欲求も能力も持たない」（MEW 1-390）。「たしかに批判という武器は武器による批判にとってかわることなどできない。物質的強力（die materielle Gewalt）は物質的強力によって打ち倒されねばならない。しかし理論もまたそれが大衆（die Massen）をつかむやいなや物質的強力となるのだ」（MEW 1-385）。「哲学がプロレタリアートの中にその物質的武器（ihre materiellen Waffen）を見いだすように、プロレタリアートは哲学の中にその精神的武器を見いだす」（MEW 1-391）。

これらに明白なように、「物質的強力」「物質的基礎」「物質的必要性」「物質的武器」などとさまざまに表現される「物質的」なものが、「普遍的解放」のために不可欠であると意識されてくる。「物質的」の意味はここでは必ずしも限定されていないが、次のような意味であったと推測される。

- 「物質的必要性により」→〈物質的生活における危機につき動かされて〉
- 革命の「物質的基礎」→〈物質的生活の危機に根ざす「人民の諸欲求」が、革命理論を「受容」する条件として革命の基礎に横たわっている〉
- 「物質的強力」「物質的武器」→〈革命的理論を受容した大衆は武力蜂起という形で自分たちの意志を物理

的強制力で旧体制に押しつける〉

「物質的」の下に、〈物質的生活における〉という意味と、〈質料的＝受動的な〉という意味と、〈物理的な〉という意味とが重ね合わされているが、意味核は明らかに〈物質的生活における〉にあるだろう。端的に言えば、これまでマルクスは「哲学の外への転回」というベクトルだけで解放を構想し続けてきた。しかし、いまや「思想が実現へと突き進むだけでは不十分なのであり、現実の方も思想へと突き進まなければならない」（MEW 1-423）と、逆のベクトルの運動との歴史的結びつきの不可欠性を自覚するに至るのである。

これら「物質的」なものは、もう一つの契機である「精神的武器」「批判」「哲学」「理論」との結合においてはじめて相互揚棄的相互実現的に「普遍的解放」をもたらすという意味では単なる契機であって、物質的—精神的という反省的区別がここでも働いているのである。けれどもマルクスはこれまで「市民社会の唯物論」と「国家の観念論」へと反省的に分裂した近代社会という文脈で、〈克服されるべき〉人間たちのあり方として物質領域を論じてきたにすぎない。いまやこれとは反対に、この分裂を〈克服する〉運動という文脈で物質領域が積極的に位置づけられねばならなくなったのである。そこに「物質的」なものへのマルクスの根本的態度変更を読みとらねばならない。

この態度変更を規定したものは何であったのか。それは当時パリで盛んだった労働者共産主義運動との直接の出合いであったろう。この出合いはただちに理論的形式でも自己了解されねばならなかった。「哲学の世界化」即「世界の哲学化」としてこれまで構想し、実践してきた自分の解放理論の中に、「プロレタリアート」という「市民社会のいかなる階級でもないような、市民社会の一階級」（MEW 1-427）を、どのように位置づけ組み込むべきか。この問題は「人間的解放」や「普遍的解放」を「物質的武器」「物質的基礎」「物質的必要性」「物質的強力」という側面からも考察するようマルクスに強いたと言わねばならない。

2 構造論的『ユダヤ人問題』と変革論的『ヘーゲル法哲学批判序論』

『ユダヤ人問題によせて』を振り返ってみよう。マルクスはそこで「人間的解放」を次のように構想した。

「現実の個人的人間が抽象的公民を自分の中に取り戻し、個人的人間として、その経験的な生活の中で、その個人的労働の中で、その個人的諸関係の中で、類的存在者となったときはじめて、人間が自分の『固有の諸力』を社会的諸力として認識し組織してしまい、したがって社会的な力をもはや政治的な力という姿で自分から分離しないときにはじめて、人間的解放は成就されているのである」(MEW 1-370)。

たしかにそのとおりであるが、では一体誰がこの「人間的解放」を担うのか。マルクスは「人間」を「市民社会の成員」と「政治国家の成員」との「二重の生活」を営む成員存在として構造化された姿で把握しようとした。けれども「市民社会の成員」は「エゴイスティックで独立な個人」として、具体的には「私的所有者」「貨幣人間」として把握された。このような把握は、「市民社会の成員」が構造的に「社会的な力を政治的な力という姿で自分から分離する」という事態を説得的に描けても、この構造を揚棄する諸条件をこの「物質的」領域に見いだすという論理構成にはまったくなっていない。だから「物質的」なものに対するマルクスの肯定的な関係が成立する余地はなかったと言えるだろう。

では「批判」する「哲学者」が「人間的解放」を担うのか。マルクスは従来自分が立脚してきたこの立場も、それだけでは近代社会を超えるものでないことを、先輩ブルーノ・バウアーへの批判の形で赤裸々に描いたのである。バウアーは「批判」路線を徹底遂行しようとするが、結局のところ「市民社会」の分裂を「政治的国家」で統一するという「政治的解放」論にとどまっているのである。ということはつまり、マルクスから見れば、「批判」する「哲学者」が自分を「市民社会」から分離する過程は、「人間が社会的な力を政治的な力という姿で自分から分離する」という近代社会の構造的過程と本質上区別されるものではないことになる。

結局のところ『ユダヤ人問題によせて』は、近代社会における人間の存在構造の認識において画期的なものを示しているが、「人間的解放」ははたして誰が現実に担うのか、また「人間が自分の「固有の諸力」を社会的諸力として認識し組織する」歴史的条件はどこにあるのか、こういう問題に対する積極回答は見いだせていないのである。

「思想が現実化に向かって突き進むだけでは十分でない。現実が思想に向かって突き進まねばならない」（MEW 1-386）。

パリ移住後のマルクスの前に大きくクローズ・アップされてきたのは、まさにこの問題である。これは、従来もっぱら「哲学」サイドから、「哲学の外への転回」というベクトルで「自由の実現」を構想してきたマルクスの根本的な自己批判であったに相違ない。

「革命は受動的要素、物質的基礎を必要とする。理論は人民の諸欲求の実現であるときに限ってのみ、人民の中で実現されるのである」（MEW 1-386）。

この場合、マルクスが「哲学」をそれと結びつけようとするのは、もちろん、「市民社会の成員」の「日常的欲求なのではなく、「ラディカルな諸欲求」（MEW 1-387）、「普遍的解放の欲求と能力」（MEW 1-390）なのであった。ではこの「市民社会」の一体どこに、そのような「ラディカルな諸欲求」を見いだすことができるのだろうか。

「特殊な身分としての、社会のこの解体が、プロレタリアートなのである」（MEW 1-390）。「社会の急激な解体から生まれつつある人間大衆がプロレタリアートを形成する」（MEW 1-391）。「プロレタリアートはこれまでの世界秩序の解体を告げる。それは事実として存在する世界秩序の解体である」（MEW 1-391）。「プロレタリアートが私的所有の否定を要求する時、彼らはただ、社会が彼らの原理に高めたこと、社会の否定的結果として、彼らの関与なしに彼らにおいてすでに体現されていることを社会の原理に高めるだけである」（MEW 1-391）。「プロレタリアートは急展開する産業の運動を通じてはじめて、ドイツにとっても生成し始める」（MEW 1-390）。

これらから明らかなように『ヘーゲル法哲学批判序論』では「市民社会」の「急激な解体」というモチーフが前景に出てくる。「私的所有」と「貨幣」を両軸とした「市民社会」の構造分析というモチーフは「急展開する産業の運動」による「社会の急激な解体」というモチーフへと力点移動し、またそれに対応して、「エゴイスティックで独立の個人」というモチーフは「社会の解体」を体現する「プロレタリアート」というモチーフに力点移動している。「プロレタリアート」の境遇が〈全称否定〉で叙述されている点にも注目しておかねばならないだろう。

彼らは「〈あまねき（universell）〉苦悩」を背負い、「不法〈それ自体〉」をこうむり、国家の諸前提に「〈全面的に〉対立」し、「人間の〈まったき〉喪失であり、したがって人間の〈まったき〉再獲得によってのみ自分自身を獲得しうる」存在なのである（MEW 1-390）。

この〈全称否定〉という形式は、ただちにヘーゲルの「矛盾（Widerspruch）」を思い起こさせるものである。ヘーゲルの「矛盾」においては「否定者（das Negative）」は「まったき排斥（das ganze Ausschließen）」「まったき対立（die ganze Entgegensetzung）」「絶対的区別（der absolute Unterschied）」なのであって、そういうものとして「定立された矛盾」であり、「同一性に対立するものとしての自己同一」なのである（『大論理学』第二巻第一章の矛盾論）。「パリでの労働者共産主義との出合い」という思想的衝撃があって、マルクスは、とりあえずは、言わばヘーゲル「矛盾」概念の体現者として「プロレタリアート」を〈読み込もう〉とするのである。[21]

ともあれ我々は『ヘーゲル法哲学批判序論』の中に「物質的な」ものに対するマルクスの態度変更を目撃した。この態度変更は自然科学の研究や唯物論哲学史の研究に由来するものではまったくないばかりか、経済学の研究から生じたものですらなく、実在する労働者運動との出合いから生じた事態であることを強調しておこう。「批判」する「哲学者」のみがもはや「自由の実現」の担い手ではありえないことを、パリに移ったマルクスは経験的に確認した。けれども〈なぜ〉プロレタリアートと哲学とが結合しなければ〈ならない〉のか。哲学とプロレタリアートとの歴史的ブロックは〈なぜ〉必要なのか。この問いに答えねばならないだろう。マルクスが「物質的」を肯定的文脈で語り始めるのはまさにこの問いに対する回答としてなのである。つまり「理論」は「大衆」をつかむことによって「物質的強力」とならなければならないからであるし、諸革命は「物質的基礎」を必要とするからであるし、「物質的必然性」により強制されることなしには「普遍的解放の欲求や能力」も形成されないからである。

「物質的」の語義が変わったわけではない。「市民社会」は本質的に「人間の物質的生活」の領域（MEW 1-354）である。この「物質的生活」は人間たちの衣食住を中心とした生活領域であるが、同時に（「形相」＝「精神」＝「普遍」と「質料」＝「物質」＝「個別」を対置するという哲学の伝統的枠組みでその生活領域が〈意味づけ〉されて）「国家の精神主義」に対置される意味での「市民社会の唯物論［質料主義］」の世界でもあった。「ラディカルな諸欲求」はこの領域の「必然性」から生じるのであり、諸革命はこの領域に「基礎」をもたねばならないのであり、「理論」はこの領域で「強力」とならねばならないのである（「物質的強力」には「物理的」という意味も含まれるが、マルクスが強調しているのは「大衆」をつかむことによって生成する「物質的強力」である）。もちろんこれら「物質的」なものは「哲学」や「理論」という形相原理と結合してはじめて「人間的解放」を実現するのである。「唯物論」を肯定的に了解していく新しいチャンネルが、このようにしてマルクスの視界に入ってくることになった。マルクスは「世界なき哲学」と「哲学なき世界」とへの反省的分裂という認識から出発した。「哲学の実践」である「批判」によって「哲学の世界化」即「世界の哲学化」を目指さねばならないのだ。だが「哲学の実践」は「救いがたい唯物論」に直面して「当惑」するのである。しかし、いまや「世界」そのものの側に自己解体の過程が進行し、「ラディカルな諸欲求」をもった「プロレタリアート」が生成しつつあることを目撃する。「哲学はプロレタリアートを揚棄することなしには自己を現実化しえず、プロレタリアートは哲学の現実化なしには自己を揚棄できない」（MEW 1-391）。「哲学の外への転回」という構想は、哲学とプロレタリアートとの歴史的ブロックという構想に代位することになる。「哲学」は社会の実在的勢力と結合することによって現実性を確保し、「哲学」自らが歴史内存在であることを積極的に受け入れねばならない。

けれどもマルクスが感動したパリの共産主義的労働者だけが労働者なのではない。実在する「プロレタリアート」とともに「日常」的実在も哲学の中に入り込んでくるだろう。はたして「事柄を根元で把握」し、「ラディカルな理論」たろうとする哲学（MEW 1-385）は、その「根本性（Radikalität）」を確保し続けることができるのか。あるいは逆に、ちょうどマルクスがこれまでの「意志としての哲学」路線を「理性は常に実存してきました。ただ必ずしも理性的形態で実存してきたわけではなかっただけです」（MEW 1-345）という理性主義的存在論で支えてきたように、今回も「哲学者」は実在の労働者を理念化（Idealisierung）して受け取る危険をはらんでいないか。あるいはまた「人間」という抽象原理しか掲げることのできない「哲学」の中に、実在のプロレタリアートははたして「精神的武器」を見いだすことができるのか。「哲学」と「プロレタリアート」との歴史的ブロックというこの構想も実は二年後には脱ぎ捨てられるのであるが、ともあれマルクスは新たな地平に到達したのである。

第４章　註

（１）「心の物質性と非物質性」をめぐる形而上学の伝統的対立（唯心論対唯物論）については、拙論「カントと心の物質性の問題」、季報『唯物論研究』第二四号、一九八七年、参照。

（２）拙論「ヘーゲル歴史哲学と理性の狡智」、高橋昭二・徳永恂編著『歴史の哲学』北樹出版、一九八〇年、参照。

（３）息子フィヒテら「積極哲学」派も以前はヘーゲル学派に属していた。Inge Taubert, Probleme der weltanschaulichen Entwicklung von Karl Marx in der Zeit von März 1841 bis März 1843, in *Marx-Engels Jahrbuch*, Bd. 1, 1978, S.208. 参照。

（４）筆者があたった限りでは「唯物論者」の用例で最も早いのはイギリスのいわゆるケンブリッジ・プラトン派のヘンリ・モア（一六一四—八七）で、たとえば彼の『神学対話』（一六六八年）の登場人物ヒュロバレース（ヒュレー、つまりギリシャ語の「物質」をもじっている）は「若い才能ある機知に富んだ信頼すべき生活を営む唯物論者（materialista）」と特徴づけられている。「唯物論」の用例となると、さらに遅くなる。これらの点については後に触れるが、ここではとりあえずF・A・ランゲの大著『唯物論史』（初版一八六六年）の第一命題「唯物論は哲学と同じほど古い［同い年である］」のように「唯物論」を無条件に古代まで拡張する発想に、筆者は同意していないということだけを指摘しておきたい。

（5）ニュートンの友人サミュエル・クラーク（一六七五―一七二九）と交わしたライプニッツ（一六四六―一七一四）の書簡での論争（岡田義道訳『ライプニッツ論文集』日清堂書店、改訂版一九七六年、参照）。このライプニッツからの抜き書きは、マルクスによる「唯物論」の最初の用例であるが、マルクスは原文を簡約化して抜き書きしている。

（6）Bruno Bauer, *Die Posaune des jüngsten Gerichts über Hegel*, scientia Verlag, Aalen, 1969, S.88-90.

（7）Inge Taubert, ibid., S.214-215.

（8）先の註（5）のとおり、ライプニッツからの抜き書きとしては一八四一年一～三月のノートに「唯物論者」が見られるが、マルクス自身のものとしては四二年一〇月の『木材窃盗取締論文』での「救いがたい唯物論」が初出である。

（9）我々はマルクスによる用語法を内在的に追跡しているだけであって、「救いがたい唯物論」という発想がマルクスにオリジナルなものであると主張しているのでは、もちろんない。モーゼス・ヘス（一八一二―七五）は、マルクスの『木材窃盗取締法』論文に先立って、四二年九月一一日付『ライン新聞』に『ドイツの諸政党』という論文を発表しているが、そこで彼は「中世反動党」「立憲自由党」「国民党」「官僚警察国家与党」と並べて「実際派」をあげ、「実際派は物質的利害それ自身のために忠誠を誓う。……彼らは機械学の発見から工場主、商人、旅行者、消費者に生じる外的利益にのみ注目するのであって、内面的創造欲からこれら総てを創造し、さらにそれ以上の何かを創造するところの精神を見ない。功利が、最も粗雑な唯物論（der krasseste Materialismus）が彼らの偶像（Abgott）なのだ」と特徴づけている（Moses Hess, *Philosophische und sozialistische Schriften*, Topos Verlag, 1980, S.193.）。

（10）人間の意志が、その客体である「物」に汲み尽くされる（erschöpft）姿（『資本論』での「商品の番人」「人格化された資本」などの表現参照）を、『ライン新聞』期のマルクスは別の論文で次のようにも表現している。「畑は話せないのであって、畑の占有者（Besitzer）だけが話せるのだ。だから畑が自分を主張（geltend machen）するためには、［畑の占有者という］知的形態で立ち現れねばならない。……畑や利害や願望が、人間的存在者として自己を主張するからといって、それら畑や利害や願望がその制限性を失うであろうか。問題は知性の単なる形式なのではなく、内容なのである」

（MEW Eg.1-414）。

（11）ただし、後述のとおり、この「観察する理性」の「唯物論」の「無限判断」的性格は、マルクスの「直観的唯物論」や「物件化」論にとっても重要な意味をもつ。

（12）石塚正英の労作「マルクスの『フェティシズム・ノート』を読む」（石塚正英『フェティシズムの思想圏』世界書院、一九九一年、所収）参照。石塚によれば「フェティシズム」は、ド・ブロスでは、第一に物や生物それ自身を（何か他のものの象徴としてでなく）崇拝する点で、第二に「フェティッシュ」に対して崇拝のみならず攻撃を行う点で、「偶像崇拝（idolatry）」と区別される。マルクスは両者を区別せずに用いている。石塚は、ジョン・ラボックからのマルクスの抜き書き（大月版全集、補巻四所収）をもとに、最晩年になってやっと、マルクスは「神に対する攻撃」としての「フェティシズム」と「神への屈従行為」としての「偶像崇拝（idolatry）」との区別の必要に気づいたと推定している。

（13）宗教意識における「唯物論」については、フォイエルバッハも、神を飲み食いによって我が物にしようとする「聖餐（Sakrament）」の儀式を「宗教的唯物論（der religiöse Materialismus）」と特徴づけている（『キリスト教の本質』初版一八四一年、第二六章）。

（14）モーゼス・ヘスは、一八四三年七月に『21ボーゲン』誌に発表した論文『行為の哲学』で、人類史を「無意識から自己意識への精神の移行」ととらえ、その過渡期を「反省の段階（Stufe der Reflexion）」と見ている（Hess, ibid., S.219-220）のであるが、ヘスの場合も、この段階における人間たちの意識と行為のあり方は「抽象的唯物論」と「抽象的精神主義」との反省的分裂なのである（Ibid., S.216）。

（15）もちろんヘーゲルの「直接的転倒」論における「内面」も、「現象」に対立する「本質」を指すのであるから、いわゆる「精神」だけでなく、「法則」や「力」を理解することができるし、また「精神」自身、ヘーゲルでは「我である我々、我々である我」（『精神の現象学』第四章「自己確信の真理」）という社会存在としての性格をもつのであるから、たとえば「精神とは〈骨〉である」ないしは「頭蓋は精神である」という「唯物論」の「隠れた」内面は〈我々にとっては〉社会関係であると言えなくもない。

（16）「汲み尽くされる」についてはマルクスの『ヘーゲル国法論批判』に次のような箇所がある。「［人格性や主体性という］述語、本質が、その実存の領域［外延］をある一人［一人格］において汲み尽くされる（erschöpft）ことなどありえず、ただ多くの〈一人〉において汲み尽くされるのである」（MEW 1-228）。これをもじって言えば「意志内容」という「述語」が、その「外延」をある一つの「物」（土地）において「汲み尽くされる」ということは、本来あってはならないにもかかわらず、土地貴族の「意志内容」はそれに「汲み尽くされている」から「唯物論」となる、ということだろう。

(17) マルクスとルソーの関係については拙著『マルクスとアソシエーション』新泉社、一九九四年、参照。マルクスはクロイツナッハ期にルソー『社会契約論』から抜き書きしているが（MEGA^2 IV-2-91~101）、「民主制」に関する箇所は次のとおり。「単なる市民（citoyen）より、行政者（magistrat）としての市民の方が多数である……民主制」「民主制――執政者と主権者が同一人格にほかならず、いわば政府なき政府を形成するにすぎない。……民主制の主な障害としてルソーは公共業務の中への私的利害の影響により、人民が一般意志から特殊事象に向かい、立法者としての性質において堕落する点をあげている」（MEGA^2 IV-2-100）。ルソーにとって「民主制」とは単に「人民主権」や、「人民集会」による直接立法にとどまらず、さらに「人民」の少なくとも半数以上が「執行者」でもあるような政府形態でもなければならない。

(18) これらの手紙は『独仏年誌』編集の際、共同編集者ルーゲによって「一八四三年の手紙交換」と題して他の手紙と一緒にまとめられた際、「修正」されたと、マルクスはエンゲルスに語ったらしい（一九七三年に出た旧東ドイツのレクラム文庫版『独仏年誌』のヨアヒム・ヘップナーによる注38参照）。しかし第三書簡の本質的内容はマルクス本人のものであると思われる。ただし第三書簡はパリ到着後に、マルクス自身により加筆された可能性が大きい（前記レクラム版へのヘップナーの序文参照）。

(19) モーゼス・ヘスの『貨幣体論』と『ユダヤ人問題によせて』でのマルクスの「貨幣論」の類似性、影響関係については、ヴォルフガング・メンケ編集による、Moses Hess, *Philosophische und sozialistische Schriften*, Topos Verlag, 1980. へのメンケの序文参照。

(20) 「貨幣」世界の生成論はもちろんまだ欠けている。ただしキリスト教が「外化された人間や外化された自然」を生み出したことが、つまり「人間」や「自然」から「聖」を「天国」「神」へと疎外したことが、「人間」や「自然」を「売買可能（verkäuflich）」にし「譲渡可能（veräußerlich）」にした（MEW 1-377）というマルクスの指摘は注目される。

(21) 「矛盾」への移行を一八四四年執筆の『経済学哲学草稿』では次のように表現している。「しかし無所有と所有の対立は、それがまだ資本と労働の対立として概念把握されない限り、まだ無関心な対立である。……ところが所有の排斥としての労働、つまり私的所有の主体的本質と、労働の排斥としての資本、つまり客体的労働とは、矛盾の展開された関係としての私的所有なのであって、それゆえエネルギッシュな、解体へと突き動かす関係なのである」（MEGA^2 I-2-260）。

第 5 章
[移行 I]

唯物論へのマルクスの移行

「フォイエルバッハの偉業は，……②真の唯物論と実在的な学の基礎づけ．それはフォイエルバッハが「人間に対する人間の」社会的関係をも，同様に理論の根本原理とすることにより，③また絶対的に肯定的なものであることを主張する否定の否定に対し，自己自身を土台とし積極的に自分自身の上に基礎づけられた肯定的なものを対置することにより，なされた．」

（『経済学哲学草稿』第 3 ノート，1844年，26歳，パリ）

章扉写真＝フォイエルバッハ（1804-72）
（出典） N. I. Lapin, *Der Junge Marx*, Dietz Verlag, Berlin, 1974.

『ヘーゲル法哲学批判序論』を執筆後、マルクスは本格的に経済学の研究に取り組む（『パリ・ノート』と通称される七冊のノート）。そして『経済学哲学草稿』として知られる三冊のノート（執筆推定一八四四年五月末から八月まで、二六歳）、さらには「『経済学哲学草稿』への補足であると同時にその継続である」（MEGA² I-2-702）とされる『リカードおよびミル抜書き』（執筆推定一八四四年夏から秋）で、早くもマルクスは、「経済学」と「共産主義」と「ヘーゲル弁証法および哲学一般」とを〈同時的〉批判に付しつつ新しい思想の綜合を目指すという、壮大な試みを行うのである。変革意志、直観力、思考実験、こういったものが縦横無尽に交錯した感のある草稿で、今まさに新しい思想が生まれ出ようとする、その現場を、我々は目撃することになる。

ところで、この『草稿』第三ノートの第四頁（マルクス頁付け）で、マルクスはいったん「この共産主義は完成された唯物論（der vollendete Materialismus）としてイコール人間主義であり」と書いたうえで、この「完成された唯物論」を「完成された自然主義（der vollendete Naturalismus）」と変更している（MEGA² I-2-263）。そしてその少し後の第三ノート第一二頁で、彼はフォイエルバッハが「『人間の人間に対する』社会関係をも理論の基本原理とすることにより、真の唯物論（der wahre Materialismus）と実在的な学の基礎づけを行った」という書き方をしているのである（MEGA² I-2-276）。

これまでとは明らかに異なる「唯物論」のこのような肯定的用例から推して、この頃、「唯物論」に対するマルクスの移行が自覚的形態を取り始めたと見なければならない。新メガ編者の推定によれば、第三ノートの（少なくとも第三頁以降の）執筆時期は、早くとも四四年八月初め、おそらくは八月中旬であり、同ノート三九頁以降に書かれている「序言」は早くとも八月一二日以降、おそらくは八月下旬のエンゲルス来訪までの時期とされる(1)（MEGA² I-2-697/698）。結論を先に言えば、我々はこの『草稿』第三ノートの二つの文章をもって「唯物論」へのマルクスの移行の基本指標と見るのであるが、我々のこの考え方は従来の通説とまったく対立するものである。そこで以下、「唯物論」へのマルクスの移行をめぐる事実整理と論点整理を行うことにする。

［1］『経済学哲学草稿』第一ノート――最初の経済学批判

『経済学哲学草稿』は三つのノートからなるが、「唯物論」へのマルクスの移行という点で、我々が直接、注目するのは第三ノートである。しかし、その直前に書かれた第一ノート（執筆推定四四年五月末以降）は、マルクスのライフワークとなる経済学批判の最初の試みであり、未完成に終わったその第一弾であるだけでなく、「唯物論」へのマルクスの移行の内実を示している点で見逃せないものである。

1　第一ノートの方法の反省から

第一ノートは途中で筆を折った形になっている。その限りでは、最初の経済学批判は失敗に終わっている。とは言うものの、マルクスはすでに方法的意識をもって経済学を体系的に（つまり叙述の順序を自覚して）批判しようとしており、我々の注目点も、そこにある。

マルクスは、①まずは「国民経済学の現在的事実」を受け入れることから「出発」（MEGA² I-2-235）しようとする。②しかし「国民経済学」は「私的所有」を「事実」として「前提」するだけであるなど、「概念把握」を欠いている（MEGA² I-2-234）ということが確認され、③自らは「疎外された労働」へと下向して、これを言わば歴史的基底概念として確定し、④さらにこの基底概念を疎外の四つの側面へと、つまり生産物の疎外、生産活動の疎外、類的本質の疎外、他の人間からの疎外へと「分析」（MEGA² I-2-242）するのである。⑤その上で上向へと移り、「疎外された労働」の概念から逆に「私的所有」の概念を演繹し、⑥次にそれら両概念の「相互作用」（MEGA² I-2-244）から、「あくどい商売、競争、資本、貨幣」といった「国民経済学」の諸カテゴリーを上向的に展開しようとする（MEGA² I-2-245）。⑦同時に他方で、基底概念である「疎外された労働」の「起源」を「人類の発展行程」を反省する形で問おうとする（MEGA² I-2-246）のである。ただし⑤⑥⑦は本格着手されず、単なる課題確認のままで放置され、第一ノートは中断している。

「唯物論への移行」との関連で見て、この第一ノートの注目点の第一は、「国民経済学」の批判的吟味という形態で、物質的生活の生産・再生産の、現に我々が営んでいる近代市民社会的様式という歴史的に特定の様式を、経験的現実に内在しつつ、包括的に論じ始めたということである。

注目点の第二は、その結果として、当該主体の行為様式、意識様式としての「市民社会の唯物論」の方も、資本家たちにおけるそれ、地主たちにおけるそれ、労働者たちにおけるそれ、さらにはこれらアクターたちを観察し理論的に記述している「国民経済学者たち」におけるそれへと、反省的に分節化されて現れてくるということである。

そして第三に、労働手段や生存手段から引き裂かれ、共同社会から引き裂かれた近代の労働者たちの歴史的境遇を反省するなかで、「類存在者（Gattungswesen）」としての人間、またそれを介して「自然存在者（Naturwesen）」としての人間が、マルクスの前に大きくクローズアップされてくるということである。

マルクスは「我々は国民経済学的な現在の（gegenwärtig）事実から出発する」（MEGA² I-2-235）。つまり現に我々が入り込んでいる物質的生活諸関係に、あるいは現に我々が営んでいる物質的生活の特定の歴史的様式に、メスを入れようとする。まずは国民経済学の用語や事実認識を受け入れることから始めるのであって、労働者が商品に成り下がっていること、労働者の生産物が巨大になればなるほど労働者は貧困になること、競争が必然的に独占を結果すること、社会全体が所有者と無所有者へと両極分解することなどを、国民経済学自身が、整合的にではないにせよ事実上、語っていることを確認する（MEGA² I-2-234）のである。

その際、マルクスは労働賃金、資本利潤、地代という三つのカテゴリーについての、したがって労働者、資本家、土地所有者という三大アクターたちの「位置（Stellung）」（MEGA² I-2-207）や「関心（Interesse）」（MEGA² I-2-206）や「［対物件対他者的］関係行為（Verhalten）」（MEGA² I-2-243）についての、国民経済学の認識を併記的に整理し、叙述している。だから当該主体たちの行為様式・意識様式としての「市民社会の唯物論」も三つに分節化されたあり方で現れてくることになる。同時にマルクスは、これら「現在の諸事実」を認識し記述している当の国民経済学者たち（いわば第四のアクター）の「立場（Standpunkt）」（MEGA² I-2-203）や「地平（Niveau水平）」（MEGA² I-2-208）や「視点（Gesichtspunkt）」（MEGA² I-2-209）を批判的に注視し、「概念把握（Begreifen）」の有無という点で国民経済学者たちから自分を峻別しようとする。

「国民経済学は私的所有という事実（Factum）から出発する。それはこの事実を解明（erklären）しない。

それは私的所有の物質的過程（der materielle Prozeß）を……普遍的抽象的な諸定式でとらえ、これらの定式が国民経済学にとって諸法則として通用することになる。国民経済学はこれらの法則を概念把握しない。つまりこれらの法則が私的所有の本質［である疎外された労働］からいかに生起するかを証示しない」（MEGA² I-2-234）。

すなわち国民経済学は、「私的所有」をそれ以上根拠づけられない事実性として前提してしまっている。その結果、私的所有がそれを再生産する人間たちの活動抜きに、あたかも純粋な「物質的過程」をたどるかに見られて、その意味で客観的なこの「物質的過程」が経済法則なのだと意識されることになるのである。これが第二の注目点に、つまり国民経済学者たち自身が資本家や地主などのアクターたちと分有している「唯物論」（のちの「フェティシズム」や「物象化（物件化）」）にかかわるだろう。

マルクスの方法意識に目を向けるならば、第一にマルクスは国民経済学批判という形で、物質的生活の生産・再生産の、現に我々が営んでいる近代市民社会的様式の本格的内在吟味へと至ったこと、第二に、その結果、当該主体たち自身の行為様式・意識様式としての「市民社会の唯物論」も「市民社会」の中におけるアクターたちの占める「位置」の差異に応じて差異化されてくること、また第三に「疎外された労働」という歴史的基底概念の実体的契機として「類的存在者」「自然存在者」としての「人間」に反省の光が当たってきたこと、この三つが不可分の全体連関にあることが了解されるだろう。「唯物論へのマルクスの移行」を我々が語るのはこれら全体連関においてなのであって、けっして単に彼が「自然存在者」としての人間に注目したという理由からなのではない。全体連関を無視して、第三点にだけ飛びつく解釈があまりに多いように思われる。しかしこの三つを全体連関の中で位置づけることこそがマルクスへの内在ということであろう。

「市民社会の唯物論」が資本家たちにおいてはどのように現象しているのかから見てみよう。それはまず［α］物件的権力としての資本にかかわる。

2 資本家たち

「資本とはしたがって、労働とその生産物に対する支配権力（die Regierungsgewalt）である。資本家がこの権力を獲得するのは、彼の人格的ないし人間的な諸性質によってではなく、彼が資本の所有者である限りにおいてである。何ものも抗しがたい、彼の資本の買う権力が、彼の権力なのだ」（MEGA² I-2-190）。

けれども資本家たちが資本という物件的権力を手段に他者の生きた労働を支配するというこの対他者関係は、同時に「資本家自身に対する資本の支配権力」（MEGA² I-2-190）という対自己関係を、つまり資本家の人格、関心、意志、動機が資本という物件的権力に汲み尽くされてしまっているという事態を、含んでいるのである。

このようにして、［β］動機としての利潤という側面が浮上する。資本家の「唯一の動機（das einzige Motiv）はかれ自身の利潤」（MEGA² I-2-200）である。すなわち資本家の意志の内容または客体はより大きい量の貨幣である。

「労働の最も重要な諸作業は諸資本を充用している者のプランや思惑によって規制され指導されているが、彼らがこれら総てのプランや作業において抱いている目的は利潤なのである。……ある特殊な商業や製造部門を営む人々の特殊な利害関心はある点で常に公衆の利害関心とは異なっており、しばしばそれに敵対的に対立している」（スミスからの引用、MEGA² I-2-201/202）。

通常、エゴイズムと呼ばれる諸個人の行為様式・意識様式は、他者の労働への支配権力としての資本を少しでも多く競合的に獲得しようとする諸個人のあり方として社会－歴史的意味限定を受けることになる。

対象面では［γ］物件の「魔術的な力」を想定する結果となる。第一ノートには「物象化（物件化）」論ないし「フェティシズム」論の周知のモチーフもすでに散見する。「貨幣が貨幣を造る」（スミスからの引用、MEGA² I-2-214）。「物質（matière）の要素は労働という他の要素なしには富の創造のために何もできないが、彼らのためには多産的であるという魔術的な力（la vertu magique）を受け取る」（ペクエールからの引用、MEGA² I-2-219）。「貧困が生じるのは人間からというより物の力（puissance des choses）からである」（ビュレからの引用、MEGA² I-2-190）。これらはいずれも引用であるが、マルクスの注目点を示唆していて興味深い。

肯定面では［δ］進歩、啓蒙、文明化へとつながる。地代範疇および土地所有者の寄生性、土地が地代を生むという意識の「魔術性」は一見して明らかであるが、資本、とくに産業資本家たちの場合には、生産階級としての側面が同時にあって、これが普遍的階級、ヘゲモニー階級としての彼らの歴史的アイデンティティーを形成しているのである。

「より大きい規模での企業のためのより多数の、より多種類の人間諸力や自然諸力を一つにすること……。より多数の資本参与者の貨幣諸力と、労働の遂行を委ねられている他の人たちの科学的技術的知識との結合」（シュルツからの引用、MEGA² I-225/226）。

ちなみに、第二ノートは最後の一ボーゲンしか残されていないが、そこには土地所有者たちの「迷信の利己」と産業資本家たちの「休みなく運動し、はるかに器用な啓蒙の利己（Eigennutz der Aufklärung）」との論争的対話が描かれていて大変面白い。そこでマルクスは、「資本なしには土地所有なんか死せる無価値な物質（todte wertlose Materie）であろう。資本の文明化的勝利（zivilisierter Sieg）は、まさに死せる物の代わりに人間の労働を富の源泉として発見し創造した点にあるのだ」と産業資本家側に語らせている（MEGA² I-2-255）。ここには「啓蒙」の「唯物論」を「市民社会の唯物論」へ概念的に組み込む方向性が示唆されているのである。

3　土地所有者たち

地代範疇および土地所有者たちの寄生性、「死せる無価値な物質」の独占による支配は、構造的に見れば、産業資本家の場合よりもはるかに明瞭である。

「すでに封建的土地占有の中に、土地（die Erde）が疎遠な権力として人間を支配しているという事態が横たわっている。農奴は土地の偶有的属性である。同様に長子相続主、長男も土地のものなのだ。土地が彼を相続しているのだ」（MEGA² I-2-230）。

マルクスのこういう認識は『ヘーゲル国法論批判』ですでに我々が見たところである。ところが土地所有者たちの歴史的由来に関わって、「市民社会の唯物論」の彼らにおける現れ方は複雑である。封建的土地所有は、まずは［α］ロマンティシズムと結合している。だから封建的土地所有は外見上「市民社会の唯物論」とは正反対に見える。

「少なくとも領主は占有地の王に見える。同様に占有者と土地の間には、単なる物件的な富の場合よりも親密な関係の外見が存在する。地所はその主（あるじ）でもって自分を個性化し、その主でもって位階を持ち、……土地に所属する者たちはこの土地に対してむしろ彼らの祖国に対する関係に立つ」（MEGA² I-2-230）。

これが「市民社会の唯物論」に対する土地貴族たちのロマンティシズム的非難を生むのである。しかしこのロマンティシズムは次に、［β］シニシズムへと転化する。たしかに土地貴族は資本家のように自分の土地から最大限の利益を得ようと多忙に動き回ることはない。「むしろ彼は、そこにある物を食い尽くす（verzehren）のであって、算段の心配は農奴や小作人にまかせて、自分は安んじている」（MEGA² I-2-231）のである。けれども、この事態の意味は「他人の血の汗を、自分は何もしないでただ享受する（der nichtsthuende Genuß）」という「汚い利己（der schmutzige Eigennutz）」がそのロマンティシズムの「根」にあるということだ。だから「土地所有の根にあるもの、つまり汚い利己が、そのシニカルな（cynisch［外見を捨てて赤裸々な］）姿でも現象するということは必然的なのだ」（MEGA² I-2-231）。マルクスは、封建的土地所有者の資本制的土地所有への転化、土地貴族の貨幣貴族への転化の内的必然性を、ヘーゲルの「主―奴弁証法」(2)を援用しつつ、「汚い利己」のシニシズム的純化として描いているのである。

「所有者とその所有との人格的関係が止み、所有が単に物件的物質的富となる（zum nur sachlichen materiellen Reichtum）こと、土地との名誉の結婚に代わって利害の結婚が登場し、土地が人間と同様に悪どい商売上の価値へと下落すること……が必要なのだ」(MEGA² I-2-231)。「「領主ノナイ土地ハナイ」という中世の格言に代わって「金ハ主人ヲ持タナイ」という近代の格言が登場する。ここには打ちのめされた物質の、人間に対する全体支配が言明されている」(MEGA² I-2-231)。

資本制的土地所有においては土地は所有者との人格的関係を失っており、「単に物件的物質的な富」へと、「悪どい商売上の価値」へと転じている。一見すると、人間は自由な土地売買において土地に対する絶対的処分権力を行使しているように見えるが、意志内容ないし意志対象から見て、資本という対他者、対物件の権力は「資本家自身に対する資本［物件］の支配権力」(MEGA² I-2-190)という対自己関係と一体であるから、実は「人間に対する物質の全体支配」が封建的土地所有以上に純粋に貫徹しているのである。

4 労働者たち

労働者たちについてはどうか。まず確認されているのは、「資本、土地所有、労働の相互分離」の結果、「[α]「労働者は商品に、最も貧しい商品に身を落とす」(MEGA² I-2-234)ということであり、したがって「国民経済学は労働を抽象的に一つの物件として(abstrakt als eine Sache)観察する」(MEGA² I-2-224)ということである。「一つの物件」となった労働は「市場価格の偶然かつ突然の変動」に翻弄される。

「彼［労働者］は精神的身体的に機械へと押し下げられ、一人の人間から一つの抽象的活動と一つの胃袋になってしまうのであるが、彼はまたそれだけますます市場価格や資本の充用や富者の気まぐれの総ての変動に依存するようになる」(MEGA² I-2-198)。「他の商品と同様、人間に対する需要が必然的に人間の生産を規制する。供給が需要よりはるかに大きければ、労働者の一部分は乞食状態または飢死（Hungertod）へと沈み込む」（MEGA² I-2-191）。

労働者にとって好都合な好況期にあっても、「労賃の上昇は労働者の中に資本家たちの致富欲を目覚めさせて」「過度労働と早死」（MEGA² I-2-200）をもたらしかねない。他方「労働者は機械へと身を落としているので、機械が競争者として彼に対抗して立ち現れうる」（MEGA² I-2-201）のである。ここでは労働、労働力、労働者の概念的区別への関心はマルクスにはまだ見られない。しかし労働者において「一つの物件」に転化した人間たちが、需給関係や価格変動や機械との競争などといった、人間たちのコントロールを離れた諸物件の運動に包摂され、翻弄されるあり方にマルクスは注目するのである。

「物件」への転化は［β］動物化をはらんでいる。労働者は幸運にも仕事にありつけた場合でも、賃金は最低の場合、スミスが言うように「労働者種族が絶滅しない」程度にまで押し下げられる（MEGA² I-2-190）。つまり人間は、労働者において、単なる「身体的」「動物的」存在へと歴史—実在的に「抽象」されてあるのである。

「もはや単に労働者としてのみ身体的主体（physisches Subjekt）として自己を保持し、そしてもはや単に身体的主体としてのみ労働者なのである」（MEGA² I-2-237）。「人間（労働者）はもはや、食事、飲むこと、生殖、さらにはたかだか住居や装いなどといった、単に彼の動物的（tierisch）諸機能において、自分が自由に活動していると感じ、人間的な諸機能においては、もはや単に動物的としか感じない。動物的なものが人間的なものとなり、人間的なものが動物的なものとなる。食べる、飲む、生殖するなどはたしかに純粋に人間的機能である。だがそれら諸機能を人間活動のそれら以外の領域から分離し、最終唯一の究極目的としてしまう抽象（Abstraktion）において、それらは動物的なのだ」（MEGA² I-2-239）。

こうして労働者には［γ］現実性喪失と死の恐怖が待ち受けている。第一ノートには「飢え死に（Hungertod）」とか「死に至る（tödlich）」とか「パンなし（brotlos）」とか「乞食状態（Bettelstand）」といった語が頻出する。労働者は、単に労働の対象（生産手段）との「分離」状態に置かれているだけでなく、生命の対象（生存手段）との間でも「分離」の不断の脅威の下に置かれている。「国民経済学的状態」が労働者の一部を常に「労働の外に置く」（MEGA² I-2-201）ということは、彼らの一部が常に「パンの外に置かれる」（MEGA² I-2-193）ということである。

「労働者は飢え死に（Hungertod）するまでに現実喪失（entwirklicht）させられる。……労働者は最も必要な諸対象を、単に生命の諸対象のみでなく、労働の諸対象をも奪われている」（MEGA² I-2-236）。

労働者たちが動物化され、「抽象」された自己の姿をそのまま無批判に現存文化形式に対置する場合、第三ノートに見るような［δ］「粗野な唯物論」が、ここを「根」にして繰り返し現れるだろう。同時にまた、労働対象や生活手段から歴史的に分離・抽象されて人間のエレメンタール（原初的）な生存基盤の危機に陥った当事者が、またこの事態を自分自身の知的課題として受けとめようとする急進派知識人たちが、この危機を反省し、実体的基盤からの生活の再建を目指す運動として現れるような、ポジティヴな意味での唯物論もまた、ここに「根」を持つのである。

マルクスが第一ノートで［ε］自然存在としての人間や類的存在としての人間に言及するのは、このように、人間が労働者において、単なる「動物的」「身体的」存在へと歴史的―実在的に「抽象」されてしまっていて、しかもその「動物的」「身体的」存在すら危機にあるという、この〈歴史的〉事態の〈意味づけ〉に際してである。つまり、生理学や人間学の発見に基づいて立てられた、何らかの一見超歴史的な原理を、外から歴史的現実へと適用するという姿勢においてではなく、まったく逆に、あくまで歴史的現実の地平内で実在的に「抽象」されてくる実体的な契機へと、反省を進めるという姿勢においてである。「食べる、飲む、生殖する」という機能を生理学や医学の対象として理論的に抽象することが問題なのではなく、「それら諸機能を人間活動のそれら以外の領域から分離し、最終唯一の究極目的としてしまう抽象」（MEGA² I-2-239）という、歴史的抽象が問題なのである。

労働者の場合、「唯物論」問題は、このように資本家や土地所有者とは異なる様相で現れる。それは労働手段や生存手段から引き裂かれているという彼らの歴史的境遇に関わる。マルクスは「疎外された労働」という歴史的基底概念を、第一に「対象」の側面、第二に「活動」の側面、第三に「類」の側面、第四に「他の人間」の側面へと「分析」するのであるが、この「分析」の中で「類的存在者」「自然存在者」としての「人間」に焦点が当てられていく。「類的存在者」や「自然存在者」としての「人間」は歴史的形態を離れて、それ自体として探求されているのではなく、まったく逆に、あくまで「疎外された労働」という労働の特定の歴史的形態を、つまりは近代の労働者たちの歴史的境遇を、「分析」する中で、その実体的契機として（あくまで単なる契機として）「類的存在者」や「自然存在者」としての「人間」という側面が反省されてくるのである。

「類生活は人間にあっても動物にあっても身体的には、人間が（動物と同様）非身体的自然によって生きるという点にある。……人間の普遍性は実践的には、①それが直接的生活手段である限りでも、②それが人間の生活動の対象／物質であり道具である限りでも、全自然を、自分の非身体的身体（der unorganische Leib）とするその普遍性の中にある。自然は人間の非身体的身体であるという場合の自然とは、つまりは人間の身体でない限りでの自然のことである。人間が自然によって生きるということは、自然は人間が死なないためにはそれとの不断のプロセスの中にとどまらねばならない、人間の身体だということである。人間の身体的精神的生活が自然と連関するということは、自然が自分自身と連関するという以外の意味を持たない。というのは人間が自然の一部だからだ」（MEGA² I-2-239/240）。

人間―道具―自然の労働の推論構造も、私―記号―他者の相互行為の推論構造も、その基底には自然―自然―自然の推論構造が隠されているのだ。このような反省は、あくまで「疎外された労働」の実体的契機として、分析的レベルを形成しているのである。同じことが［ζ］労働者の実在論（Realismus）についても確認されよう。本書第2章で詳述したとおり、マルクスは労働者意識の実在論的特質を、生存諸条件からの歴史的分離という「不幸」に即して語るのである。

「人間の自分自身に対する関係は、他の人間に対する彼の関係を通してはじめて彼に対して対象的で現実的である。それゆえもし彼が彼の労働の生産物に対して、彼の対象化された労働に対して、疎遠で敵対的で権力的で、彼から独立な対象として（als einem fremden, feindlichen, mächtigen, von ihm unabhängigen Gegenstand）関係行為する（verhalten）場合には、彼は対象に対して、ある他の、彼に疎遠で敵対的で権力的で彼から独立な人間がこの対象の主（ぬし）であるというふうに、関係行為しているのである」（MEGA² I-2-243）。

このようにして、「唯物論」へのマルクスの移行の具体的輪郭が見えてきたと言えるだろう。「市民社会の唯物論」は、経済学の内在的批判を通して分節化してくる。そして、とりわけ労働者の「唯物論」の中に、否定的歴史的な契機（「粗野な唯物論」）と区別される実体的な契機としての唯物論が反省的に浮上してきて、これが未来構想にも関わって、「新しい唯物論」の方向に向かって歩みを始めるのである。

［2］ 第三ノートの「成就された自然主義ないし人間主義」

第三ノートに移ろう。この中に我々は、「主観主義と客観主義、唯心論と唯物論、活動性と受苦とが、社会的状態の下で初めてその対立を失い、それと共にかかる対立としてのそれらの定有を失う」（MEGA² I-2-271）とか「成就された自然主義ないし人間主義は観念論からも唯物論からも区別され、同時に両者を統一する真理である」（MEGA² I-2-295）という雄大な構想を目撃する。ここに言う「社会的状態」「成就された自然主義ないし人間主義」とは同一の事態を指すのであって、私的所有の下での人間およびその労働の疎外されたあり方を揚棄する運動である共産主義の運動それ自身を、つまり疎外の揚棄＝否定の否定の運動という実践的媒介それ自身を、さらに揚棄した、高次の直接性、高次の状態、「社会主義としての社会主義」にほかならない。

マルクスが切りひらきつつあった地平の独自性は明瞭であろう。「抽象的唯物論」と「抽象的唯心論」の対立という場合のこの「抽象」は、けっして単なる主観的抽象にとどまるのではなく、近代社会ないし私的所有の下での人間の現実生活をとらえている「抽象」なのである。トータルな哲学のみでこの対立を揚棄することは不可能であろう。唯心論と唯物論、観念論と唯物論の対立の解決はけっして単なる「認識の課題」ではなく、「現実的な生活の課題」(MEGA² I-2-271)「実践の課題であり実践的に媒介されている」(MEGA² I-2-286)のであって、歴史変革的実践を回避した所で理論的解決を目指した所に哲学の限界を見ようとするのである。

マルクスはこの解決を「社会的状態」の中に見るのであるが、これはもはや「理性の実現」としてではなく「成就された自然主義ないし人間主義(der durchgeführte Naturalismus oder Humanismus)」として、「完成された自然主義(vollendeter Naturalismus)としてイコール人間主義、完成された人間主義(vollendeter Humanismus)としてイコール自然主義」(MEGA² I-2-267)として位置づけられねばならない。そして「自然主義のみが世界史の行為を概念把握する能力を有する」(MEGA² I-2-296)のだとも書いているのである。

「この共産主義は〘完成された唯物論〙完成された自然主義としてイコール人間主義であり、完成された人間主義としてイコール自然主義であり、それは人間と自然、人間と人間の抗争の真の解決であり、実存と本質との、対象化と〘自在存在〙自己確証との、自由と必然との、個人と類との間の争いの真の解決である」(MEGA² I-2-263, 797, 〘 〙内は削除分)。

この箇所でマルクスは最初、「完成された唯物論」と書き、削除した上で「完成された自然主義」に変更しているのであるが、「自然主義」(「唯物論」)の「成就」「完成」とか、「人間主義」の「成就」「完成」とかの独特の言い回しが目につく。つまり実践的に目指される未来社会のあり方を、人間史の「完成」であると同時に自然史の「完成」と見る、ある種の歴史哲学が姿を現すのである。この構想には、ヘスの『貨幣体論』(公刊は一八四五年だがマルクスは原稿をすでに見ていた)の影響が考えられる。ヘスによれば、人間の身体の産出により地球の自然史が「完成」した時に、人類の自然史が始まり、それは社会主義の実現とともに「完成」するのであるが、この「完成」はまた人類の「真の端初」なのである。(3) もちろん、こういう「自然史」的歴史哲学はヘスに限定されないだろう。後述のとおり、パリ在住の唯物論的共産主義者のデザミも、「感性」を「根」に、「パッション」を「動力」に、「活動性」(「環境」の「加工」と「同化」)を通じて、自然の「完成可能性(perfectibilité)」を展開していくという、人間的自然の「活動的」存在構造を理論の中心に据えていた。(4)

マルクスの場合、「成就された自然主義ないし人間主義」は次のような諸モメントを有していると言えよう。

[α] 自然の一部としての人間が自然と連関するということは「自然が自分自身と連関する」(MEGA² I-2-240)ということにほかならない。人間は直接に「自然存在」なのであって、それは生ける活動的自然存在として自然諸力、生命諸力を能力、衝動の形で内に有するが、同時に「自然的身体的感性的対象的存在者」として動植物と同様「受苦的」存在、つまり彼の欲求の本質的対象を彼の外に彼から独立なものとして持つ存在である。人間自身が対象により定立され、元々自然にほかならないがゆえに、それ自身対象的存在者として対象的に作用し、諸対象を定立するのだ(MEGA² I-2-295/296)。だから人間—自然関係、人間—人間関係は、そのエレメンタールなレベルにおいては、あくまでも自然—自然関係である。たとえばヘーゲルの言う理性—道具—自然という労働の推論形式には、そのエレメンタールな次元で自然—自然—自然という、ヘーゲルが無視した推論構造が前提されていなければならない。労働主体が単なる理性ではなく、理性を有する人間的自然であるからこそ、かかる推論構造を貫く同一性が保証されるのである。記号や身体行為を介した人間の相互行為についても同じであろう。

[β] しかし「自然は客体的にも[外的自然]、主体的にも[人間的自然]、直接には人間的本質に適合(adäquat)して現存してはいない」(MEGA² I-2-297)。つまり直接存在する自然諸対象はけっして人間的対象でもな

いし、直接的な姿における人間の感性も人間的感性ではない。

「したがって全歴史は、「人間」が感性的意識の対象となり、「人間としての人間」の欲求が欲求となるための準備史であり展開史である。歴史自身は自然史の現実的一部であり、自然の人間への生成の現実的一部である」(MEGA² I-2-272)。

人間が真に人間的なものを感性の対象として持ち、真に人間的感性や人間的欲求を持つに至るためには対環境的自然、対他者、対身体的自然の総てにわたる「人間労働による人間の産出」「生成行為」としての歴史を持たねばならないのであって、この意味で従来の全歴史は「自然の人間への生成(Werden der Natur zum Menschen)という自然史の現実的一部」なのである。この生成行為、生成史は、とりあえずその肯定的側面を抽象して見れば、人間の自然化=自然の人間化という構造を有している。マルクスが「人間の成就された自然主義、自然の成就された人間主義」とか、「完成された自然主義としてイコール人間主義、完成された人間主義としてイコール自然主義」と表現しているのはこのような事態なのである。

[γ]ところで、人間的自然も外的自然も直接的な姿において「人間的本質」に「適合していない」と言う場合の、この「人間的本質」とは何か。マルクスはフォイエルバッハに依拠してそれを「類的存在者(Gattungswesen)」であることに、つまり自分の類(普遍)、事物一般の類(普遍)を理論的にも実践的にも対象として持ち、したがって狭い個別的直接性に拘束・左右されない「普遍的な自由な存在者」であることに見る。けれどもフォイエルバッハとは決定的に異なり、マルクスによればあらゆる生物種におけると同様、人間においてもその類的性格は、まず何よりも「生活を産出する生活」「生産生活」(MEGA² I-2-240)の中で、それに即して明らかにさ

れねばならない。つまり人間はその本質より見れば、
①「非有機的自然によって生きる」という物質的生活を、
②「実在的類活動」としての「労働の社会性」の内部で、
③「自由な意識的活動」によって生産し、
④ますます普遍的に「自然を人間の非有機的身体に造りかえ」、
⑤自己をこのように「現実的に二重化」することにより、
⑥自分たちが創った対象的世界の中に類としての自己を感性的に直観する、

のである。人間が自己の類的社会的本質力を生産活動を通して外的自然に対象化（人間の自然化）することは、同時に外的自然を人間化することであるが、この活動および人間化された自然を介して、人間は自分の主体的自然（感性）を人間化する。だが感性を人間化するとは、人間の類的社会的本質を人間において自然化することにほかならない。このように人間の人間的なあり方が主体的にも客体的にも自然的なものとなることはイコール自然が主体的にも客体的にも人間的となることなのであって、これが「自然の人間への生成」のポジティヴな内容なのである。

［δ］人間の自然化＝自然の人間化の運動は、現実的には、私的所有の下で「疎外された形態」を取る。第一ノートの「疎外された労働」によれば、労働の生産物は疎遠で敵対的な物質力として労働者に対立する（労働の生産物からの労働の疎外）。労働者は労働の中で不幸や苦痛、強制しか感じない（生産活動そのものの疎外）。類的社会的生活は単にエゴイスティックな私的利害の手段と化す（人間からの類の疎外）。労働において各人は相互に

疎遠で敵対的関係に陥る（人間からの人間の疎外）のである。

［ε］この疎外の揚棄、つまり否定の否定を通してはじめて「積極的人間主義」が生成する。肯定的なものを疎外の揚棄、否定の否定として、歴史実践的媒介性において把握するこの立場をマルクスは、ヘーゲルの「動かし産出する原理としての否定性」（MEGA² I-2-292）へのフォイエルバッハの消極的評価に対する批判的留保としてくっきり浮かびあがらせている。フォイエルバッハはヘーゲルの否定の否定を抽象的思惟の自己否定と自己復帰としてしか評価せず、したがってこれに「感性的に確実な、自己自身の上に基礎を持つ肯定」を直接無媒介に対置する。けれどもマルクスによれば、ヘーゲルが否定の否定を、その肯定関係から見れば「真にかつ唯一肯定的なもの」、その否定的関係から見れば「一切の存在の唯一真なる行為であり自己確証行為」と説明する場合、そこに「歴史の運動に関する抽象的論理的思弁的表現」を見るべきなのであり、「ヘーゲルにあってはいまだ無批判的な運動の批判的形態」を明示することこそが肝要なのである（MEGA² I-2-277）。それゆえ将来の「社会的状態」とは、その下で人間が直接かつ自然に人間的なものを欲し経験できる社会でなければならぬという意味で、フォイエルバッハの直接性を生かしながらも、それはあくまで「［共産主義という］この媒介の揚棄（die Aufhebung dieser Vermittelung）――だがこの媒介は必然的な前提なのだが――を通してはじめて積極的に自己自身から始まる積極的人間主義が生成する」（MEGA² I-2-301）という意味なのである。たしかにヘーゲルのごとく、媒介が結局のところ論理的媒介、精神の媒介にとどまるならば、客観的実在をそのまま放置する「悪しき肯定主義」を裏面として持つことにならざるをえないだろう。マルクスは実践的媒介を基軸において、直接性を媒介の揚棄としてとらえるヘーゲルの媒介性の立場を批判的に継承するのであって、この観点は、ほどなく『フォイエルバッハ・テーゼ』での「直観的唯物論」批判として結実することになる。

［3］「唯物論」へのマルクスの移行時期論争

先述のとおり、この『草稿』第三ノートの第四頁（マルクス頁付け）で、マルクスは、いったん「この共産主義は完成された唯物論（der vollendete Materialismus）としてイコール人間主義であり」と書いた上で、この「完成された唯物論」を「完成された自然主義（der vollendete Naturalismus）」と変更している。そしてその少し後の、第三ノート第一二頁で、彼はフォイエルバッハが「「人間の人間に対する」社会関係をも理論の基本原理とすることにより、真の唯物論（der wahre Materialismus）と実在的な学の基礎づけを行った」という書き方をしているのである。

「フォイエルバッハの偉業は、……②真の唯物論と実在的な学の基礎づけ。それはフォイエルバッハが「人間に対する人間の」社会的関係をも、同様に理論の根本原理とすることにより、③また絶対的に肯定的なものであることを主張する否定の否定に対し、自己自身を土台とし積極的に自分自身の上に基礎づけられた肯定的なものを対置することにより、なされた」（MEGA² I-2-276）。

これまでとは明らかに異なる「唯物論」のこのような肯定的用例から推して、この頃「唯物論」に対するマルクスの移行が自覚的形態を取り始めたと見なければならない。我々はこの『草稿』第三ノートの二つの文章をもって「唯物論」へのマルクスの移行の基本指標と見るのであるが、これは従来の通説に完全に反する考え方である。そこで以下、挿入的に、「唯物論」へのマルクスの移行時期論争を整理し、我々の見解を対置することにしよう。

1　マルクス「唯物論」用語法の三段階区分

これまでを回顧、整理しつつ、マルクス自身による「唯物論」の基本的用語法を段階的にあとづけると次のようになる。

［α］第一段階「救いがたい唯物論」　マルクスは「哲学の世界化」即「世界の哲学化」を目指して「哲学の外への転回」を敢行した。この「転回」の途上で、後年述懐するとおり「いわゆる物質的利害に口をはさまねばならず」「当惑」する（MEW 13-7）のである。この「当惑」は理性的意志の観念論というマルクスの立脚点の危機を意味したのであるが、まさにこの時期に、彼は「唯物論」を基本概念として用い始める。彼は、「最下層の大衆」の枯れ枝集めの慣習的権利を剝奪しようとする森林所有者や、議会におけるその代理人の言動を「救いがたい唯物論（der verworfene Materialismus）」（MEW 1-147）として論難するのである。なぜなら「私的利害の心、その魂は〈外的対象〉にほかならず」「非人間的なもの、〈疎遠な物質的存在者〉を自己の最高の本質である」と意識し（MEW 1-121）、「特定の物質［黄金や木材］やそれに奴隷的に仕える意識という、倫理も悟性も心情もない〈抽象〉を玉座にまで高める」（MEW 1-147）からである。この段階ですでに確認できるのは、マルクス「唯物論」で第一義的に問題とされているものが、ミクロ物質でも、脳細胞でも、膨張宇宙でもなく、環境的自然一般でさえなく、「物件（Sache）」、つまり諸個人がその生産、交換、所有をめぐって相互に実践的に関係しあうところの「外的事物」にほかならないということである。「唯物論」とはこのような「物件」に対して「自己の最高の本質」として関係し、これに「奴隷的に仕える」ような、意識と行動を特徴づけるものにほかならない。

「人間」のトータルなあり方から反省すれば、「唯物論」とは「倫理や悟性や心情」を失った一つの「抽象（Abstraktion）」なのである。

［β］第二段階「精神主義」と「唯物論」の「抽象的反省的対立」　第一段階ではマルクスは「救いがたい唯物論」にヘーゲルゆずりの「理性的国家の理念」で対抗しようとしたのであるが、いまやヘーゲル的「理念」自身が「救いがたい唯物論」のメダルの裏面であることが自覚される。現代にあっては国家の「物質［質料］原理」と「形相原理」とが反省的に相互自立化を強め、「私的生活という抽象」と「政治国家という抽象」との、「市民社会の唯物論（Materialismus der bürgerlichen Gesellschaft）」と「国家の唯心論」との（MEW 1-277）、「抽象的唯物論（der abstrakte Materialismus）」と「抽象的精神主義」との（MEW 1-293）「抽象的反省的対立」（MEW 1-233）が、近代社会そのものの基本構造をなすのだ、という認識に至る。この両面は相互に他を排斥し（抽象的）、しかも他者の一面性の中に自己の一面性を映し出しながら（反省的）、互いに対立しあっているのである。[5]この第二段階で注意すべきは、マルクスの場合、「精神主義」（ないし「観念論」）と「唯物論」との間の分裂、対立、揚棄といっても、第一義的には、近代社会における、したがってまた近代の人間たちの存在、行動、意識における、分裂を意味し、また社会変革によるその分裂の実践的揚棄を意味していた（『ヘーゲル国法論批判序論』では「真の民主制」、『ユダヤ人問題によせて』では「人間的解放」）のであって、単に哲学的「精神主義［唯心論］」「観念論」と哲学的「唯物論」との間の哲学史的対立とその理論的揚棄を扱っているのではないということである。

［γ］第三段階「真の唯物論」『経済学哲学草稿』第三ノートの中に、我々は「主体主義と客体主義、精神主義と唯物論、活動と受苦（Leiden）とが、社会的（gesellschaftlich）状態のもとで初めてその対立を失う」（MEGA² I-2-271）とか、「成就された自然主義（der durchgeführte Naturalismus）ないし人間主義は観念論からも唯物論からも区別され、同時に両者を統一する真理である」（MEGA² I-2-295）という、まことに雄大な構想を目

撃するのである。すなわち「国民経済学的状態のもとでは」不可避な、「精神主義」と「唯物論」、「観念論」と「唯物論」への分裂を、共産主義的変革の成果である未来社会（「社会主義としての社会主義」）において揚棄しようというのである。だからマルクスにとっては、この分裂の揚棄は「認識の課題」ではなく「現実の生活の課題」（MEGA^2 I-2-271）なのであり、「実践の課題であり、実践的に媒介されている」（MEGA^2 I-2-286）。ところが先に見たとおり同じ第三ノートには、これと一見矛盾して、〈もう一つの〉「唯物論」、「完成された唯物論」（MEGA^2 I-2-263）、「真の唯物論」（MEGA^2 I-2-276）が登場してくるのである。この段階で質的に新しい事態は、「唯物論」が相変わらず揚棄さるべき「抽象的反省的対立」の一項と見られながら、したがってまた、「唯物論」に関する第一段階的、第二段階的モチーフも再確認されながら、〈しかも同時に〉この対立を理論的に反省し実践的に揚棄しようとする運動それ自身もまた「唯物論」、ただし「真の唯物論」、という方向で構想され始めたということなのである。

2 マルクス「唯物論」の二重構造

だから「反省的対立」の一項として、揚棄さるべき「唯物論」と、この対立の揚棄を目指す「真の唯物論」という〈二つの〉唯物論の併存をもって、単にマルクスの動揺、不整合と見るのは、きわめて皮相な見方だろう。[6]むしろ〈二つの〉「唯物論」、正確には「唯物論」の〈二重構造〉の把握の中にこそ、マルクスの「唯物論」把握の根本特徴を見るべきなのであり、したがってまた「唯物論」へのマルクスの移行における飛躍点を見るべきなのである。

いささか先走りになるが、マルクス用例に当たってみても、一方には「真の唯物論」「完成された唯物論」（『経済学哲学草稿』）、「人間主義と合一する唯物論」（『聖家族』一八四四年後半）、「新しい唯物論」（『フォイエルバッハ・テーゼ』一八四五年春と推定)、「実践的唯物論者たち」「共産主義的唯物論者」(『ドイチェ・イデオロギー』一八四五年九月から四六年夏)などに始まり、晩年の「唯物論的―批判的社会主義」(一八七七年一月一九日付ゾルゲへの手紙)、「批判的唯物論的社会主義」(『哲学の貧困』について』一八八〇年三月)などに連続する、マルクス自身の立場の積極表明としての「唯物論」系列と、「救いがたい唯物論」(『木材窃盗取締法論文』)、「市民社会の唯物論」「抽象的唯物論」(『ヘーゲル国法論批判』)、「現世的利益」に向かう「唯物論的実践」(『聖家族』)、「産業的唯物論」(『リスト『経済学の国民的体系』について』一八四五年春と推定)、「市民社会の立場に立つ」「古い唯物論」(『フォイエルバッハ・テーゼ』)、「日常市民(Alltagsbürger)の唯物論」(一八五三年九月一五日付クルスへの手紙)といった、揚棄の対象としての「唯物論」系列という、二つの系列をたどることができるのである。

第一の系列を「唯物論的―批判的社会主義(der materialistisch-kritische Sozialismus)」で代表させてMKS系列と略記し、第二の系列を「市民社会の唯物論(Materialismus der bürgrlichen Gesellschaft)」で代表させてMBG系列と略記すれば、第三段階的「唯物論」はMBG／MKSという二重構造をもっていることになる。しかもマルクスはこのMBG系列について「経済学者たちの粗雑な唯物論は同じく粗雑な観念論である」(『経済学批判要綱』一八五七／五八年、MEGA² I-1-567)とか、「抽象的自然科学的唯物論」は歴史についての「抽象的イデオロギー的表象」に転化する(『資本論』第一巻、MEW 23-393)という具合に、例の「抽象的反省的対立」視点を堅持しているのである。つまり第三段階的「唯物論」理解は、けっして第一、第二段階的「唯物論」理解を排斥せず、むしろ必然的契機として含んでいる。MBG系列は、「物象化(物件化 Versachlichung)」の概念にも直接連続しており、一部はそれに代位されていくのである。別の角度から言えば、マルクスの「唯物論」は「唯物論」に対する理論的実践的〈批判〉を本質的に含んでおり、近代におけるMBGの全面展開を歴史的前提としつつ、その成立根拠の反省、理論的批判、実践的揚棄の意識と行動としてMKSが成立してくるのである。

3　各種移行論の分類

以上「移行論」についての我々の見解の基本枠を示したので、次に諸見解の批判的分類を行う形で、私の論争的ポジションを示すことにしよう。「唯物論」へのマルクスの移行をいつの時点と見るかについては、マルクス「唯物論」の基本性格の理解に関わる問題であるにもかかわらず、いやむしろそうであるからこそ、諸種の文献で意見の分かれるところである。事態の理解を容易にするため、ここでは三つに分類してみよう。

［α］クロイツナッハ期移行説　この説は『ヘーゲル国法論批判』（一八四三年夏、クロイツナッハで執筆）の中に「唯物論」へのマルクスの移行を見ようとする。これにはオーギュスト・コルニュ（Auguste Cornu, *Karl Marx und Friedrich Engels*, Erster Band, Berlin, 1954.）、ジェルジ・ルカーチ（Georg Lukacs, Zur philosophischen Entwicklung des jungen Marx, *Deutsche Zeitschrift für Philosophie*, vol.2, 1954.）、ヴェルナー・シュッフェンハウアー（Werner Schuffenhauer, *Feuerbach und der junge Marx*, Berlin, 1974.）、N・I・ラーピン（N. I. Lapin, *Der junge Marx*, Berlin, 1974.）、比較的新しいところでは新メガ第一部第二巻編者インゲ・タウベルトによる「序論」（MEGA^2 I-2-11*~56*）などがある。[7] この説にほぼ共通するのは四三年二月に『アネクドータ』誌に掲載されたフォイエルバッハの論文『哲学改革のための暫定的諸テーゼ』、ことにその中で提唱されている「主語―述語転倒」という方法の、マルクスに対する影響を強調する点にあるので、この説を「主語―述語転倒」説と呼んでもよいだろう。

［β］パリ期移行説　この説は我々のように『経済学哲学草稿』（一八四四年四月から八月までパリで執筆）の中に「唯物論」へのマルクスの移行をみる見解である。私があたった限りでは、この見解に立つ研究者としてはマールクシュ（György Márkus, Über die erkenntnistheoretischen Ansichten des jungen Marx, in *Beiträgen zur*

Marxistischen Erkenntnistheorie, hrg. von A. Schmidt, Suhrkamp, 1972.）があげられるが、注の中で立場を表明しているものの、展開はない(9)。そのほか、ヨアヒム・ヘップナー（Joachim Höppner, Marx und Materialismusproblem bei Fourier, in *der Bürgerlichen Gesellschaft und theoretischen Revolution*, Pahl-Rugenstein, 1978.）もこの立場に立つと推定されるが(10)、示唆の域を出ていない。

［γ］ブリュッセル期移行説　この立場に立つものとしてはルイ・アルチュセール（Louis Althusser, *Pour Marx*, Maspero, 1965.）と廣松渉（『マルクス主義の成立過程』至誠堂、一九六八年）をあげることができよう。この立場は『フォイエルバッハ・テーゼ』および『ドイチェ・イデオロギー』でマルクスが行った「人間主義」からの脱却ののち、初めて「唯物論」への移行が実現したと見るので、「脱人間主義」説と呼んでよいであろう。

「移行」とは常に連続性と飛躍の統一であるから、どこかで真っ二つに「切断」できるものではないのは断るまでもないだろう。しかし、とりあえずマルクスという〈当該〉意識に内在して、彼が自覚的に「唯物論」への移行を表明している箇所を確定することはできる。先述のとおり、マルクスはパリ移住の直後に執筆した『ヘーゲル法哲学批判序論』（早くとも一八四三年一〇月中旬から一二月中旬にかけて執筆）において「プロレタリアート」と「哲学」との結合という実践的関心から革命の「物質的基礎」、解放の「物質的武器」を強調するという文脈で、「物質的」なものへの態度変更を示した。次いで執筆した『経済学哲学草稿』の第一ノートでは経済学の内在的批判により、「市民社会の唯物論」が分節化し、労働者における唯物論の歴史的形態を分析的に反省する中で実体的契機としての自然や自然主義の積極的位置づけがなされるに至った。そして第三ノート（執筆は早くとも一八四四年八月初め、おそらくは八月中旬）では「完成された唯物論」といったん書いて、これを「完成された自然主義」と改め、少し後でフォイエルバッハが「真の唯物論」を基礎づけたと、書き始めるのである。

この種の問題でなすべき最初のことは、こういう動かしがたい指標を確定し、あくまでそれに沿う形で「唯物論」へのマルクスの移行を論ずるということでなければならない。その点でとりあえず確認できることは、〈早すぎる〉クロイツナッハ期移行説も、〈遅すぎる〉ブリュッセル期移行説も、〈当該〉意識としてのマルクスへのこういう意味での内在に欠けているということである。結論だけを言えば、この両説は「唯物論」に関する当時のマルクス自身の意識に内在するかわりに、自分たち自身の「唯物論」に関する一定の定義をあらかじめ前提した上で、それを指標にして移行時期（外延）を確定するという外挿法的スタイルで論じている。もちろん定義（概念の内包を確定すること）と外延の確定とは相関的であるから、これら外挿的時期区分が論理的に誤っているとは言えないだろう。しかしマルクスという当該意識とのこの〈ズレ〉には、マルクス「唯物論」の理解の上で、看過しえない内容上の問題がはらまれていると思われるのである。

［4］フォイエルバッハと「唯物論」へのマルクスの移行

そこで、早すぎる「クロイツナッハ草稿」移行説の検討に移ろう。この作業の中身は、フォイエルバッハ―マルクス関係を追跡することにほかならない。最初に外面的事実を確認しておくと、この説は、マルクスが『ライン新聞』退社（一八四三年三月一七日付）後、ヘーゲル『法の哲学』、とりわけその「国法論」の批判に取り組んだのだが、その際、マルクスが、フォイエルバッハの論文『哲学改革のための暫定的諸テーゼ』（一八四三年二月刊行）のヘーゲル批判に強く依拠している、という事実に支えられている。しかし、この説は、フォイエルバッハ自身が『暫定的諸テーゼ』において「唯物論」をどう見ているのか、また、彼が自分自身の立場を「唯物論」とみなしていたのかどうか、したがってまた、フォイエルバッハを「受容」したマルクスが、この受容の〈当初から〉「真の唯物論」の基礎づけとして、フォイエルバッハを評価していたのかどうか、こういう肝心であるとともに、まったくプリミティヴでもある問題の検討を回避しているのである。

1 フォイエルバッハにおける「唯物論」と「人間の哲学」

フォイエルバッハが一八三九年の論文『ヘーゲル批判のために』以降、あるいは一八四一年に初版の出た『キリスト教の本質』以降、「唯物論」の立場に立っていたということが、半ば常識化してしまっているが、まずこの誤認を改めておかねばならない。本書の補論1で詳しく検討するように、この種の誤認は、エンゲルスがマルクス死後に書いた『フォイエルバッハ論』（一八八六年）の次のような回想的証言の中に、すでに垣間見ることができる。

「その時、フォイエルバッハの『キリスト教の本質』が出た。それはズバリ唯物論を再び玉座につけることによって、この［ヘーゲル体系の］矛盾を一撃のもとに打ち砕いた。……我々はみな、一時期、フォイエルバッハ主義者だった。マルクスがどんなに熱狂的にこの新しい見解を祝福し、すべての批判的留保にかかわらずどれだけそれから影響されたかは『聖家族』［一八四四年秋執筆］を読めば明らかだろう」（MEW 21-272）。

どうもこの回顧は大いに正確さを欠いている。あまり留意されていないが、フォイエルバッハは今日から見ても屈指の哲学史家である。医者や生理学者が哲学を勉強して「唯物論」を唱えるというのなら、まだわからなくもないが、彼のような哲学史家が、ドイツ哲学がヘーゲルまであれだけ展開したあとで、自分が「唯物論者」だなどと、そう簡単に言えるものではない。とりあえず「前三月革命期（Vormärz）」に限定して言えば、フォイエルバッハにとって「唯物論」は、あくまで「唯心論」や「観念論」と同様、哲学の克服されるべき歴史的形態の一つだった。彼はこの時期、基本枠としては、「唯物論」と「唯心論」「観念論」の対立を「人間の哲学」で綜合する、という構想を堅持し続けていると見なければならない。

フォイエルバッハは、一八四二年の『暫定的諸テーゼ』では、［α］「観念論」「思惟」「ドイツ的」「活動性」「自由」と［β］「唯物論」「直観」「フランス的」「受動性」「欲求」とを対置し、［γ］「ガリア―ゲルマン的血統」「唯物―観念論的原理」の上に立つ「生活および人間と同一なる真の哲学者」（FSW II-236）による綜合を構想している。

マルクスが『経済学哲学草稿』（一八四四年執筆）で繰り返し言及している『将来の哲学の諸原則』（一八四三年刊行）では、フォイエルバッハは自分の哲学的立場を「人間の哲学（Philosophie des Menschen）」（初版『諸原則』まえがき、および六六節）と規定しつつ、次のように書いている。

「人間とはしかし、同一的な、あるいは単純な存在者ではなく、本質的に二元論的な存在者、つまり活動的でかつ受苦的（leidend）な、自立的でかつ依存的な、自己充足的でかつ社会的あるいは共感的な、理論的でかつ実践的な、古い言葉で言えば観念論的でかつ唯物論的な存在者なのであり、要するに人間は本質的に頭でありかつ心なのである。人間的本質の表現としての哲学は、したがって、その形式的原理から見れば、二元論的なのだ(11)」。

これは初版の『諸原則』五八節からの引用であるが、「二元論的」という表現のせいか、フォイエルバッハはこの箇所を後に削除してしまうのである。しかし、この「二元論的」という表現は、ある意味で彼の「綜合的（synthetisch）」な立場を大変よく表しているとも言えるだろう。

マックス・シュティルナーへのフォイエルバッハの反論『「唯一者とその所有」との関係における「キリスト教の本質」』（一八四五年）では、［α］「観念論」「精神」「本質」に、［β］「唯物論」「身体」「感官」を対置し、［γ］「感性」「人間」「共同人（Gemeinmensch）」「コムニスト」を、両者の綜合的真理として立てている。この論文では、フォイエルバッハが「観念論」の衣装をつけた「唯物論」を唱えているとする、シュティルナーに反論する形で、自分が「唯物論者」ではないことを積極主張しているのである。その理由として、フォイエルバッハは、「身体、物質、物体」も「神、精神、心、自我」と同様、「抽象物（Abstraktion）」であることをあげている（FSW VII-309/310）。

『身体と心、肉体と精神の二元論に抗して』（一八四六年）でも、［α］「観念論」「心」「心理学」に、［β］「唯物論」「脳髄」「生理学」を対置し、［γ］「人間学」「感性と直観の立場」のみが総体的真理を語ると主張している（FSW II-340）。

これらを見てもわかるように、フォイエルバッハは、「唯心論」「観念論」と「唯物論」との対立を「人間の哲学」「人間学」で揚棄・綜合しようとする基本姿勢を保持しているのであって、この「人間の哲学」それ自身を、再び「唯物論」として構想しようという姿勢は、まだなかったと言わねばならない。彼の基本姿勢は、「人間」概念を綜合的に（synthetisch）機能させることにより、旧来の哲学対立を揚棄し、「将来の哲学」を構築しようとする点にあった。カントやフィヒテの「自我」やヘーゲルの「精神」に対して、彼が「人間」を対置したということは、まず何よりも、「人間の土台としての自然（Natur als Basis des Menschen）」（初版『諸原則』五五節）、「人間と人間の統一（Einheit des Menschen mit dem Menschen）」（同六一節）、「我と汝の対話（Dialog zwischen Ich und Du)」」(同六四節)、「思考と存在の統一」」(同五二節)という観点を哲学原理のレベルに導入しようとする綜合の試みであったわけである。

もちろん、綜合の試みであったとはいえ、彼自身の軌跡としては、三九年の『ヘーゲル哲学の批判のために』まで、基本的にはヘーゲル観念論の立場に立っていたわけだから、ベクトルとしては、彼の言う「経験論」「実在論」「唯物論」「感覚論」「自然主義」の強調へと傾斜しているのは間違いない。しかし、フォイエルバッハはこれら「経験論」「実在論」「唯物論」「感覚論」「自然主義」の間の重大な概念上の差異や対立についてほとんど関心を示していない。要するにヘーゲル観念論に反立するものとして、あるいはヘーゲル体系内部の反ヘーゲル的契機として、それらは列挙されているにとどまる。ということは結局のところ、彼の根本関心が「人間の哲学」という綜合の立場を確立することに向けられていたということだろう。

2 『キリスト教の本質』第二版序文

四〇年代前半の時点で、フォイエルバッハの「唯物論」への接近を最も強く示唆する箇所を強いてあげれば、『キリスト教の本質』第二版序文(一八四三年)の次の箇所であろう。

「私は思惟のために感官を、とりわけ両の目を用い、我々が感官活動を介してのみ獲得できる素材の上に、私の思想を基づける。そして思想から対象を産出するのではなく逆に対象から思想を産出するのであるが、対象とはただ頭脳の外に実存するところのものなのだ。私は実践哲学の領域でのみ観念論者である。……要するに、理念は私にとって単に政治的、モラル的な意義をもつにすぎない。だが本来の理論哲学の領域では……ヘーゲル哲学に直接対立して、前述の意味での実在論、唯物論のみが私にあてはまる」(FSW VII-281)。

ここでフォイエルバッハは「実在論」と並べて「唯物論」を、「感官活動を介してのみ獲得できる素材の上に私の思想を基づける」理論的態度として特徴づけている。ここにいう「素材（Materialien）」とは、フォイエルバッハがそこから「キリスト教の本質」を理論的に抽出したそのそれ、つまりキリスト教史の「現に生きている諸事実であれ、歴史的諸事実であれ、対象的な諸事実」（FSW VII-281）、たとえば教会史の諸データや神学諸文献であって、感官を触発する物自体としての物質などではないことは明らかだ。だからこの場合の「唯物論」とはかなり広い意味での「経験論」と同じであろう。

マルクスが四四年の夏に、「真の唯物論と実在的な学の基礎づけ」とフォイエルバッハを評価しているが、この評価は『キリスト教の本質』第二版序文の「前述の意味での実在論、唯物論」に対応していることがわかる。しかしマルクスはフォイエルバッハの命題に独自な改作・展開を加えていることも明らかであろう。フォイエルバッハが「人間本質の事実的諸表明」と言う場合、具体的には人間の本質的意識の事実的諸表明としての宗教史上の諸文献を指していた。マルクスははるかに先へ進もうとする。「産業の歴史や産業の生成した対象的定在」「日常の物質的産業」こそ疎外の形式の下にあるとはいえ「人間の対象化された本質諸力」「人間の本質諸力の開かれた書物」「感性的に眼前に横わる人間心理学」なのであって、「人間労働のこの大いなる部分を上品ぶって度外視するような学」は「現実的で内容に充ちた実在的な学とはなりえない」（MEGA^{2} I-1-271）と読み込むのである。

マルクスが「真の唯物論」を構成すると考える第二のものは、「フォイエルバッハが「人間に対する人間の」社会的関係をも、同様に理論の根本原理とした」という点にかかわる。近代哲学史に関する批判的研究の上に立って、フォイエルバッハは近代哲学の根本的諸問題に対する自分の解答を「我と汝の統一」の立場として集約している。これは「人間の産出——精神的産出であれ身体的産出であれ——には二人の人間が必要だ。人間の人間とのゲマインシャフトこそ真理や普遍性の第一の原理であり試金石である」（FSW II-304）などと定式化されているが、以下のような核心的批判＝「将来哲学」の基礎づけを含んでおり、今日なお瞠目すべきものである。

①自我の統一「自己意識の統一は関係豊かで充実した、我と汝との間の統一の中にのみ実存する」（FSW VI-81）。

②観念の起源「我々の総ての観念が感官から生起するという点で経験論は完全に正しかったが、人間の最も重要で最も本質的な感官対象が人間自身であることを、それは忘れている。……人間の人間との伝達からのみ、会話からのみ、諸観念は生起する」（FSW II-304）。

③外界存在の証明「私の自己活動が……他の存在者の活動においてその限界、抵抗を見いだすところでのみ、私に一つの客体、現実的客体が与えられる。……それゆえ客体一般の概念は汝、つまり対象的な私の概念に媒介されている」（FSW II-296）。

④実体間の相互作用「自我に対してではなく、私の内なる非我に対して……一つの客体、つまり他の自我が与えられる。私が我から汝へと転化するところ、私が受苦するところでのみ私の外なる活動性、つまり客体性の表象が生ずる。……感性のみが相互作用の謎を解く」（FSW II-296）。

⑤人間の自己産出「［類において等しい］他者においてのみ人間は自己を明瞭に意識し、自己意識的となる。だが私が自分自身を明瞭に意識するときにはじめて、私に世界が明瞭となる。……人間は彼が存在するということを自然に負い、彼が人間であることを人間に負う」（FSW IV-100）。

フォイエルバッハは近代哲学一般の欠陥を、それゆえまた近代唯物論の欠陥を、一方に力学=機械学的物質を置き、他方に非物質的実体としての心を置いた上で、両者の一元的把握を試みる点に見た。したがってまず「総体」、つまり意識―身体、人間―自然、我―汝としての「人間」に定位すること、そしてそれによって「私の内なる非我」としての「身体」や、「本質において等しい他者」としての「汝」を、私と物質世界の「中間項」(FSW VI-99)と位置づけること、これらによって近代哲学のアポリアを解決する方向性を示そうとしたのである。

さてこの面でも、マルクスがフォイエルバッハの中にフォイエルバッハをはるかに超えるものを読み込もうとしているのは、先にも見たとおりである。マルクスにとっての根本的関心は宗教的疎外なのではなく、私的所有の下での労働の疎外である。「宗教的疎外それ自体は、意識の領域、人間の内面の領域で生起するにすぎないが、しかし経済的疎外は現実生活の疎外であり、この疎外の揚棄は両側面を含むのである」(MEGA² I-1-264)。ということは、我と汝との直観、会話、性愛、伝達等の関係を通して私が私自身を個と類の二重性において意識し、その結果、私と外的自然の区別を定立するのだというフォイエルバッハの自己確証の論理では、この疎外の問題は解けないということである。

「人間は単に意識の中でのごとく知的に自己を二重化するだけではなく、ものをつくりながら(werktätig)現実に自己を二重化(verdoppelt)し、それゆえ彼により創造された世界の中に自分自身を直観する」(MEGA² I-1-241)。「自然の人間的本質は社会的人間にとって初めて定在する。というのはここで初めて自然は人間にとって人間との紐帯として、彼の他者にとっての定在、他者の彼にとっての定在として、また人間的現実の生活のエレメントとしてあり、ここで初めて彼自身の人間的定在の基礎としてあるからである」

（MEGA² I-1-264）。

主体的自然（感性）であれ汝であれ客体的自然であれ私的所有であれ、直接的なものの直観の中に類存在としての自己確証（自由）を期待するのではなく、生産および革命的実践という否定の否定の運動の揚棄としてポジティーフな直接性を主張しなければならないのである。

興味深いのは、フォイエルバッハが第二版序文のこの箇所で、「素材」と「思想」「理論」の関係を「翻訳（Übersetzung）」とか「変換する（umsetzen）」という言葉で表現していることだ（FSW VII-280）。実はマルクスも『資本論』第二版後記（一八七三年）のヘーゲル的構成主義との差異を論じたところで、「私にとっては逆に、観念的なものとは、人間の頭の中で変換（umsetzen）され、翻訳（übersetzen）された素材的なものである」（MEW 23-27）と、まったく同じ言葉を用いている。だからマルクスが三〇年後に、『資本論』第二版後記執筆に際して、これを参照するほど、この『キリスト教の本質』第二版序文の印象が強かったという可能性もあながち否定できないだろう。

しかし先の引用が示すとおり、よく考えると、フォイエルバッハはこの第二版序文でも、「α」「実践哲学」＝「観念論」と、「β」「理論哲学」＝「実在論」「唯物論」とを対置するといういつもの手法を用いており、「γ」その綜合として自分の全体哲学を位置づけている点に変わりはないわけである。だからこの箇所は、マルクスが四四年に、フォイエルバッハを「真の唯物論と実在的な学の基礎づけ」として〈読み込む〉一根拠を与えたかもしれないが、エンゲルスのように「ズバリ唯物論を再び玉座につけた」というイメージにはほど遠いと言うべきであろう。

3　後期フォイエルバッハと「真の唯物論」

付言すれば、フォイエルバッハが自分を「唯物論者」と了解している風に書いている箇所は、いわゆる後期フォイエルバッハでも意外とまれである。三月革命敗北後、ドイツでは「唯物論論争」（一八五〇年代前半）が繰り広げられ、動物学者のカール・フォクト（一八一七—九五）、生理学者のヤーコプ・モレショット（一八二二—九三）、医者のルートヴィヒ・ビュヒナー（一八二四—九九）など、マルクスの言う「歴史過程を排斥する抽象的自然科学的唯物論」（MEW 23-393）が台頭してくることになる。(12) この時期、フォイエルバッハは、彼らを支援して、革命敗北に伴う唯心論的反動と闘っているが、当然のことながら、自分をこの種の「唯物論」と同一視している形跡は見られない。

ところが弟子のA・ラウに宛てた一八六〇年一二月三一日付の手紙(13)では、「真の唯物論（der wahre Materialismus）」という書き方をしている。これは『経済学哲学草稿』でマルクスが「フォイエルバッハの偉業」の二つ目にあげている「真の唯物論と実在的な学の基礎づけ」という書き方と奇しくも一致していて、まことに興味深い。この手紙によれば「真の唯物論」は、やはり綜合的性格を持たねばならないのであって、「唯心論」や「観念論」に反対する諸根拠だけでなく、それらを支持する諸根拠をも提出しなければならないのである。フォイエルバッハがその数年後に書いた『唯心論と唯物論について』（一八六三〜六六年）は、この意味で当時の哲学的唯物論文献中の最高峰をなすと思われるが、一面では彼が四〇年代前半に構想したあの「人間の哲学」の構想が十全に開花しないまま終わっているという印象もぬぐえない。ただしこれらは、エンゲルスが「ズバリ唯物論を玉座につけた」と評価した『キリスト教の本質』が出てから、二〇年以上も後の話ということになる。

4 「人間」概念の綜合的機能と捨象的機能

エンゲルスのこの誤認は、「人間」概念を綜合的に機能させることにより、新たな地平を構想するという点で、フォイエルバッハとマルクスとの間にあった連続面を、「ズバリ唯物論」という単純発想でかき消してしまう結果を伴った。本書補論1で詳しく見るように、フォイエルバッハを単なる「自然の本源性」の唯物論として、ただし「人間主義」的動揺と不徹底を伴う唯物論として解釈しようとする観点が、どうもエンゲルスの『フォイエルバッハ論』にうかがえるのである。

たしかにマルクスは、後で見るとおり、四五年にブリュッセルへ移ってからの話であるが、フォイエルバッハの「人間」概念の批判に踏み切る。これはカール・グリュンやヘルマン・クリーゲといったフォイエルバッハの影響下にあった社会主義者との対立を背景に持っていたのであるが、その場合のマルクスの批判（自己批判でもある）は、フォイエルバッハや彼の弟子たちが「人間」概念を捨象的に機能させている点に向けられていることを見失うべきでない。『フォイエルバッハ・テーゼ』第六は次のように書かれてある。

「フォイエルバッハは宗教の本質を人間の本質に解消する。しかし人間の本質とは個々の個人に内住する抽象物なのではない。現実にはそれは、社会的諸関係の総和（ensemble）なのだ。この現実の本質の批判へと立ち入らないフォイエルバッハは、したがって、①歴史行程を捨象し、宗教感情それだけを固定し、抽象的―孤立的人間個人を前提することを余儀なくされる。②本質はしたがって、「類」として、多くの諸個人を自然に結びつける、内なる無言の普遍性としてしかとらえられない」（MEW 3-6）。

「個々の個人に内住する抽象」とか、「歴史行程を捨象」とか、「抽象的―孤立的人間個人」とか「内なる無言の普遍性」という、フォイエルバッハの「人間」概念の特徴づけは、その捨象的機能に着目したものである。もちろん、ブリュッセル期以降、マルクスの視点そのものが深化する中で、フォイエルバッハのこの欠陥が浮かび上がってきたわけである。しかし、フォイエルバッハは、カントやフィヒテの「自我」やヘーゲルの「精神」に「人間」を対置した際に、基本線として見れば、「人間の土台としての自然」「人間と人間の統一」「感性的存在者としての人間」という観点を哲学原理のレベルに導入しようとする綜合の試みとして「人間」概念を機能させることにより、画期的な一歩を踏み出しているのであって、その面が青年マルクスを強くとらえたことを見ておかねばならない。「人間」を綜合的に機能させる面と捨象的に機能させる面との肝心の区別を抹消してしまうと、おそらく四〇年代のフォイエルバッハ—マルクス関係の積極面はとらえきれず、まるで啓蒙家フォイエルバッハにマルクスが感銘するといった、ありそうにもない素朴な構図が残ることになりかねない。

5 クロイツナッハ期移行説の難点

クロイツナッハ期移行説の難点は、なによりも『ヘーゲル国法論批判』では「唯物論」という用語がもっぱら否定的意味でしか用いられていないというまったく初歩的な点にあるが、このほか、内容的に見てもクロイツナッハ期のマルクスには経済学研究が欠けているとか、フォイエルバッハの「感性」や「自然」や「対象性」の概念への注目が欠けているという指摘もできるだろう。しかし最大の難点は、マルクスがどうして自分を「唯物論」に結びつけようとしたのか、その〈意味〉をマルクスに内在して探ろうという姿勢にまったく欠けるという点にある。

クロイツナッハ期移行説がほぼ共通して強調するのは、「主語—述語転倒」という、フォイエルバッハの宗教批判およびヘーゲル批判の「方法」[14]を援用した、マルクス『ヘーゲル国法論批判』での、たとえば次のような主張である。

「理念が主語化（versubjektiviert 主体化）され、国家に対する家族や市民社会の現実の関係は、この理念の内的で想像上の活動として把握される。むしろ家族や市民社会は国家の前提なのに。それらこそ本来能動的なものなのだ。しかし思弁の中では事態が転倒させられる。理念が主語化されると、ここで現実的な主語である市民社会とか家族……といったものが、理念の、別の意味を持たされた、非現実的で客語的なモメントとなるのである」（MEW 1-206）。

たしかに、これら一連のヘーゲル批判には、後年のマルクス「唯物論」を構成する重要ないくつかの要素がすでに現れ始めていると言ってよいであろう。第一は「国家に対する家族や市民社会の現実の関係」について、「家族とか市民社会」こそが「前提」「主語」「能動的なもの」とされている点であり、第二はヘーゲルにおける理念の運動のア・プリオリズムに対して「現実の関係」の内在的認識が主張されている点である。

だが問題は、後年のマルクス「唯物論」から個々の要素を取り出してきて、未熟な先行形態を探し当てるという、こういう方法そのものにある。これではマルクスがなぜ自分を「唯物論」と結びつけようとしたのか、その積極的な意味が一向に明らかにならない。たとえば「市民社会」が「国家」の「前提」だとマルクスが認識していたとしても、彼が「市民社会」をもっぱら「エゴイズム」の領域だと認識しているとすれば、どうしてマルクスは「唯物論」に移行しなければならないのか。そんなことをすれば「世界の哲学化」の放棄、「人間的解放」の断念になってしまうだろう。いやしくも思想の移行というものは、まさにそういうレベルでこそ問われねばならないのである。

我々が見てきたとおり、「革命の物質的基礎」とか「物質的武器」とかの形で、「物質的」なものの解放的意味がマルクスの前に大きくクローズアップされてくるのは、パリ移住以降なのである。その時に初めて「世界の哲学化」とか「人間的解放」などと時々に表現してきたマルクスの根本関心が「唯物論」と合一しうる内面的条件も成熟してくることになる。クロイツナッハ期移行説は、マルクスの社会構造論的な、あるいは認識論的な個々の要素的命題を、彼の解放論的根本関心から切り離した上で、それらの未熟な初出形態を追跡、発見しようとする方法上の誤りに陥っているといわざるをえないのである。

６　一八四四年パリのマルクス

我々の意見では、少なくとも「唯物論」へのマルクスの移行にとってのフォイエルバッハの意味を問題にする場合には、四四年の時点におけるフォイエルバッハ—マルクス関係を見なければならないのである。四四年にマルクスは何に直面していたのであろうか。マルクスがパリに来たのが四三年の一〇月末である。四四年二月末には『独仏年誌』の第一、第二合併号が出ている。この『年誌』が破綻し、共同編集者ルーゲの言によれば、マルクスが「あなたは単に政治家ですが、僕はコムニストなので、もうこれ以上共同で仕事はできない」[15]と宣言して決別していったのが、四四年三月末である。春から始めた国民公会の歴史の研究を中断し、五月末から経済学の研究に没頭している。

六月初めには、シュレジア織工蜂起が起きた。六月半ばにルーゲは、パリのドイツ語新聞『フォアヴェルツ』第四九号に「ドイツ・シュネルポスト編集部に」を書き、その中で彼は『独仏年誌』の内部分岐を押し隠し、その「統一的理論方向」を「人間主義学派（die humanistische Schule）」と規定した。これをきっかけに『フォアヴェルツ』編集者のＨ・ベルンシュタイン（一八〇五—九二）、マルクスの友人のＫ・Ｌ・ベルナイス（一八一五—

七九)、義人同盟パリ責任者のA・H・エーヴァーベック(一八一六—六〇)などにより、「フマニスティッシェ・シューレ論争」が展開される。ルーゲのH・ケヒリー宛ての手紙によれば、七月末には「『フォアヴェルツ』はマルクス門下たちの影響のもとに置かれてしまっている」(MEGA² I-2-924)。マルクスがシュレジア蜂起の評価をめぐりルーゲを激しく批判した『批判的論評』(七月三一日執筆)は、『フォアヴェルツ』編集部内でのコムニスト派の勝利を意味したようだ。この論争では、自己疎外の揚棄がいかにして可能かを中心テーマに、人間主義の種差づけが争われたと言えるだろう。マルクスたちは「実在的人間主義」としてのコムニスムスをルーゲに対置しようとしたわけである。この論争は自己疎外の揚棄を主題としている『経済学哲学草稿』第三ノートに直接連続しているだろう。

四四年八月に入ると、マルクスは『経済学哲学草稿』第三ノートの執筆に取り組んでおり、先述のとおり、そこに「完成された唯物論」とか「真の唯物論」という表現が出てくるのである。この第三ノートで「ヘーゲル弁証法および哲学一般の批判」も書かれているが、その直接の動機は、先輩ブルーノ・バウアーがベルリンで刊行し始めた月刊の『一般文学新聞』(一八四三年一二月創刊)との原理的対決にあったことは、マルクス自身、当該箇所で繰り返し強調している。実はマルクスは、すでに四月の段階で論争を開始する意図を友人に告げている。共産主義者の先輩格であるM・ヘスは、バウアー一派の権威はドイツ国内ではすでに凋落しており、かえって過大評価になるからと、マルクスを諌めている(MEGA² III-1-434)が、マルクスの思想行程においてもっていたバウアーの位置の大きさや、マルクスの性格の根本性から見て、この対決は不可欠だったのだろう。第三ノートから『聖家族』(執筆一八四四年九月から一一月)まで、バウアー批判は一体的に連続していて、自己疎外のヘーゲル的、バウアー的揚棄論、つまり神や自然法則や国家など一切の対象を「自己意識」の産物としてとらえる立場に対し、共産主義的揚棄論を対置することが、この間のマルクスの根本関心であったと言えるだろう。

ところで、このバウアーが「唯物論」へのマルクスの移行に際して、ネガティヴ・インパクトとして果たした役割はきわめて大きかったように思われる。というのは、彼は、『発見されたキリスト教』（一八四三年）で、一八世紀フランスの唯物論者、とりわけドルバックのキリスト教批判を大いに称揚しつつも、「唯物論」はあくまで過渡的、一面的意識にとどまるのであって、「唯物論の真理」である「自己意識の哲学」によって揚棄されるべきだと主張していたからである。(16)

さらに『一般文学新聞』ではこの「唯物論」批判を「プロレタリア」や「大衆」に対する批判へとシフトさせ、「大衆」こそ「前世紀の伝統［実体主義］を超克せんとする理論の天敵」、「類」の解体の結果としての「単なる要素的物質」の集合物なのであって、「感性的実存以上の、より高いものを知らず」、したがってこのような「大衆」を「建築材料」として用いるあらゆる実践体系は、結局のところ「実体性関係（Substanzialitätsverhältnis）」（神、法、国家、自然法則、物質、人類、社会など、何であれ「実体」に自我が身を委ね、自我をそれらの犠牲にしてしまう関係）を再生産してしまうのだ。(17) このように、バウアーはマルクスにクギを刺してきたわけである。つまりバウアーの「唯物論」批判は共産主義批判と重なり合っていたのである。勢いマルクスの方も「唯物論」擁護の方向で態度表明を迫られたと言えるだろう。

7 一八四四年八月一一日付フォイエルバッハへの手紙

一方、この時点でのフォイエルバッハに対するマルクスの関係を直接示すものとしては、八月一一日付のフォイエルバッハへの手紙がある。この手紙でまず注目されるのは、マルクスの次のような〈言い方〉である。

「あなたは、意図的にそうなさったのかどうか私は存じませんが、これらの書物［『将来の哲学の諸原則』

『ルターの意味における信仰の本質』〕において、社会主義に対して一つの哲学的基礎を与えられました。〔パリ在住の〕共産主義者たちもこれらの著作を、ただちにそのような仕方で理解しました。人間たち相互の実在的区別の上に基礎づけられた人間たちの人間たちとの統一、抽象の天上から現実の地上へと引き降ろされた人間―類の概念、それは〝社会〟概念以外の何でありましょう」(MEW 27-425,〔 〕内および傍線は田畑)。

見られるとおり、マルクスは、パリ在住のドイツ人共産主義者の〈読み込み方〉を、著者たるフォイエルバッハに書き送っているのである。「真の唯物論と実在的な学の基礎づけ」という『経済学哲学草稿』第三ノートの表現が、ここでは「社会主義に対して一つの哲学的基礎を与えた」に変わっているが、内容はいずれも「〔人間の人間に対する〕社会関係をも理論の根本原理にする」フォイエルバッハの綜合的立場への共鳴であり、その立場が、当時フランスで盛んであった社会主義・共産主義に「哲学的基礎」を与えるものとして、また「自然の体系」に偏向しがちな従来の唯物論を超える「真の唯物論」を基礎づけるものとして、〈マルクスにより読み込まれた〉と見るのが妥当であろう。

この手紙ではさらに、「無信仰」の問題、「フランス労働者」の問題、そして「パッション」の問題への言及があるが、実はこれらはいずれも当時の社会主義・共産主義における「唯物論」問題に深く関係している。まず「無信仰(Irreligiosität)」の問題から見ると、マルクスは『キリスト教の本質』仏語訳の刊行の重要性を強調しつつ、フランスでは「坊主たちの党派」も「ヴォルテール主義者たちや唯物論者たち」の「党派」も、ともに助けを求めて外国の成果を捜しまわっていること、また一八世紀とは反対に、中間身分や上層諸階級に「信仰心」が根を下ろしているのに対して、「無信仰が、ただし自分を人間として感覚している人間の無信仰が、フランス・プロレタリアートに根を下ろす」（MEW 27-426）という「注目すべき現象」が見られることを、フォイエルバッハに伝えている。当時、フランスの社会主義者・共産主義者の中の「唯物論者」とは、まずは無神論を公言するグループを意味したということを確認しておきたい。

続けてマルクスは「労働者」の解放論的意義の強調へと移る。

「これら労働で疲れた人間たちのもとに溢れ出ている処女のごときみずみずしさ、高貴さを信じることができるためには、あなたはフランス労働者たちの集会の一つに出て見なければなりません。……いずれにせよ歴史は、わが文明化された社会の中のこれらの「野蛮人たち」の中に、人間の解放のための実践的要素を準備しているのです」（MEW 27-427）。

8　フーリエのパッション（情念）論への着目

さらに続けてマルクスは、フーリエ主義の「パッション」論に注目するよう促し、E・ドゥ・ポンペリ（一八一二—九五）の『フーリエにより構成された社会科学序説』（第二版、一八四〇年）から長い引用を行い、注目するようフォイエルバッハに訴えているのである。我々はこの点についても、当時のパリの社会主義・共産主義運動の内部で、変革を「パッション」で基礎づけようとする唯物論系と、「徳」で基礎づけようとする理性宗教系との間の分岐があったことを確認しておかねばならない。

「我々ドイツ人に対するフランス的性格の対立が、一人のフーリエ主義者の著作ほど鋭く明確に私に迫ってきたことはありません。それは次のような文章で始まっています。「人間はまるごと、彼の諸パッションの中にある」。……自然および社会の主要動力は、したがって、魔術的な動力、つまり情熱的で没反省的な引力であって、「総ての存在は、人間も植物も動物も、あるいは世界全体も、各々、それが世界秩序の中での各存在の使命に応じて、諸力のある集合を保持している」。したがって「引力は運命に対応している」ということになります。これらの文章の総ては、フランス人が意図的に彼らのパッションをドイツ的思考の純粋活動に対置しているかに見えませんでしょうか」(MEW 27-426)。

同時期に書かれた『経済学哲学草稿』第三ノートにも、「対象的存在者が私の中で支配すること、つまり私の本質活動(Wesenstätigkeit)の感性的激発、これが情熱(Leidenschaft)なのである」(MEGA² I-2-273)とか、「人間は対象的で感性的な存在者として受苦的な存在者であり、また自分の受苦を感じる存在者であるがゆえに情熱的な存在者なのである。情熱、パッションとは、自分の対象を獲得しようとエネルギッシュに努力する人間の本質力(Wesenskraft)なのである」(MEGA² I-2-297)などと、各所にパッション論が散見する。

フーリエによれば「情念引力(l'attraction passionnée)とは、反省に先立って自然により与えられ、理性、義務、偏見その他の反対にもかかわらず存続し続ける衝動である」[18]。これは「宇宙や人間を動かすために神が使用する仲介物」であって、「万有引力」により物質界を調和的に動かすのと同様に、「情念引力」により人間社会を調和的に動かす。だからニュートンが物理世界で開始した「引力計算」を社会領域にまで完遂することが、フーリエ社会主義の課題となる。逆に、パッションを抑制する道徳法則の中に神の意志を見ようとする理性宗教は「神の拙劣」を主張することにほかならない。フーリエにとっては、労働においても義務からでなく、あくまでパッションからそれを行う「魅力的(引力的)労働」こそが神の意図なのである。要は上手に「情念引力計算」を行い、情念の系列を調和的に編成した社会をつくることであり、そこでは労働は遊びとなり、野心や移り気のような悪徳情念もそのまま重要な役割を果たし、生産高や利益（フーリエは私有を否定しなかった）を飛躍的に高めるだろう。

　フーリエ自身は無神論や唯物論を否定しているが、「情念引力」論はすでにエルヴェシウスに見られるのであって[19]、マルクスも当時「フーリエは直接フランス唯物論の学説から出発する」（MEW 2-139）と見ていたように、その唯物論的起源は明らかだろう。ヘップナーは第三草稿の「情熱、パッションは彼の対象を獲得しようとエネルギッシュに努める人間の本質力である」（MEGA^2 I-2-297）というマルクスの命題の中にフーリエの影響を見るばかりでなく、フォイエルバッハの「直観的唯物論」に対する批判にきっかけを与えたのもこのパッション論ではないかと推定する。[20]たしかにフォイエルバッハの感性概念をヘーゲルの「動かし産出する原理としての否定性」と結び付けつつ、歴史の論理を構築しようとしているマルクスにとって、パッション論が結節の役割を果たしていると言えなくもない。しかし同時に、「感官と精神の間の抽象的敵対」（MEGA^2 I-2-286）を私的所有下の分裂とみて、共産主義的変革を媒介とする「人間的センス」の歴史的生成を展望するマルクスにとっては、パッションそのものを人間化する方向での歴史的否定性の欠如をフーリエの中に見ざるをえないのであって、その限りでドイツ的純粋精神に対する「対立的一面性」（MEW 27-426）との位置づけが生じてくるのである。

　マルクスのこの手紙の本来の目的は、バウアー一派に反対する一種の提携関係をフォイエルバッハに申し入れることにあったと思われる。その場合、マルクスは、自分のポジションを明確に社会主義・共産主義の側に取った上で、そういう実践的文脈の中で、フォイエルバッハやバウアーを意義づけようという基本姿勢を取っていることは明らかだろう。フォイエルバッハを「唯物論」として、ただし「真の唯物論」として、むしろ〈マルクスが〉読み込んでいったのではないか、という我々の推定は、「無信仰」「プロレタリア」「パッション」がパリの諸運動内部で唯物論派を特徴づける指標であったことを考えるならば、けっして不自然ではないだろう。フォイエルバッハがまず「ズバリ唯物論を玉座に据え」、その影響で「唯物論」へのマルクスの移行が生じたとする発想は、ブルックベルクに隠棲するフォイエルバッハと、パリで運動の渦中にあるマルクスとの〈存在の落差〉とでも言うべきものへの感受性が乏しすぎるように思えるのである。

第5章　註

（1）MEGA² I-2-697/698 および新メガ編集者の次の論考も参照。Inge Taubert, Zur Interpretation der «Ökonomisch-Philosophischen Manuskripte», *Marxistische Studien*, Sonderband I, IMSF Frankfurt am Mein, 1983, S.241.

（2）ヘーゲル『精神の現象学』の「自己意識」参照。

（3）Hess, *Philosophische und Sozialistische Schriften.*, S.331.

（4）本書第6章第1節参照。

（5）もちろん「唯物論」と「唯心論」の「抽象的反省的対立」それ自身は、いわば哲学史上の常識であるから、第一段階のマルクスにも見られなくはない（たとえばEg.1-428, 430）。けれどもここではまだ、近代社会の基本構造としてこの対立を位置づける視点が欠けている。

（6）廣松渉『マルクス主義の成立過程』至誠堂、一九六八年、四七頁。

（7）タウベルトは別の論文でも「一八四三年の秋頃マルクスは唯物論と共産主義への移行を遂行した」としている（Inge Taubert, Probleme der weltanschaulichen Entwicklung von Karl Marx in der Zeit von März 1841 bis März 1843, in *Marx-Engels Jahrbuch*, Bd. 1, Dietz Verlag, 1978, S.208.）。

（8）これら「通説」が準拠したものとしては後述のエンゲルス『フォイエルバッハ論』（一八八六年）と並んでレーニンの『カール・マルクス』（一九一四年執筆）があると思われる。レーニンはそこで次のような移行論を述べている。「この学位論文では……まだまったくヘーゲル学派の観念論の立場に立っている。……ここ［四二年の『ライン新聞』掲載論文］では観念論から唯物論への、革命的民主主義から共産主義への移行が現れている。……右に述べた移行はここ［『独仏年誌』］で最後的に完成されている」（大月版レーニン全集、第二一巻六八頁）。

（9）念のため以下に該当注を訳出しておく。「この問題に関しては、我々の立場はマルクス主義哲学史で一般に受容されている見解からそれる。それによればマルクスは同時に唯物論者と共産主義者となったのであり、『独仏年誌』で発表された論文、とりわけ『ヘーゲル法哲学批判序論』が、それへの移行と同時期に書かれたのだとされる。……しかしながら『独仏年誌』の諸論文には、まだ、経済発展の唯物論的説明が欠けており、物質的生産の役割の概念的把握——それなしには歴史的唯物論の解明は考えがたい——が欠けている。論文『ヘーゲル法哲学批判序説』には、先行する諸論文のような観念論的動揺は発見されないが、こういう［唯物論と共産主義への同時移行という］結論を下すための積極的基礎を提示してはいない」。このマールクシュの了解も、また一種の外挿法であり、マルクスという当該意識への内在が欠けると思われるが、パリ期移行説という結論だけは我々と同じである。

（10）ヘップナーは、マルクス「唯物論」のフォイエルバッハ起源のみへの注目を、方法的に批判している。「マルクスの唯物論の哲学的源泉としてみなされるのは、ほとんどの場合、宗教的疎外や哲学的観念論的疎外の、フォイエルバッハによる「人間主義的」揚棄だけである。……社会主義的共産主義的諸努力は、その際、ブルジョワ的地平を乗り越える目標設定のための外的衝動としてしか現れない。古典的ドイツ・ブルジョワ哲学とその諸流派は、たしかに、マルクスの思想形成行程に対応して、最も身近な相手である。それにもかかわらず、ほどなくユートピア社会主義および共産主義がますます哲学的重要性を獲得する。たとえばフーリエのケースはこの点で特に明白である」（Ibid., S.173）。

（11）Ludwig Feuerbach, *Philosophische Kritiken und Grundsätze*, Reclam, 1969, S.270.

（12）「唯物論論争」については、*Schriften zum kleinbürgerlichen Materialismus in Deutschland*, Akademie Verlag, Berlin, 1971. の編者による序論に詳しい。

（13）Ludwig Feuerbach, *Briefwechsel*, Reclam, Leibzig, 1963, S.303.

（14）フォイエルバッハはこの「方法」を『哲学改革のための暫定的諸テーゼ』で次のように定式化している。「思弁哲学一般の改革的批判の方法は、すでに宗教哲学に適用された方法と異ならない。われわれはただ、述語を主語にし、主語として対象および原理とすること、したがって思弁哲学を転倒（umkehren）するだけでよい」（FSW II-224）。これを『キリスト教の本質』序論に即して図式化すると、〈神（主語）は人間の類的本質（述語）である〉が転倒されて〈人間の類的本質（主語）が神（述語）である〉となる。ヘーゲル観念論に適用すると〈理念（主語）は自己を限定して感性的現実（述語）を産出する〉が〈感性的現実（主語）が自己を限定して理念（述語）を産出する〉となる。フォイエルバッハ

「人間の哲学」では述語の位置に来るのは最終的には人間であって、物質なのではない。

（15） A. Ruge, *Zwei Jahre in Paris*, Gerstenberg Vlg., 1977, Bd. 1, S.140.

（16） Ernst Barnikol, *Das Entdeckte Christentum im Vormärz*, Jena, 1929, S.160. これはバルニコルが詳細な序文「原始キリスト教の批判者としてのブルーノー・バウアー」を付して再刊したものである。

（17） Bruno Bauer, *Ferdzüge der reinen Kritik*, Suhrkamp, S.211-221. および B. Bauer, *Posaune des jüngsten Gerichts über Hegel*, scientia Verlag, S.90.

（18） フーリエ『産業的協同社会的新世界』田中正人訳、中央公論社「世界の名著」続八巻、四九五頁以下。フーリエは、「原始社会」が諸パッションの「調和」ある「幸福」な時代であり、以降「不統一秩序社会」が継起すると考えているので、原始社会、不統一秩序社会（未開、家長制、野蛮、文明、保障）、そして調和という三段階区分も可能だろう（『四運動の理論』巌谷国士訳、現代思潮社、一九七〇年、上九九頁以下）。

（19） Mondshian, *Helvetius*, Berlin, 1959, p.419-420.

（20） J. Höppner, Marx und Materialismusproblem bei Fourier, in *der Bürgerlichen Gesellschaft und Theoretischen Revolution*, Pahl-Rugenstein, 1978, S.178.

第 6 章
［移行 2］

パリ期マルクスと仏英の唯物論的共産主義

「この共産主義は〔完成された唯物論〕完成された自然主義としてイコール人間主義であり，完成された人間主義としてイコール自然主義である．それは人間と自然，人間と人間の抗争の真の解決である．」

（『経済学哲学草稿』第 3 ノート，1844年，26歳，パリ）

章扉写真＝1844年パリのマルクス
（出典）　*Museum Karl-Marx-Haus Trier*, Westermann, 1983.

第5章に基づいて、まずは「唯物論」へのマルクスの移行に際してのフォイエルバッハの意味に関する、我々の推定を整理しておこう。

①我々が、「唯物論」へのマルクスの移行の基本指標としてみなすのは、『経済学哲学草稿』第三ノート（一八四四年八月執筆）の「完成された唯物論」とか「真の唯物論」という表現である。

②「物質的」なものへの態度変更の背景に「プロレタリアート」があったように、「唯物論」へのマルクスの態度変更の背景にも、実在する唯物論運動があった。つまりパリにいるマルクスにとって「唯物論」は、もはや単に哲学史的存在ではなかった。

③そのような実践的文脈・関心で、フォイエルバッハを「真の唯物論」の基礎づけ者として〈マルクスが〉読み込んでいった。その際『キリスト教の本質』第二版序文（一八四三年）で、フォイエルバッハ自身が、少なくとも「理論的哲学」の領域では「実在論、唯物論」が自分にあてはまると明記したことが、大きな機縁となった。

④『経済学哲学草稿』第三ノートでは「共産主義」についても、実在する共産主義運動を、第一、第二段階に区分し、自分の構想する「真の解決」（MEGA² I-2-263）としての第三段階の共産主義をそれらに対置する形で、

実はマルクス〈自身が〉「共産主義」への移行を表明するという、独特の構図が見られるが、「唯物論」についても、実在する唯物論運動に対して、フォイエルバッハが基礎づけた「真の唯物論」を対置するという形で、実はマルクス〈自身が〉「唯物論」への移行を表明していくという、独特の構図が見られる。つまり、「共産主義」への移行と「唯物論」への移行は、既存の「共産主義」や既存の「唯物論」への批判姿勢も含めて、構図的にも重なり合っているのである。

⑤この移行に際してのネガティヴ・インパクトとしては、ルーゲとの「人間主義学派論争」におけるヒューマニズムの種差づけがあり、また、とりわけ「唯物論」批判、「プロレタリア」批判に進みつつあった先輩バウアーとの対決があった。

そこで次に、このような推定に基づき、これまで後景においていた、当時のフランスの社会主義・共産主義運動における「唯物論」問題へと目を転じることにしよう。

［1］フランスの「唯物論的共産主義」

マルクス「唯物論」のルーツをめぐる従来の議論の欠陥は、パリにいるマルクスの活動圏の内部に実在した唯物論運動を追うという観点が欠落していた点にある。マルクスが後に回顧したとおり、「私の最初のパリ滞在中、同盟［「義人同盟」］のパリ指導部やフランス人の秘密労働者団体のほとんどの指導者たちと個人的交際を続けた」(MEW 14-439)。では、これら共産主義の運動体において「唯物論」は何だったのか。このように率直に探りを入れるのは当然ではなかろうか。

1　「フランス共産主義の唯物論派」

マルクスが滞在した一八四〇年代前半のフランスでは、労働者共産主義の急速な拡大が見られた。三〇年代後半で、パリとリヨンを合わせても、約四千名の社会主義者、ほぼ同数の共産主義者しかいなかったとされるが、四〇年代には多く見積もると約一〇万人の共産主義者がいたらしい。[1] ヘスが『独仏年誌』に掲載した『パリからの手紙』（一八四四年一月執筆）は、当時のフランス共産主義運動が世界観の上で「宗教的グループ、唯物論的グループ、無頓着グループという二つないし三つの主要グループに分かれ」、宗教を方便として利用する「無頓着グループ」を含めると「共産主義の大多数は宗教的色合いを持っている」と伝えている。[2]

ヘスがこの「無頓着グループ」のもとに主にイメージしていたのは、おそらくE・カベ（一七八八―一八五六）だろう。カベはコミュニストという呼称の創始者といわれ、四〇年代前半のフランスでの共産主義大衆化に大きく寄与した人物である。彼は大衆宣伝と普通選挙を通して権力獲得を可能と見る共産主義の改良主義的多数派を代表していた。彼は「共産主義」の「本質的条件」は、私有の廃止、平等、友愛、平等な教育、労働の新組織を承認すること、に限定されるべきであって、「宗教の問題、唯心論と唯物論の問題」は、家族や都市を廃止するかどうかの問題と同様、「非本質的」であり、「これらの問題は共有制が実現した時点に属する問題で、今は横に置いておかねばならない[3]」という立場を取っていた。

他方、労働者共産主義の少数左派は、バブーフの流れを汲み、階級闘争の非和解性と暴力革命の必然性を主張していたが、この左派の内部にも「唯物論」をめぐって意見の分岐があった。「バブーフの陰謀」（一七九六年検挙）の生き残りで、一八三〇年代以降、いわゆるネオ・バブーフ主義の生みの親となったF・ブオナローティ（一七六一―一八三七）は、ロベスピエール主義者で、理性宗教の立場に立っており、「唯物論」に対する激しい嫌悪を示している。一八二八年に出版された『バブーフの名で呼ばれた平等のための陰謀』の中で、彼は次のように書いている。

「イエスの純粋な教えは、自然宗教の流出として示される限り、……賢明なる改革の支柱、真の社会的倫理の源泉となりえよう。その教えは唯物論と相容れないのであって、唯物論は非常に多くの人間を、自分たちの直接利害に照らしてのみ振る舞うように仕向け、すべての徳を茶化すように仕向けるのだ[4]」。

明らかにブオナローティは、「唯物論」のもとに「市民社会の唯物論」を理解し、本来「徳」を支柱とするべき「平等主義的（égaritaire）」変革に背反すると考えたのである。

「バブーフの陰謀」内部の唯物論派としては無神論詩人のS・マレシャル（一七五〇―一八〇三）が有名で、彼の起草した『平等者宣言』は、「真の平等が残りさえすれば、すべての芸術など滅ぶがよい」とか、「統治するものと統治されるものとの不快な区別など消滅すればよい」といった無政府主義的反進歩主義的表現により、バブーフなど秘密総裁政府によって公表禁止となったとされる[5]。

若干の単純化を許してもらうと、「バブーフの陰謀」の内部における唯物論派と理性宗教派の対立は、マレシャル対ブオナローティ、サンキュロット系対ロベスピエール系、パッション主義対道徳主義、無政府主義系対国家主義系、という一連の対立に連続していた様子である。三〇年代のネオ・バブーフ主義も世界観的には雑多で、指導者の中でも、L・A・ブランキ（一八〇五―八一）は唯物論者、A・バルベ（一八〇九―七〇）は有神論者であったらしい[6]。

三九年五月の蜂起失敗と旧「四季協会」の解体に伴い、即刻、いわゆる「新四季協会」（当初は五〇〇～六〇〇人、四二年頃には一五〇〇人、四八年の革命まで存続）が結成され、そこから「平等主義的労働者協会」（四〇年結成か、少なくとも四〇〇人のメンバー）、「革命的共産主義協会」（四〇年前半結成、結成時一五〇〜二〇〇人、四八年二月の時点で六〇〇人）、「異説協会」（四五年末結成、四八年二月時点で約五〇〇人）が次々分離している。四〇年代後半には、多くの共産主義グループが「唯物論者協会（société materialistes）」（四七年初めに弾圧されたが、四八年の二月革命まで存続）を結成、この協会の中には、革命資金のために窃盗を行うウルトラ急進派もあったとされている。(7)

これら秘密結社のうち、「平等主義労働者協会」（「新四季協会」の一フラクションだと推定されている）は、出版活動も活発で、理論的にも成熟したグループであったらしい。この組織は労働者以外にT・デザミ（一八〇三－五〇）やJ・ピヨ（一八〇八－七七）といった文筆家も結集し、ネオ・バブーフ主義の従来の世界観的無関心を克服して、共産主義と唯物論の結合という姿勢を明確に打ち出していたらしい。(8)

この組織（またはその一分派）の機関誌『リュマニテール』の設立者たちによる四一年七月二〇日の会議の議事録によれば、「共産主義＝平等主義的教義の根本」として、九項目の確認がなされており、その第二項目は「〈唯物論〉は告知されねばならぬ。なぜならそれは自然の不変の法則だからである。一切はこの法則に基づいており、誤りに陥ることなしにこの法則にそむくことはできない」(9)となっている。ちなみに他の項目は次のとおりである。

「〈真理〉は分割不能であり、それのみに人間理性を導くことが許され、したがって人は真理を、全体として、また至るところで、適切な仕方で告知せねばならぬ」（第一）。「〈個別家族〉は廃止されねばならぬ。なぜならそれは、愛着心の細分をもたらし、唯一、人間たちを結びつけることが許される友愛の調和を引き裂き、人間たちを堕落させる一切の災いの原因となるからである」（第三）。「〈結婚〉は廃止されねばならぬ。なぜなら、自然が自由に創造したものを奴隷と化し、肉体を個人の所有とするのは、不正な掟であるからである。またそれによって共有体と幸福が不可能となるからである。というのも共有体がどんな種類の所有も認めないということは、広く知られているからである」（第四）。「〈諸芸術〉は、自然の外部に、人間の諸欲求の外部にあるので、気晴らしとしてのみ受け取ることができる」（第五）。「〈贅沢〉は、自然により命じられたものでなく、また人間の諸欲求の中にはないという理由で、消滅せねばならない」（第六）。「〈諸都市〉は破壊されねばならない。なぜならそれらは支配と買収の中心点だからである」（第七）。「〈自治体〉は産業関係において特別の任務を持たねばならない」（第八）。「〈不断の旅行〉は、人間の身体や活動と緊密な関係にあるので、できるだけ発展させられねばならない」（第九）。

また、その後の討議で、「生来的な観念・趣味・傾向・適性」の否定、「献身」の否定と並んで、「進歩」の否定が確認されている。なぜなら「進歩と呼ばれるものは、無限なもの、相互に闘争する善と悪との永遠の増大であって、善の完全な発展を許さず、いわば善を拒み、あらゆる完全化を斥ける」からである。[10]

『リュマニテール』創刊号は、一八世紀唯物論と共産主義との媒介者として、バブーフと並んでとくにマレシャルを称揚している。

「マレシャルはディドロやドルバックの作品に比肩した。彼は一七八一年に匿名で哲学詩を公刊した。……それは自然を超えた本質の存在を容認する見解に対する雷鳴のごとき告発であり、唯物論の雄弁な弁護であった」[11]。

このことから推して、この派は唯物論的共産主義を、反進歩主義的傾向と一緒に、マレシャルから受け継ごうとしていた様子である。『リュマニテール』は四一年七月に第一号、八月に第二号(各八頁)を出しただけで、結社禁止法違反で編集関係者一九名(ほとんどが労働者)が逮捕され、廃刊となってしまったのであるが、神や私有のみならず、結婚、家族、都市や職業としての芸術まで「廃止」しようとするその挑戦的口吻もあって、フランス内外で大きな反響を呼んだ一つの思想的事件であったらしい。「唯物論的共産主義の狂気の透視画」として反共産主義宣伝にも利用され、また内部分岐を拡大した様子だ。(12)

唯物論者たちは、四五年に発刊された共産主義誌『ラ・フラテルニテ』(第三次)にも参加し、カベの報告するところによると、編集部のうち、二二名がA・エスキロスやA・コンスタンら、フロラ・トリスタン(一八〇三―四四)系の「唯心論者」、二一名が「唯物論者」であったらしい。プロイセンの圧力でマルクスがパリを追放された時(四五年二月三日)、この『ラ・フラテルニテ』は『ラ・レフォルム』とともに、これに抗議している。四六年の『ラ・フラテルニテ』の分裂に際しては、パリにいたエンゲルスが、ブリュッセルのマルクス宛ての通信(四六年九月一六日付)で、「『ラ・フラテルニテ』では、唯物論者たちと唯心論者たちとの間で大論争があった。唯物論者たちは二二票対二三票で負けて脱退した」(MEW 27-46)と報告している。

エンゲルスはまた、先述の「唯物論者協会」に関わると思われる裁判に際して「『レフォルム』と『ナショナル』」という記事を書き、「『レフォルム』がパリのジャーナルの中で、唯一、唯物論的共産主義者たちを擁護した」ことに「感謝」しつつ、カベが「唯物論者たち」に反対するあまり、政府の反共産主義に事実上同調してしまっていると指摘している。ただしその際、エンゲルスはこの「唯物論的共産主義者たち」を「共産主義の大なり小なり未発達の形態」の中へ数え入れている(MEW 4-425/426)ことも確認しておく必要があるだろう。

2　マルクスとデザミ

マルクスはこれらを「フランス共産主義の唯物論派（die materialistische Fraktion des französischen Kommunismus）」（MEW 2-208）と総称しているが、この派を文筆において代表していたのがT・デザミである。マルクスは『聖家族』でデザミを「唯物論の教説を実在的人間主義の教説として、共産主義の論理的基礎として展開」している「より学問的なフランス共産主義者」（MEW 2-139）だと高く評価しているのは周知のところである。デザミは、主に、エルヴェシウス、モルリ、バブーフ、フーリエなどの独自的綜合として、唯物論的共産主義の積極展開を目指していた。

マルクスより一〇歳年上で、元ヴァンデー地方の教師、旧「四季協会」のメンバーであったデザミは、四〇年からカベの秘書として『ポピュレール』の編集に携わったが、同時期に前記「平等主義的労働者協会」の事実上の機関誌『レガリテール』も編集している。四一年末にはカベの無原則幅広主義に幻滅して決別、『カベ氏の誹謗と政略』（一八四二年）で「カベ氏よ、あなたの書物の中にはすべてのものが、すなわち、理神論、唯心論、汎神論、自然主義、唯物論が見いだされる」などと論戦を挑んでいる。[13] マルクスはすでに『ライン新聞』時代に、このカベ批判から引用しており（MEW Eg.1-404）、「原理の闘い」を回避し、「皮相浅薄な世論」に媚びる「ベテラン」カベに対するデザミの率直な論争ぶりが、四二年一一月の段階ですでにマルクスに強くアピールしていたことをうかがわせる。

デザミは四二年には主著『共有体の法典（Code de la Communauté）』を出している。マルクスは『レガリテール』二冊と『反カベ論』のほか、この『共有体の法典』も所持しており、これらへのマルクスの書き込みからみて、マルクスはとくに物質的利害の強調の箇所に注目しているらしい。[14]

マルクスがパリにいた四四年には、デザミは友人のゲー（一八〇七―?）やナヴェールとともに前年出版した『共有体年鑑』により、本の廃棄、三〇〇フランの罰金、八週間の拘禁という処罰を受けている。貧窮の中、病軀をおして闘い続けたこの革命的文筆家について、A・ルーゲの回想にはこうある。

「デザミは再三私を訪れた。彼は私とともに食事をし、ついに我々は気持ちよい交際を続けるようになった。彼は唯物論者で、世界をそれ自身から説明しようとした。……要するに彼はトータルな共同社会の原理の全帰結を公然と告白するのだ。カベは年老いていたが、……デザミは若く、彼の大義は彼の心を魅了し、真理を堂々と告げるに十分なほど、彼は真理に親しんでいた。……だが彼の論じ方全体が、フランス人たちの通常の思考様式に対する反乱なのである。フランス人たちには、……ある人間が「自分は革命の子である」という場合より、「自分は無神論者であり非キリスト教的である」という場合の方が、はるかに恐るべきことと思われるのだ。彼らはバリケード用舗石より哲学を恐れる。……一八四四年のデザミの『社会組織年鑑』は有罪となった。なぜか。神なき教義のためである。……私は、反政府派新聞のいろいろな編集者に、傾向裁判を放置しておくことの危険を説いたが、彼らの答えはいつもこうだった。「彼はわが党のものではない」。……判決の直後、デザミは私を訪れ、英国にいる友人のところへ、一緒に旅行しようと誘った。「下獄しなくてもいいのですか」と私はたずねた。「帰ってからそうするつもりです」。彼は静かに答えた[15]」。

仲間割れしたとはいえ、ルーゲはマルクスと『独仏年誌』を共同編集した間柄である。ここに描かれているような個人的交流から推して、デザミはマルクスにとってもそう遠い存在ではなかったと考えるべきだろう。事実、四八年二月革命勃発後、一時、パリに戻ったマルクスは、デザミがつくった「人民協会」に入って、ブランキら革命派を支持したらしい。[16]

3　デザミ『共有体の法典』の論理構成

では、デザミにおいて唯物論はどのように共産主義と結びついていたのか。『共有体の法典（Code de la Communauté）』を見ておこう。

①自然観　デザミは「自然」「宇宙」「世界」「物質」をほぼ相覆う概念と見ていたようだ。ドルバックが自然を「大いなる全体」と見たように、デザミにおいても自然は「それを構成し、それを顕現している万象の中の一者」をなし、「絶対的有機体」をなしている。だから知の目標はこの大いなる統一を把握する「唯一の学、百科全書的な学」を築くことにある。「物質」も「精神」に対立するような部分存在なのではない。「物質はそれ自身の中に、活動性、引力、知性、調和、そして完成可能性（perfectibilité）といったすべての原理を秘めている」[17]。プラトン『パイドン』の中の唯物論者の言を踏襲して、デザミは生命、思惟、精神などはすべて「諸器官の調和ある演奏」と見る。[18]

「自然」は法則的なあり方をしている。「引力法則」は力学的化学的生物学的に働くだけでなく、フーリエの「情念引力」のごとく「精神的知的秩序」をも支配する。「内的比率の法則」は諸要素の結合の様式を支配し、構造概念に当たるものと思われる。「調和原理」は部分システムが幾重にも複雑に重なって上位システムを形成していることであって、「生命」「意識」「社会組織」もこの原理に支えられている。「完成可能性原理」は、人間が自然的歴史的精神的環境を「加工」し、「同化」することを通して、「彼の組織（organisme 器官）を完成し、その全存在を展開すること」である。諸器官は、個体としても、集合体としても外界の影響で変容するが、外界もまた人間の諸力能の遂行に従属する。「人間はその物理的精神的環境の産物であると同時に彼の組織の産物である」[19]。

エルヴェシウスやフーリエとのデザミの結合を表すパッションについては、「パッションは活動性（activité）の動力であり、感性（sensibilité）の中に必然の根をもつ[20]」のであり、「人間は本質的に活動的存在、活気と生命、充たされぬ願望に満ちた存在である」としている。

②社会理論　だから社会理論の課題は、一方で現存諸制度を「自然の諸法則の巨大な攪乱[21]」として糾弾することであり、他方で自然の諸原理に適合する制度（「共有体」）を「論証的学の必然的成果[22]」として提示することである。ただしその際、デザミは自然一般の学ではなく人間的自然の学に立脚しようとする。

「私がそれを反復する尺度、確実性の定規、それは人間有機体の学（la science de l'organisme humain）、つまり人間の諸欲求、諸力能、諸パッションに関する知なのである[23]」。

だから彼は自分を「共産主義的生理学者（les physiologists communists）」とか「生理学的共産主義者（les communists physiologists）」と呼称するのであるが[24]、この「生理学」はけっして個体身体の生理過程だけを扱うのではなく、環境との調和ある関係における「人間有機体」を研究するのであるから、その限りでは「人間、外界、社会環境の統一的複合的研究[25]」を目指しているのである。

③幸福と自由　人間の願望や行為の目標は「幸福」である。それは「一言で言えば我々の自然に最も適合した生活である[26]」が、「自然」は「完成可能性原理」や「知性原理」を「秘めて」いるので、「幸福」もまた単に身体的充足にとどまらず、「完全化」を内実とするのである。「自由」は内容からみると「幸福」と重なるが、それを行為の契機で規定したものだろう。「人間の自由は彼の力の発揮にある[27]」。マルクスも『聖家族』でこれに言及し

ている（MEW 2-138）ように、この「力の発揮（exercice de puissance）」としての自由は「自然法則」からの離反という意味での「自由意志」と対立する。デザミは必ずしも「自然法則」からの離反を全否定しているのではないが、それを人間の「悲しむべき特権」[28]と見ているのである。

④「社会状況」と善悪　幸福追求のパッションは「社会状況」の中では、善ないし悪という価値を背負う。この善悪の刻印は「まったく社会状況に属している方向による」[29]。この具体的レベルで人間を規定すると「その中で人間が現に生き、またこれまで生きてきた社会環境の産物、つまりその本来の素質、その教育、さまざまな風習や法律、そして他の無数の事情の産物」[30]なのである。

⑤「自然諸法則の巨大な攪乱」　先に見たように、現存社会は「自然諸法則の巨大な攪乱（une immense perturbation des lois de la nature）」として把握される。「所有（propriété）」は「濫用」「分断」「独占」「排他」「エゴイズム」「敵対」「支配」にほかならない。マルクスの「市民社会の唯物論」の世界は、あるいはヘーゲル主義的伝統が「精神」の「自己外化」と了解する世界は、デザミでは、本来、各分肢間の「調和」を原理としている自然が、社会レベルで「乖離（écart）」「変調（dérangement）」「病（maladie）」「障害（lésion）」に陥った状態として了解されるのである。[31]

⑥「共有体の法典」　このようにして、「人がもはや堕落しえず、また邪悪でありえないような一つの情況を発見すること」という、モルリが『自然の法典』の中で立てた課題が、そのままデザミの課題となる。[32]この「共有体」はおよそ一万人からなり、「国民的共有体」「人類的共有体」へと結合しあう。「共有体」間の分業は排除されない。共有原理と分配の平等は厳格に規定されるが、各人は多様性を発揮して「繁栄のための競争」を行う。ただし「才能はそれ自身のなかに報酬を見いだす」だけであって、サン＝シモン主義的業績原理は排斥される。都市産業と農業の産業化にアクセントが置かれる。労働、食事、教育、遊びは共同の場で行われ、子供は一緒に

寝るが、大人は個人の居住空間をもつ。両性は完全に平等で、愛のみが両性の結合を正当化するが、個別家族は斥けられる。教育では産業的実践との結合が強調され、強制は禁じられる。「産業軍」というフーリエの構想が受容される。(33) 「移行システム」としては、政治権力の獲得と「一〇年以内の戦争の後の、諸国民の進歩的普遍的解放」という革命的過程が想定されている。(34)

4 マルクスとデザミの理論的連続面

したがってデザミにおける「共産主義」と「唯物論」の結びつきは、次のように概括できるだろう。

①「超自然的」なものを排除することにより、宗教権力、「神」、「唯心論」と公然と対決し、現世主義の観点で社会変革を訴えようとした。

②「感性」を根に、「パッション」を「動力」に、「活動性」(「環境」の「加工」と「同化」)を通じて、「完成可能性」を展開していくという、人間的自然の「活動的」存在構造を理論の中心に据えようとした。

③「自然」の「調和原理」に基づき、共産主義を超歴史的に構成し、正当化しようとした(実質は身体組織と社会組織のアナロジーであった)。

これらのうち、③については、マルクスはすでに四三年九月のルーゲ宛ての手紙で、「カベ、デザミ、ヴァイトリングらの教える現実に存在する共産主義」を、永遠の真理を教条的に構成し、それを世界へと押し付けようとする「一つの教条的抽象」であると斥けている(MEW 1-343~346)。もちろんマルクス自身、『経済学哲学草稿』でも、このような「教条的抽象」の面を残している(教義的「人間主義」「自然主義」の面)のだが、「私的所有」自身の運動に内在し、その批判的動態的分析に共産主義運動の理論的基礎を求めようという姿勢の優越において、すでにデザミと際立った差異があるのは一目瞭然であろう。

これに対し、マルクスとデザミの理論的連続性という面で、中心的位置を占めるのは、何といっても②である。この面は『経済学哲学草稿』から『フォイエルバッハ・テーゼ』に至るマルクスの発展軸に直接触れるといっても過言ではあるまい。もっとも、「パッション」も「活動性」も「完成可能性」も、デザミのオリジナルというよりは、エルヴェシウスやフーリエに由来するものであろうが、「共産主義」を「自然」の「秘めた」「完成可能性」の展開として、これらを綜合して提出しているのは、何といってもデザミの大きな特徴ではなかろうか。だからマルクスが『経済学哲学草稿』第三ノートで「この共産主義は《完成された唯物論》完成された自然主義としてイコール人間主義であり、完成された人間主義としてイコール自然主義である」(MEGA² I-2-263,《 》内は抹消部分)と書いて、抹消したとはいえ初めて「唯物論」を肯定的に用いた時、この「完成された(vollendet)」という表現から見て、マルクスがデザミを下敷きにしていた可能性はきわめて高いと考えられるのである。ずばり言えば、「共産主義」を、したがって「完成された人間主義」を、「完成された唯物論」あるいは「完成された自然主義」として構想したのは、デザミではなかったか。

[2] 一八四四年のマルクスに社会主義・共産主義はどう映じていたか

ただし、右に述べたことを、マルクスがデザミに個人的に傾倒したとか、フォイエルバッハではなくデザミだとかと、逆の単純化で受け取らないようにしなければならない。ここで強調したいのは、マルクスにとって「唯物論」が、単なる哲学史的な存在ではなく、実在する歴史運動であったということ、そういう実践的インパクトが、「唯物論」へのマルクスの移行における規定的側面であったということ、そしてこれら実在運動と一線を画す形で、フォイエルバッハ（や自分自身）を「真の唯物論の基礎づけ」という方向で読み込んでいこうとしたということなのである。そこで次に、いま少し広い文脈でこの問題にアプローチするために、四四年の時点でマルクスの目に、仏英の社会主義や共産主義が全体としてどう映じていたのか、その内部で「唯物論」問題はどういう位置を占めていたのかを、探ってみることにしよう。

1　一八四三年九月の社会主義・共産主義分類

パリに出る直前の四三年九月の日付の入ったルーゲ宛てのマルクスの手紙は『独仏年誌』に公表された際、共同編集者ルーゲの手が入ったとされるものであるが、そこでは「社会主義の原理」が「私的所有の揚棄」にあると限定したうえで、これが「カベ、デザミ、ヴァイトリングらの教える現実に実存する共産主義」と「フーリエ、プルードンなどの社会主義的教説」とに分裂していると見ている。そして「現実に実存する共産主義」の方を「自分の対立物である私的所有に感染した特異な現象」と見ていた。しかも「社会主義的原理」そのものが「真の人間的本質の実在面」という「単なる一側面」にしか関係せず、「人間主義的原理」はさらにほかに、宗教や学問のような「人間の観想的（theoretisch）実存」や「政治国家」にも関与しなければならないとされていた（MEW 1-344）。

これを図示すれば次のようになろう。

- 人間主義原理（批判原理）
  - 私的所有（実在面）――社会主義原理（批判原理）
    - 共産主義（私有に感染）（カベ、デザミ、ヴァイトリングなど）
    - 社会主義教説（フーリエ、プルードンなど）
  - 宗教・学問（観照面）
  - 政治国家

2　一八四四年八月『経済学哲学草稿』第三ノートの分類

四四年八月執筆の『経済学哲学草稿』第三ノートの第三頁以下では、「自己疎外の揚棄」のプロセスをたどるという文脈で、社会主義・共産主義の整理を試みている（MEGA^2 I-2-26）。

①私的所有を、単にその「客体的側面でだけ」考察し揚棄しようとするプルードン。

②私的所有の源泉を、労働という主体的活動の特定の不自由なあり方に見て、農業労働というあり方を対置したフーリエ。

③産業労働を対置し、産業者の単独支配と労働者の状態改善を説いたサン＝シモン。

④揚棄された私的所有の積極的な（positiv）表現としての共産主義。この共産主義は第一段階では疎外された人間のあり方を「普遍化」「水平化」しただけの「粗野で無思想な共産主義」である。

⑤「人間の自己への再統合・還帰」であることを自覚した第二段階の共産主義。この共産主義は「民主主義的であれ専制的であれ、まだ政治的性格をもつもの」と、すでに「国家の揚棄」の必要性が自覚されているものという亜段階をもつ。しかし両者とも、まだ私的所有に「触発」されている。

⑥「人間による人間のための人間的本質の現実的獲得としての」第三段階の共産主義。

このうち④はバブーフ主義および『リュマニテール』などネオ・バブーフ主義の一部を指すものと思われ、⑥はマルクス自身が構想する共産主義であることは明らかだろう。問題は第二段階およびその二つの亜段階のもとに誰が想定されているのかだが、これについてはケーギ、ヘップナー、廣松らにより種々の推定がなされている[35]。第一亜段階の「政治的性格」の共産主義のうち、「民主主義的」なものはカベを想定しているという点では諸見解は一致しているが、「専制的」共産主義と第二亜段階の「国家の揚棄を伴う」共産主義のそれぞれのもとに、マルクスが誰を想定していたかは、はっきりしない。というのは、デザミやヴァイトリングも含め、ネオ・バブーフ主義者たちは過渡期独裁の必然性を主張したが、同時に共通の業務の実務的処理機能へと国家を解消しようとするサン＝シモン的根本思想を受容してもいたから、解釈上の力点の置き方で、どちらとも取れるからである。したがってこれを図示すると次のようになる。

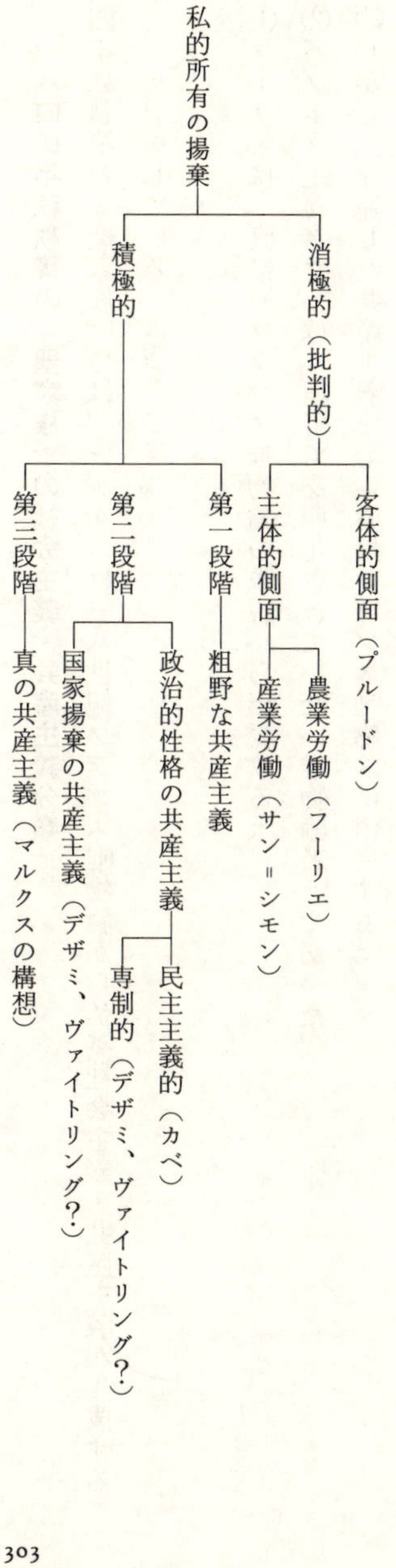

3　一八四四年秋執筆の『聖家族』の社会主義・共産主義分類

四四年秋執筆の『聖家族』では、マルクスは一八世紀フランス唯物論から仏英社会主義・共産主義が生成する系譜をスケッチしている（MEW 2-139）。

①フーリエは「直接、フランス唯物論の教説から出発する」。

②バブーフ主義者たちは「粗野で文明化されていない唯物論者」であった。

③しかし「発達した共産主義」も「直接フランス唯物論に由来する」。

④ベンサムはエルヴェシウスに基づいて「十分理解された利害の体系」を築き、オーエンは「ベンサムの体系から出発してイギリス共産主義を基礎づけた」。

⑤イギリスに追放されていたカベは共産主義理念をフランスへ持ち帰り、「共産主義の最も平板だが、最もポピュラーな代表」となった。

⑥これより学問的なフランスの共産主義者たち、デザミやゲーは、オーエンと同様、「唯物論を実在的人間主義の教説として、共産主義の論理的基礎として展開している」。

マルクスによるこの系譜学的整理は、必ずしも実態には合致していないが[36]、図式化すると次のようになる。

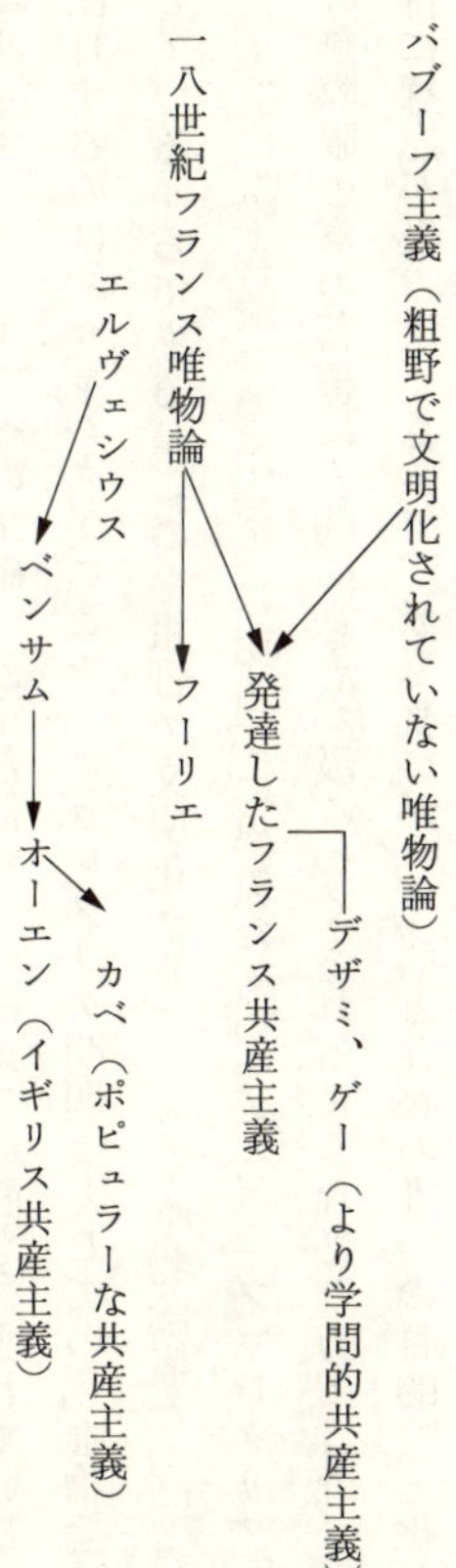

このように、四四年時点でのマルクスの目に映じた社会主義・共産主義を整理すると、「唯物論」問題は、けっしてもっぱらデザミら「フランス共産主義の唯物論派」の問題であっただけでなく、「粗野で文明化されていない唯物論者たち」であったバブーフ主義の問題でもあり、直接、一八世紀唯物論から出発しているフーリエの問題でもあり、またベンサムを通してエルヴェシウスに結びついているオーエンの問題でもあったことが了解できる。フーリエやデザミについてはすでに見たので、次に「粗野で文明化されていない唯物論者たち」とオーエンが、四四年のマルクスの目にはどう映じていたのか、簡単に見ておこう。

４　「粗野で文明化されていない唯物論者たち」

この「共産主義」は「労働者であるという規定が揚棄されることなく、かえって総ての人間へと拡張される」（MEGA^2 I-2-261）ことの中に、つまり疎外された労働者が自分の疎外されたあり方を「普遍化」することの中に、解放を構想する。

「私有」のもとでは万人は「より豊かな私有に対して嫉妬と水平化として立ち向かう」（MEGA^2 I-2-262）。「嫉妬と水平化欲」は元来、「競争の本質」をなしている。しかし「競争」はあくまで個々の富者に対する個々の貧者の「嫉妬」である。逆に「粗野な共産主義者」は貧者全体の「嫉妬」を「権力として構成する」ことにより、「私有」や「競争」を排除し、別の仕方でひそかに所有欲を充足しようとするのである。だからここで構想されているのは「労働の共同社会、サラリーの平等の共同社会」にすぎないのであって、水平化された労働者の上に立つ「承認された普遍」「共同社会的権力」が「普遍的資本」として彼らにサラリーを支払うことになる。

この場合「水平化」の「尺度」は「ミニマム」(MEGA² I-2-262) にほかならないから、「物件的に所有」できない「才能その他は、暴力的に捨象」され、「身体的直接占有[飲み食い]が生活と存在の唯一の目的」(MEGA² I-2-261) と化し、「教養と文明の世界全体の抽象的否定」「貧しく無欲求な人間の不自然な単純性への回帰」(MEGA² I-2-262) にとどまるのである。またこの「共産主義」は「婦人」の「排他的私有」としての「婚姻」を「婦人共有制 (Weibergemeinschaft)」で置き換えようとする。つまり「婦人」の「私有」を断念せざるをえない労働者たちは、「普遍的売春制」を実現しようとする。つまり、性関係を「動物的形式」(MEGA² I-2-261) にまで堕落させるのである。

「粗野な共産主義」に対するマルクスのこのような特徴づけにはプルードンの影響(37)が見られる。バブーフ主義や『リュマニテール』への正確・公正な批判とは言えない面も含まれている。にもかかわらず我々がこれに大いに注目するのは、マルクスがここで「プロレタリア問題」としての「唯物論問題」がはらむ両義性に直面しようとしているからである。この「粗野で文明化されていない唯物論者たち」はマルクスがこれまで批判してきた「救いがたい唯物論」の系譜とは明らかに異質なものである。「プロレタリア」において問題となる「唯物論」とは、無際限の富の蓄積に人間の意志が汲みつくされるようなあり方ではない。日々の「ミニマム」な生活手段の獲得に意志が汲み尽くされて、飲み食いが「生活と存在の唯一の目的」と化しているあり方としての、したがって「教養と文明の世界全体の抽象的否定」としての、この「唯物論」も、たしかに一種の「抽象的唯物論」という性格を有しているが、この「抽象」は、プロレタリアの存在そのものにおいて強いられている歴史―存在論的な「抽象」なのである。マルクスの考えでは、「自己疎外の揚棄」の過程は、まずは疎外された世界の内部で生きる疎外された存在が、自分の疎外されたあり方を尺度にしてこの世界を批判する、という形態でしか始まらない。マルクスは、やや強引ではあるが、そこにバブーフ主義の歴史的位置を見ようとしたのだと言える。

5　ロバート・オーエン

オーエンはフーリエとは異なり、私有財産、宗教、結婚制度を「悪の三位一体」と排斥（「精神的独立宣言」一八二六年）していたから、『聖家族』でも「唯物論の教説を実在的人間主義の教説として、共産主義の論理的基礎として展開」した唯物論的共産主義者と位置づけられている。

このような高い評価はすでに『経済学哲学草稿』第三ノートに見られる。マルクスは意識の領域内での疎外である「宗教的疎外」の揚棄を目指すにすぎぬ「無神論」と、人間の現実的生活の疎外である「経済的疎外」の揚棄を目指す「共産主義」を対比し、共産主義は宗教的疎外の揚棄をもモメントとして含むこと、しかし宗教的疎外の揚棄にしか目がいかないのはドイツ的一面性であることを示唆しつつ、「共産主義の方はただちに（オーエン）無神論とともに始まるが、無神論の方はさしあたりは共産主義であるにはほど遠い」「無神論の人間愛はそれゆえまずは哲学的抽象的人間愛であり、共産主義のそれはただちに実在的なもので、直接活動へと傾注している」（MEGA² I-264）と規定しているのである。マルクスは明らかにバウアー、ルーゲ（そしておそらくはフォイエルバッハ）などのドイツの哲学的無神論の一面性に、実在的人間主義としての英仏共産主義運動を対置しているのである。

オーエンがエルヴェシウスから引き継いだ唯物論的モメントは「人間性に及ぼす環境の影響の科学」であって、それによれば人間は生来的なもののほかは総て「環境によって決定」されるから、「人間は肉体的にも精神的にもいささかも自分自身を作るものではなく、したがって自由な主体あるいは責任主体ではありえない」[38]のである。オーエンによれば「自由意志と責任の理論」は不幸、悪徳、偏見の原因、責任をプロレタリア自身に求め、放置と処罰で済まそうとするが、これとは逆にこれらの原因を悪しき社会環境に見る「必然理論」こそプロレタリアに対する寛容と環境変革の不可欠性を主張しうるのである。この社会環境決定論は当時の社会主義、共産主義者のほとんどに共通するものであり、マルクスも『聖家族』ではこの論理をもって一八世紀唯物論と一九世紀共産主義との結節と見ている(MEW 2-136)。

しかし若干の仏語のオーエン文献を持っていた可能性はある(東独レクラム版『経済学哲学草稿』へのヘップナーの注)にせよ、まだ英語の不得手であったマルクスが、少なくとも第三ノートの段階でオーエンに理論的に立ち入った検討を加えたとも思えないし、社会環境決定理論のマルクスへの直接的影響を見いだすことも困難である。オーエンのインパクトは実践的共産主義者、実在的人間愛として、主として実践的性格のものだったように思われる。[39]

[3] 『聖家族』(一八四四年秋執筆)と近代唯物論史素描

我々は、マルクスが『聖家族』で与えている近代唯物論史のスケッチを、わざと後に残しておいた。彼が自らの唯物論への移行を唯物論史の全体的流れの中でどのように反省し位置づけているかを理解するためには、こういう順序が不可欠であったからである。そこで次に、この近代唯物論史素描を見ておくことにしよう。

「一八世紀のフランス啓蒙、とりわけフランス唯物論により撃退された一七世紀の形而上学は、ドイツ哲学、とりわけ一九世紀の思弁的ドイツ哲学において勝ち誇れる、内実に満ちた復活を体験した。ヘーゲルがそれを、天才的な仕方で、総てのこれまでの形而上学やドイツ観念論と統一し、一つの形而上学的世界王国を築いたのちに、一八世紀と同様、思弁的形而上学や総ての形而上学への攻撃が神学への攻撃に対応したのである。形而上学は、思弁自身により完成された唯物論、人間主義と合一する唯物論に、最後的に屈服するだろう。フォイエルバッハが理論の領域で行ったように、英仏の社会主義と共産主義は実践の領域で、人間主義と合一する唯物論を提示したのである」(MEW 2-132)。

これがマルクスによる近代唯物論史素描の骨格である。当時のマルクス自身の立場でもある「人間主義と合一する唯物論」は、理論の領域ではフォイエルバッハが、実践の領域では「英仏の共産主義と社会主義」が提示している。唯物論へのマルクスの移行を影響史的に見る場合、フォイエルバッハと並んで「英仏の共産主義と社会主義」が注目されねばならないことがこのような骨格からも端的にうかがえるだろう。

この素描に際し、マルクスが広範囲な原典渉猟を行っている形跡がなく、セカンド・ハンドを利用しているのは一読して明らかである。実は、マルクスはシャルル・ルヌビエの『近代哲学便覧』[40]に主たる素材を求めているのであるが、このことについてはブロックが詳細な研究を提出している。[41]ブロックのこの研究により、「マルクスに固有のもの」(素材としてのルヌビエを利用・再構成する視点や誤読を含め)をルヌビエ起源のものから比較的厳密に弁別しつつ、当時マルクスの構想していた唯物論史のいくつかのモチーフを読み取る作業が可能となった。

1　生活実践の体系化としての哲学

マルクスは、哲学史をア・プリオリに構成するバウアーの方法を批判しつつ、一定の哲学を「当時の生活実践を体系へともたらし、理論的に基礎づけた」(MEW 2-135) ものとしてとらえようとする。一八世紀のフランス唯物論運動は「当時のフランス人の生活の実践的形態から説明」(MEW 2-134) すべきであって、「反神学的反形而上学的唯物論的諸理論」は「その反神学的反形而上学的な実践、その唯物論的実践」に「照応する (entsprechen)」のである (MEW 2-134)。実は、ルヌビエは一八世紀における「哲学の衰退」を人々の「現世事物への排他的没頭」から説明しているのであるが[42]、マルクスはこれを改釈しているのである。マルクスは、一八世紀フランス人の「唯物論的実践」を「ローの金融投機」で代表させつつ、「この生活は直接的現在に、現世的享受と現世的利害に、地上界に向かった」(MEW 2-134) と特徴づけているのであるが、これは「市民社会の唯物論」の系列に属するものである。だから実践形態としては労働者の窮乏と共産主義をもつ「人間主義と合一する唯物論」と同質なものと、マルクスが考えていたわけではないだろう。しかし『聖家族』の唯物論史素描では、「一八世紀唯物論の一九世紀英仏共産主義との関係」が、つまり、後者が前者を観念素材として立ち現れているという連続性の面が前景に出て、「生活の実践形態」から哲学的意識形態を規定しようとする着想は、十全な展開を遂げずに終わっている。

2　スピノザ評価

マルクスの素描では、近代唯物論史の中にスピノザはまったく何の位置も占めず、逆に唯物論が対決した思弁的形而上学の代表者の一人として登場する。このような評価は、唯物論を「スピノザ的実体の実現」と見るヘーゲル『哲学史』やバウアーのみならず、スピノザを「近代自由思想家と唯物論者たちのモーゼ」と見るフォイエルバッハとも異なる特異性を持ち、まして後年物議を醸したプレハーノフの、「彼ら[マルクスおよびエンゲルス]の唯物論もスピノザ主義の一種である」[43]という規定からはほど遠い。マルクスは「その起源を感覚論の中に持つ……唯物論学派と並んで、もう一つの唯物論学派がある。……それは機械論の学派である」[44]というルヌビエの視点に依拠しつつ、デカルト自然学=機械論的起源とロック経験論=感覚論的起源との「フランス唯物論の二重の起源」「二方向」を確認することを通して、そのスピノザ的起源を拒むのである。マルクスはヘーゲル思弁哲学に対するフォイエルバッハ→マルクスの闘争を、一七世紀形而上学（スピノザを含む）に対するフランス唯物論の闘争の平行現象として意識しており、これは、自ら無神論を名乗りながら「神学の最後の支柱」としてのヘーゲル思弁哲学との決別を回避しているバウアーとの決定的対決点であった。

しかしマルクス唯物論史におけるスピノザ不在という特異性を、単に素材としてのルヌビエや、バウアーとの論争的連関のみから規定することはできないであろう。マルクスは「人間主義と合一する唯物論」または「実在的人間主義」を「自然の基礎の上に立つ現実的人間」の方向で構想しつつあり、この観点からスピノザ的実体に関しては「人間からの分離において形而上学的に改作された自然」としてその実体主義を明瞭に拒んでいるからである。またマルクス自身が示唆するとおり（MEW 2-138）、唯物論とか物質概念は、フランスでは、ドイツの哲学者たちが考えているように、汎神論（神の物質性）や形而上学（実体概念）に由来したのではなく、主として経験諸科学と実生活における「唯物論的実践」に直接基礎を持ち、反神学反形而上学として展開されていたのだという認識がパリに住むマルクスの側にあったとも言えよう。

3　エルヴェシウス

マルクスは「フランス唯物論の二方向」のうち、デカルト自然学に由来する機械論の方向には、「詳しく扱うまでもない」とか「本末のフランス自然科学に迷い込んでいる」などとあまり関心を示さないのに対し、ロックに由来する感覚論的方向を「すぐれてフランス的教養の地盤であり直接社会主義に合流している」と高く評価する。唯物論史のこの素描における最も太い線は、ロック→エルヴェシウス→英仏共産主義にあり、エルヴェシウスが結節点として最も重要な位置を与えられているのは一見して明らかだろう。

機械論学派は主として思惟や意識の生理的基礎の力学的究明を通してデカルト二元論を唯物論的に清算しようとしたのであるが、感覚論学派は意識（認識や価値意識）の、ア・ポステリオリな感覚的経験的起源からの発生的解明に主たる関心を持ったので「唯物論をただちに社会生活との関連でとらえる」（MEW 2-137）ことが可能であったのである。「単に心のみならず諸感官も、単に諸観念をつくる仕方のみならず感性的感覚の仕方も、経験と習慣の問題なのだ」（コンディヤック）という感覚論の発想が、「人間的感性」の形成を、共産主義を媒介とした人類史の実践的課題と見ていたマルクスにアッピールするのは当然であろう。

「もし人間が感性界や感性界での経験から総ての知識、感覚等を形成するのであれば、問題は人間がその中で真に人間的なものを経験し、彼が自分を人間として経験する習慣を養えるように、経験界をしつらえることだ」（MEW 2-138）。

この場合とりあえず問題となるのは、マルクスが感覚論と唯物論の関係をどう見ていたのかという点にある。マルクスがルヌビエに依拠して紹介している、「物質は思惟しえないだろうか」（ドゥンス・スコトゥス。実はルヌビエではオッカム。マルクスの誤読)、「自然学の内部では物質は唯一の実体であり、存在と認識の唯一の根拠である」(デカルト)、「心は物体の様態であり、諸観念は機械的運動である」(ルロア)、「思想を思惟する物質から分離しえない。物質はあらゆる変化の主体である」(ホッブス)などの諸命題から推して、彼が一七～一八世紀の唯物論の根本的立場を、唯一実体としての物質、とくに思惟の主体としての物質(心の物質性)と見る伝統的観念を受け入れていたと思われる。この基準に照らして感覚論者たちはどうなるのか。

なるほどマルクスは、ロックに関してはルヌビエも紹介しているとおり(マルクスはこれをドゥンス・スコトゥスと誤読)、物質に思惟可能性を帰属させることがただちに矛盾を含むものではないことを、その創造者としての神の全能の名において主張するにとどまる(『人間知性論』第四巻第三章)。コンディヤックに至っては、一者である心を物質の堆積から説明することなどナンセンスであると唯心論的立場を取り、ロックを非難している(『人間認識の起源』第一部第一章)のだ。

マルクスが唯物論者の中で最も高い位置を与えているエルヴェシウスも、『精神論』(一七五八年)では、彼が原理としておく「身体的感性(sensibilité physique)」が「精神的な実体の様態かそれとも物質的実体の様態か」という根本問題に関しては「いかなる見解も証明されず」、自分の『精神論』は「この二つの仮定の一方と同様に他方とも調和する」という不可知論的立場を取っている(『精神論』第一巻第一章)。一七七二年の『人間論』でも、哲学は「観察から観察へと進み観察が欠けている所で停止する。哲学が知っていることといえば、人間が感じること、彼が彼の内に生命原理を有すること、だが神学の翼なしには、彼はこの生命原理に関する知識にまでよじ登れないこと、これが総てなのだ」(『人間論』第二巻第二章)と基本的立場に変化はない。たしかに『人間論』では、注記において「身体的感性」を「動物身体の構造の結果」と見ることの仮説としての有効性を主張している(第二巻第二章)し、不可知論的立場は検閲向け偽装という解釈もあるが、[45]ロック的解答との連続性は否めないであろう。ディドロの「エルヴェシウス『人間論』の反駁」（一七七三／七四年）を見ても、エルヴェシウスにおける生理的基礎の解明の不徹底と無関心が明瞭に非難されているのである。

にもかかわらず、マルクスがエルヴェシウスを中心に据える理由はどこにあったのであろうか。それはエルヴェシウスが当時の社会主義・共産主義に対し、圧倒的影響力を持っていたことから説明されるが、その理由は一言で言えば、エルヴェシウスが、人間精神の差異を「身体組織の結果」と見る生理学的決定論に論争を挑み、それを「教育の産物」と見る社会環境決定論を対置したことにあったと言えよう。社会的ア・ポステリオリの面を規定的と見るエルヴェシウスにとって、人間は本来的には、ロックのタブラ・ラサのごとく、「精神に対し平等な素質」を持ち「善でも悪でもない」のである。

一九世紀のフォイエルバッハやマルクスにとって、意識活動がその生理学的アスペクトから見る限り、頭脳の活動にほかならないことは、その意味での「心の物質性」の概念は、自明の事柄に属したと言えよう。問題は意識の生理的基礎の探究が、はたして意識現象やその物質的制約性に関して総体的認識を与えうるのかという点にある。すでにフォイエルバッハにとって「自我の統一」は単にカントのごとく主観のア・プリオリな形式でないのみならず、また単にプリーストリーのごとく「多くの部分からなる一つの頭脳」（『唯物論に関する自由討論』一七七八年）でもなく、むしろ「関係豊かで充実した、我と汝の統一の中にのみ実存する」（『キリスト教の本質』第七章）のである。この点でエルヴェシウスが「人間は教育の産物である」という場合のこの「教育」を「ある個人の生活諸関係の総体（die Gesamtheit der Lebensverhältnisse eines Individuums）」（MEW 2-140）の意味でマルクスが理解しようとしているのは注目されねばならない。伝統的に「心の物質性」の概念で理解されてきた唯物論を、その生理学的制限を突破して総体的性格のものへと前進させる方向に、むしろエルヴェシウスが進んでいたということであろう。

4 ベーコン・ホッブス関係

マルクスは、唯物論が、その始祖ベーコンにあっては「まだ素朴な仕方ではあるが全面発達の萌芽を内に持っていた」が、ホッブスに至り「一面化」し、「悟性的存在として立ち現れる」という興味深い図式を提示している。物質概念も、ベーコンでは「詩的感性的光輝の中でまるごとの人間たちに笑いかけている」が、ホッブスに至り「自分の肉体をおし殺し」「人間嫌いとなり」、「幾何学という抽象的感性」や「力学的または数学的運動」の生け贄となるというのである（MEW 2-135/136）。マルクスは即自、対自のヘーゲル的図式を利用して、人間と物質の素朴一体性としてのベーコンと、その悟性的分裂としてのホッブス（あるいはむしろ力学的唯物論一般と言うべきか）を描いていくのであるが、もちろん「人間主義と合一する唯物論」を人間と物質の媒介的高次統一としてとらえようとする意図が働いているわけである。マルクスが、近代の力学的物質観に同じていないのみならず、むしろこれを幾何学的抽象として悟性的唯物論の位置に置いているのは明瞭であろう。フォイエルバッハの『近代哲学史』も、ホッブスの原理を「その本質的規定が単に量にすぎぬ抽象的数学的物体」と見、「これに対し後の唯物論者たち、とくにフランスの唯物論者たちにおいては、彼らを支配している概念は感性的物質（die sinnliche Materie）の概念である」としている（FSW III-80）。「自然の土台の上に立つ現実的人間」に定位しようとする「フマニスムスと合一する唯物論」にとって、エルヴェシウスの「身体的感性」やフォイエルバッハの「感性的物質」への着目は当然のことであろう。

またマルクスにおいて形而上学的物質（第一質料）の実在性は明確に拒まれるのであって、彼のベーコンへの注目はそこにも理由がある。ルヌビエはベーコンについて「裸の物質」は事実上問題とならないと指摘している(46)し、フォイエルバッハもベーコンはデカルトやホッブスと異なり物質の量的規定にではなく質的規定＝形相に関心を集中している点で特異な存在であると評価し、「形相や運動なき物質はそれゆえ一つの虚構であり非現実的抽象である」、第一質料といえども第一形相との結合の下で考えられるべきである、質料と形相はたしかに区別せねばならぬが切り離してはならぬ、「物質は、自然の全性状、力、活動、および運動がそれからの帰結であり流出でありうるように、規定され、装備され、形相化されたものと考えねばならぬ」(FSW III-61)とベーコンの見解を紹介している。それゆえマルクスがベーコンの物質観を次のように要約する時、我々はそこにマルクスの、力学=機械論的物質観との自己区別、要素還元主義の克服、形相なき物質との断絶の志向を読み取らねばならないのである。

「物質に生来的な諸性質のうち、運動が第一で最上位のものであるが、それは単に力学的数学的運動としてでなく、むしろ物質の衝動、生気、緊張力、ヤーコプ・ベーメの表現を用いれば物質の悩み、としてあるのだ。物質のプリミティヴな諸形相は、生きた、個体化する、物質に内属する、種差を生産する、本質諸力なのである」(MEW 2-135)。

のみならず、このことは、物質と自由の統一という難問に関する彼のアプローチを示唆するものとしても読まねばならないであろう。「力と自由は同一である」、「人間は唯物論的な意味で自由でない［決定されている］、つまりあれこれを避けるという消極的な力によってでなく、彼の真の個体性を［社会の中で］有効に発揮する(geltend machen)力によって自由なのだ」などと、自由を「個人の本質的生命表出」ととらえる方向を示唆する(MEW 2-138)。このような展開が、物質をそれに内在する形相と不可分とし、しかも後者を「本質諸力」ととらえる物質観と対応していることは言うまでもなかろう。

５　「人間主義と合一する唯物論」

マルクスが「人間主義と合一する唯物論」（MEW 2-132）と言う場合の「合一する（zusammenfallend）」とは、対立した両規定が崩れ落ちて一つになるという媒介的動的な意味であって、マルクスはそのすぐあとでも「問題は人間の私的利害関心が人間的利害関心と合一する（zusammenfallen）ことなのだ」（MEW 2-138）という言い方をしている。マルクスは「人間主義と合一する唯物論」という表現で、人間主義（ヒューマニズム）の流れと唯物論（マテリアリズム）の流れとの、共産主義運動による媒介的統一を、唯物論の流れの側から規定しようとしたのであり、これを人間主義の流れの側から規定したのが「実在的フマニスムス（der reale Humanismus）」（MEW 2-7, 139）という表現であろう。これを「理論の領域」ではフォイエルバッハが、「実践の領域」では英仏の社会主義と共産主義が表現しているのである。

またマルクスは別の図式も提出していて、それによるとヘーゲルの体系は［α］スピノザ的実体（「人間からの分離において形而上学的に改作された自然」）、［β］フィヒテ的自己意識（「自然からの分離において形而上学的に改作された精神」）、［γ］ヘーゲル絶対精神（「形而上学的に改作された両者の統一」）、という三要素からなっているが、ヘーゲル左派ではシュトラウスは［α］を、バウアーは［β］を、ヘーゲル体系の内部で徹底させているとした上で、［γ］「フォイエルバッハが初めて、形而上学的絶対精神を「自然の基礎の上に立つ現実的人間」に解消することによりヘーゲルをヘーゲルの立場の上で完成し批判したのだ」（MEW 2-147）としている。

いずれも極端に図式的であって、複雑な哲学史の経緯をはたしてとらえているかという点で多くの問題は残るが、かえってマルクスの「人間主義と合一する唯物論」の基本構図がはっきり見てとれる。彼は、「人間の土台としての自然をも含めて、人間を哲学の唯一の普遍的で最高の対象とする」（FSW II-31）フォイエルバッハの

「人間の哲学」の構想を、ヘーゲルの実体—主体—弁証法を自然—人間—弁証法により「批判し完成する」ものとして〈読み込む〉のである。ヘーゲルの「動かし産出する原理としての否定性」の核心をフォイエルバッハはとらえ切れていないのではないかという疑念を感じ、批判的留保をつけつつも（MEGA² I-2-277）、少なくともフォイエルバッハを同盟者ととらえていたこの局面では、共産主義的変革を介した自然の人間化＝人間の自然化の運動を通じて、「人間の自己産出」、「自然の人間への生成」を展望する自分自身の立場を、フォイエルバッハのそれと重ね合わせて〈読み込もう〉としているのである。しかし、早くも翌四五年の『フォイエルバッハ・テーゼ』では、フォイエルバッハを「市民社会の唯物論」の系列にあるものとして了解しようとすることになる。

［4］『フォイエルバッハ・テーゼ』と二つの「唯物論」の反照的対自化

パリで発行されていたドイツ語新聞『フォアヴェルツ！』に掲載されたマルクスの論文をめぐり、プロイセン政府がフランス政府に圧力をかけた結果、四五年二月にはマルクスはフランスから追放され、ブリュッセルへ移住することになった。本書第1章で見たとおり、ブリュッセルへの移住を境に、哲学批判という問題意識が急速に前景に出てくる。マルクス自身も、後年、ブリュッセル期に「我々のそれまでの哲学的良心を清算した」（MEW 13-10）と述懐しているとおりである。実践的には「共産主義通信委員会」というネットワーク活動、理論的には「哲学的共産主義」からの脱皮、これがブリュッセル期マルクスの中心的問題意識である。「唯物論」についても、『フォイエルバッハ・テーゼ』（一八四五年春）を書き、「新しい唯物論」の構想を提示する。筆者はこの『フォイエルバッハ・テーゼ』の中心関心は、フォイエルバッハを「真の唯物論」ないし「人間主義と合一する唯物論」としてではなく、つまりMKS（「唯物論的批判的社会主義」）系列の「唯物論」としてではなく、むしろMBG（「市民社会の唯物論」）系列の「唯物論」にとどまるものとして位置づけ直そうとする点にあった、と考える。それは、マルクスからの協働の呼びかけに積極的には応答しなかったフォイエルバッハに対する、マルクスなりの理論的自己了解であったろう。第一テーゼの「だから彼は「革命的な」、「実践的―批判的な」活動の意義を概念把握しなかった」という表現に、そういう思いがよく出ている。その意味で「テーゼ」は、ともに「哲学の外への転回」を目指してきた両者の分岐点（一方は「哲学者」にとどまり、他方は共産主義的ジャーナリズムからさらに組織的実践を目指しつつあった）を記すものにほかならなかった。その結果マルクスは「唯物論」の両系列の対置が持つ意味を、哲学レベルに拡張して反省することになったのである。事実、マルクスは第一〇テーゼで端的に「古い唯物論の立場は市民社会であり、新しい唯物論の立場は人間的社会または社会的人類である」と宣言しているわけである。以下、「市民社会の立場に立つ唯物論」と「人間的社会または社会的人類の立場に立つ唯物論」という、これら二つの「唯物論」の、マルクスによる反照的対置を再構成的にたどっておこう。

1　「直観的唯物論」批判

MBGも「観念論」に反対し、常に「感性的な――思想諸客体から現実に区別される――客体を欲する」（第一）。つまりいわゆる「実在論」の立場に立つ。しかしMBGは「感性」を「感性的直観」としてしか見ず、「対象、現実性、感性」を「単に客体の形式または直観の形式のもとでしかとらえない」（第一）。つまり「直観的唯物論（der anschauende Materialismus）」（第九）にとどまるのである。だからこの「唯物論」には、「活動的側面」を「唯物論に対立して抽象的に展開」する「観念論」（第一）が必然的に対立してくることになり、そこに「市民社会」の哲学的意識の分裂があるのである。

これに対してMKSの方は「対象、現実性、感性」を人間たちの共働的な「実践的な人間的―感性的活動」(第五)「対象的活動」「現実的感性的活動」(第一)としてトータルに把握しようとする。それによって、直観する主体と直観される客体との、また「客体と直観の形式」と「活動的側面」との、さらに言えば「個々の個人」とそれに内住する「人間的本質」として了解された社会的諸関係との(第六)二元的構成、というMBGの地平を超えた地平に立とうとする。人間たちは、自分たちの「現実的感性的活動」を「直観」や「理論」の「対象」にしつつ「現実的感性的活動」を営んでいるのである。その意味でMKSは、『ドイチェ・イデオロギー』の「感性的世界を、それを構成する諸個人の感性的活動の総体としてとらえる……〈実践的唯物論者〉」(H-20)という表現に依拠して言えば、「実践的唯物論(der praktische Materialismus)」であると言えるだろう。

2 「神秘主義」の問題

MBGには直観の客体(直接態)としての「現実」を、MKSのように諸個人の共働的な「感性的人間的活動」およびその成果として、社会的歴史的媒介性において把握する視点が欠落している。このように共働的実践による媒介の面を「概念把握(begreifen)」する能力を欠く「直観的唯物論」は、社会歴史的諸規定を、自然ないし物質の謎めいた性質として直接態に直接内住させざるをえないので、不可避的に「神秘主義へと誘われる」(第八)のである。MBGはこの意味でマルクスの言う「フェティシズム」や「物件化」の構造を内部にはらんでいるのだ。我々はただちに『要綱』の、「人間の社会的生産諸関係とこれらの諸関係に包摂された際に物件が受け取る諸規定を、物の自然的諸性質として考察する経済学者たちの粗雑な唯物論は、同じく粗雑な観念論であり、社会的諸関係を物に内在する諸規定として物に帰せしめ、かくて物を神秘化するフェティシズムである」(MEGA² II-1-567)という表現を想起するだろう。

これに対してMKSは「総ての社会的生活は本質的に実践的である」と考え、「現実」を、諸個人の共働的な「感性的人間的活動」(第一)およびその成果として、社会的歴史的媒介性において把握し、「総ての神秘の合理的解決を、人間の［共働的］実践とかかる実践の概念把握の中に見いだす」(第八)ことによって、MBGを反省し批判するポジションを占めようとするのである。

3 「立脚点(立場)」の問題

MBGが到達しうる「最高のもの」は所与の「個別的個人や市民社会の直観」(第九)にとどまる。MBGにおいては、「市民社会」の「抽象的な―孤立的な―人間個人」というあり方が超歴史的に了解されて、「特定の社会形態に属している」(第六)ことが意識されない。したがってまた「実践は単にその汚らしいユダヤ的現象形態においてとらえられ固定され」(第一)てしまう。だからMBGも宗教や哲学の諸観念を「世俗的基礎に解消する」(第四)という唯物論的還元の操作を行うものの、MKSのようにこの「世俗的基礎」そのものを「矛盾において理解し、「実践的に革命する」(第四)というところまでけっして進まない。MBGがこれらの現象形態に批判的に対置しようとする「人間の本質」も、同じく超歴史的に「愛」とか「理性」とか「道徳意志」とか「類」という風に「個々の個人に内住する抽象物」「多数の個人を自然的に結びつけている内的で隠れた普遍」(第六)としてしか、いわゆる「人間の本性［自然］」としてしか、把握されない。

一方、MKSの方は、「市民社会」を歴史的に過渡的な「特定の社会形態」ととらえつつ、「人間の現実の本質［存在］」を「社会的諸関係の総和」(第七)として把握する。所与の歴史的現実を「その自己分裂と自己矛盾において理解する」(第四)ことを通して、「人間的社会ないし社会的人類」(第一〇)に向かって、それを「実践的に革命」(第四)しようとするのである。「人間的社会ないし社会的人類」という表現はまだ熟していないが、要するに相互に「孤立した個人」が「内的で隠れた普遍」でもって自生的に結合しあっているにすぎないような「市民社会」のあり方を克服した社会ということであろう。「社会的な人類［人間性］」（第一〇）という場合の「社会的（gesellschaftlich）」は、むしろ「仲間（Geselle）社会的」ないしアソシエーション的という意味であって、同じような用い方は、『経済学哲学草稿』第三ノートで頻出するとおりである。このように、MKSは「市民社会」を、なによりも「実践的批判的活動」（第一）の対象、「変革」（第一一）の対象として持つ。そしてその「批判」の「立場」（立脚点）は「市民社会」の実践的揚棄としての未来社会＝「人間的社会」なのである。つまり、一方は現存社会である「市民社会」、他方は未来社会である「人間的社会」と、二つの唯物論の「立脚点（Standpunkt 立場）」（第一〇）が根本的に違うのである。

4 「決定論」の問題

MBGは「人間」を「環境」の産物と見るが、MKSのように「環境」そのものが人間たちの共働的実践とその所産であると見ることをしないので、いったん「環境変革」（第三）を論じる段になると、「社会を二つの部分に分け」、「環境」により決定されている現実の人々（つまり「市民社会」の成員）のほかに、もはやそれには拘束されないような、「社会を超越して」（第三）「純粋に人間的な振る舞いとしての理論的振る舞い」（第一）に専念している「哲学者たち」（第一一）といった例外者から出発せざるをえない。つまりMBGは「環境変革」的実践の領域では「観念論［理念主義］」によって補完されざるをえないのである。このようにMBGの決定論に観念論（唯心論）の自由意志論がアンチノミー的に対立してくる理由は、MBGが実践の下に、現存諸関係の永続的再生産としての日常的実践しか見ず、日常的実践から「革命的実践」への移行の構造（「その自己分裂と自己矛盾」第四）を見ないからである。「環境の変更」による人間の変化という決定論的アプローチと「人間の自己変的に理解されうる」(第三)のである。

革」という主体論的アプローチとの「合致」は、MKSの立場から見れば「革命的実践としてのみ把握され合理

5　真理論の問題

MKSが「対象、現実性、感性」を人間たちの「感性的人間的活動」として把握する(第一)ということは、現に共働的に「感性的人間的活動」を営んでいる人間たちが、自分たちの「感性的人間的活動」そのものを「対象」として「直観」し「思惟」しつつ、共働的に「感性的人間的活動」を営んでいるということである。つまり「直観」や「思惟」は、区別の契機で表現すると「感性的人間的活動」を「対象」にしているのであるが、同一性の契機で表現するとそれ自身が「感性的人間的活動」の不可欠の一契機にほかならないのである。だからこそMKSから見れば、「人間の思惟に対象的な真理が属するかどうかの問題」は「実践的な問題」なのであって、「実践において人間は、彼の思惟の真理性を、つまり現実性と威力、此岸性を証さねばならない」(第二)のである。つまり「思惟の真理性」とは、最終的には、思惟が一契機としてそこに組み込まれているところの、人々の「感性的人間的活動」において、その思惟が有する「現実性、威力、此岸性」を意味するものにほかならない。

ところがMBGは一方で「実践」を「その汚らしいユダヤ的現象形態」で固定しつつ、他方で「理論的振る舞いのみを純粋に人間的な振る舞いとみなす」(第一)という実践と理論(思惟)の分裂に落ち込んでいるのである。このように「世俗的基礎が自分[思惟]を自分自身[実践]から遊離させ、雲界に自立的な国を固定するということは、この世俗的基礎そのものの自己分裂と自己矛盾からしか説明されえない」(第四)だろう。つまり「市民社会」における精神的活動の分業的自立化に基づいているのである。このように「感性的人間活動」と「思惟」との本源的統一性が崩壊し、「思惟」が「実践」から遊離するという事態によって「真理」論はイデオロギ

ー的に錯綜したあり方を呈することになる。「実践から遊離した思惟が自己の現実性や非現実性を争ってみたところで、純粋にスコラ的な問題にとどまる」（第二）のである。

6　哲学の揚棄の問題

第一一テーゼ「哲学者たちは世界を単にさまざまに解釈してきたが、問題はそれを変革することなのだ」は、しばしば誤解されるように、〈解釈の哲学〉に〈変革の哲学〉を対置しようとして書かれたのではない。「哲学者たち」は「実践から遊離した思惟」を営むことによって、「市民社会」の内部に分業的な位置を占めており、占め続けようとしているのだということを確認しているのである。含意としては、フォイエルバッハも結局は「哲学者」にとどまろうとしているのだ、ということである。「問題はそれを変革することなのだ」とは、〈真の哲学者にとって問題は……〉ではなく、〈マルクスにとって問題は……〉なのであり、〈MKSにとって問題は……〉なのだ。「新しい唯物論」はもはや「哲学」にはとどまりえないのである。

7　〈遅すぎる〉ブリュッセル期移行説

はたしてフォイエルバッハ解釈として正確かどうかという問題はもちろん残るものの、『フォイエルバッハ・テーゼ』で、マルクスがフォイエルバッハをMBG系列に組み込もうとしている姿勢がはっきり出ている。マルクスは、「ブルジョワ社会」の意識と行動としてその再生産の不可欠のモメントをなすMBGと、市民社会に関する批判的反省と実践的揚棄を目指すMKSとの、相互反照的対自化を進めていったのである。そこで先に紹介した〈遅すぎる〉ブリュッセル期移行説への我々の批判を述べておこう。

この説は「人間主義」や「疎外論」からの脱皮を指標に「唯物論」へのマルクスの移行を見ようとする。アルチュセールによれば、「人間主義」や「疎外論」は、「イデオロギー的問題意識」の圏内にとどまるものである。ブリュッセル期にマルクスが行ったイデオロギーから科学理論への「認識論的切断」に先立つ、いわばマルクスの古層（イデオロギー層）なのだ。「切断」以前にマルクスが「フォイエルバッハの疑似唯物論」の影響で「唯物論の宣言」をしたとしても、それを「唯物論そのもの」と混同してはならないと言うのである。(47) けれども「疑似唯物論」とか「唯物論そのもの」という表現はアルチュセールの側の〈真の〉唯物論についての定義にほかならないから、彼自ら外挿法的処理に訴えていることを認めているわけだ。

アルチュセールは、クロイツナッハ期移行説などを「分析的―目的論的」なテクストの読み方として、つまり構造的全体としてテクストを読まずに、テクストを要素に分解したうえで、読む側に都合のよい要素をピックアップするやり方だとして批判し、「極端な場合、我々は常にこの方法によって、青年マルクスの総てのテクストの中に唯物論的要素を見いだすことができるので、観念と現実との分離を考えないという父親への手紙［一八三八年一一月一〇日付］からはじめて、マルクスがいつ唯物論者とみなされることができるようになったのか、あるいはマルクスがいつ唯物論者でないことができたかを苦労して決めることになる(48)」と指摘している。この批判は「早すぎる」クロイツナッハ期移行説にずばり当たっているが、それに劣らず彼自身にも当てはまる。「イデオロギー」から「科学理論」への「パラダイム・チェンジ」というアルチュセール自身の一九六〇年代の関心から「唯物論」へのマルクスの移行を「分析的―目的論的」に読み込んだにすぎないのだ。

廣松の場合も、パラダイム・チェンジという関心で移行論を論じている。彼は『経済学哲学草稿』や『聖家族』での「成就された人間主義イコール自然主義」という立場は「唯物論」と「唯心論」（「観念論」）との「折衷」にとどまるものであると見る。やがてシュティルナー→エンゲルス→マルクスという順序でシュティルナー・ショックが走り、その影響で、マルクスはフォイエルバッハゆずりの「本質としての人間」と手を切り、

「実存」「個体」としての「人間」に移らざるをえなくなり、人間の本質をヘスに学んで「社会関係の総体」と規定することによってはじめて、自分の立場を「唯物論」と標榜することが可能になった。[49] したがってマルクスは『フォイエルバッハ・テーゼ』で初めて唯物論の立場をとった。[50] これが彼の移行論の骨子である。

結論だけを言えば、この移行論も「実体主義から関係主義へ」という廣松自身の問題意識、それに「マテリアリスムスはマテリー、実存、諸個物こそ真実在であり、それ自身において存在性を持つとみる立場[51]」とする彼自身の「唯物論」定義に基づく外挿法である。「折衷」論についていえば、逆に廣松自身が、マルクス唯物論の二重構造を見逃していることを示すものと言わねばならない。

要するに、アルチュセールや廣松が『経済学哲学草稿』の中に唯物論への移行を拒む理由は、マルクスがそこではまだ「人間主義」と「自己疎外」の論理にとどまっているからであるが、当時のマルクスを内在的にたどれば、彼は「人間主義」を〈克服〉して「唯物論」に移行したのでは〈なく〉、「人間主義」の諸潮流、つまりはフォイエルバッハの「人間の哲学」、マルクスの「人間的解放」、バウアーの「人間的自己意識」、『フォアヴェルツ』誌上での「フマニスティッシェ・シューレ」論争、さらにはパリの労働者共産主義『リュマニテール』派などの交錯の中で、「人間主義」の〈種差づけ〉という問題意識の中で「唯物論」への移行が遂行されたのである。『聖家族』（執筆一八四四年八月末〜一一月後半）での「人間主義と合一する唯物論」の構想、『フォイエルバッハ・テーゼ』での「人間的社会または社会的人類」の「立場」に立つ「新しい唯物論」（第一〇テーゼ）の構想が、そのことを明白に裏付けているだろう。これらを「疑似唯物論」だとか「折衷」だとか批判するのは勝手だが、その批判が「外挿法」を前提していることも確認されねばならない。両者とも、内在的実証にはまったく耐えないのではなかろうか。

8　エンゲルス主導説の検討

付言すると、我々は廣松のように、「唯物論」への移行に際してのエンゲルスの主導性を確認することはできない。『聖家族』のエンゲルス執筆箇所でも、「唯心論と唯物論との古い対立が……フォイエルバッハにより最終的に克服された」(MEW 2-99)となっており、我々の段階区分で言えば第二段階的「唯物論」了解にとどまっている。ところがマルクス執筆箇所では、この「古い対立」の克服自体が再び「唯物論」(「人間主義と合一する唯物論」)として構想されているのである。マルクス訪問の直前のエンゲルスによる「唯物論」用語法を追跡してみても、『イギリスの状態』(一八四四年一～三月執筆)でも第二段階的理解を示している。

廣松がエンゲルス→マルクスへとシュティルナー・ショックが走ったと推定して注目する四四年一一月一九日付のマルクス宛てのエンゲルスの手紙についてはどうか。二カ月後の手紙でエンゲルス自身がシュティルナー過大評価を自己批判している(MEW 27-14)ように、この手紙は、むしろエンゲルスにとって早とちりのばつの悪いものであったように思われる。エンゲルスは『唯一者とその所有』を読んで、とりわけフォイエルバッハの「人間の本質」主義に対するシュティルナーの批判に共鳴し、「あまりに抽象的なので通俗的に書けない」先輩ヘスと自分との対立をこれに絡めて、次のようにマルクスに書き送ったのである。

ヘスの共産主義は、フォイエルバッハの『キリスト教の本質』の「人間」に依拠しているので、結局「キリスト教的献身」の説教に陥る。これに対して自分は、フォイエルバッハの『暫定的諸テーゼ』や『将来哲学の諸原則』でのヘーゲル批判に立脚し、「経験論と唯物論から出発」し、「自我から、経験的で身体的な諸個人から出発」し、「エゴイズムから出発」して「人間にまで高まる」共産主義を目指す(MEW 27-12)のだ、と。

エンゲルスのこの手紙では、「経験的で身体的な諸個人から出発」することは、同時に「エゴイズムから出発」することなのであって、マルクスのように「唯物論」を「プロレタリアート」と関連づける視点がまだない。この関連づけこそ、「唯物論」を解放論的モチーフと結びつけて、第三段階的「唯物論」了解の地平を拓くのである。要するにマルクスにはすでにMBG／MKSの二重構造で「唯物論」をとらえ始めていたのに、その区別が未確立のエンゲルスの場合、「経験論と唯物論」を強調しようとすると、MBG系列に立つシュティルナーの過大視へと陥ってしまったのではないか。エンゲルスは「シュティルナーに対して、彼のエゴイスト的人間たちが必然的に純粋なエゴイズムから共産主義者にならなければならないことを証明するのは簡単だ」として、「人間の心は、すでに最初から直接に、彼のエゴイズムにおいて非利己的で献身的であり、それゆえエゴイズムは自分が闘っている当のものへと超出するのだ」（MEW 27-11）とも書いている。しかし歴史的地平での実践的揚棄を伴わないこの種の超歴史的直接転倒説こそ、マルクスの言う「抽象的反省的対立」の地平なのであって、「人間の心」の本質についてのエンゲルスのこのような超歴史的断言とマルクスとの落差は歴然であろう。

［5］『リスト草稿』と「偽善」の「唯物論」

マルクスが一八四五年の秋に、つまり『ドイチェ・イデオロギー』に本格的に取り組む直前に、執筆したと推定されている『リスト草稿』[52]が、原文では旧東ドイツの『労働運動史紀要』一九七二年第三号に初めて発表され、大月版全集の補巻一にも収められた。マルクスはこの草稿で「機械制の唯物論」「工業的唯物論」「精神なき唯物論」「吐き気を催す唯物論」「汚らわしい唯物論」「悪しき唯物論」に言及しており、マルクス「唯物論」の二重構造を主張する我々にとってこの『リスト草稿』は大いに注目される。[53] これを紹介して、唯物論へのマルクスの移行論を終えることとしたい。

「産業資本家や地代取得者は……彼らの行動、彼らの現実の生活においては、利潤や交換価値によって規定されていて、文明化や生産諸力に関する彼らのおしゃべりは、狭隘でエゴイスティックな諸傾向の言い繕い(Beschönigung)にすぎない[54]」。

これは、人々の「行動」や「現実の生活」が、彼らの意志「規定」から見て、利潤や交換価値という形態を取った「物質的富」の追求に収斂してしまっているという、意志論的特徴づけとしての「唯物論」だと言えるだろう。

「富を神にまで高め、……一切をこのモロク神の生け贄に捧げた[55]」。

これは「物質的富」が人間にとって最高の価値であるとみなされる価値論的「唯物論」だと言えよう。

「諸国民の多数者を「商品」や「交換価値」にし、彼らを交換価値というまったく物質的な諸関係に隷従させる[56]」。「社会の状態が人間を一つの「物件」に転化させた[57]」。

これらは人間たちの人格的諸能力や諸行為を商品として「物件」化させる、社会関係の人格論的特徴づけとしての「唯物論」であると言えよう。

「この「精神の」民族［ドイツ人］が、どうして突然、キャラコや毛糸や自動ミュール紡績機の中に、機械制の唯物論の中に、工場奴隷の群れの中に、工場主諸氏のいっぱい詰まった財布の中に、人類の最高によきものを見いだすという事態に至ったのか(58)」。

ここに言う「機械制の唯物論」も同じく人格論的であるが、人間労働が、「物件」としての「機械」の運動に包摂されてしまい、これに従属する単調で無価値なものに転化させられているという転倒した事態を表現するものであろう。

「「物質的財貨」と「交換価値」は彼にあっては完全に一致する。……物質的財貨の交換価値への転化は、発達した私的所有の社会という、現存社会秩序の仕業である、ということをリスト氏は見抜くべきであったのに(59)」。

これは「交換価値」という社会関係規定を「物質的財」の自然的規定として了解してしまうフェティシズム的倒錯としての「唯物論」であると言えよう。

このように、マルクスが言う「市民社会の唯物論」は、唯物論「哲学」である前に日常的な「唯物論的実践」(MEW 2-134) なのである。それは人々の日常的行動に際しての意志規定の特徴であり、日常的価値意識の特徴であり、さらには能力や行為を「物件」化したり、「物件」に隷属させたりする人格論的特徴でもあり、社会関係規定を物質の神秘な属性とみなす倒錯意識でもある。そしてこれら諸側面はばらばらにあるのではなく、「市民社会」における人々の意識と行動の構造的特質を全体として構成しているものなのである。

しかし『リスト草稿』で注目されるのは、こういう「市民社会の唯物論」が、一つの屈折を経てしか現象してこない後進国ドイツの独特の様相がそこで描かれているということである。実はリストは『経済学の国民的体系』(一八四一年刊)において、アダム・スミスに始まる古典経済学の三大欠陥を、第一に国民国家視点を持たない「コスモポリタニズム」、第二に労働の社会的結合が持つ潜在的生産力を見ない「個人主義」、そして第三に物の交換価値に熱中して、生産諸力、精神的なもの、国民の政治的利益、将来のための自己犠牲といったものを忘却してしまう「死せる唯物論」の中に見ようとしたのである。(60) マルクスの方は、リストのこのような「唯物論」批判の中に後進国ドイツのブルジョワの「偽善」を見て、アイロニカルな姿勢でこれに分析を加えていくことになる。

「ドイツのブルジョワは富を追い求めつつ、富を拒む。彼は精神なき唯物論をまったく観念論的に偽装し、その上で初めて意を決して富を追い求めるのだ(61)」。

「国家の観念論の完成は同時に市民社会の唯物論の完成であった」(MEW 1-369)というマルクスのテーゼは、さしあたりは、公的領域と私的領域とが未分化であった前近代社会と対比して、両者の相互自立化と分裂を特徴とする近代社会を、一国的レベルで特徴づけたものであった。ところがリストにおいては、「保護関税」や「産業振興」など「産業への国家の干渉と規制」を求める後進国ドイツのブルジョワ(およびその理論的表現としての『経済学の国民的体系』)が「国家の観念論」の形態をとりつつ、先進国イギリスのブルジョワ(およびその理論的表現である古典経済学)の「市民社会の唯物論」に、対立してくるという様相を呈するのである。つまり、イギリスとドイツの国家間対立、先進資本制と後進資本制との対立が、「国家の観念論」と「市民社会の唯物論」との一国内対立の転化形態として意識されてくるのである。

もともとマルクスは「唯物論」と「観念論」（ないし「精神主義」）の対立を「抽象的反省的対立」（MEW 1-233）と見た。つまり「各極はその対極である。抽象的精神主義は抽象的唯物論であり、抽象的唯物論は物質の抽象的精神主義なのである」（MEW 1-293）。だから「国家の観念論の完成は同時に市民社会の唯物論の完成であった」のであるが、さらにこの「国家の観念論」という「極」を反省していくと、それ自身も再び「官僚制の内部で精神主義が粗雑な唯物論になる」（MEW 1-249）という具合に、「各極」は次々と「対極」へ直接に転倒することになる。マルクスのリスト批判のスタイルも、リストにおいて前景に出ている「国家の観念論」が、後景に隠れている「唯物論」へと直接転倒している事態を記述しようということであったと言えるだろう。

たとえばリストは「富を創造する力は富そのものより無限に重要である」と、「交換価値」（貨幣）の「唯物論」に「生産諸力」の「精神主義」を対置する。しかしこの「精神主義」がただちに「唯物論」に転倒していることは、「原因」である「力」と「結果」である「富」との同一性の契機へと我々が反省を進めさえすればすぐに明らかになる。なぜなら「原因はけっして結果より高貴ではない。結果は公然と言い表された原因にすぎない」からである。「人間を富を創造する一つの「力」にまで貶めようとするとは、人間のなんと素敵な承認であることか。市民（Bürger）はプロレタリアの中に人間を見ないで、「動物や機械などと同様の」富を創造する一つの力を見る」[62]にすぎないのである。

またリストは「個人主義」ないし「コスモポリタン」の「唯物論」に、「国民」ないし「国家」の「精神主義」を対置している。つまり「国家」には「産業への干渉と規制」を求め、「国民」には「産業上の独立」を確保するため短期の私益を犠牲にしてでも「保護関税」を受け入れることを求めるのである。この「精神主義」も、その「目的」へと反省すればただちに「唯物論」が浮かび上がってくるだろう。「ブルジョワ（Bourgeois）は、国家がブルジョワの利害に適合して行動すべきだという自分の要求を、あたかも「国家は市民社会の世界に介入する権利をもっている」という、国家に対する彼らの承認のごとくに提出している[63]だけなのである。あるいは「対外」を「対内」へと反省しても「唯物論」が浮かび上がってこよう。「我々ドイツのブルジョワは、君たちドイツのプロレタリアが我々に搾取されているように、イギリスのブルジョワによって搾取されたくない。……我々は対内的に承認している経済諸法則を、対外的にはもはや承認したくない[64]」というわけである。

マルクスはリスト『経済学の国民的体系』の中に「偽善（Heuchelei）」を見て、これをスミスらの「率直で古典的なシニシズム[65]［道徳規範の無視］」と対比しようとしている。ヘーゲルが言うように、自分の悪行が自分にとって利益をもたらすと意識するのが普通の悪漢であるとすれば、「偽善者」は自分の悪行を他の人たちにとっての善であると見せかける（『法の哲学』一四〇節）のである。はたして、リストの主張がどれほど「見せかける」という自覚を含んでいたのかという点について言えば、マルクスの評価に対して異論も残るが、日本（「和魂洋才」）を含む後進資本主義国には、先進国の資本制の中にすでに「唯物論」なり「エゴイズム」なり「散文性」（美しきものの崩壊）なりを目撃した上で、資本主義的「追いつけ追い越せ」を目指さざるをえない以上、否応なく「偽善」の構造がはらまれてくるという事態には、大いに注目すべきではなかろうか。

第6章　註

（1）J. Höppner, W. Seidel-Höppner, *Von Babeuf bis Blanqui*, Reclam, Leibzig, 1975, Bd. 1, S.305-307.

（2）*Deutsch-Französische Jahrbücher*, Reclam, Leibzig, 1973, S.221. ついでにここで、マルクスに大きな影響を与えたヘスの「唯物論」理解を整理しておこう。廣松はマルクスが『フォイエルバッハ・テーゼ』で「ほぼ完全にヘスの立場に移行した」と位置づけ、マルクスがここで初めて「唯物論」を標構することができたのも、「人間的ヴェーゼンを、諸個人の社会的協働関係に置くヘスの線に沿って「社会的諸関係の総体」として規定」できたからだとする（『マルクス主義の成立過程』至誠堂、一九六八年、四五―四七頁ほか)。もちろん、筆者もブリュッセル期の初期までのマルクスに対するヘスの大きな影響、両者の見解の共通性を確認するが、同時に『フォイエルバッハ・テーゼ』の中に、ほかならぬまさに「唯物論」をめぐってヘスとマルクスが分岐していく、重大なベクトルの差異の露呈を目撃する。たとえば廣松の注目するヘスの論文『ドイツにおける社会主義運動』は「ドイツ哲学の一般的欠陥、誤りをフォイエルバッハに即して指摘」(Hess, *Philosophische und Sozialistische Schriften*, Topos Verlag, S.292.) しようという姿勢を取るが、マルクスの「テーゼ」の方は「これまでの総ての唯物論の（フォイエルバッハのそれを含めて）主要欠陥」を明らかにしようとする姿勢を取る。ヘスは結局、マルクス「唯物論」の段階区分で言えば、第二段階的な「唯物論」理解にとどまり続けた。大雑把に言えば、ヘスは現代を唯物論と唯心論・観念論への反省的分裂の時代とみなしており、その分裂の根底にある「主体」としては、『行為の哲学』（一八四三年）では「精神」が置かれ、『貨幣体論』（執筆一八四四年）以降は「人間の生成史」が置かれるわけである。だからヘスの立場は「実践的人間主義」にとどまるのであってマルクスのように「実在的人間主義」とか「人間主義と合一する唯物論」とか「人間的社会または社会的人類」の「立場」に立つ「新しい唯物論」というような「唯物論」へのベクトルを持っていない。ヘスによれば、フォイエルバッハは人間の本質を「諸個人の共働(Zusammenwirken)」に見ている点で正しいが、この「共働」を原理的には単に「思惟活動」としてしか見ないから「理論的人間主義」（宗教批判）にとどまり、「貨幣」や「国家」をも含む総ての「共働」的「外化」の揚棄を目指す「実践的フマニスムス」に徹底できないでいる、と批判される。だからヘスの批判の眼目は「人間の自分自身との同一性の確立」としての人間主義原理の貫徹という視点である。ところがマルクスの方には、フォイエルバッハが「感性」を「直観」としてしか見ず「対象的活動」「感性的活動」とは見なかったという「感性」の貫徹という総括視点が一本入ってくる。ヘスは『最後の哲学者たち』（一八四五年）では、フォイエルバッハの「将来の哲学」とは実は「現代の哲学」にほかならず、「国家とブルジョワ社会の分裂」の哲学的表現にすぎないと指摘している。フォイエルバッハの言う感性的人間とは、ブルジョワ社会のエゴイスティックな人間（つまり「唯物論」）であり、個々人の中に「隠れている」とされるフォイエルバッハの「類的人間」とは「現代国家の知恵」（つまり「唯心論」）にほかならない。だからテオーリアとしての哲学の時代は終わったのであり、この「唯物論」と「唯心論」の分裂を社会主義により実践的に揚棄するほかない、と指摘している。やはり第二段階的「唯物論」理解なのである。廣松は良知力への反論で、ヘスはただ自分を「唯物論者」として名乗っていないだけだ、というような理解を示している（『マルクス主義の地平』勁草書房、一九六九年、三〇六頁)。しかし「唯物論」というような、一つの思想的立場を表現する、しかも当時の思想状況からして多分に問題的で醜聞的ですらある呼称を名乗るかどうかという問題が思想家にとって副次的なものであったとは考えにくい。たとえば、ヘスは社会主義変革は「プロレタリアのみから」「胃袋の窮乏のみから」生ずるとするのは「人間的本質にまで高まることのできないエゴイスティックな偏狭」なのであって「人間性[人類]の苦悩」をこそ変革のパトスとすべきであるとしている(Ibid., S.303)。やはりここに、ヘスの、「唯物論」的ベクトルを持たない「実践的フマニスムス」の特質が現れている。第1章で見た「共産主義からの哲学の篩い分け」で先鞭を切ったのは実はヘスだったのだが、自身が「篩い分け」られていったふしがある。

(3) Lorenz von Stein, *Sozialismus und Kommunismus des heutigen Frankreichs*, Zweite Ausgabe, 1848, S.535-536.

(4) P. Buonaroti, *Babeuf und die Verschwörung für die Gleichheit*, Dietz Nachf., 1975, S.101.

(5) Buonaroti, ibid., S.120.

(6) 豊田堯『バブーフとその時代』創文社、一九五八年、および柴田三千雄『バブーフの陰謀』岩波書店、一九六八年、など参照。なお、マルクスの最初のパリ滞在時にはブランキは獄中にあった。ブランキの唯物論については、時期はずれるが、とりあえず次の引用をしておこう。「マッチーニは社会主義学説の唯物論、欲望の賞賛、エゴイスティックな利害への訴えかけに、激しく毒づいた。……人民は利害以外のもののために行動することがあるだろうか。自由の追求もまたエゴイズムの追求である。なぜなら自由とは物質的幸福であり、隷従は苦痛であるからだ。パンのために、すなわち子供たちの命のために闘うことは、自由のために闘うこと以上に健全なことだ」(『革命論集』加藤晴康訳、現代思潮社、一九六七年、上九九頁)。「無神論と唯物論は、……形而上学からではなく、科学から発している。……それは常に経験の娘だった」(ガローディ『近代フランス社会思想史』平田清明訳、ミネルヴァ書房、一九五八年、四二六頁)。

(7) J. Höppner, W. Seidel-Höppner, ibid., Bd. 1, S.348-353. および W. S. Höppner, J. Höppener, *Sozialismus vor Marx*, Akademie Verlag, Berlin, 1987, S.286.

(8) J. Höppner, W. Seidel-Höppner, ibid., Bd. 1, S.353-354.

(9) Lorenz von Stein, ibid, S.518.

(10) Lorenz von Stein, ibid., S.517-519. なお重訳のため、若干不正確な部分が含まれているように思われる。また、カベやシュタインは『リュマニテール』を「平等主義労働者協会」自身の機関誌と見るのに対して、ヘップナーらは「若干のアクセント」の差異に基づき、『リュマニテール』を「この協会の一分派」の機関誌と見る。J. Höppner, W. Seidel-Höppner, ibid., Bd. 1, S.376, 526.

（11） Lorenz von Stein, ibid., S.462.

（12） H. Lux, *Etienne Cabet und der Ikarische Kommunismus*, Dietz Nachf., 1974, S.170f.

（13） ガローディ、前掲書、三一八頁。

（14） J. Höppner, Marx und Materialismusproblem bei Fourier, ibid., S.183.

（15） A. Ruge, *Zwei Jahre in Paris*, Gerstenberg Verlag, 1977, Bd. 1, S.77-93.

（16） ガローディ、前掲書、三四三頁。

（17） Dezamy, *Code de la Communauté*, Paris, 1842, p. 257.

（18） Ibid., p. 259.

（19） Ibid., p. 260.

（20） Ibid., p. 260-261.

（21） Ibid., p. iv.

（22） Ibid., p. 261.

（23） Ibid., p. 9.

（24） Ibid., p. 229.

（25） Ibid., p. 234.

（26） Ibid., p. 10.

（27） Ibid., p. 10. マルクスの指摘は次のとおり。「もし人間が唯物論的な意味で不自由ならば、つまりあれこれを避ける消極的な力によって自由なのでなく、自分の真の個性を貫徹する積極的な力によって自由なのだとすれば、罪を個々人において罰するべきではなく、罪が生まれる反社会的な場所を破壊し、彼の本質的生命表現のための社会的な場を各人に与えねばならないのだ」（MEW 2-138）。

（28） Dezamy, ibid., p. 274.

（29） Ibid., p. 260-261.

（30）Ibid., p. 21-22.
（31）Ibid., p. 273.
（32）Ibid., p. 14.
（33）Ibid., p. 264-269 および J. Höppner, W. Seidel-Höppner, ibid, Bd. 1, S.463-465.
（34）Dezamy, ibid., p. 13.
（35）Paul Kägi, *Genesis des historischen Materialismus*, Europa Vlg., S.242-243. および東独レクラム版『経済学哲学草稿』への編者 J. Höppner の注一一四（一九八八年の改訂第四版注一四九）、そして廣松渉『青年マルクス論』平凡社、一九七一年、など。
（36）J. Höppner, Marx und Materialismusproblem bei Fourier, ibid., S.174. でヘップナーは、ベンサムのオーエンへの影響の過大視、カベに対するブオナローティの影響の無視を指摘、またデザミはエルヴェシウス、フーリエ、バブーフに直接結びつくとする。
（37）プルードン『所有とは何か』（一八四〇年）、長谷川進訳、三一書房「アナキズム叢書『プルードンⅢ』」、一九七一年、所収、第五章第二部第二節など。プルードンは人類史を三つの「社会形態」の発展史としてとらえようとする。第一は「共有体または単純様式のアソシアシオン」であって、これは「社会的本能」の優越によって支えられており、ヘーゲルの言う「定立」の段階である。第二は「所有」であって、これは人間が「反省し推理する能力」を、したがって個性や自由意志を発展させ、それが「社会的本能」と敵対関係に陥った結果である。これが「反定立」にあたる。第三は「自由」または「自由なアソシアシオン」であって、これはプルードンの構想する「綜合」である。
共産主義に対するプルードンの批判は、それが第二段階のもつ「自律性」や「自発性」の契機を摂取しないで、第一形態への回帰を図ってしまっていること、逆にまた「所有の偏見の直接の影響」を脱しえずにいることに向けられている。「共産主義」のもとでは、個々の成員が無所有であるのに対し、「共有体」が「至上の所有」の主体として現れ、富だけでなく成員の意志や人格まで所有する。「人間の生命、才能、総ての機能が国家の所有となり、国家は一般意志のために意のままにそれらを利用する権利を持つ」のである。また「所有」が「強者」による「弱者」の搾取であるのに対して、「共有体」では「弱者」による「強者」の搾取が生じるとする。なぜなら「才能と労働の凡庸さ」も「身体的知的力量」と同じように、賞賛されるからである。だからプルードンは「共有体」のもとでは「嫉妬」が不可避だと考える。

疎外揚棄のプロセスが、この種の「粗野な共産主義」をはらんでいるというマルクスの認識は、スターリニズムや「文化大革命」やクメール・ルージュのもとでの反知識人的大衆動員などで繰り返し歴史に登場した事態にかかわる。マルクス主義者たちは「物質的生活諸関係の総体」の内部で制約されて生きている現実の生活主体の、したがってまた現実の変革主体の、あるがままの姿を直視するという、マルクス「唯物論」の本来の意味に目をつぶった。「唯物論」といえば「合理的」「科学的」世界観に昇華させられ、プロレタリア唯物論のはらむ両義性を直視する代わりに「哲学の党派性」の一般的確認で権威主義的思考を再生産し続けたのである。

(38) ロバート・オーエン『社会制度論』(一八二六/二七年)第三章、永井義雄訳、中央公論社「世界の名著」、二三一頁以下。

(39) ついでに、サン=シモンにおける「唯物論」の用語法を確認しておこう。彼は「社会の全成員の物質的欲求または好みを満足させる総ての物質的手段を生産し、それを彼等のもとへ届けるために働く」「産業者たち」こそ「社会全体の養いの階級」「国民の真の実体を形づくる階級」「基本階級」として「社会の第一階級」の地位を要求しうると考えた(『産業者の教理問答』一八二三/二四年、坂本慶一訳、中央公論社「世界の名著」、三〇三頁)。彼はまた「道徳的人間の研究」および「モラリストの性向」としての「唯心論」に対し、「唯物論」を「物質的人間の研究」および「物理学者の性向」と規定し、唯心論の優位における両者の統一を唱えた。彼のアカデミー改革プランでは、「唯物論」……「物質的人間の研究」は「利益の法典」の完成を目指す「推論(科学)アカデミー」が行い、物理学、数学のほかに経済学が、学者のほかに眼鏡師、時計師などが含まれるとされる。当時の「唯物論」の用語法の一つとして注目に値する。また当時のフランスで唯物論者と見られていた人に観念学者デステュット・ド・トラシ(一七五四—一八三四)がいる。ハイネは一八四二年六月二日付『アウグスブルグ一般新聞』への記事で、トラシを「唯物論のフィヒテ」とし、彼において「唯物論哲学がその最高の頂きによじ登った」としている(筑摩世界文学大系『ハイネ』三三五頁)。プルードン『所有とは何か』も唯物論哲学の代表としてトラシをあげてその所有弁護論を批判している(同前、八五頁)。マルクスは四四年夏にトラシの主著『観念学要綱』の第四巻と第五巻から抜き書きしている(MEGA² IV-2-489~492)。ほとんどが所有論関係で、観念学の基本部分たる第一、第二巻は読んでいない様子である。ケーギは感情、パッション、道徳を扱った第五巻の内容から、社会的意識形成の現実的原因の無意識性というトラシのテーマのマルクスへの影響を見ようとする(Kägi, ibid., S. 329-330)。

（40）Charles Renouvier, *Manuel de Philosophie Moderne*, Paris, 1842.

（41）Olivier-René Bloch, Marx, Renouvier, et l'histoire de materialisme, *LA PANSEE*, No. 191. なお、平等文博によるブロック論文の要約紹介（「『聖家族』におけるマルクスと唯物論」、季報『唯物論研究』第六号、一九八二年七月）参照。

（42）Bloch, ibid., p. 14.

（43）プレハーノフ『わが批判者の批判』外村史郎訳、叢文閣、一九二七年、七二頁。

（44）Bloch, ibid., p. 12-13.

（45）Mondshian, *Helvetius*, Berlin, 1959, p. 148, 170.

（46）Bloch, ibid., p. 16.

（47）アルチュセール『甦るマルクスI』河野健二・田村俶訳、人文書院、一九六八年。

（48）同書、七八頁。

（49）廣松、前掲書、三八頁、四七頁、九二―九五頁。

（50）廣松渉『エンゲルス論』盛田書店、一九六八年、二五四頁。

（51）廣松渉『マルクス主義の地平』勁草書房、一九六九年、三八頁。

（52）従来、『リスト草稿』執筆時期は四五年三月と推定されてきたが、新メガ編纂作業の中で、早くともイギリス旅行から戻った八月末以降、おそらくは四五年の秋に書かれたと推定されている。C. Ikker, Zur Entstehungszeit des List-Manuskripts von Karl Marx, *Marx-Engels Jahrbuch*, Dietz, 1989, Bd. 11.

（53）『リスト草稿』に注目した先駆的論文としては石井伸男「初期マルクスの「唯物論」把握」『唯物論』一九七九年六月号、がある。筆者はマルクス「唯物論」への自覚的回帰という問題意識を石井と共有している。石井伸男の次の論文もあわせて参照されたい。「マルクスの「唯物論」概念」、唯物論研究協会編『唯物論研究』一九八三年五月号、「マルクス意識論の射程」『情況』一九九一年九月号。

（54）Marx, Über Friedlich Lists Buch: Das nationale System der politischen Ökonomie, *Beiträge zur Geschichte der Arbeiterbewegung*, Berlin, Heft 3, S.436.

（55）Ibid., S.426.

（56）Ibid., S.436.

（57）Ibid., S.441.
（58）Ibid., S.440.
（59）Ibid., S.435.
（60）リスト『経済学の国民的体系』小林昇訳、岩波書店、一九七〇年、二三七頁ほか。
（61）Marx, ibid., S.425.
（62）Ibid., S.441.
（63）Ibid., S.432.
（64）Ibid., S.437.
（65）Ibid., S.426.

第 7 章
［批判］

マルクスと「批判的唯物論的社会主義」

「他方，社会的生産の実在的，歴史的な展開を理解させようとする批判的唯物論的社会主義への道をひらくために，経済学におけるイデオロギーと絶縁する必要があった．プルードンは無意識のうちに，このイデオロギーの最後の体現者だったのである．」

（『『哲学の貧困』について』1880年，62歳）

章扉写真＝1867 年のマルクス
（出典） MEGA² II-5

[1]「批判的唯物論的社会主義」について

「まえがき」で書いたように、マルクスには「弁証法的唯物論」や「史的唯物論」、「唯物論的歴史観」というような表現はまったく見られない。(1) エンゲルスの方は、おそらくマルクスの『経済学批判』(一八五九年刊)を論評した「カール・マルクス『経済学批判』」(一八五九年八月)の頃からと思われるが、「唯物論的歴史観」という呼称を用い始めている(MEW 13-470)。この「カール・マルクス『経済学批判』」はエンゲルスによるマルクス解釈の、したがってまた彼による「マルクス主義」の「教説(Doktrin)」化と通俗化努力の特質を最初に示すものとしても注目される。エンゲルスはまた、晩年には「史的唯物論」(MEW 38-464)という言葉も「唯物論的歴史観」とほぼ同じ意味で用いている(おそらく一八九〇年九月二一日付ブロッホへの手紙の頃からだろう)。一方、「弁証法的唯物論」という表現は、エンゲルスにもなく、むしろプレハーノフ(一八五六—一九一八)に始まるのではないかと推測される。プレハーノフは、エンゲルス存命中の一八九二年に『ヘーゲル論』で、「弁証法的唯物論」という表現を用いている。しかし、エンゲルスは『反デューリング論』（一八七八年単行本刊）の「総論」で「現代唯物論は本質的に弁証法的である」（MEW 20-24）と書いており、「弁証法的唯物論」は事実上、エンゲルス起源と見ることもできよう。これら周知の流れと対比し、自覚的にマルクスに内在する意味で、念のため『ドイチェ・イデオロギー』以降のポジティヴな意味での「唯物論」に関するマルクスの用語法をたどっておこう。

1　ポジティヴな意味での「唯物論」用語法の追跡

『ドイチェ・イデオロギー』（一八四五／四六年）では、自分たちの立場を「実践的唯物論者たち（die praktischen Materialisten）、つまり共産主義者たち」（H-16）とか「共産主義的唯物論者（der kommunistische Materialist）」（H-20）と特徴づけている。それは「感性的世界を、それを構成する諸個人の生きた感性的活動の総体としてとらえ」、「産業および社会編成の変革の必要性と同時にその条件を見る」（H-20）のだとしている。「歴史記述に唯物論的土台を与える（der Geschichtschreibung eine materialistische Basis zu geben）」（H-22）とか「人間たち相互の唯物論的連関（ein materialistischer Zusammenhang untereinander）」（H-26）に着目するという課題設定も見られる。これらはエンゲルスとの共同執筆箇所であるが、マルクスが書いたシュティルナー論の箇所には、「唯物論的な、無前提的でなく、現実の物質的諸前提そのものを経験的に観察し、したがって初めて現実に批判的な世界の見方」（MEW 3-217）という表現も見られ、「唯物論的……批判的な世界の見方（die materialistische... kritische Anschauung der Welt）」と、「唯物論的」と「批判的」を並べる表現が初めて出てくる。

三月革命後の亡命先ロンドンでの共産主義者同盟分裂に際して、マルクスは、K・シャッパー（一八一二―七〇）らの労働者派が「現実の諸関係のかわりに意志が革命の主要事象だ」とする「観念論的な見方」に陥っていると非難し、「『共産党宣言』の唯物論的な見方（materialistische Anschauung）」を対置している（MEW 8-598, 一八五〇年九月一五日の共産主義者同盟中央機構会議議事録）。

『資本論』第一部初版（一八六七年）では、「分析を通して、宗教的幻像の地上的核心を発見する」ことではなく、逆に「その時々の現実的生活諸関係から、それらの天上化された諸形態を展開する」ことこそが「唯一、唯物論的で、それゆえ学的な方法である」（MEW 23-393）としている。

六年後に出た『資本論』第一部第二版後記（一八七三年）では「私が私の方法の唯物論的基礎を説明した、『経済学批判』への私の序言」（MEW 23-25）への言及が見られる。

一八七七年一〇月一九日付のF・A・ゾルゲ（一八二八—一九〇六）への手紙には、ドイツで刊行され始めた社会主義的評論誌『未来』を批判し、「彼らは社会主義に「より高い理想的な」方向づけを与えようとしています。つまり唯物論的土台（その上に立って行動しようとすれば、まじめな客観的研究が必要です）を、正義、自由、平等、友愛といった女神たちに関する神話で置き換えようとしているのです」とし、かつての「ユートピア主義」は「唯物論的—批判的社会主義（der materialistisch-kritische Sozialismus）」を「萌芽のうちに蔵していた」のに、現在の「ユートピア主義」は時代遅れの他愛のないものだとしている（MEW 34-303）。同じ件で数日後にW・ブラッケ（一八四二—八〇）へも手紙を書き、『未来』誌の「主要努力は、唯物論的認識にかえて「正義」その他のイデオロギー的空語を置くこと」にすぎないと書いている（MEW 34-305）。

一八七九年七月二九日付の、イタリア人労働運動家C・カフィエロ（一八四六—九二）への手紙では、「プロレタリアートの解放のために必要な物質的諸条件が、資本制生産の行程を通して自生的に生み出される」ことなど、『資本論』の唯物論的土台」を強調してほしいと要望している（MEW 34-386）。

最後に、最晩年の『哲学の貧困』について』(一八八〇年)では、プルードンと自分の関係を回想しつつ、「他方、社会的生産の実在的、歴史的な展開を理解させようとする批判的唯物論的社会主義(der kritische materialistische Sozialismus)への道をひらくために、経済学におけるイデオロギーと絶縁する必要があった。プルードンは無意識のうちに、このイデオロギーの最後の体現者だったのである」(MEW 19-229)と書いている。

2 「批判的唯物論的社会主義」の特徴

以上のように、ポジティヴな意味での「唯物論」の用語法を追跡するといくつかの特徴が見えてくる。第一に、マルクスが「唯物論」という言葉を用いるのは、主として社会主義運動当事者たちに向かって、「空語」や「イデオロギー」や「神話」に身を委ねたり、「意志が革命の主要事象だ」などと主意主義に陥ってしまわないために、「現実の諸関係」の「まじめな客観的研究」を訴え、「現実の物質的諸前提そのものを経験的に観察」するよう訴える、という文脈においてであることがわかる。第二に、「唯物論」を「教説(Doktrin)」としてでなく、「私の方法の唯物論的基礎」とか「唯物論的で、それゆえ学的な方法」というように、「方法(Methode)」として、つまり『経済学批判』序言に言う「私の研究に導きの糸(Leitfaden)として役立った」(MEW 13-8)ものとして、強く意識していたことも、第一の特徴との関連できわめて重要である。なぜなら「唯物論」が「教説」として自立的体系に転化することによって、「現実の諸関係」の「まじめな客観的研究」が促されるより、形骸化され、ひどい場合は無用化されるという事態も生起したからである。

第三に、「唯物論的」が「批判的」や「実践的」(「共産主義的」)とセットで用いられる場合が多いのも特徴的である。マルクスが「唯物論」を、それだけで完結した哲学体系や歴史観としてとらえていないことは明らかだろう。むしろ彼において「唯物論」は、晩年の表現で代表させるとすれば、「唯物論的—批判的社会主義」ないし「批判的唯物論的社会主義」という形態規定性を離れては存在しないのである。つまり「唯物論的―批判的社会主義」ないし「批判的唯物論的社会主義」という歴史的運動の現実形態の中に、その不可欠の構成要素として位置を占めていると見るべきだろう。端的に言えば、「社会主義」はこの歴史運動の中心的価値と実践的目標を表現し、「批判的」はこの運動の思想的構え（スタイル）を表現し、「唯物論的」はこの運動の物質的諸制約（Bedingungen 諸条件）の自覚化努力を表すと言うことができるだろう。

マルクスは「唯物論的」であろうと訴えている。つまり諸主体、諸関係、諸活動の物質的諸制約に自覚的であろうと訴えている。しかし、制約の自覚それ自身が自己目的なのではないだろう。もしそれだけであれば、むしろ観察的観照的な基調をもつ思想になろう。マルクスはあくまで、積極的に対抗的アソシエーションを構築し、またそれを通して人類史的な危機の打開の道を探ろうとしている。そこにこそ彼の思想の「眼目（Sache）」がある。しかし、こういう実践的関心が単なる理念主義や千年王国風信念に終わらないためにこそ、我々は「唯物論的」な自覚を必要とするのである。つまり危機が再生産され運動の強さと弱さが再生産される諸条件を、物質的諸制約の観点から観察し、自覚することが根本前提なのである。マルクスの思想の全体構成の中で占める「唯物論」の、こういう位置に、我々は自覚的でなければならない。

3　「批判的」な思想の構え

しかし、現状を制度的モラル的生活様式的に変革しようとする我々の実践的志向と、危機が再生産され運動の強さと弱さが再生産される諸条件を物質的諸制約の観点から研究し、自覚しようとする我々の反省的志向とが、予定調和的に一体化されてあるわけではないだろう。むしろ、一極にユートピア主義や理念主義や主意主義、他極に決定論や観照主義や宿命論、という〈揺れ〉をはらみながら、実践と反省との永続的往復運動が我々に要請されるということだろう。「批判的」という思想の構えがこれにかかわってくる。

マルクスは早くも『博士論文』(一八四〇年)への注で、「哲学の実践」が「批判」にほかならないことを確認し(MEW 40-326)、『独仏年誌』(一八四四年刊)掲載の公開書簡では「批判哲学」の構想を提示している(MEW 1-346)。主著『資本論』の副題が示すとおり、彼のライフ・ワークは「経済学批判」であった。それだけではない。『ヘーゲル法哲学批判序説』(一八四四年刊)、『聖家族または批判的批判の批判』(一八四五年刊)、『ドイチェ・イデオロギー——最新のドイツ哲学の批判』(執筆一八四五/四六年)というふうに、彼の著作のほとんどは「批判」と題されている。フライリッヒラートへの書簡(六〇年二月)では「君は詩人だが僕は批判者(Kritiker)だ」と書き(MEW 30-490)、「プロレタリア革命は不断に自分自身を批判し……すでに成し遂げられたと〈思える〉ものに立ち戻っては新たにやり直さねばならない」(MEW 8-118)とも考えた。だから彼が最晩年に、自分の思想的立場を「唯物論的―批判的社会主義」とか「批判的唯物論的社会主義」と特徴づけ、批判に特別な意味を付与しているのは、当然のことといえる。

「批判」という言葉も長い概念史をもつが、(2) その中で、マルクスの「批判」概念のもつ連続性と差異が問われるべきだろう。マルクスにあっては、「批判的」な思想の構えは、本来、「すべての時代に通用する出来あいの真理を唱える」「教義的(doktrinär)な」(MEW 1-223)思想の構えと対置されるべきである。「教義的」な思想の構えは、まずは何かの原理を掲げて、そこから演繹する形で、世界を理論的に説明したり、世界を実践的に構成しようとする。これに対して「批判的」な思想の構えはむしろ生活への内在から来る。批判的に構えるものは、自覚的に「現存する現実の固有の諸形態」に「結びつき」つつ、その「諸形態」自身の「べし」として「真の現実を展開」しようとする姿勢を取り続けなければならない(MEW 1-345)。つまり現存する直接的なものと、そのつど常に「結びつき」つつ、それを概念把握する努力を通して、また共同闘争を通して、当該意識に向かって仮象、倒錯、疎外、矛盾があらわになるプロセスを対話的に相互促進し、また直接的意識に向かって未来の地平が開示してくるプロセスを対話的に相互促進するのである。

ただし第1章で見たとおり、最初、マルクスは理性的意志の観念論でこの「批判」を実践した。「理性は常に実存してきた。ただ必ずしも理性的形態で実存してきたわけではなかっただけだ」（MEW 1-345）という存在論的確信が「批判」を支えていた。「世界はながい間、ある事柄（Sache）に関する夢をもっている。それを現実にもつためには、単に意識をもちさえすればよいのだ」（MEW 1-346）。この楽観論が挫折した結果、マルクスの「批判」概念に大きな変容が生じてくるのである。

たとえば『聖家族』（一八四四年後半執筆）には、「批判」とは、「現実的な、それゆえ現在の社会の内部で生活し、苦しみ、苦悩と喜びを分かち合っている人間主体の本質活動」（MEW 2-169）なのであるという認識が出てくる。批判は、カントのように、思弁理性に避けがたく伴う「誤謬推理」を理性自身が自己批判的に暴くという限定的意味においてでなく、存在の危機において発動される知的アクションという包括的意味で了解される。「人間たちは生活する」のであるが、この生活過程で、これまでどおりには生きられないという切断＝危機（Krise＝Kritik＝krinein）の局面がやってくる。その時にそれまでの生活様式や行為様式の、モラルや価値の、自己了解や世界了解の、さらにはまたこの了解の先験的（transzendental 超越論的）諸構造の、自覚的転回、自覚的切断、自覚的深化が迫られるのである。「批判的」な思想と行動の構えは、あくまで存在への内在の構えであり、根本的に経験的な構えであるが、この経験は危機の経験であるために、表層的経験主義と現状肯定にはとどまりえない。この結果、マルクスの批判は、［α］対象面から、「現状（Zustände）」への批判（つまり社会変革）と、その現実を一定の視点で了解する「理論」への批判（たとえば経済学批判）、［β］批判対象への内在性の度合いの面から、概念把握的（begreifend）批判（たとえば資本制やヘーゲルやユートピア社会主義や批判的経済学に対して）と破壊的（vernichtend）論争的（polemisch）批判（たとえば後進国ドイツやバウアーやシュティルナーや俗流経済学に対して）、［γ］批判尺度面から、認識的倒錯批判（フェティシズムなど）と価値的倒錯批判（機械への労働者の隷従など）、そして［δ］批判の手段の面から、「批判の武器」（批判理論）と「武器の批判」（蜂起）など、一連のテーマを伴うことになる(3)。

しかしこれらの諸批判の中心に、したがってマルクス批判主義の中心に「概念把握的」批判があったのは、言うまでもないだろう。そしてこの「概念把握的」批判が主として向けられたのは経済学にほかならないが(4)、最初の経済学批判である『経済学哲学草稿』第一ノート（一八四四年）ですでにマルクスは次のような言い方をしている。

「我々は国民経済学の諸前提から出発した。我々は彼らの言語や彼らの諸法則を受容した。我々は私的所有を、労働、資本、土地の分割や賃労働、資本利潤、地代の分割を、また分業や競争や交換価値概念を前提に置いた。簡単に言えば、国民経済学自身から、我々は以下のことを示したのである。……」（MEGA^2 I-2-234）。「国民経済学は、私的所有の事実から出発する。しかし我々にそれを解明（erklären）しない。国民経済学は……私的所有の物質的プロセスを、一般的抽象的定式の中へと捕捉する。そうするとこの定式は彼らには法則として通用するのだ。国民経済学はこれらの法則を概念把握（begreifen）しない。つまり、これら諸法則が私的所有の本質からどのように生起するのかを証示することがないのだ」（MEGA^2 I-2-234）。「まさに国民経済学は運動の連関を概念把握しないために、……」（MEGA^2 I-2-235）。

つまり国民経済学に対して別の経済学を「教説」として対置するのではなく、批判対象の諸前提を受容しつつ、そこにはらまれている概念把握の欠如、「没概念性（Begriffslosigkeit）」（MEW 26-3-454）を暴き、語るべきことを語らしめる形で、批判対象に否定／肯定的に介入するのである。この概念把握的批判については、後年にも次のように表現している。

「さしあたり問題となる仕事は、経済学的諸カテゴリーの批判であり、もしお望みとあらば、批判的に叙述された市民経済学の体系である。それは体系の叙述であると同時に、叙述によるこの体系の批判である」（MEW 19-550）。

第1章で見たとおり、マルクスが当初立っていた理性主義的存在論の前提が崩れた結果、「批判」的実践は、内在面、概念把握面、揚棄面のそれぞれについて、一層媒介された形で再提出されなければならなかったのではあるが、しかし「教説」的スタイルでなく、現存する直接的なものと、そのつど常に「結びつき」つつ、それを概念把握する努力を通して、また共同闘争を通して、当該意識に向かって仮象、倒錯、疎外、矛盾があらわになるプロセスを対話的に相互促進し、また直接的意識に向かって未来の地平が開示してくるプロセスを対話的に相互促進するという、マルクスの「批判的」スタイルは一貫しているのである。

4 「人間たちは生活する」

マルクスの問題圏を少し越えることになるが、では、こういう「批判的唯物論的社会主義」に親和的な思想の端初（出発点）を考えるとして、それは何に置かれるべきだろうか。デカルトの「私は考える」なのだろうか。ヘーゲルの「理念は自己を限定する」だろうか。それとも伝統的唯物論の「脳が考える」だろうか。あるいはエンゲルスの「運動する物質」だろうか。結論を先に言えば、筆者は、出発点を「人間たちは生きる（生活する）（Die Menschen leben.）」または「生活する人間たち（die lebende Menschen）」に置くべきだと考える。我々はすでに第2章で、意識に概念上先行し、意識を一契機として組み込みつつ、意識のあり方を制約しているという意味での「実在」が、マルクスにおいては人間たちの「生活活動」であることを確認しているからである。さらに『ドイチェ・イデオロギー』には次のような文も見られる。

「我々は……「歴史をつくる」ことができるためには、人間たちは生活することができなければならないということから出発（anfangen）しなければならない。しかし生活にはとりわけ（vor allem）食べる、飲む、住居、衣服、その他が属する。したがって第一の歴史的行為はこれらの欲求を充足する手段の産出、物質的生活そのものの生産であり、しかもこの歴史的行為こそは、人間たちが生活を保持するためだけにでも、数千年前と同様、今日なお、毎日、時々刻々と充たされねばならない、総ての歴史の根本条件なのである」（H-23）。

ここでも、「人間たちが生活する」が「出発」に置かれている。そしてこの生活活動がさまざまに分節化したものとしてとらえられる場合に、「何よりもまず」「物質的生活」が、また「物質的生活の生産」がクローズアップされるのである。

では、端初が「私は考える（Ich denke.）」または「考える私（denkendes Ich）」にあるとする立場はなぜいけないのか。しばしば指摘されるように、きわめて包括的な人間たちの生活諸活動から思考活動だけを特権化してしまっている。同じく、端初が「理念（精神）が自己を実現する（Die Idee verwirklicht sich selbst.）」または「自己実現する理念（die sich selbst verwirklichende Idee）」にあるとする立場も、理性的目的を存在の根本に据え、その実現過程として世界を了解してしまう。これらの立場では、自我や理性は力にあまる世界統合を僭称してしまっている。にもかかわらず視野の外に置き忘れている事柄があまりにも多い。これら外部は「非合理なもの」としてひとくくりにされるという、裏返しの理性主義的一面性（いわゆる非合理主義）も随伴してくる。理性主義哲学は、啓蒙的批判や確実な知の探求や理性的主体性の強調において、大きな歴史的意味を持ったとはいえ、二一世紀の思想のあり方としては、やはり受け入れがたいものである。

しかし、ここで強調しておきたいのは、「人間たちは生きる」または「生活する人間たち」は、「脳は考える（Das Hirn denkt.）」または「考える脳（das denkende Hirn）」とも違うし、「物質は運動する（Die Materie bewegt sich.）」または「運動する物質（die sich bewegende Materie）」とも違うし、「自然が自己を展開する（Die Natur entwickelt sich selbst.）」「自己展開する自然（die sich entwickelnde Natur）」とも違うということである。マルクスは資本論執筆プランで「自然主義的唯物論（der naturalistische Materialismus）」と自分の立場の差異を明示する必要をメモしている（『経済学批判要綱』MEGA^2 II-1-43）が、『資本論』でも次のように明記している。

「歴史的過程を排除する抽象的自然科学的唯物論（der abstract naturwissenschaftliche Materialismus）の欠陥は、その提唱者が彼らの専門性の外へとあえて出ようとすると、ただちに現れる抽象的でイデオロギー的な諸表象からも理解できよう」（MEW 23-393）。

「脳は考える」は、最も伝統的な意味での唯物論（「心の物質性の概念」としての「心理学的唯物論」）の命題であり[5]、今日、支配的となっている神経生理学的唯物論の「端初命題」でもあるが、少し詳細に調べると、この立場は「人間たちは考える」と「脳は考える」との根本的差異に無自覚でありすぎる。第2章で見たとおり、意識は、単に生理学的構造だけでなく、言語構造、先験的（超越論的）構造、行為制御構造、表層―深層構造、イデオロギー構造などをもっており、だからこそ「脳が考える」のではなく「人間たちが考える」のである。記号の物質性や物質的生活諸関係などのように、意識の物質的諸制約（諸条件）も生理的レベルに限定されない。これらの点についての無自覚は、分業を前提に成立する自然科学的唯物論に常にまとわりつくもので、今後も、さまざまな実践的倫理的問題を派生するように思われ、現在の哲学的課題は、むしろこの種の「生理学的唯物論」の限界づけをきちんと行うことにあると言うべきであろう。

他方、エンゲルスが『自然の弁証法』で原理に据えようとした「物質は運動する」または「運動する物質」は「宇宙論的（世界論的）唯物論」である。

「我々は確信している。物質はあらゆるその転変にもかかわらず永遠に同じであり続け、その属性のどれ一つとして失うことなどありえず、したがって地球上でその最高の精華である思考する精神を再び絶滅させるであろう同じ鉄の必然でもって、この思考する精神をどこかで、別の時に、再び産出するにちがいない、と」（MEW 20-327）。

一体、「思考する精神」が発生する固有の諸条件を解明する結節的な経験的諸概念（大型類人猿の存在、生態学的環境の変化、二足歩行、分業、肉食、言語発達、道具製作、大脳化など）が不在のままで、「思考する精神」を「物質」の産物と見るアバウトな見方に、どれほどの有効性があるのだろうか。「素粒子」や「原子」や「地球」や「生命」や「脳」などなどの特定の経験的オブジェクトと区別されるとともに、これらへと自己限定する形で

「世界の統一性」（MEW 20-41）を支えるとされる「物質」という主体＝基体の想定は、むしろヘーゲルの世界精神に類似した、哲学的思弁の産物と言えよう。もともと、我々の自然認識が日進月歩である以上、時々の自然科学的認識を宇宙大的原理にまで高めて「世界の統一性」を説明しようとしても、我々が思うほど確実なこと、限定的なことは語りえないのである。しかもこの立場では、人間諸主体やその諸実践や諸経験は概念的展開の最後に来てしまい、諸主体の対自然対他者の実践的展開を通して世界が、したがってまた「物質」が諸主体に向かって歴史的に現象してくるという批判的側面を展開しえず、教義的唯物論にとどまるという欠陥を持っているのである。

また、「自然が自己を限定する」の方は、「宇宙論的自然主義」の哲学である。こちらは人為的形成（広義の文化）に対して時間的構造的に先行するもの（環境的自然や人間たち自身の生物学的生理学的身体的自然を含む自然）を端初として置くという意味では、物質概念にまとう要素論的力学的その他の特定の限定的意味から自由でありうる。しかし諸主体の実践的展開を通して世界が、そしてまた自然が、諸主体に向かって歴史的に現象してくるという批判的側面を展開しえないという意味では、宇宙論的唯物論と同じ根本欠陥をもっているのである。

逆に、宇宙論的唯物論や宇宙論的自然主義からは、「人間たちは生活する」という端初は「人間中心主義」を克服していないとの批判がなされるのが普通である。しかし「生活する人間たち」は単なる意識主体ではなく、すでにその内部に「外部」をはらみ、「外部」へと広がる自然存在でもあり、「他者」をはらむ関係存在なのであって、その意味では主観主義を免れている。本来「外部」とか「独立（依存しない）」という存在様相は、主体と対象との関係のあり方の一種なのであって、関係に対置されるような、したがってまったく体験不能のようなあり方と考えるのは間違っている。むしろ我々は、単なる意識主体、単なる知覚主体という抽象主体としてではなく、現実の主体（「生活する人間たち」）としては、常に「他者」や「外部」や「独立」存在を体験しているのである（本書第2章第3節「マルクスと実在論の問題」参照）。むしろ主観主義と独断論をともに避ける道は「人間たちは生活する」という出発点を置くことによってのみ可能となるというのが、筆者の主張なのである。

ではなぜ「私は生きる（Ich lebe.）」または「生活する私（lebendes Ich）」とか、「人間は生きる（Der Mensch lebt.）」または「生活する人間（der lebende Mensch）」ではなく、「人間たちは生きる」でなければならないのか。まず「人間は生きる」について言えば、「人間というもの（der Mensch）」というくくり方は、哲学的人間学のアプローチであると言える。他の動物や神やロボットから区別される比較的恒常的遍在的な特質（本性）の主体として想定されているものが「人間というもの」にほかならない。だから人間たちの間の相互差異性への関心が希薄である。「人間たちが生きる」という立場は、もっともっと経験的な場面に即するのであって、複数の多様な人間たちが他者との相互関係の内部で、また自然（内なる自然と環境的自然）という地盤の上で、そしてまた歴史的地平の内部で、きわめて多様な生活活動を営んでいる、そういう場面を出発点にして、さまざまな哲学上の問題にアプローチしようとするのである。

他方、「私は生活する（生きる）」はどうだろうか。これは「私は考える」と違って、思考活動だけの特権化を含んでいない。「私」は「私の身体」や「私の行為」や「私の生活活動」を通して常にすでに「君」や「我々」などに開かれており、環境的自然にも開かれている。それだけではない。「人間たち」は、必ず私、我々、君、君たち、彼／彼女、彼ら／彼女らといった人称的に分節化した世界を構築しており、むしろ「人間たち」という概念自身が、脱人称化の結果（成果）として、現象学的には派生的なものであるとも言える。世界論で見ても、自然世界や歴史世界のとりわけ構造部分への着目という点では、「生活する人間たち」という端初をおいて、人称世界を脱中心化することは不可欠であるが、しかし我々が直接帰属する日常生活世界は必ず人称的編成を伴っており、ユニーク（代替不能）である。責任や自由も人称世界を前提にしている。実存哲学によるマルクス「補完」もそういう文脈で語られたのである。しかし、「人間たちは生活する」の方が、人称世界と構造世界の両者をともに展開する上で一層適切であって、「私は生活する」という端初では、結局のところ、私中心のミクロコスモスを超えられないのではないか、という反論も成り立つ。たしかに、マルクス自身がこのような人称世界の枠内にとどまっていたとすれば、近代世界の総体的かつ構造的批判を行った彼の仕事はなかったろう。しかし、人称的に分節化された世界を、マルクスとどう結びつけていくのか。このあたりが一つの宿題になるように思われる。

そういう課題を残してはいるものの、とりあえずは、「人間たちは生活する」という出発点からは、生活活動の重層性、主体の身体性、他者との関係性、個別主体と共同主体の二重性、基底としての自然存在、これらとの能動受動的関係性、それに歴史的地平性、経験的なものと先験的なものとの歴史的結合、主観的了解を超えた世界との実践的諸関係、といった観点を比較的に展開しやすいというメリットがあるのである。

［2］　マルクスの物質概念

では「人間たちは生活する」から「出発」して、その制約条件として浮上してくる「物質」概念は何だろうか。マルクスが「批判的唯物論的社会主義」を言う以上、何らかの物質概念が想定されていることは明らかであろう。結論から先に言えば、マルクスの物質概念は「意識から独立な客観的実在」（レーニン）でも、自然の要素的実体（カント）でもなく、人間たちの「物質的生活（materielles Leben）」の概念であるが、そのことの意味を理解するために、哲学における物質概念について、あらかじめ若干、整理しておこう。

1 経験的オブジェクト・タームと物質の哲学的諸概念

まずは今日の知見の地平で、経験的なオブジェクト・タームの諸レベルを列挙してみよう。

・身体―他者身体―物―背景世界（「地」）（日常世界）
・物体―分子―原子―原子核―素粒子（物理学、化学）
・超銀河系―銀河系―恒星系―惑星系（天体）
・生態系―生物系―種―個体―細胞―DNA（生命科学）
・ニューロン―シナプス―ニューラル・システム―脳（脳科学）
・生産手段―交換蓄積手段―流通手段―運搬手段―情報・通信手段（記号系を含む）―消費手段―強制殺戮手段―廃棄物（生活手段系、社会科学など）

さて、「物質」とはどれのことだろうか。見られるように、経験的オブジェクト・タームの中にはもはや「物質」はなくなっている。「心」という働きが「脳」の働きであるという認識を、哲学の伝統では「心の物質性」の概念＝心理学的唯物論と呼んでいるが、どうして「心の脳性」と呼ばないのだろうか。哲学的物質概念とは、少なくとも自負としては、こういうオブジェクト・タームの特定レベルを指すものではなく、これら諸レベルに「自己を限定」しつつ、これらの中に「世界の統一性」をもたらす〈何か〉として想定されたのである。そのことを確認するために哲学の物質概念の代表例として、以下の三つを確認しておこう。

①アリストテレスの「質料」概念

アリストテレスの質料概念は「形相」概念と対概念で、実体の生成を説明する。

「私が質料と言うのは、各々の事物がそれから、［量、性質、関係、場所、時間の変化のように］単に付帯的にではなく、［実体として］生成し、しかもそれみずからはこうして生成した各々の中に内属するところの、各々の事物の第一の基体のことである」（『自然学』）。

変化を超えて「もとにあるもの」（基体）は、付帯的変化においては「実体」そのものであるが、実体的生成においては「質料」なのである。「質料」は「実体」を分析するための単なる反省概念であって、実在するのは特定の質料（第二質料、これは骨とか肉とか月経とかの経験概念）と見るのか、それとも中世スコラ学のように、もはやまったく「形相」を持たない「第一質料」が実在すると見るのか。ここでアリストテレス解釈の大きな分岐が生じるのであるが、「第一質料」の意味での物質概念で、哲学的唯物論を構築するという立場には、今日ではとても立ちえない。

②ニュートンと力学的（機械学的）物質概念

ニュートンの物質概念の問題意識は空間中の物体（corpus）の運動を定量的に認識することにある。

「自然が永続的であるためには、有形物の変化は、これらの永久不変の微粒子の分離と新たな結合と運動とのみによって生じなければならない」（『光学』疑問三一）。

物体に力が働く時、力の方向に力に比例し、質量（massa）に反比例する加速度が生じる。ニュートンはこの質量をその物体が含む「物質の量（quantitas materiae）」と考えた。しかし量は等質なもの（たとえば小麦にもガラスにも含まれるもの）を前提する。これが物質で、この物質を我々は直接知ることができないが、物体から類推できる。なぜなら物体は物質の合成体だから。このように『自然哲学の数学的原理』第三編では物質は、延長、堅さ、不可入性、可動性、慣性力、重力（引く力）、重さ（引かれる力）をもった「微粒子」と考えられる。前の四つの性質は物体の性質として経験されるもの、後の三つは運動を法則性において規定できる根拠として要請されたものである。したがってニュートンの物質概念はもともとは経験的オブジェクト・タームなのであるが、哲学者がこれを利用し、力学的な哲学的宇宙論の要素概念としても機能した。カントでも物質は「経験的実体」なのだが、ニュートンのこの物質概念に近いだろう。

③物質の感覚論的概念

物質の感覚論的定義は、物質―自体―性質―触発―感官―感覚―観念―心といった概念体系の内部で物質を定義する。これがレーニンの物質概念のルーツにほかならない。

「我々にとって物質一般とは何らかの仕方で我々の感官を触発する総てのものである」（ドルバック『自然の体系』第一部第三章）。

たとえばロックでは、被視体から微細な「知覚不能の諸物体」が我々の知覚器官まで「運動」して「衝撃（impuls）」を与えることにより心に観念を生む（『人間知性論』第二巻第八章）。この場合、物質の感覚論的概念は力学的概念と不可分なものと了解されていた点が注目されるべきであろう。

「運動によってのみ我々の器官と我々の内部または周りに見いだされる諸客体との関係が成立する。運動を媒介してのみこれら諸客体は、我々に一つの印象を作り、その結果我々はそれらの実存に関して知識を持ち、それらの諸性質を判断し、それらを相互に区別し、さまざまなクラスに分ける」（ドルバック、同前、第一部第二章）。

つまり感覚主体―運動―物質という連関の内部で、物質は運動を通して主体を触発し、主体は運動を通して物質を規定するのである。前者は感覚論的概念であり、後者は宇宙論的概念である。両概念はともに力学的（機械学的）である。

2　マルクスの「物質的生活」の概念

少し思考実験的に哲学体系を構築してみれば明らかになるが、もし、哲学的唯物論を、これらの物質概念のいずれかを原理にして世界、認識、行為を展開する立場だと考えるならば、今日では哲学的唯物論は、厳密な意味では成立しないと言わねばならないだろう。マルクス自身も、自分が「唯物論者たちの世界観の現実的な核心や内容」を積極評価はしても、自分が哲学的物質概念を原理として立てる立場を取ろうとしているわけではないことをはっきり語っている。

「聖ブルーノでは、……唯物論は次のようになる。「唯物論者が承認するものは単に現在的現実的本質、つまり物質」（あたかも思惟を含む一切の諸性質を持った人間が「現在的現実的本質」でないかのようだ）であり、「そしてそれを、活動的に自己を数多性へと拡げ、現実化しているもの、つまり自然として承認するにすぎない」と」。「聖ブルーノが、物質に関する唯物論者たちの哲学的フラーゼを《唯物論の》彼らの世界観の現実的な核心や内容と見誤っているのも、この立場からおのずと理解できる」（MEW 3-89 および MEGA¹ I-V-583.［ ］内はマルクス、〔 〕内は削除部分）。

「物質」にではなく、まずは「人間たちが生活する」という点に出発点を置かねばならない。その上で、これら生活諸主体が自らの「物質的制約性」を地平的に自覚化していくという方向で、「唯物論」が考えられるのでなければならない。この意味での「唯物論」にあって、「物質的制約条件」として立ち現れてくるものは、純粋物質などではありえない。マルクスが「物質的生活」「物質的諸関係」「物質的諸制約」「物質的諸欲求」などという場合、前記のオブジェクト・タームのいずれかを意味核として含みつつも、人間たち自身の諸活動による歴史的媒介や諸関係による機能的媒介を前提した、さまざまなあり方が想定されているのである。こういう「物質的諸制約（Bedingungen 諸条件）」は、人間たちの特定の生活活動に対応して、特定の姿で立ち現れてくるのであって、我々はそのつど、経験的にこれを限定しなければならない。〈諸主体、諸活動、諸関係は物質的に制約されている〉という唯物論的テーゼは、このような自覚化努力を促すという機能を果たすだけであって、あらゆるケースに通用するような万能の回答を準備しているという意味ではまったくない。そもそも原理演繹型の伝統哲学的思考様式そのものが克服されねばならないのである。マルクスは、当時の生活諸主体に固有な歴史的な「物質的制約諸条件」を理論化し、自覚化しようとしたのであった。

この意味でマルクスの「物質」概念とは、何よりもまず、〈人間たちの物質的生活〉の概念にほかならない。この「物質的生活」という表現は、とりあえず、彼の「歴史観」を定式化したとされている『ドイチェ・イデオロギー』第一編「フォイエルバッハ」と『経済学批判』序言の二つのテクストに限定して言えば、前者に九箇所、後者に二箇所見える。

「［人間たちの］生活には何よりもまず（vor allem）、食べる、飲む、《食料》住居、衣服、その他若干が属する。第一の歴史的行為はしたがって、これら諸欲求を充足する手段の産出、つまり物質的生活自身の生産（Produktion des materiellen Lebens selbst）である」（『ドイチェ・イデオロギー』H-22,《　》内は削除分）。

「人間たちはたしかに彼らの諸表象、諸観念の生産者であるが、その場合の人間たちとは、彼らの物質的生活の生産の様式（die Weise der Produktion des materiellen Lebens）によって、彼らの物質的交通やその交通の社会的政治的編成におけるさらなる形成によって、制約されている（bedingt）ような人間たちなのだ」（『ドイチェ・イデオロギー』H-29）。

「物質的生活の生産の様式（die Produktionsweise des materiellen Lebens）が社会的、政治的、精神的生活過程一般を制約（bedingen）する」（『経済学批判』序言、MEW 13-8）。

おそらく読者はここで奇異に感じられるだろう。「物質」概念を問題にしているのに「物質的」しか言わないでいいのか。まず「物質」という主語（主体）があるから「物質的」という修飾語がある。だからマルクスも暗黙のうちに哲学的「物質」を前提した上で、それの「歴史」や「社会」への「適用」として「物質的」という表現を用いたのではないか、と。「物質的生活」という言い方を奇異に感じる人は、マルクスの「唯物論」が「批判的唯物論的社会主義」にほかならないというプリミティヴな事実に、相当鈍感になっていると言わねばならない。自分で当たってみられるとよくわかると思うが、「物質的生活」という言い方は、マルクス以前からの社会主義文献に頻出する。試みにアット・ランダムに列挙すると次のとおりである。

①バブーフ「完全な物質的生活は、明瞭で、正確で、確実であるばかりでなく、うまく編成された組織と、正しく指導された全員の労働とによって限りなく増大し増加する全資源の共同保管によって、その完全さが直接に承認されるようでなければならない」(一七九一年、「クゥペ宛て手紙」)。

②『サン゠シモン主義宣言』「科学と産業がおかれている進歩した状態にあっては産業は技術的な点から見れば相変わらず科学の帰結、科学の思想の物質的生活への直接的適用として現れる」(一八二八/二九年)。

③ラムネ「物質的生活の維持に必要不可欠な、一定の事物の占有なくして、……可能な生存はありえない」(『人民の過去と未来について』一八四一年)。

④L・シュタイン「社会主義者は、社会の物質的生活を、一般的にも個別的にも、一つの抽象的な原理から秩序づけようという法外な課題を立てた」「プロレタリアートの生活原理である物質的生活における平等云々」(『今日のフランスにおける社会主義と共産主義』一八四二年)。

社会主義や共産主義は、物質的生活を共同で組織しようとする歴史的運動であった。労働者たちの「物質的生活」における危機がその背景にあったのは言うまでもない。しかしE・マクミュランも確認しているように[6]、「物質的生活」の意味での物質概念も、非常に長い歴史を持っているのである。当時の支配的用語法との関連で言えば、「物質的生活」はキリスト教徒にとっては、負の価値を付与された基本概念であった。なぜなら、彼らは人間における「精神的生活」と「物質的生活」を対置し、前者から見て後者を低次の秩序(疎外態)に属すると見ていたからである。「物質的生活」のこのさげすまれた価値を回復し、共同でこれを組織しようとする形で、社会主義において「物質的生活」の概念がクローズアップされたのである。

3　「物質的生活」の諸契機

では人間たちの「物質的生活」をマルクスはどうとらえていたのか。

①身体的自然と環境的自然の間の「不断のプロセス」

マルクスは、哲学的自然主義のように自然から始めるのではない。あくまで「人間たちは生活する」から始めるのであるが、生活諸活動のうちの基礎的生活活動として「物質的生活」が位置づけられる。そして自然は、人間たちのこの「物質的生活」のエレメント（地盤）として登場してくるのである。マルクスの場合、「自然」は、まずは文化＝歴史的形成の前提、素材、地盤として位置づけられる。しかしマルクスはけっして自然一般を論じているのではなく、「人間身体」と「人間の非身体的身体（der unorganische Leib）」への自然の分割（『経済学哲学草稿』MEGA^2 I-2-240）、「人間自身の身体的特質」と「人間により眼前に見いだされる自然諸条件」への自然の分割（『ドイチェ・イデオロギー』H-23）、「人間自身の自然（die Natur des Menschen selbst）」と「彼を取り囲む自然（die ihn umgebende Natur）」への自然の分割（『資本論』MEW 23-535）、ここに目を向ける。この分割された「身体的自然」が自分を再生産するためには「彼を取り囲む自然」との「不断のプロセスの中にとどまらなければならない」のである。この「不断のプロセス」を、『経済学哲学草稿』では「自然の自分自身との関連」（MEGA^2 I-2-240）ととらえているが、『資本論』では「自然との間の人間の質料転換（Stoffwechsel mit der Natur）」ととらえている。

②実在する「先天的綜合判断」

この「不断のプロセス」は〈ある〉のでなく〈営まれる〉。

「飢えとは、私の身体の外部にあり、かつ私の身体の統合と本質表出に不可欠である対象への私の身体の欲求の告白である」(MEGA² I-2-296)。

だから人間たちが自分の外部に対象(非身体的自然)を持つと言っても、この対象は知覚の対象、意識の対象であるまえに「本質(存在)の対象(Gegenstand des Wesens)」(MEGA² I-2-296)「生活(生命)の対象(Gegenstand des Lebens)」(MEGA² I-2-236)なのである。これらとの関係行為は、カントをもじって言えば「一切の経験に先立つ」「必然的な」ものであり、しかも諸客体(客語)は主体(主語)に「綜合的に」付け加わらねばならないのであるから、いわば実在する「先天的綜合判断」にほかならない。人間たちは「自我」として、あるいは知覚主体として宙空に浮かんでいるのではない。「存在の対象」の「喪失(Verlust)」と「欠如(Not)」、「苦悩(Leiden)」と「欲求(Bedürfnis)」、「自分の対象を獲得しようとエネルギッシュに努力する人間の本質諸力(Wesenskräfte)」(MEGA² I-2-297)の発揮、そして「充足(befriedigen)」と「鎮静(stillen)」、こういう動的な「生活」の構造があるのだ。

③「生活の生産(Produktion des Lebens)」

人間的自然と環境的自然との間の「不断のプロセス」は、それだけを取れば自然的プロセスである。このプロセスは人間たちの「物質的生活」のエレメント(地盤)を形成するものであるが、「物質的生活」イコール「自然的生活」ではない(もちろん呼吸や日光浴などは直接「自然的生活」として営まれる質料転換であるが)。人間たちの「物質的生活」の特殊形態をマルクスは「だが生産的生活が類の生活である。それは生活を産出する生活(das Leben erzeugende Leben)である」(『経済哲学草稿』MEGA² I-2-240)とか「人間たちは彼らの生活手段を生産することによって、間接的に彼らの物質的生活そのものを生産する」(『ドイチェ・イデオロギー』H-25)とか、

「労働は、まずは人間と自然の間の一プロセス、そこで人間が自然との間の彼の質料転換を自分自身の行為により媒介し（durch seine eigene Tat vermittelt）、規制し、制御するプロセスである」（『資本論』MEW 23-192）などと表現している。

「物質的生活」を「生産する」とは、「物質的生活」を「自分自身の行為により媒介する」と同義であろうから、これらの文章はほぼ重なり合う。つまり〈自然―生活手段〉ではなく〈自然―行為―生活手段〉、あるいは「行為」は道具を必要とするから〈自然―労働手段―生活手段〉、さらには行為は「目的」実現のプロセスだから〈目的―労働手段―自然〉、こういういくつもの推論的媒介構造で人間たちの「物質的生活」が営まれているわけである。したがって「物質的生活」は〈無意識的〉生活でも〈意識から独立な〉生活でもない。こういうのは誤解も甚だしい。マルクスでは「身体的諸力」のみならず「合目的的意志」をはじめとする一連の「精神的諸力」が不可欠である（『資本論』MEW 23-193）だけでなく、生産過程で発揮されるこの「精神的諸力」は、「科学」として直接的労働過程からますます自立していく。したがって「科学的認識」は「普遍的労働（die allgemeine Arbeit）」（MEW 25-114）としての性格を持つのである。もちろんこの「合目的的意志」は何でもできるということではない。自然は、単なる受動的要素でなく、「潜勢諸力（Potenzen）」を持っているのであって、「合目的的意志」は、「人間自身の自然」の面でも「彼を取り囲む自然」の面でも、「自然の中でまどろんでいる潜勢諸力（die in ihr schlummernden Potenzen）」（MEW 23-192）を直接的所与として受け取り、それを現実化させようとするだけだからである。

④分業と「社会的質料転換」

「生活の生産は、労働における自分の生活の生産の場合も、生殖における他の生命の生産の場合も、すでにただちに二重の関係として、一方では自然的関係、他方では社会的関係として現象する」（『ドイチェ・イデオロギー』H-24, 26)。したがって「物質的生活」も人間相互の関係の内部で営まれる。つまり「物質的生活」と言っても、個体システムとしての身体過程のみを問題にするものではなく、協業、分業、分配、交換など対自然対他者の二重の関係性において営まれる生活なのである。たとえばマルクスは「質料転換」を、「自然的質料転換」(MEW 23-58 ほか)と「社会的質料転換」(MEW 23-110 ほか)とに区別する。前者が「人間自身の行為により媒介、規制、制御するプロセス」(MEW 23-192)と、これらが介在しないまったくの自然的なプロセスとに区分されることは先に見たとおりである。しかし「自然的質料転換」は「質料転換」の一面にすぎない。

「社会的質料転換」はまずは「生産物の相互交換」を意味する。交換過程を「社会的質料転換」と言う場合、「質料」は言うまでもなく「生産物」である。つまり分業的に生産(「形態転換」)したものを万人が相互に「持ち手転換(Händewechsel)」(MEW 23-100)しあった上で、各人は消費の「自然的質料転換」過程に入るのである。交換過程では「質料」である「生産物」は「場所転換(Raumwechsel)」(MEW 24-151)はするものの、物質的には「形態転換」はない。しかし「生産物」は「持ち手転換」において、「価値」としてはW→G→Wという「形態転換」を遂げるのであるから、この面で言えば、「形態から形態へと」転換する「質料」とは「価値」としての「生産物」だと言うことになる。

マルクスは「社会的質料転換」を、総社会が総環境的自然との間で行う「質料転換」を表す意味でも、つまり産業を営む人間社会全体の、自然との生態学的循環の意味でも用いていて注目される。マルクスは農業化学者リービッヒ(一八〇三―七三)を引き合いに出しながら、「大都市に密集する工業人口を絶えず大きくする」結果、「生命の自然法則により命じられた社会的質料転換の連関における癒し難い裂け目」(MEW 25-821)が現出していると指摘する。これは、マルクスの「物質的生活」論が地球環境危機や生態学的環境危機の問題へと広がる射程を示すものである。

⑤「自然的質料転換の破壊力」

「人間たちは生活する」から始めて、人間たちに向かって立ち現れてくる「物質的諸制約」を自覚化するという意味で、マルクスが注目している一つに「自然的質料転換の破壊力」(『経済学批判要綱』MEGA^{2} II-1-271) という問題がある。マルクスは五〇年代以降、「質料転換」という概念を多用し始める。これには先に見たリービッヒやモレショット(一八二二—九三)の影響があると見られる。たとえばモレショットは『生命の循環』(一八五二年)で、「奇跡というべきは、形態の転換を貫いて質料は永遠だということ、形態から形態へと(von Form zu Form)質料が転換するということ、地上の生命の原根拠として質料転換があるということ、まさにここにあるのだ」(第六書簡)と指摘している。モレショットが「物質(die Materie)」ではなく「質料(der Stoff)」という語を用いるのは、言うまでもなく「水素(Wasserstoff)」とか「炭素(Kohlenstoff)」といった化学元素を原理に「生理学的唯物論」の展開を目指したからにほかならない。たとえばCとかOとかHとかの「質料」は炭酸ガスや水という「形態」から光合成によりブドウ糖と酸素ガスという「形態」へ、さらにデンプンという「形態」で動物に食われ、再びブドウ糖「形態」に戻り、酸化されて炭酸ガスと水の「形態」に戻るのである。「質料転換」とは、それ自身は不変の「質料」がこのように「形態から形態へと」転換しつつ「循環過程」をなすことである。[7]

では「形態転換を貫く質料の永遠性」という場合のこの「永遠の質料」を、マルクスは「唯物論」の原理として採用したのか。もちろん否である。そういう発想は、マルクスによれば「歴史的過程を排除する抽(捨)象的自然科学的唯物論」(MEW 23-393)にほかならない。先述のとおり、マルクスの「物質的生活」概念はエレメント(地盤)としての自然過程を持つが、それに還元されてはならないのである。

労働過程では「原料(Rohstoff)」の「形態転換」はあくまで人間たちによる「形態化(Formierung)」(『経済学批判要綱』MEGA^{2} II-1-271)として遂行されるのである。その意味で労働過程はあくまで直接的な「自然的質料転換」過程の中断なのであって、「原料」は「単なる物として、化学的その他のプロセスによって解体される」ことを中断するのである。逆に言えば「形態化」の成果たる生産物にあっても「形態は自然的実体に対して外的（äußerlich）である」から、「形態に対する質料の無関心」が腐食や腐敗という形で、我々の生産物を常に脅かすのである。これをマルクスは「自然的質料転換の破壊力（der zerstörende Gewalt des natürlichen Stoffwechsels）」（MEGA² II-1·271）と呼んでいる。

マルクスにあって、人間の目的意識的活動からの自然の独立は常にこのような生命（生活）連関の中で体験されるのであって、〈自然に対して我々が単なる知覚主体として向かい合う時、この自然は我々が知覚していることから独立な実在性を持つか〉といった（レーニンもはまり込んでしまった）まったく捨象的な知覚論的枠組みの内部でこの独立問題を扱うのではない。

人間たちは「物質的生活の生産」において環境的自然を「生きている労働の物質的定在様式として定立」（MEGA² II-1·271）しようと努力するのであるが、環境的自然は常に「生きている労働（die lebendige Arbeit）」のコントロールを免れて、「破壊力」を確保し続けるのである。たとえば綿実→綿花→綿糸→綿布→染められた綿布→衣服、といった「形態から形態への」転換を考えよう。最終「形態」である衣服が「享受」の「形態」であって、使用とはこの「形態」の解体にほかならない。しかしこの最終「形態」は一系列の「形態化」の結果である。もしこの系列が途中で切断され、「生きている労働」と触れることを止めると、それまでの「形態転換」の一切の成果は、したがって以前の労働の一切は「死せる対象」（MEGA² II-1·272）に転じ、死体と同様「自然的質料転換の破壊力」に委ねられることになるのである。人間たちの「物質的生活」は自然をエレメント（地盤）として営まれるのであるが、自然は人間たちの「形態化」をはるかに超えて存在し続けるのである。

⑥「物件（die Sache）」

人間たちに「物（Ding）」として知覚されるものは、「物質的生活」のなかでは、「生活手段」であれ、「生産手段」であれ、「交換手段」であれ、必ず対自然、対社会の「二重の関係」の中にある。「この物」は「私の物」という「性質」を持ち、「あの物」二つに等しい「価値」を持つ。「物」は人間たちの所有関係、交換関係の内部で運動するものとしては「物件」である。「物件」が基本概念として用いられるのは、人間たちの「物質的生活」を中心に据えるマルクス「唯物論」の本質的特徴であるのは言うまでもないだろう。これについては第8章で詳しく見ることにする。

４　その他の「物質的」の用例

以上、マルクスの物質概念が「物質的生活」の概念であるとして、その基本諸契機を確認したのであるが、詳細に見ると、『ドイチェ・イデオロギー』第一編「フォイエルバッハ」[8]と『経済学批判』序言の二つのテクストに限定しても「物質的」のさまざまな表現が見られる。

①「物質的・生活諸関係」（序言）「物質的諸関係」（H-64, 74）。これらは人間たちが「物質的生活」において入り込む、対自然および人間相互の諸関係を表現すると考えてよかろう。

②「物質的・生活過程」（H-31）。これは人間たちの「物質的生活」が、次々経過する諸契機からなることを表現している。

③「物質的交通」（H-28, 31）。これは「物質的生活における」人間たちの、言語、行為、とりわけ物件の相互交換行為である。

④「物質的活動」（H-29, 32, 128）「物質的実践」（H-50）「物質的関係行為」（H-29）「物質的生産」（H-27, 31, 50, 64）「物質的労働」（H-30, 32, 66）。これらは「物質的生活」の活動面を表現するものであるが、前の三つはそれ

を一般的に表現するのに対し、「物質的生産」は交換、分配、消費などの活動と区別され、「物質的労働」は「物質的生産」の主体的契機である。

⑤「彼らの物質的・生活諸条件」(H-23)、「物質的諸条件」(H-25, 115および序言)、「一定の物質的な、彼らの恣意から独立な諸制限、諸前提、諸条件」(H-27)、「物質的生存諸条件」(序言)、「物質的諸前提」(H-31)、「物質的環境」(H-14)。これらは「物質的生活」を主体側からでなく、諸主体や諸活動を制約する「諸条件(Bedingungen)」の側からとらえようとしたものであろう。つまり「物質的生活」の一定のあり方が、ほかの何か、とりわけ構想的、理念的、目的意識的活動に対して制約関係に立っていることを示しているだろう。

⑥「物質的生産諸力」(序言)。これも「物質的生活の」生産力能の総体である。

⑦「社会の支配的な物質的権力」(H-64)。この「物質的」も「物質的生活における」支配的権力の意味であろう。

⑧「「精神」はもともと、物質に「とり憑かれ」ているという呪いを負っており、その物質はここでは動かされた空気層、音、要するに言語という形式で立ち現れてくるのだ」(H-28)。これは唯一、例外的に「物質(Materie)」が使われている箇所で、精神を物質的に制約する言語記号の体系を指している(本書第2章第4節「意識の言語構造」参照)。マルクスが主体や意識の物質的制約のもとに、単に「物質的生活」だけを考えていたわけではないという意味で注目される。(9)

[3] マルクスの唯物論テーゼ

そこで物質概念から唯物論に移ろう。物質概念そのものが唯物論なのではなく、物質概念に何らかの意味で優先的位置（Priorität）を与える点に唯物論（Materialismus）が成り立つと、一応は言うことができるだろう。ではマルクスはどういう意味で、何に対して何に優先的位置を与えようとしたのか。

1 マルクスの唯物論諸テーゼ

マルクスは唯物論テーゼについて、あちこちで断片的に与えようとしているが、代表的なものとしては何といっても『ドイチェ・イデオロギー』第一巻第一篇（一八四五／四六年）と『経済学批判』序言（一八五九年）であろう。ここでは冗長を避けるため、後者に限定して見てみることにしよう。[10]『経済学批判』序言（一八五九年）でマルクスは学生時代からブリュッセル期までの研究を回顧しつつ、「私に明らかになり、いったん獲得されたあとは、私の研究に導きの糸として役立った一般的結論は、簡単に言えば、次のように定式化される」（MEW 13-8）として次のようなテーゼの列挙を行っている。これらは内容上、社会構造論、社会変革論、人類史構想の三つに区分できるだろう。

[α] 社会構造論

①「彼らの生活の社会的生産において、人間たちは特定の、必然的な、彼らの意志から独立な諸関係に、つ

まり彼らの物質的生産諸力の特定の発達段階に照応（entsprechen）した生産諸関係に入り込む」。
②そしてこの「生産諸関係の総体が、社会の経済構造を、つまりその上に法的政治的上部構造（Überbau）がそびえ立ち、それに一定の社会的意識諸形態が照応（entsprechen）する、実在的土台（Basis）を形成する」。
③つまり「物質的生活の生産の様式は、社会的、政治的、精神的生活過程一般を制約する（bedingen 条件づける）」のである。
④「人間たちの意識が彼らの存在を規定するのではなく、逆に彼らの社会的存在が彼らの意識を規定（bestimmen）する」。
［β］社会変革論
⑤「社会の物質的生産諸力は、その発展の一定の段階で、現存の生産諸関係と、同じ事柄の法的表現にすぎないが、所有諸関係と矛盾に陥る」。「これら諸関係は生産諸力の発展諸形態から、その桎梏に転化する」。
⑥「そのとき社会革命の時代が到来する。経済的基礎（Grundlage）の変化とともに、巨大な上部構造の全体がより緩慢に、あるいはより急速に転覆する」。
⑦「かかる転覆の考察に際しては、人は物質的な、自然科学的に忠実に確かめることのできる、経済的生産諸条件における転覆と、その中で人間たちがこの抗争を意識し、それを闘い抜く（ausfechten）法的、政治的、宗教的、芸術家的、あるいは哲学的な、要するにイデオロギー的な諸形態を区別する必要がある」。
⑧「かかる転覆の時代はその時代の意識から判定（beurteilen）できず、むしろこの意識が物質的生活の諸矛盾から、社会的生産諸力と生産諸関係の間の現存する抗争から、解明（erklären 説明）されなければならない」。

⑨「ある社会形態は……旧社会自身の胎内で、新しいより高度の生産諸関係の物質的実存諸条件が孵化し終わる前には、けっして没落しない」。「課題自身は、その解決の物質的諸条件（Bedingungen）がすでに現存しているか、少なくとも生成の過程に入っているかするところでのみ、発生する」。

［γ］人類史構想

⑩「大まかな輪郭を言えば、アジア的、古代的、封建的、そして近代市民的生産様式が、経済的社会構成体の前進的諸時代として示されうる。市民的生産諸関係は社会的生産過程の最後の敵対的形態である」。

⑪「市民社会の胎内で発達した生産諸力は、同時にこの敵対関係を解決する物質的諸条件を創出する。この社会構成体とともに人間社会の前史は閉じる」。（以上、MEW 13-8/9）

2　「批判的唯物論的社会主義」の全体構成の中での位置づけ

「序言」は、マルクスでは例外的に「教説的（doktrinär）」な形式をとっているように見えるために、本来、研究のための単なる「導きの糸」として機能すべきものが、それ自身、自立的学説に祭り上げられてしまったと言えよう。だからまず、これらの定式を「批判的唯物論的社会主義」というマルクスの思想の全体構成の中に位置づけ直しておくことが不可欠である。

①「物質的生活の諸矛盾」をベースに「その時代の意識」「この［物質的深部での］抗争を意識し、それを闘い抜く（ausfechten）法的、政治的、宗教的、芸術家的、あるいは哲学的な、要するにイデオロギー的な諸形態」が見られるが、その中にマルクスのコミットする社会主義運動もある。

②この社会主義という歴史運動は、「市民社会」とともに「敵対関係」そのものを揚棄し、「人間社会の前史」を終わらせようとする実践的歴史目標を構想している。

③しかし、この運動が単なる理念主義や主意主義に陥らないためには、それらの運動を「制約している」物質的生活の生産の諸構造や「敵対関係を解決する物質的諸条件」を自覚化する必要がある。

④この物質的諸構造や物質的諸条件の自覚化は、何よりも「市民社会の解剖学」である経済学の批判として、つまり現存の経済学の諸カテゴリーを受容しつつ、そこにおける概念把握の欠如を暴く作業として遂行されるべきである。

⑤この基本作業を遂行するために、これまでの自分の研究の「一般的成果」を暫定的に概括したものを、「導きの糸」として役立てることができた。それを「定式化」したものがこれである。こういうことであろう。

批判的な知のスタイルをとる以上、特殊研究→一般的成果→導きの糸→特殊研究というこのサイクルは、一回きりでなく、永続的循環をなすと考えねばならない。たとえば、晩年のマルクスは、周辺部における、資本制を経過しない変革の道の可能性について、解答を迫られた。第1章で見たとおり、この時彼は、自分の理論が「歴史哲学化」されることを拒み、「特殊研究」の必要を訴えている。またそのためもあって、農業共同体、古代社会、インド史などについての膨大な研究ノートも書いている。これは『経済学批判』序言の二〇年もあとのことである。当然、「経済的社会構成体の前進的諸時代」として「アジア的、古代的、封建的、そして近代市民的生産様式」を列挙した『経済学批判』序言の「定式化」は、大幅にヴァージョン・アップされるべきものと思われていただろう。「前進的諸時代」という表現自体が、異なる生産様式の「共時存在性(contemporanéité)」(MEGA² I-25-238)という視点とどう調和するのかも自問されていたであろう。

同じことはまた、「物質的生活」における危機の体験についても言えるだろう。マルクスは、労働者の生産手段からの暴力的分離(原始蓄積や失業など)や窮乏や機械への服属という歴史的体験から出発して、その物質的制約条件の反省へと進み、『資本論』でその理論的解明を図ったのである。しかし、「物質的生活」における別の危機、たとえば前述のようにマルクスが農業化学者リービッヒに示唆されて「生命の自然法則により命じられた社会的質料転換における癒しがたい裂け目」（MEW 25-821）と表現した地球環境危機の体験から、その物質的制約諸条件が反省されるとすれば、マルクス自身によって着手されることはなかったものの、別の概念群（理論）が課題として浮上してくるであろう。つまり批判的スタイルは、危機体験→物質的制約の反省→理論→危機体験、という永続的循環も含んでいるのである。

3 「諸制約（Bedingungen 諸条件）」の唯物論

先の序言の唯物論テーゼで優先的位置（Priorität）を表すものを列挙してみよう。

①「照応する（entsprechen）」。所与の「生産諸関係」が「物質的生産諸力の特定の発達段階」に。「一定の社会的意識諸形態」が「実在的土台」に。つまり後者の一定のあり方が前者のあり方を何らかの意味で限定する。

②「実在的土台（Basis）」「基礎（Grundlage 基礎に横たわるもの）」と「上部構造（Überbau）」。「生産諸関係の総体」＝「社会の経済構造」＝「実在的土台」「の上に……上部構造がそびえたつ」。これは建築学的イメージで、「土台」は見えにくく、「上部構造」は「そびえ立つ」が、実は「土台」を前提にして、また「土台」に制約されてしか「上部構造」は成り立たないのである。

③「制約する（bedingen 条件づける）」。「物質的生活の生産の様式」が「社会的、政治的、精神的生活過程一般を」。実は名詞形の「諸条件（Bedingungen 諸制約）」は「物質的な、自然科学的に忠実に確かめることのできる、経済的生産諸条件」「新しいより高度の生産諸関係の物質的実存諸条件」「その解決の物質的諸条件」「この敵対関係を解決する物質的諸条件」と四箇所も出てくる。つまり物質的生活領域のある一定のあり方が、他の何らかの一定のあり方を「条件づけている」ということである。

④「規定する（bestimmen）」。「人間たちの社会的存在」が「彼らの意識」を。前者のある一定の（bestimmt）あり方が、後者を一定のあり方の幅へと限定する。

⑤「解明する（erklären 説明する）」。「その時代の意識」が「物質的生活の諸矛盾」「社会的生産諸力と生産諸関係の間の現存する抗争」から。これは了解の側面で、前者の一定のあり方を後者の一定のあり方から了解するのである。

これらが、「物質的生活」にかかわる何らかのあり方が、他の何かに対して占める優先的位置（Priorität）の諸表現である。つまり対象面では「基礎にある」「照応する」「条件づける」「規定する」、了解面では「から説明する」ということである。これらを「条件づける」で代表させるとすれば、マルクスの「唯物論」は「諸制約（諸条件）」の唯物論であると言えるだろう。

したがって、マルクスの唯物論は物質的生活が自己目的化する〈目的の唯物論〉ではない。また「物質的生活」自身に優先的価値を付与する〈価値の唯物論〉でもない。「物質的生活」が自己目的化するのは、マルクスの考えでは「市民社会の唯物論」なのであって、彼の「唯物論」の「目的」が「自由の国（Reich der Freiheit）」の展開にあるのは言を待たない。「批判的唯物論的社会主義」にとって〈事柄〉は、あくまで「社会主義」に、つまりアソシエーション型社会をベースに「自由な個人性」を実現することにあるのだから(11)。しかし「自由の国」の展開のためには「何よりもまず」物質的生活における「条件」「前提」を直視しなければならないのだ。

マルクスの唯物論はまた、諸現象を物質的なものへ還元する〈還元の唯物論〉でも、物質的なものが他の何かを一義的に決定する〈決定（Determination）の唯物論〉でもないだろう。マルクスにとって、諸契機を次々「過程する統一（prozessierende Einheit）」（MEGA² II-1-507）として対象をとらえることは、概念把握の不可欠の要件である。方法的に還元することはあっても、立場として還元主義を取ることはありえない。言うまでもなく、「諸制約（諸条件 Bedingungen）」は「決定（determinieren）」と同じではない。「諸条件」により「条件づけられている」ということであり、ある限定幅へと「限定される」ということである。ある種の唯物論が「決定論」とか「還元論」とかと非難されるのは、「条件」と「条件づけられるもの」とが一義的に対応するという、人間の意識や行為や社会現象には通常見られないような、「制約」のまったく特異なケースを、不当に一般化し、モデル化するからである。この種の唯物論では非物質的諸条件による制約が視野に入らないばかりか、「偶発的（contingent）」とか「創発的（emergent）」とか「機能的（functional）」などと表現される「制約」のさまざまな様式も視野に入らないのである。

しかし最も大切なことは、「制約性」（条件づけられていること）の具体的あり方は経験や特殊研究によって〈のみ〉限定できるのだということである。そしてその際、〈諸主体、諸関係、諸活動は物質的諸制約のもとにある〉という唯物論テーゼは「導きの糸」として機能するに〈すぎない〉ということである。「導きの糸」や「方法」を、それ自身が物質的制約性についてのポジティヴな認識だと思い込んでしまうと、マルクスが皮肉を込めて語ったように「その最大の長所が、超歴史的であるという点にあるような普遍的な歴史哲学理論の万能の合鍵」（MEGA² I-25-116/117）に転化してしまうのであり、事実、少数のインディペンデントなマルクス主義者を例外として、大方の場合は、そのようになったのである。

唯物論テーゼの歴史哲学化の副産物として、厳しく反省しておかねばならないことの一つに、唯物論テーゼにより関連づけられる諸カテゴリーの概念把握への無関心がある。両者は表裏一体である。たとえば国家哲学でもある党哲学の中心テキストとなったレーニンの『唯物論と経験批判論』では、一方で意識も感覚も思考も、他方で物質も存在も実在も、事実上区別なく用いられている。このような無差別理解で、物質的制約性の自覚が、固有の対象の固有の諸条件（諸制約）の限定という形で遂行できるはずもないだろう。本書第2章でマルクスの意識論の端初規定を、第9章でマルクス国家論の端初規定を、それぞれ洗い直し、また拙著『マルクスとアソシエーション』で「社会的生活過程」の事実上の抹消を批判しているのも、そういう背景があってのことなのである。

第7章　註

（1）詳しくは筆者作成「「唯物論者」「唯物論」「唯物論的」のマルクスによる用例一覧」、季報『唯物論研究』第四三／四四号、一九九二年一二月、参照。

（2）K・レットガースによると、Kritik（批判）はKrise（危機）と同じく、ギリシャ語のkrineinに由来し、もともとは分割する、判定する、決定するを意味した。主に法的用語として用いられ、アリストテレスはKrisisを「抗争において秩序を創出する裁判上の判決」の意味で用いている。しかし中世ヨーロッパでは、ほとんどの場合医学的な意味で用いられ、生死を分かつ危機局面（critical moment）を意味した。しかし、ルネッサンス期には文献批判（Textkritik）という新たな用語法が広がった。「Criticにより、人は、書かれたものの毀損した箇所を改善し、後に加筆されたものを取り除くような、学問を理解する」と一八世紀の辞書に書かれているらしい。直接的なものを否定的なものと受けとめ、最初の本来的あり方へと否定的なものを否定する、という批判の意味がここに定着し始める。この文献批判は、当然のことながら古代文献のみならず、新旧聖書にも拡張される。P・ベイル（一六四七―一七〇六）は、理性と啓示の二領域をはっきり分割する、理性固有の活動として「批判」を位置づけ、批判は直接、真理をもたらすのでなく、まずは「仮象の破壊」をもたらすとして、のちのカントなどの批判主義に道を開いたのである（Kurt Röttgers, *Kritik und Praxis*, de Gruyter, 1975, S.19-23.）。批判というとあたかも自分のことを棚にあげて、他人の悪口を言うことのように聞こえる。実際、ソ連や東独の哲学者やこれへの追随者にはそういう人間が多かった。あるいは批判というと、現実の実践がはらむ諸矛盾や諸限界を指摘するのをこととし、自らはまったく実践しない「評論家的」態度をイメージしがちである。こういうのは実は、無批判的意識の形態的特徴なのである。

（3）Kurt Röttgers, ibid., S.269. 参照。ただしレットガースは認識的倒錯批判と価値的倒錯批判の相互関係という視点が展開されていない。また中後期マルクスの経済学批判に即した批判概念の展開が欠けている。

（4）なお、マルクスの経済学批判に即した批判概念については、M. Heinlich, *Die Wissenschaft von Wert*, VSA, 1991. の第七章「資本批判と社会主義」を参照。

（5）哲学における唯物論の伝統的意味を理解するために、カントによる唯物論の体系的位置づけを紹介しておこう。カントは主著『純粋理性批判』（一七八一年）で、これまで形而上学が認識しようと努めてきた「先験的理念」（無制約者）として①「心（die Seele）」、②「世界（die Welt）」、③「神（Gott）」の三つをあげ、「純粋理性」は①については「唯心論（Spiritualismus）」を主張し、②をめぐっては「独断論＝プラトン主義」（世界は有限）と「純粋経験論」（世界は無限）の「二律背反」に陥り、③については「有神論（Theismus）」を主張したと整理する。同時にカントは「唯心論」には「唯物論（Materialismus）」が、「有神論」には「無神論（Atheismus）」が反立してきたと見ているので、心—世界—神をめぐって、一方には唯心論—独断論—有神論の陣営が、他方に唯物論—純粋経験論—無神論の陣営があったと見ていたように思われる。ところがカントの著書を点検すると「心の物質性」を主張する「心理学的唯物論」のほかにも、「世界の物質性」を主張する「宇宙論的唯物論」、「神の物質性」を主張する「神学的唯物論」という系譜も想定されていたように思われる。本書第8章第1節の図参照。

（6）「「物質的」とか「物質」というタームの、これら無数の神学的用語法を結びつけている絆は、諸存在の二つの秩序を根本的に対照しようという意図の中に見いだされる。「精神的なもの」が発見されるのは、人間の内部に最も人間に値するものを探求することによってか、それとも可壊的感性的秩序のフィジカルな規範のかわりに、創造性、愛、そして知性を規範とする存在者のより高い秩序を、人間の上に探求することによってである。その場合「物質的」とは、何らかの仕方で精神的なものの否定と解される（プロチノスからヘーゲルへ）か、少なくとも精神的秩序の完全性からの、何らかの意味における離反と解されるのである」（E. MacMullin, *The Concept of Matter in Greek and Medieval Philosophy*, University of Notre Dame Press, 1965, p. 16.）。

（7）*Schriften zum Kleinbürgerlichen Materialismus in Deutschland*, Erster Band, Akademie-Verlag, Berlin, 1971, S. 71-82. なお、マルクス自然概念における「質料転換」の意義についてはA・シュミット『マルクスの自然概念』原著一九六二年、元浜清海訳、法政大学出版局、一九七二年、第二章参照。

（8）周知のとおり『ドイチェ・イデオロギー』第一巻第一篇は、マルクスとエンゲルスの共同執筆であるだけでなく、他の共同執筆とは異なり、執筆分担の判別そのものが困難である。主たる筆跡はエンゲルスであり、エンゲルス主導という解釈も提出されているが、これに対する異論や疑問も多い。ここではいわゆる分担問題に立ち入れないが、少なくとも他の共同作業のケースと比べて、格段に密な共同作業であったこと、マルクスが『経済学批判』序言を書くに際してこれを直接参照していること、などに基づき、一応暫定的に、エンゲルス筆跡分もマルクスのコミットメントありと認めて議論を進めたい。

（9）「物質的生活」以外の意味で「物質的」を用いた例としては『資本論』第二版後記（一八七三年）の「私にあっては、逆に観念的なもの（das Ideelle）は人間の頭脳で置き換えられ、翻訳されたdas Materielleである」（MEW 23-27）があるが、このdas Materielleは、前後の文脈から見て、一般命題や理論（命題群）に「人間の頭脳で置き換えられ翻訳される」ところの素材的なもの（知覚データ、経験データ）を意味すると考えられる。

（10）『ドイチェ・イデオロギー』第一巻第一篇は、エンゲルスとの執筆分担の実態や後年の加筆の時期についても不確定であって、マルクス―エンゲルス問題を重視する場合、いろいろ解釈上の困難を伴うものであるが、マルクスの唯物論諸テーゼの定式化の生成過程を示すドキュメントとして特筆すべき価値があることは疑いなかろう。ここではまとまった形では二度、定式化の試みがみられる。

①最初は最古層の草稿第六ボーゲンの四頁目から第七ボーゲンの二頁目までである（H-22, 24, 26）。まず「人間の生存」や「歴史」にとっての「第一前提（die erste Voraussetzung）」が何かを問い、人間の生活には「何よりもまず（vor allem）」食、飲、住、衣が属するので、「したがって第一の（erst）歴史的行為は、これらの欲求を充足する手段の産出、物質的生活自身の生産である」（H-22）ことを確認、第二が「新しい欲求の産出」、第三が「他の人間の産出」にあるとした上で、これら「生活の生産」は「すでにただちに二重の関係として、つまり一面では自然的な、他面では社会的な関係として現れる」ので、第四に「共働（zusammenwirken）」や「交換」などの「人間相互間の唯物論的連関」もこれに加えて、「本源的な（ursprünglich）歴史諸関係の四つの契機、四つの側面」とする。その前提の上で、初めて「意識」や「精神」を扱えるのだと、意識論に入り、言語の物質性や社会的産物としての性格からの意識の制約を確認し、分業の結果としての意識の自立を説明するのである。

②二度目は第一〇ボーゲンの二頁目から三頁目にかけてまでで、後年マルクスが『経済学批判』の序言を書いたとき直接の下敷きにしたと思われる箇所である。「この歴史把握」は「現実の生産過程を、しかも直接的生活の物質的生産から

出発しつつ（ausgehend）展開する」。また「この生産の様式に連関し、かつこれによって産出される交通形態」である「市民社会」を「全歴史の基礎（Grundlage）」としてとらえる。そこから「国家」を叙述し、また「宗教、哲学、道徳などをそこから解明（erklären）」する。そして、これら国家や意識諸形態の生成を追跡（verfolgen）し、また「相互作用」と「総体性において」も把握するのである。

（11）　拙著『マルクスとアソシエーション』新泉社、一九九四年、第四章「アソシエーションと自由な個人性」参照。

第 **8** 章
［物件化］

唯物論批判の論理と「物件化」

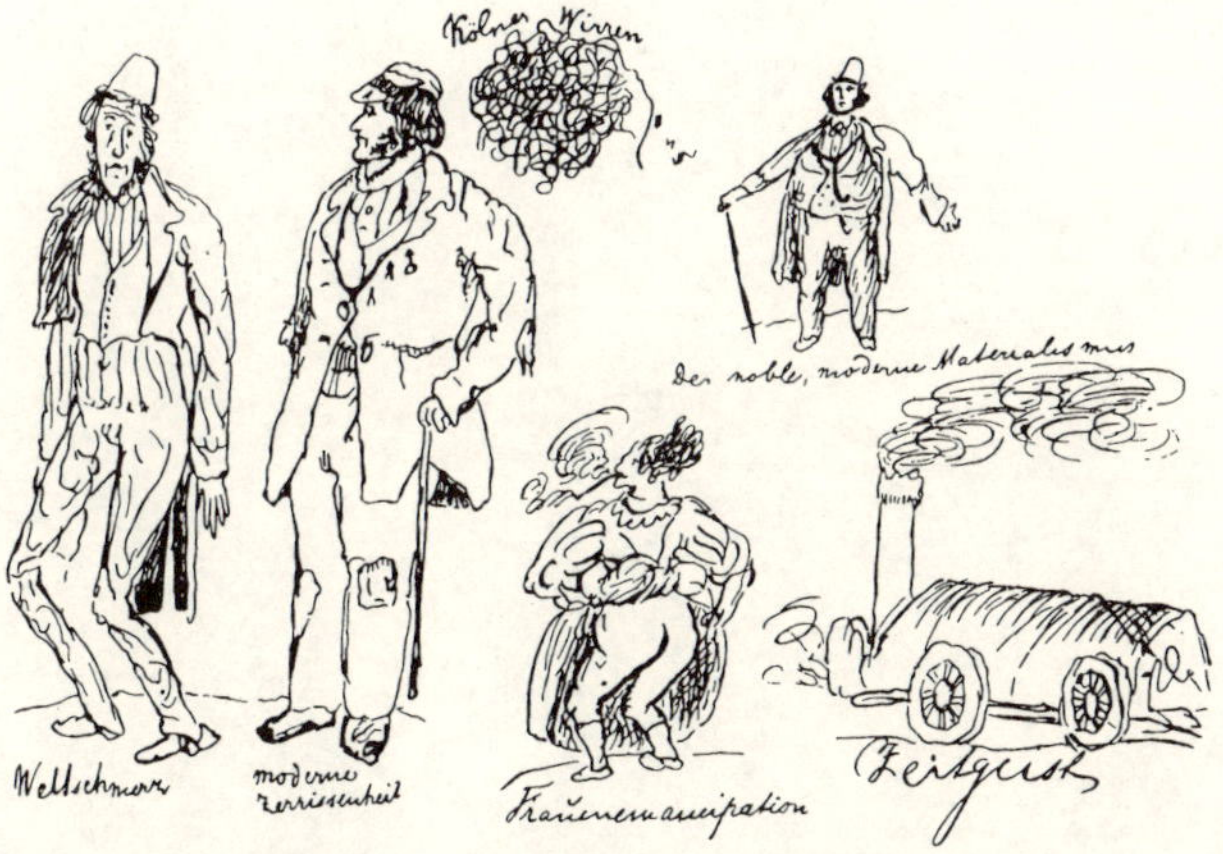

「この利子形態では，総ての媒介が消失しており，資本のフェティッシュ姿態が，資本フェティッシュの表象と同様に仕上がっている．……そこでは利潤の源泉がもはや認識できず，資本家的プロセスの成果が，プロセスから切り離されて，一つの自立的定在をもっている．G―W―G′ではまだ媒介が含まれている．G―G′において我々は，資本の没概念的な形態，生産関係の，最高のポーテンツにおける転倒と物件化をもつのである．」

（『剰余価値学説』1862/63年，44～45歳，ロンドン）

章扉写真＝エンゲルス戯画「お上品な現代の唯物論」（右上，1839年筆，エンゲルス18歳）
（出典） MEGA^2 III-1-141

本書第5章で、マルクス唯物論が「市民社会の唯物論」系列と「批判的唯物論的社会主義」系列の二重の構造を有しており、前者は「フェティシズム（Fetischism）」や「物件化（Versachlichung 物象化）」「物化（Verdinglichung）」の概念に直接連続していると指摘した。念のため、『経済学批判要綱』（一八五七／五八年執筆）から、「市民社会の唯物論」と「フェティシズム」論の直接の連続性を示す文章を引用しておこう。

「人間たちの社会的生産諸関係や、これらの関係に包摂された際に物件が受け取る諸規定を、諸物の自然的諸性質とみなす経済学者たちの粗雑な唯物論（der grobe Materialismus）は、同じく粗雑な観念論であり、社会的諸関係を諸物に内在する諸規定として諸物に帰属せしめ、かくて諸物を神秘化するフェティシズムである」（MEGA² II-1-567）。

マルクスの唯物論は、〈本質的に〉唯物論批判を契機として含んでいることが確認されねばならない。現代の批判的唯物論が、二一世紀的存在理由を持つためにぜひとも必要なことは、唯物論批判を近代市民社会批判の観点から戦略的に位置づけるということであろう。超歴史的に「哲学の根本問題」というものがあって、これへの回答をめぐって超歴史的に「唯物論陣営」なるものがあるという発想では、唯物論批判のこの戦略的な意味が見えなくなってしまう。唯物論と言ってもきわめて多様な形態があり、その歴史的意味も、哲学的行為がその内部でなされた当該諸関係に即して判定されるべきなのである。

たとえば、一九三〇年代以降、日本でも大きな影響を与えた「弁証法的唯物論と史的唯物論」は国家集権主義と一党専制を特徴とした「ソ連型社会主義」と一体的な、「国家哲学でもある党哲学」として了解できるだろう。これは「ソ連型社会主義」と運命をともにしていて、基本的には二一世紀的プレゼンスはないと考えられる（本書補論2参照）。しかし旧東欧の解体過程で、「市民社会の唯物論」が「弁証法的唯物論と史的唯物論」に圧倒的勝利を収めたのは周知のところである。「弁証法的唯物論と史的唯物論」に先行する「市民社会の唯物論」やその一形態である「抽象的自然科学的唯物論」（MEW 23-393）や「自然主義的唯物論」（MEGA² II-1-567）は、今日ますます大きな影響力をもち、むしろこれへの批判、限界づけが緊要となっている。

たとえば、日本のサラリーマンの必読の書であり「成功者の聖書」と銘打たれたナポレオン・ヒルの『成功哲学』を読んでみよう。するとそこには「思考というものは一つの物体なのである」と書いてある。こういうあけすけの唯物論がどうして必然化してくるのだろうか。それはサラリーマンが「自我」そのものを「物体」化し、操作対象として「不断の自己啓発」を行わなければならないからである。また、同書には、「成功」とは一言で言えば「お金持ちになる」こと、つまり「手に触れる富」を獲得することだと書き、「富を望まず、貧乏でよいのだと自分を認める」人間は「成功哲学の敵」だとも書いてある。お金に自分の意志を「汲みつくす」徹底性のみが、つまり「金色夜叉」になることのみが、私に成功を保証するのである(1)。

「抽象的自然科学的唯物論」も、脳生理学や遺伝子研究の進展によって、劇的勝利を収めている。たとえば一九九五年に英米で出版された『現代唯物論読本』では、唯物論がいまや「ドミナントな体系的存在論」になったと宣言されており、意見の分岐は「心は物質的である」という命題の意味の解釈をめぐって生じているにすぎないと書かれているのである。(2) 伝統的にドミナントであった唯心論が今日ではもはや科学的仮説としての有効性をもたないことは当然視されており、唯心論は日常的宗教意識の中でしか延命できなくなっているのである。

また「日常市民の唯物論」(MEW 28-591) が日常生活世界への着目とともにクローズアップされつつある。「日常市民の唯物論」は日常生活世界の身体性、実際性（実利性）を特徴とし、同時にフェティシズムや受動性にまとわれていて、A・グラムシ（一八九一―一九三七）が「知的モラル的ヘゲモニー」の観点から厳しい唯物論批判を行うときに視野に入れていた問題である。(3)

「市民社会の唯物論」の構造は、「心の時代」が幻想的に対置されることによって克服されているのでなく、分裂的に補完されているのである。マルクスの「批判的唯物論的社会主義」は、まさに唯物論と精神主義とのこのような分裂の地盤を超えようとする運動なのであって、唯物論批判は単なる論理的誤謬の批判ではなく、生活様式の批判・自己批判であり、生活様式をめぐるヘゲモニーが問われているのである。

そこで本章では、カントやヘーゲルの古典的な唯物論批判の論理を再整理し、またマルクスによる「物件化」論を整理しつつ、マルクスによる唯物論批判の論理を特徴づけることにしよう。

[1] カントの「唯物論」批判

1 「純粋理性の体系」の中の「唯物論」の位置

カント(一七二四―一八〇四)は、さまざまな哲学体系の中で「唯物論」にどのような位置を与えていたのだろうか。[4] 彼は主著『純粋理性批判』(一七八一年)の第二部「先験的(transzendental 超越論的)弁証論」で、これまで形而上学が認識しようと努めてきた「先験的理念」(無制約者)として[α]「心(die Seele)」、[β]「世界(die Welt)」、[γ]「神(Gott)」の三つをあげ、「純粋理性」(哲学的理性)は[α]については「唯心論(Spiritualismus)」を主張し、[β]をめぐっては「独断論=プラトン主義」(世界は有限)と「純粋経験論」(世界は無限)の「二律背反」に陥り、[γ]については「有神論(Theismus)」を主張したと整理している。同時に、カントは「唯心論」には「唯物論(Materialismus)」が反立し、「有神論」には「無神論(Atheismus)」が反立してきたと見ているので、心―世界―神をめぐって、一方には唯心論―独断論―有神論の陣営が、他方に唯物論―純粋経験論―無神論の陣営があったと見ていたように思われる。ところがカントの別の諸著書を点検すると、「心の物質性」を主張する「心理学的唯物論」のほかにも、「世界の物質性」を主張する「宇宙論的唯物論」、「神の物質性」を主張する「神学的唯物論」という認識も見られるので、心理学的唯物論―宇宙論的唯物論―神学的唯物論という系列も想定されていたように思われる。これらを整理すると、カントによる「唯物論」の位置づけは図のようになり、その中心に「心の物質性」の概念(または「心は物質的である」という命題)が置かれていたと言えるだろう。

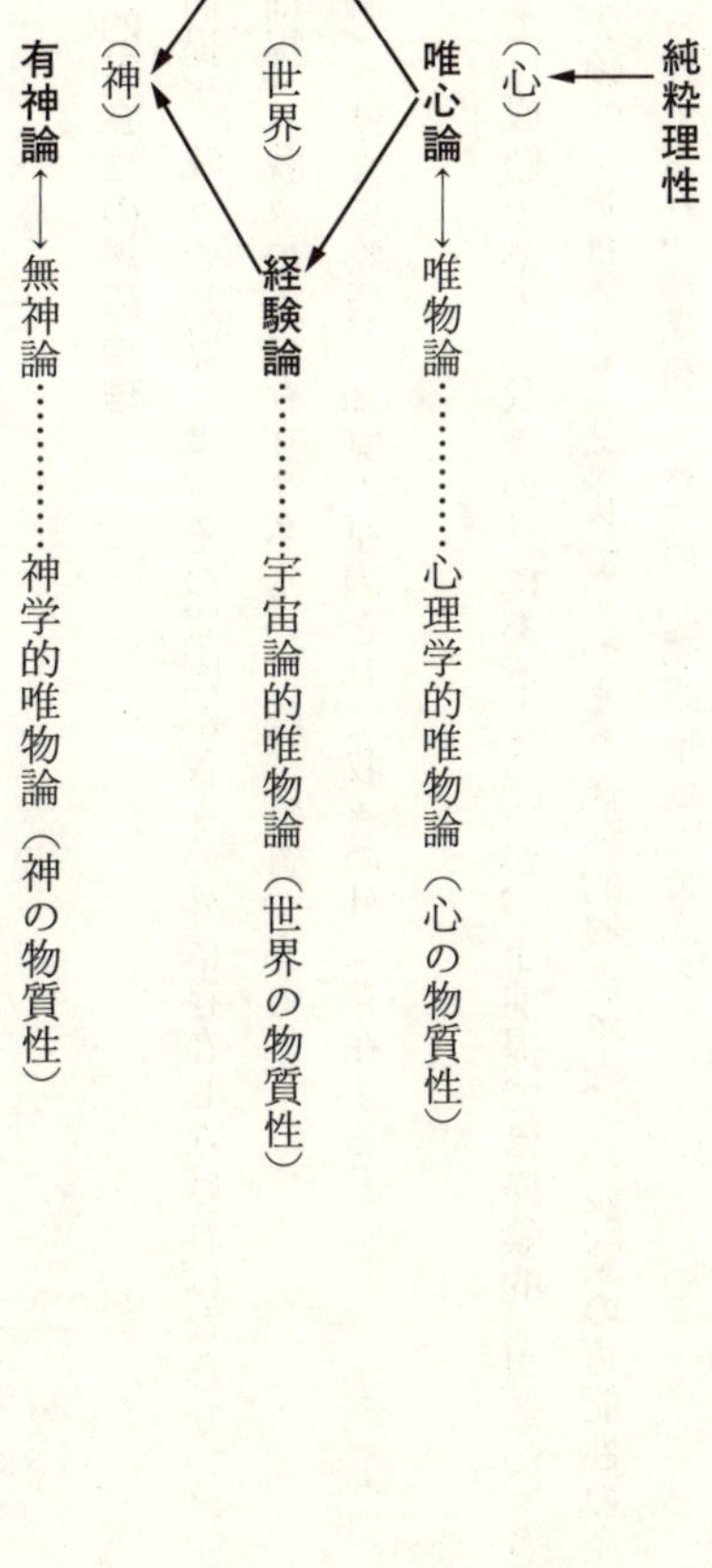

2　カントに依拠した「唯物論のトピカ」と「唯物論の誤謬推理」の作成

カントの唯物論への忌避は論理的批判と実践的批判の両面からなっている。まず論理的に見て唯物論はどこがダメなのか。詳細な議論は避けるが、カントは「唯心論のトピカ（論点一覧）」を作っている（A-344＝B-402）ので、それを参考に「唯物論のトピカ」を作ると、「唯物論」はおそらく次の四つの基本命題からなると、カントにより考えられていたと思われる。

①［様相＝先験的実在性の命題］

心は心から独立なそれ自体として存在する外的対象（物質）との関係にあり、

②［関係＝心の物質性の命題］
心は物質的実体であり、または物質的実体の内属性であり、
③［質＝心の複合性の命題］
心は複合的な物質的実体、または複合的物質的実体の単純な内属性であり、
④［量＝人格性の唯物論の命題］
心は同一の身体という条件のもとにあるものとして、数的に一である。

これら「唯物論」の基本命題に対するカントの批判の要点は、いずれも「誤謬推理（Paralogismus）」を含むということにある。(5) これを様相命題と関係命題に限定して作成しておくと次のようになるだろう。

①先験的実在性の誤謬推理
《大前提》我々の知覚には、その原因が我々の外に存在しなければならない。
《小前提》我々の外に存在するものは総て物質である。
《結論》ゆえに物質が知覚の原因として我々の外に存在する。

この推理では媒語である「我々の外にあるもの」が、小前提では経験的（現象的）意味で用いられているが、大前提では先験的（物自体的）な意味で、つまり経験的概念でなく、経験の可能性の条件を反省するための概念として用いられており、「媒語二義」の「誤謬推理」である。

②心の物質性の誤謬推理
《大前提》　物質的空間的なものに作用するのは総て、物質的空間的なものである。
《小前提》　ところで心は物質的なもの（身体）と相互に作用しあう。
《結論》　ゆえに心は物質的なものである。

ここでも媒語である「物質的空間的なものに作用するもの」が大前提では経験的意味で、小前提では先験的（物自体的）意味で用いられており、「媒語二義」の「誤謬推理」である。

3　カントによる「唯物論」忌避の実践的理由

このようにカントによる論理的唯物論批判は、唯物論が誤謬推理に基づいているという点に向けられている。しかし彼の唯物論への忌避には、実践的理由が大きく関わっている。カントによる唯物論への批判の諸論点を整理し、テーゼの形で列記すればおおよそ次のとおりであろう。

①「物質は物自体ではなく、我々の外感一般の現象にすぎない」（KW 4-504）。

このテーゼは先に見たとおり、「先験的（超越論的）実在論（der transzendentale Realismus）」に向けられ、「空間の先験的観念性」、つまり空間は物自体の形式ではなく、現象の形式＝我々の直観の形式にすぎない、というカントの立場に基づいている。

②「さて、もし我々が物質の一全体者を、形式からみて、部分の産物として、相互に結合しあう部分の力や能力の産物として考える場合、我々はこの全体者の力学(機械)的産出様式を表象しているのである。だがこの種の仕方では目的としての全体者の概念は生じてこない。我々が有機体を表象する場合、そうせざるをえないように、目的概念の内的可能性はあくまで全体者の理念を前提し、諸部分の性質や作用様式それ自身が、かえってこの理念に依存しているのである」(KW 5-408)。

このテーゼは「自然目的の観念論」(この場合の「観念論」とは自然目的が実在しないという意味)、とくに「偶然性の体系(System der Kasualität)」(エピクロス)や「運命性の体系(System der Fatalität)」(スピノザ)に向けられ、理性の反省的原理としての「自然の合目的性」というカントの立場、つまり自然目的が支配していると経験的に認識はできないにせよ、「あたかも自然目的が支配しているかのごとく」自然を見るよう理性を導く、反省に際しての統制的原理として、「自然の合目的性」を立てるカントの立場に基づいている。

③「我々の思惟する主体は物体的(身体的)ではない。つまり、思惟する主体は、我々によって内感の対象として表象されるので、それが思惟する限りにおいて、外感の対象、つまり空間における現象ではありえない」(A-357)。

このテーゼは心の物質性の概念としての「唯物論(Materialismus)」に向けられ、心身の経験的二元論(「経験的意味における」「二元論」というカントの立場(A-379)に基づいている。つまりカントにとっては、経験的には内感の対象である心と、外感の対象である身体は並立したままであって、両者を一元化しようとすると独断論に陥るのである。

④「感性界における条件系列の最大量は、総体性の宇宙論的原則により物自体として与えられている（gegeben）のではなく、単に条件系列の遡源において課せられている（aufgegeben）にすぎぬ」（A-508＝B-536）。

このテーゼは「自然主義（Naturalismus）」に向けられており、「現象の先験的観念性」というカントの立場に基づいている。つまり無限としての自然は、経験的に「与えられている」のではなく、特定の限定的自然認識を超えて認識をそのつど拡張するよう我々に「課す」形で、理念（理性概念）として働くにすぎないのである。

⑤「もし現象が物自体であれば、自由は救われない」（A-536＝B-564）。

このテーゼは自然主義の「運命論（Fatalismus）」に向けられており、「先験的自由」の可能性というカントの立場に基づいている。現象界の機械論的決定論は、必ずしも物自体としての自由の可能性を否定しないということである。

⑥「もし私が神を想定しないとするならば、私は第一の場合［幸福なき道徳の追求者として］原則上、愚者のごとくに、第二の場合［道徳なき幸福の追求者として］原則上悪漢のごとくに、行為したのである」（KW 28-320）。

このテーゼは「無神論（Atheismus）」および「幸福主義（Eudämonismus）」に向けられており、「最高善」の可能根拠として神の存在を要請するカントの立場に基づいている。「最高善」、つまり〈善き行為を行う者が幸福になるに相違ないという理念〉の根拠である神を積極的に否定してしまうと、善行を行う者は「あたかも愚者のごとく」、幸福を追求するものは「あたかも悪漢のごとく」行為することになってしまうではないかという指摘である。

ここにあがった先験的実在論、偶然論、自然主義、運命論、幸福主義、無神論などは、その各々を個別に見れば、必ずしも唯物論とだけ結びつくわけではないし、また唯物論のかつて実在した諸形態がこれらの総てを含んでいるわけでもないが、これらは大体において唯物論の諸モメントをなしていたと言えよう。したがって、カントが唯物論の下に主に心の物質性の概念を理解しており、また前記の諸テーゼも必ずしも主として唯物論を想定して提出されているわけではないにせよ、それらは一応、カントによる唯物論批判の諸モメントをなしていると考えてよいであろう。

これらの批判を見て明らかなように、経験的実体として物質を置き、それが法則に基づいて機械論的＝力学的に運動し、その総体が自然にほかならないという認識に、カントは反対しているわけではない。カントが「唯物論」の中に見た積極的なものは、「一切の対象を物質的自然の法則という、我々が正確に知りかつ規定しうる唯一の法則」からとらえようとする「理性の関心」に「首尾一貫」して忠実であろうと努力する点にある（A-746＝B-774）。カント自身、「現象的実体」としては「物質」のみを認め（B-278）、しかも「現象界」は力学＝機械論的に了解されていたのである。だからこそ、唯物論のように、現象と物自体を混同してしまうと「自由は救われない」ではないか。そうなると倫理的主体性や責任も、また倫理的行為と幸福との一致も、根拠を失うではないか。このようなことがカントによる唯物論批判の実践的意味だったのである。簡単に言えば、カント自身がいわば〈現象界の機械論的＝力学的唯物論〉に立っているので、現象界と物自体を混同する唯物論は、理性的自由や理性的主体性の成立する余地を抹殺してしまうということであった。これはカントの唯物論批判の根本的限界なのであるが、さらに難を言えば、カントでは唯物論批判が世界一般における自由一般の可能性の問題に拡散している。諸個人が共働的に構築している社会＝歴史的現実の中で、唯物論を問題にするという視点が欠けているのである。

［2］　ヘーゲルと「無限判断」としての唯物論

ヘーゲル（一七七〇―一八三一）にも、唯物論に対する厳しい批判が見られる。しかしカントとは異なり、唯物論は精神の自己展開の不可欠な局面なのであり、ただし極端な自己外化の局面なのである。『エンチクロペディー』三八九節への補遺には「人は唯物論の中に、［思考と物質の］二様の世界を、等しく実体的で真と受けとっている二元論を超え出ていき、根源的一者のこのように引き裂かれた姿を揚棄しようとする熱狂的な努力を認めねばならない」（HW 10-49）とある。このような唯物論の位置づけは、初期に属する『フィヒテとシェリングの哲学体系の差異』（一八〇一年）にすでに見受けられ、「精神と物質という形式における分裂を揚棄しようとする哲学的欲求」を唯物論の中に見なければならないと指摘している（HW 2-119）。ヘーゲルによれば、唯物論は一面では、思考と存在、意識と対象、主体と客体、自己と物との二元論を克服し、思考―存在の同一性という形而上学の地盤を回復させる「熱狂的努力」であったのだが、他面では、この同一性を極端に没概念的にしかとらえていない「最悪の段階」でもある。ヘーゲルのこの唯物論批判が最も詳しく展開されているのが『精神の現象学』(一八〇七年)であるので、以下、それを見ておこう。

1 「観察する理性」の「頂点」としての「頭蓋学」

ヘーゲルによると「観察する理性」は、自分の存在を「自分自身の活動を通して生成させる」という視点を欠いたまま、存在するものの中に「自分を直接、見いだす(finden)」ことしか考えていない。マルクスが言う「直観的唯物論」なのである。だから、それは非有機的自然→有機的自然→思惟法則→心と、次々観察を進め、最後に「人間の身体」の中に「自我の存在」を見いだそうとする。ヘーゲルはこれを「人相学(Physiognomik)」と「頭蓋学(Schädellehre)」に分けている。「人相学」では、観察する理性がその中に自己を見いだそうとする直接存在は「顔つき(Züge)」であって、これはまだしも「精神的内面の表現」として、「自分の本質の言語、つまり可視的となった不可視性(die sichtbare Unsichtbarkeit)」(HW 3-244)としての媒介性をもっている。顔つきや身振りや記号であれば、その直接存在とは区別される「別の何か」がその〈意味〉と考えられるからだ。

ところが「頭蓋学」では、頭蓋骨という「単なる物」「死せる存在」の中に理性は自分の存在を見いだすのである。ヘーゲルは頭蓋学的理性の基本テーゼを「人間の現実と存在は人間の頭蓋骨である」(HW 3-250)と定式化している。たしかに、頭蓋学的理性といえども、精神を頭蓋骨とは異なるあるものと「私念(meinen)」してはいるが、「言われている(gesagt)」ことは、「精神があるとは精神がモノであるという意味以外ではありえない」ということであり、「精神の存在は一つの骨である」ということであり、つまりは「唯物論」にほかならないのである(HW 3-259/260)。

ヘーゲルは『精神の現象学』では、「頭蓋学」の極論でもって唯物論を代表させているが、これは『精神の現象学』が思考と存在の同一性という哲学知の地盤へと、経験的意識をあくまでそれ自身の自己体験の弁証法を通して、導こうとする意図をもって書かれているからであろう。しかし、事柄としては「頭蓋骨」の代わりに「脳」や「ヒトゲノム」を置いても同じことである。有的なものの中に「自分を直接、見いだそうとする」という観察する理性の基本姿勢がここで批判されているのだ。

2 「無限判断」としての唯物論

ヘーゲルはこの唯物論を「無限判断」の一種として批判する。

「〈自己はモノである〉は無限判断（das unendliche Urteil）であり、判断であることを揚棄する判断である」（HW 3-260）。

『イェーナ期の論理学』（一八〇二年から〇八年頃に書かれた草稿）では、「無限判断」の実例として「感情は赤色でない」「精神は五フィートの高さでない」のような判断があげられている。[6]『エンチクロペディー』一七三節では「精神は象ではない」「ライオンは机ではない」が例としてあがっている（HW 8-374）。「無限判断」では述語（赤色、五フィートの高さ、象、机）が属する類（色、高さ、動物、家具）自身が、主語との内的関係をまったく欠いている。だからこの否定（「ではない」）は、赤色や五フィートや象や机という「この」規定を否定しているのでも、色や高さや動物や家具という類を否定しているのでもなく、実際は主語―述語の根底にある両者の統一性そのものを否定しているのである。つまり判断であるというのは単なる「仮象（Schein）」であり、実は判断は成立していないのである。だから『大論理学』の言い方では、「精神は赤くない」という「否定的無限判断」を肯定形に改めると「精神は（赤くはなくて）精神である」「赤色は（精神ではなくて）赤色である」と、まったく相互に無関係な二つの同語反復のみがあるということになる。

「否定的無限判断においては、いわば判断であり続けるには［主語と述語の］区別が大きすぎる。主語と述語は相互に肯定的関係をまったくもたない。反対に肯定的無限判断では、同一性のみが存在して、区別されたもののまったくの欠如のために、もはや判断は存在しないのである」(7)。

ヘーゲルが唯物論を「無限判断」の一種だと考えた事情はこれらから推察できるだろう。「精神はモノである」という唯物論の命題は、主語である精神と述語であるモノの間の、固有の限定的関係をまったく定立していない。主語と述語は媒介されないまま、判断であるかのような「仮象」のみがあって、実際は「精神は精神である」「モノはモノである」と二つの同語反復が無媒介に並立しているだけなのである。つまり二元論は、実質においては、まったく克服されていないのだ。しかし「精神は精神である」「モノはモノである」という二つの同一命題と「精神はモノである」という「無限判断」では、思考と存在の同一性の再建に向けての「熱狂的努力」の有無という点では決定的な違いがある、というのがヘーゲルの唯物論評価なのである。

「観察する理性の最後の段階は、その最悪の段階であるが、まさにそうであるがゆえに、その転倒を必然化する」（HW 3-258）ことになる。つまり精神は自己外化のこの「頂点」で、単なる「観察する理性」としてのあり方の限界を根本的に自覚し、「活動的理性（die tätige Vernunft）」へと転換し、「精神の労働」を通して、思考と存在の同一性を「活動的に」樹立する方向へと移行するのである。同一性は「ある」のでなく、精神の自己外化と自己回帰の循環を通して、産出するべきもの、歴史的に生成するものである。思考と存在はこのような歴史的生成の地盤において、固有の規定性をもって相互に結合し、媒介しあっているのである。たしかに、ヘーゲルの産出主体は「精神」であって、マルクスのような「人間たち」ではないという点に大きな難点はあるが、観察的唯物論に対するヘーゲルの優位は明らかだろう。

3 「対象」の諸契機——「外的存在」、「有用性」、「作られたもの」、「身体」

「観察する理性」の頂点としての唯物論の限界は、「モノ」といってもすでに「自我と存在の統一」となっているのに、平たく言えば実践的社会的歴史的に媒介されているのに、「単なるモノ」としてこれをとらえる点にある。そこで「活動する理性」（意志）への移行が生じるのであるが、ヘーゲルはそれに対応して、主語と述語が転倒すると見ている。

「自我はモノである」を、「モノは自我である」と転倒してやると（HW 3-577）どうなるか。マルクスが「相対的価値形態」（主語）と「等価形態」（述語）について語っているように（MEW 23-67）、述語は主語の内実を顕在化させる。「自我はモノである」という観察的唯物論では、述語であるモノ、つまり「直接の外的存在」のみが自我の内的価値を明示したにすぎない。しかし「自我はモノである」は、自我を単なる外的存在においてしかとらえられなかっただけでなく、述語であるモノも単なる外的存在以上には展開できずに終わっているのである。ところが、転倒された命題「モノは自我である」では、自我の方が述語の位置に置かれるために、主語であるモノの内的諸規定が述語である自我によって（自我との関係によって）明示的に表現されることになる。ここではモノが自我に対してもつさまざまな関係、意味が浮上してくる。

たとえば「有用性（Nützlichkeit）」（HW 3-577）である。「有用性」はモノの自然的性質ではなく、モノが人間の欲求に対してもつ充足的関係を意味する。

ところで、このようなモノの「有用性」は、自我が労働を通して産出する形でモノに付与されるという点から見ると、モノは「作ったもの（Werk）」であり、「モノ（Ding）」というより「自己をモノ化すること（das Sich zum Dinge Machen）」にほかならないだろう。そういう契機も浮上する。

自我は「その外化（Entäußerng）を通してモノを自己自身として産出し、それゆえモノにおいて依然自分自身であり続け、モノの非自立性を知っている、あるいはモノは本質的に他のもの［つまり自我］にとっての存在であることを知っている」（HW 3-577）。

さらに他者の身体となると自我と存在との統一は一層深化する。

「自己意識［自我］の対象性は単に表面として通用し、その表面の内面や本質は自己意識そのものである。……［他者という］対象はモノ性（Dingheit）の形式にある。つまり対象は自立的である。しかし自己意識はこの自立的対象［他者］が自己意識にとって疎遠なものではないことを確信している。したがって自己意識は自分がこの対象によって即自的には承認されていることを知っている」（HW 3-263）。

このようにヘーゲルから見れば、「自我はモノである」という唯物論の主張は、モノが自我との関係においてもつ「有用性」や、「自己モノ化」の成果としての「作られたもの」や、他我の「自立性」を担う身体、などへと展開できずに終わっているのである。

４　「作られたもの」を介した「個体的活動的理性」の社会存在への弁証法的移行

「対象」をこのように自我との統一の諸レベルで追跡しておくことは、社会存在論としても不可欠なのであって、逆に観察する理性の唯物論は、社会存在論への通路をまったく欠いていると言えるだろう。たとえばヘーゲルでは、「個体的な活動的理性」が、「作られたもの」を介する「対抗作用」を弁証法的契機として、間主観的社会的な理性に移行する事態が描かれる（『精神の現象学』V-C-a「精神的動物の国と欺瞞または事柄それ自体」）。個人は「自己をモノ化」し、「作られたもの」に自分を実現することによって、「〈このもの〉として現実となっている」。だが、自己実現した「このもの」は同時に「眼前に見いだされる疎遠な現実」でもある。

「作られたものは〈存在する〉。つまりそれは他の諸個人にとってあるということであり、彼らにとって疎遠な現実なのである。彼らが自分たちの行為を通して、現実との統一の意識を自分たちに与えるためには、〈このもの〉の代わりに〈彼らのもの〉を定立せねばならない。……したがって、作られたものは一般に、過ぎ去るものであり、他者の諸力や諸利害という対抗作用（Widerspiel）によって消滅させられるものであり、個人の実在性を、実現したものとしてよりも、消えていくものとして示しているのである」（HW 3-301）。

このように市民社会における個人の自己実現としての〈作られたもの〉は他者にとっても対象となり、共同対象となることを通して、「対抗作用」の干渉を受け、自己実現はまったく偶然となる。この体験を通して、活動的理性は、「真の作られたもの（das wahre Werk）」が〈このもの〉でなく、このシステム、諸個人の諸行為が共働的に産出している「存在一般」（HW 3-304）、いわば人間の社会的労働と交換のシステムであることを自覚する段取りになるのである。『精神の現象学』は、思考と存在の同一性という哲学知の地盤まで、直接知が自分の経験を通して高まっていく過程を描こうとしたものである。たしかに、ヘーゲルでは、主体がマルクスのように「人間たち」ではなく、「精神」であり、したがってまた疎外の克服が、究極するところ、対象の「特定のあり方」を揚棄することではなく、対象の「対象性を揚棄する」（MEGA² I-2-293）ことに収斂してしまうなど、多くの難点を抱えている。しかし、世界一般における機械論的決定と自由の可能性に議論が集約されてしまったカントの唯物論批判とくらべて、ヘーゲルの唯物論批判は、唯物論における活動的媒介の側面の欠如を、したがってまた、社会歴史存在論への通路の欠如を見事に摘出したものであったと言えるだろう。

［3］「物件」と「人格」――マルクス「物件化」論の史的前提

唯物論に対するカントやヘーゲルの批判とくらべて、マルクスの「物件化（物象化）」「物化」「フェティシズム」の論理は、はるかに根本的な唯物論批判である。マルクスも「物件化」や「フェティシズム」における誤謬推理を論じ（たとえば「置き換え（Quidproquo）」、「混同（Verwechselung）」、「癒合（Verwachsen）」）、無限判断（たとえば「価値とはモノ」である、「資本とはモノ」である）を論じるが、これらは近代市民社会の歴史存在論的カテゴリーとして展開されるのである。「市民社会の唯物論」は、近代社会における人間たちの歴史存在論的あり方の根幹をなしているのだ。『経済学批判要綱』と『資本論』には、近代社会について次のように輪郭が描かれている。

「[α]人格的依存諸関係（最初はまったく自生的な）が最初の社会諸形態であって、そこでは人間の生産性は、単に狭い範囲で、孤立した地点でしか展開しない。[β]物件的依存の上に基礎づけられた人格的独立（Persönliche Unabhängigkeit auf sachlicher Abhängigkeit）が第二の大きな形態であって、そこではじめて普遍的な社会的質料代謝［つまり交換］、ユニヴァーサルな諸関係、全面的な諸欲求、ユニヴァーサルな諸力能が形成される。[γ]諸個人のユニヴァーサルな展開と、彼らの共同社会的な社会的生産性を彼らの社会的力能として服属させることに基づく、自由な個人性が、第三の段階である。第二段階は第三段階の諸条件を創造する」（MEGA² II-1-91）。

「われらが商品所有者たちは、彼らを独立した私的生産者たらしめている同じ分業こそが、社会的生産過程とこの過程における彼らの諸関係を、彼ら自身から独立なものとするということ、諸人格相互の独立（Unabhängigkeit der Personen von einander）が全面的な物件的依存の体系（System allseitiger sachlicher Abhängigkeit）によって補完されるということを発見するのである」（MEW 23-122）。

人格的独立の面だけを見ていると、あたかも近代において唯物論は克服されたかに見える。しかし実は、近代における人間たちの人格的独立は「物件的依存」「全面的な物件的依存の体系」の上に、成立しているのである。ここに近代における人格的独立や自由の危うさがあるのであって、この構造的深部に批判のメスを入れなければならないのである。

1　「物件（Sache）」とは何か

したがって、マルクスにおける「市民社会の唯物論」の中心概念としての位置を占めるのは「物件（Sache）」の概念である。では「物件」とは何か。我々は普通、あるひとまとまりとして知覚するものを「もの（das Ding）」と呼ぶ。この「もの」はそれがもつ性質との関係で「多くの性質の全体」（MEW 23-49）と見られる。これらは最も一般的な「もの」の概念である。しかし「もの」はさまざまな関係の中でいろいろに限定されて表現される。「もの」が力学的運動の当体と見られると「物体（der Körper）」である。ヘーゲルなどは「身体（Leib）」も人格の外的定在として、「広義の〈もの〉」に数え入れている（『法の哲学』四〇節）が、マルクスにも「一つの自然対象として見た人間」を「一つのもの」と表現している箇所（MEW 23-217）がある。「もの」は、活動の所産としては一般に「作品（das Werk 作ったもの）」である。意味の担い手として見られると「記号（das Zeichen）」や「象徴（das Symbol）」である。労働過程では、それが占める位置によって「素材（das Material）」「道具（das Werkzeug あるいは das Mittel）」「生産物（das Produkt）」「ごみ（der Schutt）」などである。これらに対して「もの」が意志の対象として人格相互の関係の中に置かれるときは「物件（die Sache）」なのである。

「それ自身は自由を欠いているところの、自由な恣意の客体は、すべて Sache（res corporalis）と呼ばれる」（カント『道徳の形而上学』KW 6-223）。

Sache というドイツ語は、古くは法廷での抗争を意味したが、その後、きわめて複雑な意味の分化を遂げる。(8) 哲学的概念としても多様な意味で用いられ、なかでもヘーゲル『精神の現象学』の「ザッヘそのもの（Sache selbst）」や、『論理学』の「現実性」カテゴリーを構成する「ザッヘ（事柄）」などは、きわめて重要な役割を演じているのである。しかし、マルクスが近代社会の特質として論じている「sachlich（ザッハリヒ）な依存」という場合のSacheとは、カントやヘーゲルが法哲学で、ローマ法のresやres corporalisの独訳語として用いたSache、つまり人々が所有、占有、使用、処分、交換などの対象として、それに対して実践的に振る舞い、かつそれを介して相互に社会的に関係しあうところの、「外的事物」としての「物件」にほかならない。

2　カントとヘーゲルにおける「物件」の「人格化」と「人格」の「物件化」

カントでもヘーゲルでも、法の哲学は、所有主体としての「人格（Person）」と所有対象としての「物件」との基本分割から始める。しかし当然、この基本分割を侵害する〈人格の物件化〉や〈物件の人格化〉に対する批判や糾弾がそれに随伴している。カントは『人倫の形而上学』の「法論」で、ある「物件」を私の所有物とする私の「権利」を、他の人格との意志関係抜きに、私と「物件」との「直接的関係」だけで規定しようとし、その結果、私の「権利」があたかも「守護神」のごとく「物件」に内属するかに思い込んでしまうような、「物件を人格化する（die Sache zu personifizieren）」「錯誤」を批判している（KW 6-269）。またカントの場合、奴隷や農奴のごとく人間が他の人格の所有物となり売買されること、結婚（両性が性器や性能力を相互的に占有、使用しあう契約）なしに一方的な性的享受を行うことなどは、「自己自身を物件と化すること（sich selbst zur Sache machen）」、「人格」と「物件」の「同一視」（KW 6-331）、「人喰い的」（KW 6-359）、「非人間化（sich entmenschen）」（KW 6-359）として厳しく退けられるのである。

ヘーゲルも『法の哲学』で、奴隷制や農奴制を、またローマ法における父の所有物としての子供という規定を厳しく批判し、これらを「物件と非物件という両規定の一つの、だがまったく不法なる同一視」（HW 7-105）、「人格性の外化＝譲渡（Entäußerng der Persönlichkeit）」（HW 7-142）と強い口調で非難している。のみならずヘーゲルは、国家＝契約説やカントの結婚＝契約説に対して、人倫的関係の中への私的所有関係の「混入」（HW 7-157）だとの批判を加えている。これは、物件化への彼の批判が単に前近代的身分制への批判にとどまらないことを、つまり私的所有関係が人倫的諸関係へと浸透し支配する事態として物件化を把握する視点を示唆しており、注目される。

マルクス「物件化」の概念をこのような連関の中で見たらどうだろう。カントもヘーゲルも基本は「近代市民社会」の立場に立っているから「人格の物件化」と言っても、その典型は前市民社会的身分制の中に置かれる。たとえばカントでもヘーゲルでも、労働能力の商品化は何ら「人格の物件化」を意味しない。ただ私の諸能力が時間上、あるいは労働強度や質において「無限定に」（カント、KW 6-330）売られ、「全範囲において」（ヘーゲル、HW 7-145）譲渡される場合にのみ、「人格性の外化＝譲渡」が生ずるにすぎない。なぜなら人格の偶有性の総体を売買することは、実体としての人格そのものの売買に等しいからである。

あるいはヘーゲルにとって、宗教行為や学問・哲学活動が「物件」として所有され売買されることも、何ら「人格の自由」を毀損するものではない。むしろ「精神的なもの、内面的なものも表現を通じて……物件の諸規定の下に置かれる」ことを認めようとしないのは、「あるものが物件であるかそれとも非物件であるかのいずれかだという対立しか思い浮ばない」「悟性」の仕業だと（HW 7-105）、実に党派的に言い放つのである。

ところがマルクスの場合、この「市民社会」の中にこそ「物件化」の典型を見ようとする。ということはつまり、単なる「帰責能力」や「選択意志」や「所有主体」性に還元された市民的「人格」の形式性に対しラディカルな批判を加え、一層トータルな「人格」のあり方を「実在的可能性」において対置することがマルクスの前提となっているわけである。「物件化」は、カントやヘーゲルでは自由意志の介在の不在を批判するものであるが、マルクスでは形式的自由意志のもとでの意志の実質に対する批判として展開されるのである。

たしかに、ヘーゲルにはすでに、近代市民社会における「意志の物件性（Sachlichkeit der Wille）」（HW 7-178）についての批判的言及が見られる。

「人格的意志は抽象的であり、外的物件に汲みつくされて（erschöpft）いるがゆえに、逆に、人格的意志は単なる外的意志であり、具体的精神的意志ではない」（HW 7-181）。

「所有において私の意志は外的物件の中へと置き入れられる。このことの中には、私の意志が、外的物件の中で反射しているのと同じくらい、外的物件に捕縛されて（ergriffen）おり、必然性のもとに定立されている、という事態が横たわっている」（HW 7-178）。

つまり人格的意志は形式面では自我＝自我という自由な基盤を確保しているものの、実質面では対象である「物件」に「汲みつくされ」「捕縛されている」のである。これこそ「市民社会の唯物論」の成立地盤であろう。しかし、この「意志の物件性」は、ヘーゲルでは何ら排除されない。むしろこの「倫理の喪失態」（HW 7-338）は「人倫的理念の現実性」の不可欠な否定的契機であって、「意志の物件性」への自己外化なしには「人倫的理念の現実性」もまったく存在しないと了解されるのである。具体的には、分業と交換の「全面的依存の体系」のなかで、「主観的な自己追求がすべての他者の欲求充足への寄与へと転倒する」のだという、市民社会の楽観的な「弁証法的運動」が期待されており（HW 7-353）、他方でまた、精神自身が「具体的精神的意志」へと高度化して、福祉行政や職業団体などによる「個々人の生存と福祉の保障」（HW 7-382）が期待されているのである。本書第４章で見たとおり、ヘーゲルは「市民社会の唯物論」をむしろ前提にしているのであって、それを「法」や「福祉行政」や「職業団体」や「国家」の「観念論」で補完するという理論構成をとっているのである。

［4］マルクスと「物件化」

マルクス自身の用例をたどると、「物件化（Versachlichung 物象化）」（「物件化する（sich versachlichen）」「物件化された（versachlicht）」を含む）は、『ドイチェ・イデオロギー』（一八四五／四六年）に二箇所、『経済学批判要綱』（一八五七／五八年）に六箇所、『剰余価値学説史』（一八六一～六三年草稿の一部）に四箇所、『直接的生産過程の諸結果』（一八六三～六七年草稿の一部）に一箇所、『資本論』第一巻に一箇所、第三巻に三箇所、それぞれ見受けられる。一方、「物化（Verdinglichung）」は少なく、『直接的生産過程の諸結果』に一箇所、『資本論』第三巻に二箇所出てくるのみである。

大別すると、「諸人格の物件化」（MEW 23-128）の系列に属するものと「生産諸関係の物件化」（MEW 26-3-454）の系列に属するものとに分かれる。そのほか『経済学批判要綱』では二箇所、生産活動一般を生産者の「物件化」、生産物一般を「物件化された活動」と表現している。これはヘーゲルで言う「自己モノ化（das Sich zum Dinge machen）」にあたるもので、活動による主観目的の「外的事物」への実現というほどの意味であるが、一応これは考慮の外においてよいだろう。

1　重畳する「物件化」

マルクスは「利子生み資本」を「最高のポーテンツにおける生産関係の物件化」（MEW 25-406）と表現している。このことからもうかがえるように、彼は「物件化」の過程を、商品形態（W—W′）に始まり、貨幣形態（W

―G―W′）、資本形態（G―W―G′）へと、いわば「物件化」の二乗化、三乗化が進展し、終わりに「最高のポーテンツ」としての利子生み資本（G―G′）にまで至る、こういう歴史的構造的な展開において見ようとしているように思われる。したがって「物件化」を解読するには、当事者意識に対しては消去されてしまっている媒介を、発生的に一歩一歩あとづけ、「物件化」が重畳されていく過程をたどることが必要となるのである。

①W―W′［商品は商品と交換される］

近代市民社会は分業と交換のシステムを、ヘーゲルの言う「欲求の体系」を、ベースにしている。商品生産にあっては、相互に孤立した私的生産者たちは、〈反省的に見れば〉自生的に社会的分業の分肢として生産してはいるものの、〈当事者たちにとっては〉彼らの生産物たる「物件」を商品として「交換」しあうという形態でしか「社会的コンタクト」に入らない。

「使用諸対象は一般に、それらが、相互に独立に営まれる私的諸労働の生産物である限りで、商品である。これら私的労働の複合が社会的総労働を形成しているのだ。生産者たちは、彼らの労働の生産物の交換を通じて、はじめて社会的コンタクトに入り込むので、彼らの私的労働の特殊に社会的な性格もまた、この交換の内部ではじめて現象する。別言すれば、交換が労働生産物をその中に置き入れ、労働生産物を介して生産者たちをその中に置き入れるところの諸関係を通して、私的労働は、事実上初めて、社会的総労働の分肢であることを確証するのである。だから生産者たちにとっては、彼らの私的諸労働の社会的諸関係が、そのあるがままのものとして、つまり労働そのものにおける諸人格の直接社会的な諸関係としてでなく、むしろ諸人格の物件的な諸関係および諸物件の社会的な諸関係として現象するのだ」（MEW 23-87）。

分業と交換の体系においては、諸個人相互の社会関係は、直接の人格的関係ではなく、「諸人格の物件的な諸関係」＝「諸物件の社会的諸関係」へと収斂する傾向を示すのである。私的生産者たちにとって、自分の作った物件が他者の物件と交換されるということ、自分の物件の価値を交換される物件との交換比率によって、つまり「諸物件の社会的諸関係」によって意識するということ、これこそ、実は諸個人が、自己の社会性を「物件的に覆い隠し」（MEW 23-90）つつ、意識する形態なのである。

私の商品は、その価値を直接に示すことはできない。私の商品（「相対的価値形態」）の価値は、それと等値される商品（「等価形態」）が「このあるがままの姿のモノ」（MEW 23-71/72）として表現するのである。ある商品の価値は、〈反省的に見れば〉社会的総労働の可除部分を、つまり人間相互の一定の社会関係を、実体として持っている。しかし〈当事者にとっては〉それは、等値される商品の自然属性として「見える（scheinen）」。ここに「置き換え」がある。

「商品形態がもつ〈謎に満ちたもの〉は、したがってただ、商品形態が、人間たちに、彼ら自身の労働の社会的性格を、労働生産物自身の対象的な性格として、これらのモノの社会的な自然諸性質として、映し出す（zurückspiegeln）ということ、したがってまた、生産者たちの総労働に対する社会的関係もまた、彼らの外部に存在する諸対象の社会的関係として映し出す、という点にある。この置き換え（Quidproquo）によって、労働生産物は商品に、感性的超感性的なモノに、あるいは感性的社会的なモノになるのだ」（MEW 23-86）。

人間相互の社会関係がモノの自然属性やモノ相互の社会関係に「置き換え」られるこの事態が、マルクスによる「市民社会の唯物論」の要素規定だと見ることができよう。もちろん、マルクスが商品交換を「物件の社会的関係」と表現したからと言って、彼がそれを「物件」の自己運動と解するわけではない。商品交換はまったく「自由な諸人格」の「共同意志」的行為なのであって（MEW 23-99）、市民「法」的意味においては何ら「人格の物件化」でも「物件の人格化」でもない。ところがこの「自由な人格」はその意志の「内容」（意志規定）から見て、重大な「物件化」をはらんでいるのであり、諸人格は「商品の番人」「商品の代表」（MEW 23-100）、いわば〈人格化した商品〉に収斂していく傾向を示すのである。

②W—G—W′［総ての商品は貨幣を介して相互に交換される］

右に見たとおり、「交換価値」はそれ自身すでに「生産諸関係の物件化」をはらんでいたのであるが、「貨幣」は「物件化された交換価値」（MEGA² II-1-93）であり、いわば二乗された「物件化」である。

「……ある商品が一般的等価形態［総ての他の商品に対して等価形態として関係する商品］にあるのは、その商品が他の総ての商品によって等価物として排除される（ausgeschlossen）ためであり、またその限りである。そしてこの排除が最終的に特殊な商品種類に限定された瞬間から、商品世界の統一された相対的価値形態は、客観的固定性と普遍的社会的妥当性を獲得したのである。その自然形態が等価形態と社会的に癒合（verwachsen）している特殊な商品種類は貨幣商品となる。または貨幣として機能する。商品世界の内部で一般的等価形態の役割を演じることが、その特殊な社会的機能となり、したがってその社会的独占となる。この特権的地位を、……特定の商品が歴史的に制した。つまり金である」（MEW 23-83/84）。

総ての商品所有者が「共同の仕事（gemeinsames Werk）」（MEW 23-80）として、特定の商品を「相対的価値形態」から排除し、それに「等価形態」であることを独占させ、自分のもつ商品の価値をもっぱらこの商品とのみ等置するようになったその瞬間から、商品世界は商品世界として構造化される。いまや自分の生産した物件の価値を貨幣商品で表現することなしには、商品世界への入場は許されない。したがってまた、自分が社会的必要総労働に参画していることを確証しえない。ところがここにも、社会関係規定と自然規定の「癒合」が見られる。金の物体形態が「総ての人間労働の目に見える化身（Inkarnation）、一般的社会的蛹化《ようか》として通用（gelten）する」（MEW 23-81）のである。

この物件＝金のみが「他の総ての商品との直接的交換可能性」をもつことになるから、「貨幣は諸商品の世界の支配者であり神である」（MEGA² II-1-146）。物件＝金を所有することは「社会的な力」を「手でつかめる」形態で、したがって蓄蔵、盗難、紛失可能な形態で、「物件的な力」として持つことである。それによってのみ「社会的権力は私的人格の私的権力（Privatmacht der Privatperson）となる」（MEW 23-146）のだ。逆に言えば、貨幣形態を商品形態と交換する「買い」は誰でもやれるが、商品形態を貨幣形態と交換する「売り」は「決死の飛躍」（MEW 23-120）となる。

また、貨幣の発生とともに「致富欲（Bereicherungstrieb）」という新しい欲求が生成する。

「致富追求は、そのものとしては、衝動の特殊な形態としては、つまり特殊な富の追求、したがってたとえば衣服、兵器、装飾、女性、酒などの追求とは区別されるものとしては、一般的富、富そのものが、特殊なモノに個体化……するやいなや可能となるだけである。したがって貨幣は、致富追求の対象であるだけでなく、同時にその源泉でもある」(MEGA² II-1-147)。

この「致富追求」は、ネガティヴには「古い共同体の没落」を意味する。なぜなら、私利＝私的個人が目的存在に転化しており、「貨幣こそが共同体であって、その上に立つ共同体には我慢できない」(MEGA² II-1-147)からである。しかし「致富追求」は、ポジティヴには「一般的勤勉」という形態をとる。なぜなら労働の目的が、貨幣という質的にも量的にも「限界」なき富である以上、「個人の勤勉は限界をもたない」からである(MEGA² II-1-148)。「勤勉」は社会的必要に見合った新しい諸対象の創出を目指して「発見的」でもある。

③G―W―G′ [資本は価値増殖する価値である]

〈反省的に見れば〉「資本は物件ではなく、諸人格間の、物件に媒介された社会的関係である」(MEW 23-793)。しかし〈当事者にとっては〉「資本はモノとして現象」するのであり、資本関係において「物件化」は一層、重畳している。

「資本は特定の生産関係を、つまり、その内部で生産諸条件の所有者が生きた労働能力に対して入り込む一つの関係を、表現しているのだが、この資本が一つのモノとして現象する。それはちょうど、価値が一つのモノの性質として、商品としてのモノの経済的な規定がそのモノのモノ的な質として現象したのとまったく同じであり、また労働が貨幣において受け取った形態が一つのモノの性質として示されたのとまったく同じである」(MEGA² II-4-63/64)。

たしかに、労働過程として見れば、労働者は生産手段（道具や原料）を「生産物の合目的的な形態に転化させる」のである。しかし資本の「価値増殖過程の立場から見れば」、事柄はまったく別様に見える。

「生産手段を用いる（anwenden 充用する）のは労働者ではなく、労働者を用いるのが生産手段なのだ。自分の客体的な器官としての対象的な労働のなかに自分を実現するのが生きた労働なのではなく、生きた労働の吸い上げ（Einsaugen）によって自分を維持し、増殖し、そうすることによって価値増殖する価値（der sich verwerthende Werth）、すなわち資本となり、そのようなものとして機能するのは、対象的労働なのだ。生産手段は依然、生きた労働のできる限り多くの量の吸上者（Einsauger）として現象する」（MEGA² II-4-63）。

だから「労働者に対する資本家の支配は、人間に対する物件の支配であり、生きた労働に対する死せる労働の支配であり、生産者に対する生産物の支配である」（MEGA² II-4-63）。これは「ちょうど人間が彼の精神諸力を、〈最初は〉独立した諸権力として宗教的に形姿化せねばならないのとまったく同じ」であって、「人間自身の労働の疎外過程（Entfremdungsprozess）」なのだ。この事態を歴史的に反省しつつ、マルクスがそこに見たのは、「富それ自体の創造を、つまり、それのみが自由な人間的社会の物質的土台を形成できるような、社会的労働の容赦なき生産諸力の創造を、多数者の犠牲の上に強制するための必然的過渡期」（MEGA² II-4-63）なのである。

資本において「市民社会の唯物論」は二つの対立する形態に分裂する。資本家はG—W—G′で運動しており、彼の行為の「促進的動機も規定的目的も」「価値の不断の増殖」にほかならない（MEW 23-164）。この面から見ると、「資本家が遂行する諸機能は、意識と意志をもって遂行される資本、つまり生きた労働の吸い上げにより価値増殖する価値、そのものの諸機能にすぎない。資本家は人格化された資本として、人格としての資本として機能する」(MEGA² II-4-64)。つまり意志の形式は人格なのではあるが、その意志は実質から見ると、「価値増殖する価値」に「汲み尽くされている(erschöpft)」あり方をしているのである。

けれども他面で、使用価値の生産である労働過程は、機能資本家にとっては、たしかにあくまで剰余価値の生産である価値増殖過程の「単なる手段」でしかないにせよ、少なくとも価値増殖の不可欠な条件として「資本家は労働過程の監視人であり統率者として現実の生産においてひとつの機能を果たさねばならない」(MEGA² II-4-65)。しかもイノベーションは競争の強制法則により命じられる。新たな有用的属性を発見するための「全自然の探査」「自然科学の頂上までの展開」を通して自然像の脱神話化を進め、「それ自体として崇高なもの、それだけで義なるものとして、社会的生産と交換のこのサイクルの外部に現象するものはなにひとつない」(MEGA² II-1-322) のである。「資本の大いなる文明化作用(the great civilizing influence of capital)」が結びつく。ここに「抽象的自然科学的唯物論」(MEW 23-393)「自然主義的唯物論」(MEGA² II-1-43) としてマルクスが特徴づける唯物論はこの流れのなかに概念的には位置づけられるだろう。

一方、労働者の方はここでもW―G―W′で動いており、生活のための使用価値の獲得を目的として資本の生産過程に参入している。労働者たちは、生存のためには、自分たちの「人格的振る舞い」を労働力商品として「物件化し疎外しなければならない」(MEW 3-227)。労働者は自分の労働能力を「物件」として売ってしまっており、他人の「物件」にすぎず、労働過程そのものは自分の人格的目的の実現過程としての意味をまったく持たないから、物的な生産手段も彼にとっては何ら手段ではないわけである。したがって労働過程は、資本家が所有する「物件」(労働対象)と「物件」(労働手段)と「物件」(労働能力)の間の一プロセスとしてあることになる。奴隷所有者の場合は奴隷の労働能力のみならず全人格を所有するのだが、資本家的生産の下では労働者の人格性は労働過程の外に保留されてあるわけで、それだけに労働過程の「物件」―「物件」―「物件」への還元は純粋に貫くわけである。

この構造は、生産手段との、したがってまた生活手段との、伝統的結びつきを暴力的に断ち切られた生産者（農民）たちの歴史的不幸を源泉としている。また、この労働力販売によって獲得できる貨幣は通常「必要な諸欲求」（MEW 23-185）を充足する範囲にとどまり、しばしば「生理学的ミニマム」（MEW 25-866）にまで押し下げられる。だからエレメンタールな欲求充足へと意志が汲みつくされたあり方をする「飢えた人々の唯物論」（MEW 12-420）、文化的形式に対する抽象的否定としての「粗野で野蛮な唯物論」（MEW 2-139）が労働者の側にあるわけである。しかし、この種の唯物論の基礎にあるのは、重畳する「物件化」そのものではなく、重畳する「物件化」の帰結としての、人間たちの物質的生活のエレメンタールな諸条件自体の危機なのであり、またアソシエーションによる物質的生活の再建への挑戦なのである。本質的に唯物論批判＝物件化批判であるほかないマルクスの「批判的唯物論的社会主義」はこのような、労働者的唯物論の文脈のなかに、その批判形態として概念的に位置づけられるだろう。

④G―G′［お金はお金を生む］

機能資本ではまだ媒介が含まれている。需要に見合った使用価値の生産に向けて、労働過程を編成統率することなしには本来の目的である無際限の価値増殖もありえない。しかし、利子生み資本では資本家はすでに生産過程から分離し、単に「物件」の所有者であるというただそれだけのことで、より多くの「物件」を獲得する寄生的要素として現れる。〈当事者にとっては〉「お金はお金を生む」と見えるのは、ただ結果だけが見えて、媒介やプロセスが当事者たちの視界からまったく消え去っているからにほかならない。マルクスはそこに「最高のポーテンツにおける物件化」を見るのである。

「この利子形態では、総ての媒介が消失（alle Vermittelung ausgelöscht）しており、資本のフェティッシュ姿態（Fetischgestalt）が、資本フェティッシュ（Capitalfetisch）の表象と同様に仕上がっている。こういう姿態は、資本の法的所有が経済的所有から自己を分離し、利潤の一部の領有が、利子の名の下に、生産過程からまったく切り離された〈資本それ自体〉あるいは資本所有者へと流れ込むことによって、必然的に生み出される。資本を価値や価値創造の自立的源泉として示そうとする俗流経済学者たちにとって、この形態は掘り出し物であって、そこでは利潤の源泉（Quelle）がもはや認識できず、資本家的プロセスの成果が、プロセスから切り離されて（getrennt von dem Prozess）、一つの自立的定在をもっている。G―W―G′ではまだ媒介が含まれている。G―G′において我々は、資本の没概念的（begriffslos）な形態、生産関係の、最高のポーテンツにおける転倒と物件化をもつのである」（MEGA² II-3-1460）。

主観的仮象の面で「物件化」を〈反省的に見ると〉、まずネガティヴには「没概念的」である。つまり利子生み資本形態で端的なように、「利潤の源泉が認識可能でなく」、「総ての媒介が消失しており」、「プロセスの成果がプロセスから切り離されて自立的定在をもつ」。ところが「概念把握」するとは、ほかならぬまさに「源泉」「媒介」「プロセス」の発生的解明なのである。したがって「物件化」も「市民社会の唯物論」の必然的構成要素としての「直観的唯物論」（『フォイエルバッハ・テーゼ』第九）の一種なのであり、これに対するマルクスの批判は概念把握する批判（die begreifende Kritik）にほかならないだろう。

次に主観的仮象のポジティヴな規定面から見れば、利子生み資本的「物件化」意識は、価値増殖を〈剰余価値

の社会的な生産過程や媒介は当事者の視野からまったく隠れているのだから）貨幣資本という「物件」に自然に備わる「不可思議な」属性と見てしまう。マルクスはこの隠れた力の側面を「神秘的（mystitisch, mysteriös）」とか「謎に満ちた（geheimnisvoll）」という表現で特徴づけている。「フェティッシュ（Fetisch 呪物）」という表現は、「人間の手の生産物」が「それ自身の命を付与され、相互に、また人間との間で、関係を取り結んでいる自立的な諸形姿として仮象（scheinen）する」（MEW 23-86）という事態を、宗教現象との比喩で表しているのである。

さらにこの「物件化」を論理的に反省して、マルクスは「物件」の社会関係規定と自然的属性との「置き換え（quid pro quo）」「混同（Verwechselung）」「癒合（Verwachsen）」「付着（ankleben）」であるとも特徴づけている。「物件化」を、この両規定の媒介なき統一と見れば、ヘーゲルが『精神の現象学』で言う「無限判断」としての「唯物論」（「精神とはモノである」）の一種であるとも言えるだろう。「貨幣はモノである」「資本はモノである」という当事者意識の基本命題は、「無限判断」以外の何物でもないのだ。

2 疎外論と物件化論

「弁証法的唯物論と史的唯物論」という「マルクス〈主義〉哲学」の覆いをはずし、マルクスの「物件化（物象化）」論を救出する上で大いに貢献があったのは、何といってもG・ルカーチ『歴史と階級意識』（一九二二年）、とりわけその第四章「物化とプロレタリアートの意識」であった。しかし、ルカーチ物象化論のもつ「疎外論的、ヘーゲル主義的限界」を克服するという姿勢で、日本におけるマルクス物象化論の研究に大きな影響を与えたのは廣松渉であった。廣松のマルクス解釈の柱には「疎外論から物象化論へ」というスローガンがあり、そこに端的に表現されているように、廣松の「物象化」論の特徴は、マルクス「物象化」概念に流れ込んでいる「疎外

(9)(10)

論」的モチーフ、たとえば「人格の物件化」といった主題を事実上カットしてしまう点にある。[11] 第二の特徴は、マルクスにおいては「物質的生活諸関係」の「物象化」として限定的に用いられているこの概念を「拡張」して、「関係」一般と「もの」一般との存在論的対置の地平で使用し、「関係の第一次性」という真実相を倒錯させて「もの」を第一次的と見てしまう事態を指す概念として「物象化」を用いていることだろう。[12] したがって第三に、マルクスにおいて「物件」という概念が持っていた唯物論的、唯物論批判的意味合いが、この「拡張」に伴い消失してしまい、「物象」の下に「物的実在態」や「用在態」はもとより、「心的実在態」や「意義態」も包摂され、「客観性」と「合則性」をもつありとあらゆる安定的統一体が含まれることになる。[13] 最後に、「物象化」という場合の「化する」の意味を「客体的変化」とは認めず、真実相において（学的反省にとって）関係態であるものが、日常意識には「物象」の相で「映現」するという、「仮象」の論理でこれを理解[14]しようとする点にも、廣松の「物象化」論の特徴があると思われる。要するに廣松は「ものに対する関係の存在論的第一次性」を基本とする独自な存在論を構築しようとしたのであり、その際に現象学などと並んでマルクス物象化論が主要な素材のひとつになったということである。

「疎外論から物象化論へ」というスローガンについて言えば、第3章で述べたとおり、アルチュセールや廣松は、「認識論的切断」という構造主義的問題意識もあって、本来〈解放の歴史的構想力〉と結びつけて考えるべき疎外概念を、その構想力の特定の歴史的形態（つまり「人間主義」的形態）と不可分一体のものとして解釈して、捨ててしまったきらいがある。その結果、いわゆる後期マルクスにも、なぜたびたび疎外概念がでてくるのかについて、不毛なエクスキューズを繰り返すはめになったように思われる。疎外概念はけっして「人間なるもの」と運命をともにするものではない。宗教形態、再演形態、ヒューマニズム形態、ユートピア形態など、解放の歴史的構想力の諸形態を批判的に区別し、「実在的可能性」や「アソシエーション」の概念を核とするマルクスにおける解放の歴史的構想力の特質を問うことこそが、マルクスの疎外論の特質を問うことにほかならないのだ。逆から見れば、構造主義的系譜のマルクス了解は、はたしてマルクスの歴史的構想力の問題を本当に視野に入れていたのかという反問が提出されるようにも思われる。

マルクスが「物件化」を「疎外」とも重ね合わせていたことは、「個人の人格的振る舞いが自己を物件化し疎外しなければならず」(MEW 3-227) という表現にまさに文字通り現れている。『直接的生産過程の諸結果』(一八六三〜六七年草稿の一部) は、資本論第一部の総括として書かれた、きわめて重要な位置を占める草稿であるが、そこでもはっきりと「物件化」が「疎外」の一形態であることが語られている。そこでマルクスは「労働者に対する資本家たちの支配は、人間に対する物件の支配であり、生きた労働に対する死せる労働の支配であり、生産者に対する生産物の支配である」ことを確認し、「物質的生産の領域で、現実の社会的生活過程において」現出している「主体の客体への転倒 (Verkehrung)、およびその逆」というこの事態は、「イデオロギーの領域で宗教において見られるのとまったく同じ関係」であることを確認している (MEGA² II-4-64/65)。「この転倒」は、「歴史的に見れば必然的過渡期」なのであって、未来社会の基礎となるべき社会的労働の生産諸力の展開は、生産者たち自身の自発的でアソシエーショナルな結合としてではなく、「人間に対する物件の支配」として「物件的権力」により外的に強制されるのである。

「このような対立的形態を経過しなければならないのは、人間が最初は自分の精神諸力を自分に対立する独立の諸権力として宗教的に形姿化せねばならないのと同じである。それは人間自身の労働の疎外過程である。その限りでは、ここでは労働者は資本家よりも高いところに立っている。というのは資本家はその疎外過程の中に根を持っているのに対して、この過程の生け贄として、最初から反逆的な関係に立ち、この過程を奴隷化過程として感じているからである」(MEGA² II-4-65)。

労働者たちの共同の諸力は物件的権力として疎外形態をとるが、この物件的権力の無際限の増殖、それへの労働者の服属と貧困化という形で、実は未来社会の物質的諸条件が形成される。他方で、労働者も危機と闘争を通してアソシエーション過程を進め、物件的権力に外化してきた労働者たち自身の諸力を、自分たち自身の自発的結合として自覚的に組織化する形で、未来社会への移行が始まる。こういう文脈のなかで、「物件化」も位置づけられるのだ。

3　「物件化」における「仮象」の論理の位置

商品論に即して言えば、マルクスは物件化過程を〈ある物件は一定の交換関係の内部で単なる自然形態以上の価値形態として社会的に妥当(gelten)する〉というパターンで記述し、これに随伴する「仮象」を〈ある物件は生産当事者にとって一定の交換関係から独立に自然属性として価値形態をもつように見える(scheinen)〉というパターンで記述している(MEW 23-66)。これは貨幣論、資本論、利子論などにも共通するパターンである。では「社会的妥当性」や「仮象」は「物件化」とどう関係するのか。第2章でも引用した『資本論』初版には次のようにある。

「人格的関係は物件的形態により覆い隠されている。したがって価値の額に価値とは何かが書かれているのではない。彼らの生産物を商品として相互に関係づけるためには、人間たちは彼らの相異なる労働を抽象的人間労働［として］等置しなければならない。彼らはそうしていることを知って(wissen)いないが、物質的な物を価値という抽象物に還元することにより、そう行っている（tun）のである。彼らの物質的生産の特殊な様式から、またこの生産が彼らをその中に置き入れる諸関係から、必然的に生育してくるのは、彼らの頭脳の自生的で、したがって無意識な（bewußtlos）働きなのである。最初は彼らの関係は実践的に定在する。第二にしかし、彼らは人間なのであるから、彼らの関係は関係として彼らに対して「彼らの対象として」定在する。その関係が彼らに対してどのように定在するかの様式は、この関係そのものの本性（Natur）から生じる。後になって彼らは学（Wissenschaft）により、彼ら自身の社会的生産物の秘密の背後に至ろうとするのである。というのは物の価値としての規定は、言語と同様、彼らの［社会的］産物だからである」（MEGA² II-5-46,［ ］内は田畑）。

商品交換であれ、金を貨幣として貨幣に媒介されて交換する行為であれ、労働力を商品として売買して利潤を生む行為であれ、利子を目的に資本を運用する行為であれ、まずは「行為」「実践的に定在する関係」がある。この「実践的に定在する関係」自身、最初は「偶然たまたま（zufällig und gelegentlich）」であり、つぎに「習慣的（gewohnheitsmäßig）」となり、最後に「社会的に通用する（gesellschaftlich gültig）」ものとなって（MEW 23-80/81）構造化する。このように「社会的妥当性」をもつ関係行為は、したがって当事者たちの「共通の作品（gemeinsames Werk）」（MEW 23-80）であり、「彼らの産物」（MEGA² II-5-46）なのである。ただしこれらの過程は、もちろん純粋無意識ではありえず、あれこれの動機や世界了解を〈伴う〉が、しかし過程自体は「自生的（naturwüchsig）」（MEW 23-89）である。つまり自覚的に意図して構造を生んだのではなく、〈結果としてそうなった〉のである。

第二に、当事者たちは自分たちのこの「行為」「実践的に定在する関係」を、その関係に入り込んでいる自分の生活位置〈から〉〈対象とする〉（意識する）。したがって「その関係が彼らに〈対して〉どのように定在するかの様式は、この関係そのものの本性（Natur）から生じる」。つまり人と人との社会的関係が、モノとモノとの関係として、モノの自然的属性として「見える（scheinen）」のは、彼らが実践的に「共同の作品」として構造化している相互行為の一定のあり方〈の本性〉から生じてくるのである。だからこの「物件化」された「見え」は、ヘーゲルのように単なる精神の直接態ということではなく、当事者たちが相互行為的に入り込んでいる実践的関係から説明されるのである。

しかし「物件化」は重畳する。一定の相互行為の構造ができあがると、それを〈対象とする〉意識も「社会的妥当性」を獲得し、構造化する。総ての商品は〈当然〉貨幣で価値を表現〈しなければならない〉。「産業資本家にとってはそう〈見える〉だけではない。彼にとって[利子や地代は]〈現実に〉彼の前貸しの一部を構成しているのだ」（MEGA² II-3-1509）。このように「物件化」意識を構造的に組み込んだ形で、さらに自生的に、最初は偶然的に、次に習慣的に、最後に構造化される形で、事態が進み、「物件化」の重畳が進行するのである。

このような物質的生活の近代的形態にドミナントな、相互行為と意識の、また自生性と構造化の、商品、貨幣、資本、利子へと展開するプロセスの全体の特徴づけとして、マルクスは「物件化」を用いようとしたと筆者は考える。つまり彼の「物件化」を、「物件的依存の上に基礎づけられた人格的独立」（MEGA² II-1-91）という近代人のドミナントなあり方の特徴づけとして、また静止状態でなく、重畳していく「物件化」過程としてとらえる。したがって彼の「物件化」は、「仮象」としての「物件化」を不可欠な契機とするが、それはあくまでも契機であると考える。

第三に、最後に、学的反省がくる。「後になって彼らは学（Wissenschaft）により、彼ら自身の社会的生産物の秘密の背後に至ろうとする」のである。〈経済行為の当事者から見て〉「物件化」は「物件化」としては見えない。

〈学的反省〉がこの当事者の相互行為と意識の特徴として「物件化」を意識するのである。「物件化」過程の純化と進行、当事者自身の危機の深化がこの学的反省を促すのである。

4 「物質的生活」と「物件化」

廣松の場合、「主観的仮象」としての「物象化」をテコとして、「物に対する関係の存在論的第一次性」という存在論的立場を提示する。たしかに〈ある物件は一定の宗教イデオロギー的社会関係の内部で単なる自然形態以上の宗教的価値形態として妥当する（gelten）〉のであり、〈この象徴物件は信仰当事者にとって一定のイデオロギー的社会関係から独立に自然属性として宗教的価値形態を持つかのように見える（scheinen）〉のである。この方向で廣松が価値や意味や社会存在の一般理論を展開したことの意義を、もちろん私も承認する。けれども、マルクスにとっての眼目はあくまで「物質的生活諸関係」の「物件化」を論じることにあったということもまた、確認しておかなければならない。たとえば、イデオロギー的社会関係の「物件化」としての「御本尊」や「お蔓陀羅」の威力とは異なる、物質的社会諸関係の「物件化」としての「貨幣」の威力は、それが「一般的な直接交換可能性」を持ち、「社会的総労働」の成果である富の総体の中からいつ何時でも必要なものを引き出せる「社会的力」を持つという点にある。我々は「貨幣」を通してかかる物質的力を持ちうるだけではなく、生きるためには持たねばならない（「命がけの飛躍」）。「想像力の威力」を喚起するだけの宗教フェティッシュの崇拝をフォイエルバッハは「宗教的唯物論」（FSW VI-296）と呼んだが、これと「貨幣」を追い求める「市民社会の唯物論」とではやはり大きな差があるだろう。「貨幣」を社会関係へと還元する場合、けっしてそれは「間主観性」や「共同主観」一般へと崩れ落ちてはならないのであって、「永遠の自然必然」としての、自然との「物質代謝」、この「物質代謝」の「社会的生産」による媒介、自然発生的分業下で相互に孤立して物質的生産を行う私的生産者たち、彼らの生産した諸物件、「交換」という「社会的物質代謝」による媒介、それら諸物件の価値関係、そしてあらゆる生産者たちが自分の物件の価値を特殊な物件（＝金）で表現しあうこと、こういう〈物質的〉生活諸関係が「貨幣」とその「威力」を成立させているのである。

マルクスは「物件化」に対して単に認識批判的にアプローチし、「誤った主観的仮象」を暴くだけではない。認識は実践の契機であるだけでなく、意識の契機でもある。商品であれ、貨幣であれ、資本であれ、利子であれ、構造化された相互行為のシステムが行為当事者に〈対して〉あるあり方は、同時に知覚、認識、価値判定、欲求、意志、構想力などの〈対象とする〉ことである。「仮象」としての「物件化」は、諸人格の意志内容＝意志規定がますます「外的物件に汲みつくされ」ていくプロセスと一体なのである。構想力もまた貨幣獲得へと汲み尽くされる。そしてそこに「市民社会の唯物論」の地盤が拓けるわけである。この面が廣松の「物象化」論では展開されないように思う。諸個人の意志がその内容から見て「外的物件に汲みつくされている」からこそ「自由意志」を介して「自然法則」としての経済法則も貫徹するわけである。

たしかに「踏み絵」や「日の丸」のように、宗教フェティッシュや国家フェティッシュも「命がけの飛躍」と隣り合わせである。しかしそういう耳目を集める「命がけの飛躍」でなく、近代社会の日々の生活の中に組み込まれている構造的不安をマルクスは摘出しようとしているわけであって、そこに彼の「批判的唯物論的社会主義」が「批判的唯物論的社会主義」である所以を見るべきだろう。

第8章　註

（1）ナポレオン・ヒル『成功哲学』田中忍訳、産能大学出版部、一九七七年。なお、拙論「現代企業の価値意識構造」、大阪哲学学校編『企業モラルを哲学する』三一書房、一九八八年、第三節「市場競争の当事者意識」参照。

（2）P. K. Moser, J. D. Trout, *Contemporary Materialism: A Reader*, Routledge, 1995. なお、この本については、拙論「いかなる意味で唯物論のアクチュアリティーを語るべきか」、季報『唯物論研究』第六五号、一九九八年七月、第三節「現代の英米豪哲学における唯物論」参照。伝統的な意味での「唯物論」は「心の物質性」の概念、あるいは「心は物質的である」という命題として了解され、「心の実体性」つまり「心は身体なしに存立する」という見解に対置されてきた。この対立は二一世紀の今日でも、日常生活世界では存続し続けているが、神経生理学や哲学の領域ではほぼ「唯物論」がドミナントな見解となっている。今日の主な議論はむしろ「心の物質性」の「意味」をめぐって争われていると言えよう。モーザーらによると［α］還元的（reductive）唯物論は「心的現象はフィジカルな現象の言語に還元可能である」と主張し、［β］消去的（eliminative）唯物論は「心的諸現象を直接無媒介と見る見方は我々を大いに誤導するために諸科学の発展とともに消去される」と主張し、非還元論的唯物論では［γ］随伴的（supervenient）唯物論が「心的諸現象は随伴的な諸関係としてフィジカルな諸現象に依存している」と主張し、［δ］機能主義的（functionalist）唯物論は「心的諸現象はフィジカルに組織されたシステムのファンクショニング（作動）である」と主張する。

しかしこれらはいかにも狭い議論ではないか。心的諸現象が脳神経系を生理的な基礎にもってはじめて成立するという見解は広く受容され、ニューロンやシナプス結合をキーワードに、さまざまな仮説が立てられ、ある種の操作も進んでいることも事実である。しかし心的諸現象の解明には言語構造、深層表層構造、認識における先験的（超越論的）構造、行為制御構造、イデオロギー構造、パーソナリティー構造、などの諸構造からの接近も不可欠である。むしろ心的諸現象の生理構造の認識は事柄そのものからして最も困難で遅れた領域だと言えるのである。

「脳が意識する」のでなく「人間たちが意識する」のだ、ということの意味は、我々の意識のもつ諸構造がけっして生理構造に限定されていないということに基づいているのである。心的諸現象の物質的制約性の自覚も、したがって、神経生理学的次元にとどまらない。たとえば意識の言語構造で見れば、言語は諸個人を超えた歴史的構築物として諸個人の言語活動を制約し、また（人間たちの意識活動の多くは言語的形式をとるので）意識活動を制約している。音声記号は能記／所記の歴史的結合に基づいており、能記の物質性に担われることなしには言語は成立しない。音声記号から文字記号やその体系としてのテクストとなると、ますますこの物質性が強まる。言葉は他者に向かってある「私の現実の意識」であるが、同時に私の意識を越える物質的存在性格をもち、私の自由な発話行為を根本的に制約し、また他者による私の意味付与から独立した解釈を条件づけてもいるのである。

意識のイデオロギー構造で見ても（もちろんこの場合、マルクスのフェティシズム論のような完成度の高い理論と、通俗マルクス主義で乱発されたイデオロギーのレッテル貼りとを区別する必要があるが）、物質的制約性の別なあり方が自覚されてくる。ここでは物質的生活の生産・再生産の特定の歴史的様式（商品生産＝交換社会）が「日常市民の宗教」としてのフェティシズム的世界了解を条件づけているのである。

このような意識の物質的制約性は、意識の深層／表層構造に即しても、認識における先験的構造に即しても、行為制御構造に即しても、指摘することができよう。にもかかわらず我々が「脳は意識する」と還元的に考えてしまうのは、生理的局在化によってある種の別の操作可能性を手に入れようとしているからであろう。たとえば精神病の多くは他者との関係性の病であるといわれており、また広く見れば大きく変容した現代の生活様式に影響されているともいわれている。しかし人格史的に構築されたこの病を、他者との関係性の再構築を通して克服していくことは（たとえアクターを家族主義的枠組みに不自然に狭く限定したとしても）きわめて多くの困難を伴う。そのために、別の直接的操作可能性を求めるのである。生活様式の激変から結果するさまざまな危機を、遺伝子や脳などを含む生理過程への操作的介入で克服しようとするこの「ねじれ」は、現代文明の根本的問題性のひとつであるが、ここにも唯物論問題が潜んでいるのである。精神障害者のセルフ・ヘルプ・グループのような「共同苦悩のアソシエーション」がこの種の唯物論を克服する本来の道筋であろうが、現実はそれをきわめて見えにくくしているのである。

（3）拙論「グラムシの唯物論批判」、季報『唯物論研究』第六七号、一九九九年二月、参照。

（4）拙論「カントと心の物質性の問題」、季報『唯物論研究』第二四号、一九八七年三月、参照。

（5）カントの「弁証論」における「パラロギスムス」については、高橋昭二『カントの弁証論』創文社、一九六九年、第四章「カントの弁証論」参照。

（6）Hegel, *Jenenser Logik: Metaphysik und Naturphilosophie*, Felix Meiner, 1967, S.90

（7）Hegel, *Wissenschaft der Logik II*, Felix Meiner, 1963, S.285. なおヘーゲルの無限判断については、G. Wohlfahrt, Das unendliche Urteil-Zur Interpretation eines Kapitals aus Hegels «Wissenschaft der Logik», *Zeitschrift für philosophische Forschung*, Bd. 39, Heft 1. 参照。ヘーゲルはディドロ『ラモーの甥』に描かれた自己意識の「絶対的分裂」状態の中にも「無限判断」を見ている（HW 3-385）が、ルリアは「ノートとは、無生物の物質で、地球の中心まで引っ張られます」というある精神分裂病者の「ノート定義」を紹介している（ルリア『言語と意識』天野清訳、金子書房、一九八二年、八四頁)。

(8) グリムのドイツ語辞典やヘルマン・パウルのドイツ語辞典にあたると、ゲルマン語のSacheは元来は抗争、不和を意味し、次いで裁判官の前での争いを意味した。そこから法的係争へ自分たちを促す理由、争点、事柄を指すようになり、その後、非法廷的抗争への転義が生じる。一般に人が主張したり、遂行したりしなければならないこと、「事柄」「大義」などの意味と、交渉や抗争のきっかけとなる感性的対象、とくに所有物の意味(「物件」)に展開したのである。物件という場合の漢字の「件」はもともとは人や牛といった区別される一つ一つのものを指しているが、やがて例の件、一件落着など、共有されている解決を要する課題や事柄を表すようになり、「もの」が社会関係の中で動く姿にふさわしいと思われる。

(9) ここでVersachlichungの訳語についてコメントしておきたい。もともと「物象化」という訳語はルカーチの『歴史と階級意識』(一九二二年)のVerdinglichungへの訳語として定着した。ルカーチは、おそらくジンメル『貨幣の哲学』(一九〇〇年)の影響で、ほとんどVerdinglichungを用い、Versachlichungは例外的にしか用いていない。一九六八年の白水社版でもVerdinglichungを「物象化」としたために、ごく例外的に出てくるVersachlichungには「事物化」という訳語をあてている(古田光訳)。今日ではむしろVersachlichungに「物象化」、Verdinglichungに「物化」があてられるのが普通になっている。これは、マルクス研究が進み、マルクスではVersachlichungがほとんどで、Verdinglichungが例外的にしか用いられていないという事情が明らかとなってきたことに基づいているのであろう。ところで「物象」は物の形、転じて物的現象のことで、「心象」、つまり心的現象と区別される。だから「物象化」は「物的現象に化する」という意味になる。この訳は倒錯視として認識論的にのみVersachlichungを扱い、「物件」がもつ諸人格相互の関係、分離、相互抗争、意志的支配のニュアンスを、したがってマルクスVersachlichungの社会理論的、疎外論的、権力論的モチーフを脱色するきらいがある。マルクス物象化論の研究に大いに貢献のあった廣松渉が、認識論的切断からマルクス新解釈へと進んだ当時のマルクス研究の国際動向を背景に、「疎外論から物象化論へ」というスローガンでマルクス物象化論の解釈を進めたということも考慮しておくべきであろう。たしかに物象化という訳語がふさわしい箇所もあるが、どうしても物件化がふさわしい箇所もある。最近ではVersachlichung=物象化という訳を無理して確保するために「Sache(物件)」を「物象」と訳するものまで出てきている始末である(『マルクス資本論草稿集』第二巻、大月書店、一九九三年、一七六頁など)。これなどはまったくの論外であろう。ルカーチ物象化論には、マルクスをウェーバーの

「合理性」論に結び付け、「計算可能性」の問題へとつなげようとする意図が働いていることも考慮しておかねばならない。そういう展開はルカーチの貢献ではあっても、マルクスのVersachlichungには直接には見当たらない。こういう錯綜した事実を伝えるために、私はあえて「物件化」という訳語をあてている。マルクスに限定する場合には、法の哲学や国民経済学で普通にSacheが用いられていた意味にいったん足場をおくほうが無難であろう。なお前記註（８）も参照。

（10）　廣松渉『物象化論の構図』岩波書店、一九八三年、廣松編著『資本論を物象化論を視軸にして読む』岩波書店、一九八六年、など。

（11）　前掲『物象化論の構図』二六七頁ほか。

（12）　同書、二六六頁ほか。

（13）　同書、二六八頁では「物象」は「存在」と等置されている。

（14）　同書、二六七頁。

第 9 章
［国家］

マルクス国家論の端初規定

「国家は，支配している階級の諸個人が彼らの共通の諸利害を［公的に認められたものとして］通用させ，そしてある時代の全市民社会が自分を総括する形態であるので，その結果〔総ての共通事項〕総ての共通の諸制度が国家によって媒介〔政治的形態で〕され，政治的形態を取ることになる.」

（『ドイチェ・イデオロギー』1845/46年，
27～28歳，ブリュッセル）

章扉写真＝ホッブズ『リヴァイアサン』(1651 年) 初版口絵
(出典) 水田洋訳『リヴァイアサン (一)』岩波文庫.

『国家論のルネサンス』(青木書店、一九八六年)の著者加藤哲郎は、「ポスト・マルクスの政治論」という副題を付した大藪龍介の『国家と民主主義』(社会評論社、一九九二年)を評しつつ、「自分のポスト・マルクス主義はもう一歩先に進みつつある」と書いている。(1) その主たる含意は、大藪がまだ「労働者国家」や「ブルジョワ民主主義とプロレタリア民主主義」を前提しているのに対し、加藤が「階級的矛盾の存在を前提したとしても、民族的矛盾〈や〉性差の矛盾、自然・人間関係〈も〉国家と民主主義のあり方を規定する」と考えるからである。

これら二人の意欲的な国家論研究者の議論に、私のような哲学畑の人間が口をはさむと、後ろ向きの議論という印象は免れないが、あえて言わせてもらえば、加藤の主張の、この〈や〉や〈も〉について、もう少し問題を掘り下げる必要を感じる。つまり政治論(主体的には)ないし国家論(制度的には)の端初規定は何かについて、もう一度徹底して考え直すという作業が問われているのではないか、と。

加藤が「マルクス主義国家論の伝統モデル」と特徴づけるものは、レーニン『国家と革命』(一九一七年)を基本とするものであった。その論理は大変シンプルで、国家は本質から見れば「階級支配の機関」であり、発生から見れば「階級対立の非和解性の産物」であり、機能から見れば「被抑圧階級を搾取する道具」であり、実体的構造は「暴力装置」である、と。[2] レーニンのこの本は、第一次世界戦争とロシア革命の渦中で、しかもカウツキーら、エンゲルス直系の「正統マルクス主義」の「背教」を弾劾しつつ書かれたもので、そういう時代背景や政治対抗を強く映し出している。だから、この国家論の関心は、国家や政治過程についての周到な理論的把握というより、国家の「本質暴露」、日和見主義の「本質暴露」にある。それだからこそ、あの危機局面で重要な政治的メッセージ性を持ったと言うべきであろう。しかし、「階級支配の機関」としての国家をきわめて超越的に打ち出したこの論理が、その後、各時機の硬直した戦術的対応を正当化し、のみならず苛烈な国家テロルを正当化しさえした側面も否定しがたい。

もちろん、一九五六年のスターリン批判以降は、レーニン国家論を祖述するだけのドグマティックな人も相変わらず多かったものの、現実を見据えつつ、オリジナルに、またインディペンデントに考えていた人たちは、レーニン国家論の一面性を克服しようと真剣に努力していた。それらの努力は、端的に言って「支配機能」だけでなく「公的機能」〈も〉、「政治社会」だけでなく「市民社会」〈も〉、「強制」だけでなく「同意」〈も〉、「階級関係」だけでなく「官民関係」〈も〉、「国家の政治機能」だけでなく「経済的機能」〈も〉、といった形で展開されてきたように思われる。これらの議論は「国家の階級的性格を曖昧にする」と、修正主義呼ばわりもされたが、いずれも現実に対する理論の有効性を確保しようとした真剣な努力であった。

問題は、この〈も〉の理論的処理にあったと、筆者は言いたい。筆者の理解では、現実に迫られて後追い的に空白部分を〈も〉で埋めていくだけでは決定的に不十分で、それらのファクターを、〈そこから〉内在的に理論展開できるような、国家論の新たな端初規定を明示的に提出しない限り、レーニン国家論を真に克服することはできないだろう。国家論の領域における我々の「マルクス再読」のポイントは、まさにその点にある。はたして、レーニンのテーゼに代位しうるような、しかもグラムシや『国家論のルネサンス』の成果を内在化しうるような、国家論の端初規定を我々は持ちうるのか。このような問いは、理論的には、やはり避けえないのではなかろうか。以下、この問題について、「マルクス再読」という限定された視角からではあるが、メスを入れてみよう。

［1］ 国家論の端初規定

マルクスにあっては、歴史的に実在した諸国家に共通する諸指標をまとめて帰納的に定義の形にするという、いわゆる「国家の一般規定」が問題なのではまったくない。このことは、あらかじめはっきりさせておく必要がある。たとえばかつて、ソ連邦科学アカデミー国家・法研究所編の『国家・法の一般理論』という本は、次のような「国家の一般規定」を与えていた。

「国家とは歴史的に経過的な、社会から分離されながら社会の経済体制によって制約された主権的公的権力の階級的政治組織であって、基本的生産手段所有者の共通利益を保障し擁護するものである(3)」。

この「一般規定」では、我々が〈現にそこで〉生活している国家を扱わず、また著者たちが〈現にそこで〉生活していた「ソヴェト国家」を扱うでもなく、国家一般を超歴史的帰納的に定義しようとしている。こういう方法に従えば、我々が〈現に〉形成している国家関係は、この「一般規定」に種差を外的に付け加えるという形で限定されるわけである。こういう方法の限界については、今は問題にしないことにするが(4)、マルクスにおいては、〈常にすでに〉情況内在的な生活諸主体が、日常的反復性の自生的切断に直面して、この事態の概念把握へと向かうという、「批判的」構えを堅持するのであるから、あくまで、まずは我々自身が相互行為的に形成している社会的諸関係の中で、国家を限定するのであって、先行諸形態の研究は別個の媒介的な課題として立てられねばならないのである。

エンゲルスが『家族、私的所有、および国家の起源』(一八八四年)で行ったように、歴史を遡源して、最初の国家の発生を規定する要因を探るというやり方で、国家の端初規定を限定する仕方もある。エンゲルスはマルクスと違って、(5)時系列の順序と論理展開の順序が、基本的には一致すると見る見方に(おそらくヘーゲルの影響で)立っていた。しかし、これは大変問題のあるやり方である。古代国家の始まりが明らかになったとしても、我々の基本前提であり基本目標である、〈現に〉我々が営んでいる国家関係、しかも全面的に展開された姿で日々体験している国家関係をとらえるための出発点にならないことは、明らかである。まったく逆に、まずは我々が〈現に〉入り込んでいる生活諸関係の中で、国家なり政治なりを限定すべきであって、その後に、国家の先行諸形態の研究に進むということでなければならない。エンゲルスによる国家の人類史的発生の認識が今日から見てどれほど有効なのかという問題は、一応おくとしても、国家についての理論的端初と歴史的端初とを同一視してはならないのである。

我々が〈現に〉入り込んでいる生活諸関係の中で、国家や政治はどのような位置を占めているのか。我々自身が〈現に〉営んでいる生活諸関係に即しつつ、国家や政治の領域に〈固有の〉前提を限定し、国家や政治の領域が〈この〉前提から分節化してくる〈まさにその〉結び目(結節)を限定することによって、国家や政治の領域に〈固有の〉地盤を明示するような規定が、国家論の端初規定でなければならないであろう。

では、国家に〈固有の〉前提と、〈その〉前提から国家が分節化する〈まさにその〉結節点を限定することによって、国家領域に〈固有の〉地盤を明示するような規定とは何であるのか。筆者の結論を言えば、それは「社会の公的総括」という規定である。我々の理解では、マルクス自身に明示的展開が欠けているにせよ、マルクス政治論（行為面）や国家論（制度面）は、とりあえず原理論レベルに限定して言えば、次の五つの概念的展開次元（時間的前後関係ではない）を持っていると考えられるべきである。つまり、

・総括国家規定（端初規定）
・分業国家規定
・階級国家規定
・国家間関係規定
・国家（もちろん近代国家）の生成史

である。これを行為面で表現すると、総括政治規定、分業政治規定、階級政治規定、国家間政治規定、近代政治の生成史である。第五の規定は構造の論理ではなく、生成論であり、先行諸形態や過渡期の研究も含まれる。

［2］国家論の端初規定の抽出

周知のとおり、『経済学批判要綱』（一八五七／五八年）には次のような執筆プランが見える。

「本書の編成は明らかに次のようになるべきだ。①一般的抽象的諸規定。これらはしたがって大なり小な

り総ての社会構成体に属するが、しかしそれは上に論じた意味においてである。②市民社会の内的編成を構成し、基礎的諸階級がその上に成立する諸カテゴリー。資本、賃労働、土地所有、それらの相互関係。都市と農村。三大社会階級。それらの間の交換。循環。信用（私的）。③国家の形態での市民社会の総括。それ自身への関係で考察。「不生産的」諸階級。税金。国債。公的信用。人口。植民地。移民。④生産の国際的関係。国際的分業。国際的交換。輸出入。為替相場。⑤世界市場と恐慌」（MEGA^2 II-1-43, 傍線は田畑）。

右のプランにある「国家という形態での市民社会の総括（Zusammenfassung der bürgerlichen Gesellschaft in der Form des Staats）」は、さらに簡略して「国家における総括（Zusammenfassung im Staat）」（Ibid., 151）とも書かれている。

この「市民社会の総括形態」としての国家規定に依拠して、マルクス主義国家論の資本論からの内在的導出を企てたのは、J・ヒルシュなどドイツのいわゆる「導出論者」たちであった[6]。その試みは大変価値あるものであったと思われるが、結局のところ「経済国家」ないし「国家の経済機能」だけでは包摂しきれない多くのものを残したという批判[7]が出たのも当然であった。改めて確認するまでもなく、この「経済学批判プラン」では単に経済的視座から見られた〈限りにおいて〉、「市民社会の総括形態」としての「国家」が扱われる予定だったからである。

しかし考えておかねばならないのは、「市民社会の総括形態」としての「国家」という規定は、すでに『ドイチェ・イデオロギー』（一八四五／四六年）に始まるものだということである。だから一層包括的な問題連関の中で、この端初規定を問い直すことも可能であり、また必要でもあるのだ。『ドイチェ・イデオロギー』では次のようになっている。

「国家は、支配している階級の諸個人が彼らの共通の諸利害を［公的に認められたものとして］通用させ、そしてある時代の全市民社会が自分を総括する形態であるので、その結果《総ての共通事項》総ての共通の諸制度が国家によって媒介《政治的形態で》され、政治的形態を取ることになる。したがってあたかも法律が意志に、しかもその実在的土台から切り離された意志に基づくかの幻想。同様に権利もまた法律に還元される」（H-148, エンゲルス筆跡、《 》内削除分、傍線部エンゲルス筆跡書き込み、［ ］内は田畑）。

ここでは「支配している階級の諸個人が彼らの共通の諸利害を通用させる形態」という階級国家規定と、「ある時代の全市民社会が自己を総括する形態」という総括国家規定とが「そして」で結ばれているにすぎず、この両規定の概念的展開順序についての反省が欠けている。しかしとりあえず、国家が「ある時代の全市民社会が自己を総括する形態（die Form ist, welcher ... die ganze bürgerliche Gesellschaft einer Epoche sich zusammenfaßt）」であって、それゆえ「《総ての共通事項》総ての共通の諸制度が国家によって媒介《政治的形態で》され、政治的形態を取る」のだとされていることに注目しておこう。

総括国家規定は、アンネンコフへのマルクスの手紙（一八四六年末）および『哲学の貧困』（一八四七年）にも再び出てくる。ともにフランス語で書かれたものである。

「［1］それがどんな形態であれ社会とは何でしょう。人間たちの相互行為の所産です。［2］人間たちはあれこれの社会的形態を自由に選べるでしょうか。まったくできません。［3］人間たちの生産諸力の一定の発展状態を前提すれば、交易や消費のこれこれの形態が得られます。［4］もし生産、交易、消費の発展のある度合いを前提すれば、これこれの社会的制度の形態、これこれの家族の組織や身分ないし階級の組織、一言に言えばこれこれの市民社会が得られます。［5］これこれの市民社会を前提すれば、我々は、市民社会の公的表現にほかならないこれこれの政治国家を持ちます。［6］プルードンは国家から市民社会を、つまり社会の公的総括から公的社会を呼び出せば何か偉いことをしているように考えております」（MEGA^2 III-2-71, ［ ］内および傍線は田畑）。

「労働する階級は、その発展の過程で、古い市民社会に代えて、諸階級とその敵対性を排除するような一つのアソシエーションをおくだろう。そしてもはや本来の意味での政治権力は存在しないだろう。なぜならまさに政治権力とは市民社会における敵対性の公的総括だからだ」（MEGA^1 I-6-227, 傍線は田畑）。

国家を「市民社会の公的表現（l'expression officiele）」と見る表現国家については後で論ずるとして、ここで「社会の公的総括（résumé officiele de la société）」とか「市民社会における敵対性の公的総括（résumé officiele de l'antagonisme dans la société civile）」と書かれている場合のフランス語の résumer（動詞）、résumé（名詞）がドイツ語の zusammenfassen, Zusammenfassung にそれぞれ該当するものであることは明らかだろう。つまり、バラバラなものをつかんでまとめる行為（したがって文章の場合には要約すること）を表現しているのである。

ちなみに、一八八五年に出されたカウツキーとベルンシュタインによる『哲学の貧困』のドイツ語訳は、大月全集版の原本であるディーツ版『マルクス・エンゲルス著作集』にも再録されたものであるが、そこでは上記の箇所は「なぜならまさに政治権力とは市民社会の内部における階級対立の公的表現（der offizielle Ausdruck des Klassengegensatzes）だからだ」（MEW 4-182）と誤訳されている。「市民社会における敵対性」が「階級対立」に限定されていることも大問題だが、マルクスが「表現」と区別して用いている「総括」を、わざわざ「表現」

と置き換えてしまっているのは奇妙としか言いようがない。少なくとも、フランス語をそのまま用いて das offi-zielle Resumee とすべきであったと思われる。

[3] 固有の前提としての「近代市民社会」

さて、「ある時代の全市民社会が自己を総括する形態」「社会の公的総括」「市民社会の総括形態」「市民社会における敵対性の公的総括」などの前記の用例からみて、マルクスが少なくとも国家の基本規定として「市民社会の総括形態」を系統的に用いていたことは、ほぼ了解されるだろう。(8) では、議論を一歩進めるとして、これらの総括国家規定にあっては、国家に〈固有の〉前提、つまり〈そこ〉から国家領域が分節化してくる〈まさにそのそこ〉がどこに設定されているのだろうか。明らかに「市民社会」にである。国家は自立したものでなく「市民社会」を〈固有の〉前提としつつ、そこから分節化してくるものであるという考えは、マルクス国家論の本質的な主張なのである。たとえば彼は晩年の『ゴータ綱領批判』(一八七五年) で次のような書き方をしている。

「ドイツの労働者党は現存の社会を……現存する国家の基礎として扱う代わりに、国家をむしろ自立的制度として扱っている。……さまざまな文明諸国のさまざまな国家はしかし、それらの多彩な形態的差異性にもかかわらず、それらが近代市民社会——ただし、より多くあるいはより少なく資本制的に発達を遂げたところの——という土台の上に立っているという点で共通している」(MEW 19-28)。

ここでは、例の「土台」「上に立つ」といういうしばしば誤解を招いた建築学的イメージ的表現が用いられているが、この非概念的イメージ的表現の欠陥についてはあとで述べるとして、要するに国家の、したがってマルクス国家論の、〈固有の〉前提は一貫して「近代市民社会」なのである。

そこで次に、この〈固有の〉前提である「近代市民社会」を、マルクスがどう了解していたのかが問われるべきだろう。実はマルクスの「市民社会」の概念についても、[9]「国家」と同様、マルクス自身による体系的な叙述、つまり諸側面、諸契機の順を踏んだ叙述が残されているわけでもない。そのためもあって、多くの解釈の混乱が見られる。その代表例は、マルクスが「市民社会」を「ブルジョワ社会」と同一視したという解釈であり、また、マルクスが「市民社会」を経済社会、つまり経済的諸関係の総体と同一視したという解釈である。私の考えでは、これらの解釈はいずれも、木を見て森を見ない議論にとどまっている。

「市民社会」という言葉は長い歴史を持っている。マンフレート・リーデル[10]によると、アリストテレスの「ポリティケ・コイノニア（politike koinonia）」やキケロによるそのラテン語訳である「ソキエタス・キビリス（societas civilis）」は、支配に関与する特権的自由身分である「市民」の政治的共同体を意味し、市民の国家そのものを意味した。しかし「市民社会」のこの古典的言語伝統は一八世紀中庸まで続いたものの、近代の展開とともに大きく意味がシフトする。都市市民を中心とする商工業や自治や市民文化の展開を背景に、「市民社会」は「国家」（当時は王権）と対置して用いられるようになるのである。しかも、この「国家」と対置される「市民社会」それ自身、さまざまな文脈でさまざまな意味を担うことになる。「市民社会（die bürgerliche Gesellschaft）」は、政治社会（国家）の外部の、市民間の私的関係の社会としては「民間社会（civil society）」（MEGA² I-22-53）を意味し、不生産的な国家機関とは異なる、生産・分業・交換・消費・所有における秩序（ヘーゲルの「欲求の体系」）としては経済社会ないし「商工業社会」（エンゲルス、MEW 28-139）を意味し、政治的強制と区別される教養、教育、学問、社交などの文化的統合力が働く社会として見れば文化社会、マルクスの言う「知識の社会」（MEW 6-253）を意味し、自然社会を脱し分業や法などに基づく社会としては「文明化社会（civilized society）」（MEW 23a-475）を意味し、前近代の諸社会との対比で見れば「近代社会（modern society）」（MEGA² I-22-53）を意味し、自己労働・個人所有・教養・経済合理性・市民倫理に基づいた規範的理念社会としては「自由主義社会」（MEW 23a-189 参照）を意味し、資本家的有力市民が主導し支配する社会としては「ブルジョワ社会（bourgeois society）」（MEGA² I-22-143）ないし「中間階級社会（middle-class society）」（MEGA² I-22-139）を意味する。こういうように意味の分化が生じたのである。

そもそも、マルクスが「市民社会」を「ブルジョワ社会」に還元したと見るのは、事実誤認である。ドイツ語の die bürgerliche Gesellschaft でこそ両者の区別が曖昧で、ドイツ人が Zivilgesellschaft を明示的に使い始めたのは東欧民主化とのからみで一九八〇年代半ば以降とされているが、フランス語ではもともと「民間社会（société civile）」と「ブルジョワ社会（société bourgeoise）」ははっきり区別され、マルクスはフランス語でも本やノートを書いていて、両者を使い分けているし、英語で書かれたマルクスの草稿類でも、bourgeois society や middle-class society と civil society とをはっきりと使い分けている。たとえば先に見た「アンネンコフへの手紙」（一八四八年一二月）で「これこれの société civile を前提すれば、我々は、société civile の公的表現にほかならないこれこれの政治国家を持ちます」（MEGA² III-2-71）と書いているように、また『フランスの内乱』（一八七一年）でも「この中央集権化された国家機構は、その遍在する複雑な軍事的官僚的強権的司法的な諸機関をもって、ウワバミのように、生きた civil society に巻きついている（からみついている）」（MEGA² I-22-53）と書いているように、国家領域との対比で民間社会の全体を指示する場合は société civile ないしは civil society を用いている。他方、『哲学の貧困』（一八四七年）で「すでに階級として構成されたブルジョワジーが社会を

société bourgeoise にするために封建制や王政を転覆した局面」（MEGA¹ I-6-226）と書いているように、「近代市民社会」を資本家的有力市民の指導と支配という側面でとらえる場合は、société bourgeoise, bourgeois society, middle-class society を用いているのである。もともと「近代市民社会」はさまざまな契機からなっているのであって、国家領域の外部の、あるいはむしろ国家領域に先立つ社会としては「民間社会」であろうが、この社会ではおおむね資本家的有力市民が経済的文化的指導や支配を実現しているのであって、「民間社会」は「ブルジョワ社会」で〈も〉あるのだ。問われているのはどちらが〈真の〉「市民社会」かではなく、我々が現に生きる「近代市民社会」の諸契機の概念的認識の問題なのだ。

マルクスが「市民社会」を経済的諸関係の総体に限定してしまったという解釈についても、同じことが言える。たしかに『ドイチェ・イデオロギー』（一八四五／四六年）には「市民社会」が「諸個人の物質的交通の全体を包括する」（H-144）という限定が見られ、これを受けて『経済学批判』（一八五九年）の「序言」でも「物質的生活諸関係の総体」として「市民社会」がとらえられている。しかしマルクスは、この意味の「市民社会」を一八世紀の英仏の「先例」にならったヘーゲルの用語法として紹介しているのであって、自説の「定式」を述べる箇所では、「生産諸関係の総体」を「社会の経済構造を形成するもの」とも書いている（MEW 13-8）。社会とその経済構造を区別しているのである。

実は『ユダヤ人問題によせて』（一八四三年）では、「市民社会」は「物質的諸要素」と「精神的諸要素」からなる民間領域全体を包括した（MEW 1-368/369）。『ドイチェ・イデオロギー』には「市民社会」は「生産と交換から直接自己を展開する社会的組織」（H-144）であるという表現もあり、「社会組織」と「生産と交換」との区別も見られる。とりわけ先に引用した「アンネンコフへの手紙」では、「生産、交易、消費の発展のある度合いを前提すれば、これこれの社会的制度の形態、これこれの家族の組織や身分ないし階級の組織、一言に言えばこれこれの市民社会が得られます」（MEGA² III-2-71）と、両者ははっきり区別されているだけでなく、「市民社会」は「社会的制度の形態」、「家族の組織や身分ないし階級の組織」としてポジティヴに規定されているのである。マルクスは『ドイチェ・イデオロギー』に言う「社会的編成（die soziale Gliederung）」、『経済学批判』序言に言う「社会的生活過程（der soziale Lebensprozess）」を、「市民社会」の独自の一契機として、常に念頭に置いていた。このように、ここでも「近代市民社会」の諸契機の概念的把握が問題なのであって、諸契機のいずれか一つを「真の」意味として選択するという問題などではないのだ。念のために、これら基本諸契機を列挙しておこう。

①「市民社会」は、まずは我々が現に行っている「相互行為の所産」、相互行為の全体システム、我々が現に入り込んでいる生活諸関係の総体としての「社会」である。「アンネンコフへの手紙」に「それがどんな形態であれ社会とは何でしょう。人間たちの相互行為の所産（le Produi de l'action réciproque des hommes）です」（MEGA² III-2-71）とあるとおりである。

②「市民社会」は「生産と交換から直接自己を展開する社会的組織」である。「市民社会」という相互行為の体系の内の「物質的生活諸関係の総体」が「社会の経済構造」をなしている。だから「市民社会の解剖学は経済学に求められるべき」（MEW 13-8）である。国家が税と権力と法を中心に組織された不生産的領域であるのに対比して、「市民社会」という言葉で「物質的生活諸関係の総体」（のみ）を表現する事例が、一八世紀の英仏に多く見られたのも、そういう事情に基づく。

③この「市民社会」は諸個人のバラバラな集合でなく、集団や組織や制度に編成されており、「家族の組織や身分ないし階級の組織」（MEGA² III-2-71）として、「都市や農村」（MEGA² II-1-43）として、また産業組織や文化組織として、「社会的に編成」（H-27）されてある（念のために確認しておくと、「階級」は単に経済

的範疇ではない。たとえば労働者階級は経済的地位におけるある共通性を基礎に、産業組織によって、また労働者アソシエーションの諸形態によって、さまざまな生活様式や価値意識の共有によって、社会的に編成された集団なのである)。諸個人のこの社会的編成のあり方は、「物質的生活諸関係」のあり方により制約されている。

④この「市民社会」は国家の外部に、国家の基礎にある社会としては「民間社会」であり、「物質的諸要素」(経済領域)と「精神的諸要素」(文化領域)からなる民間領域全体を包摂している。ただ「民間社会」という規定は、すでに国家の「市民社会」からの分節化を前提としており、国家と反照的な「市民社会」規定である。

⑤この「市民社会」は資本家的有力市民が指導し支配する社会としては「ブルジョワ社会」である。

⑥この「市民社会」は前近代の諸社会との区別で見ると「近代社会」である。

国家や政治過程はこのように、経済構造をもち、重層的縦横的に編成された「市民社会」の全体を「総括」しているのであって、経済構造〈のみ〉を「総括」しているのではない。マルクスがいかに「社会の経済構造」の中に「社会」理解の鍵を見ていたとはいえ、彼が「市民社会」と〈その〉「経済構造」とを区別しなかったなどとは、もちろん考えられない。もし「社会の経済構造」〈のみ〉を国家に〈固有の〉前提だと了解すれば、加藤の言うようにあれ〈も〉これ〈も〉「国家と民主主義のあり方を規定する」という補足的指摘は不可避であろう。しかし、そこで真に問われているのは、国家についてと同様、「市民社会」についても、概念的処理の不在ということではなかろうか。

［4］総括国家

このように、まずは国家に〈固有の〉前提、したがってマルクス国家論に〈固有の〉前提を、我々が〈現に〉相互行為的に形成している生活諸関係の総体としての「市民社会」に置いた上で、国家領域、政治領域が〈まさにそこで〉分節してくる〈固有の〉規定性を、マルクスは、市民社会が「自己を総括する」活動、様式、過程、形態の中に見ようとするわけである。

では、「ある時代の全市民社会が自己を総括する形態」「社会の公的総括」「市民社会の総括形態」「市民社会における敵対性の公的総括」という場合の「自己を総括する（sich zusammenfassen）」とか「公的総括（résumé officiele）」とは、何を意味するのか。ドイツ語の zusammenfassen は「一緒につかむ」「一つにまとめる」ということ、派生的に「要約する」ということである。したがって「自己を総括する」ということは「市民社会」自身が「市民社会」を「一つにまとめる」ということである。フランス語の résumer はラテン語の resumere から来ていて、元来は「取り戻す」「回復する」「繰り返す」を意味するが、派生的に書物の最後で要約的にひとまとまりの形で本文の内容を「繰り返す」こと、つまり「要約する」ことを意味する。officiel は「公的な」「おおやけに認められた」という意味であるから、résumé officiele は、「市民社会」をおおやけに認められた形でひとまとまりにすることである。つまり「市民社会」は、それを構成する諸個人諸集団の無数の部分的相互行為の総和として、さまざまな自生的有機的関連を実践的に再生産しているだけでなく、構成員全体に認められ、受け入れられ、あるいは強要される形で、自覚的に「自己を総括」しもする。この自己総括過程が政治過程として分節化し、この自己総括形態が国家として分節化するのである。

このように書くと、国家の持つ支配や権力の側面を曖昧にする協調主義に聞こえるかもしれない。しかし、より展開された諸規定を、端初規定に無差別に混入させてきた没概念的態度こそが克服されねばならないのである。この端初規定が語っているのは、我々が現にその中で生活している「市民社会」の一定のあり方が、その総括過程としての政治過程のあり方を制約し、その「自己総括」の一定の形態としての国家を分節化せざるをえないということにほかならない。

たとえば先の『哲学の貧困』からの引用にあるとおり、もし「古い市民社会に代えて、諸階級とその敵対性を排除するような一つのアソシエーションをおく」ことになれば、この総括形態も当然変容し、「もはや本来の意味での政治権力は存在しないだろう。なぜならまさに政治権力とは市民社会における敵対性の公的総括だからだ」というのがマルクスの認識である。つまり国家権力や政治支配というものを、何かア・プリオリに前提してしまうのではなく、我々が常にすでにその内部で生活活動を営んでいる「市民社会」の一定のあり方が、権力と支配としての「総括形態」を必然化したり、逆に「本来の意味での政治権力は存在しない」状態にしたりする、と見る。あくまで端初規定を前提した上で、「市民社会」の分業構造や資本制という視点を導入するという、一層展開された論理的次元ではじめて、分業国家や階級国家は〈理論的に〉展開されるのである。そういう論理的順序を踏まえない論議は、結局のところ、条件的に規定されるべきものを前提から切り離し、まったく硬直して身動きの取れない国家論となってしまい、あれ〈も〉これ〈も〉という後追い的補足を必要とすることになるのではなかろうか。

「市民社会の自己総括」というマルクス国家論の端初規定との関連で、現代国家論にかかわる二つの重要な確認が可能となるのではないか。まず、グラムシの「市民社会（societa civile）」とマルクスの「市民社会」との異同の問題である。たとえば「能動的肯定的契機が、マルクスの場合は市民社会概念における構造的なもの（土台）であるのに反し、グラムシの市民社会は上部構造に属し、両者はこの根本において異なる[11]」というノルベルト・ボッビオの指摘に見られるようなマルクスとグラムシの対比は、マルクスの「市民社会」概念の概念的処理を欠いたまま、グラムシと外的に対比している点で、そしてまたマルクス国家論の端初規定についての概念的処理が依然まったく不在のままであるという点で、今日から見るときわめて不十分に思える。

「市民社会の自己総括」という端初規定は「市民社会」から「国家」が〈まさにそこで〉分節化する点、「国家」と「市民社会」の〈結節点〉であり、「国家」と「市民社会」の連続面と分離面の両面がともに確認される契機である。しかもこの端初規定は、分業国家や階級国家へと展開した後も、そのつど再生産されるのであって、消失するわけでもないのだ。「市民社会」は常に「自己総括」過程を契機として持っており、それが所与の条件の下で不断に政治過程や国家形態として分節化するのである。別の角度から見れば、「市民社会」は単に「総括」〈される〉客体ないし内容としてあるだけではなく、合意形成やヘゲモニーの争いに関わって、「総括」〈する〉主体でもあり、その限りで政治過程を含んでいるのである。分業国家や階級国家においては、この自己総括の契機は、「市民社会」の内部での指導集団や支配集団のヘゲモニーという形で、再生産されるだろう。

「国家は、ふつう、政治社会（あるいは独裁、あるいは所与の時代の生産様式と経済に従って人民大衆を順応させるための強制装置）として理解されていて、政治社会と市民社会（あるいは教会、組合、学校、等々のような、いわゆる私的機関を通じて行使されるところの、国民社会全体に対する社会的集団のヘゲモニー）との均衡としては理解されていません[12]」（一九三一年九月七日、タチャーナへの手紙）。

グラムシは、マルクスでは必ずしも明示的な展開を伴わなかった、そういった面を「市民社会」によって概念化しようとしたと思われる。マルクスとグラムシの「市民社会」概念は明らかに大きくずれているが、このようにマルクスの「市民社会」概念や国家の端初規定を概念的に整理することによって、両者の接点を見いだすことが十分可能になるのである。

もう一つ、現代の国家論との関連で重要な点は、国家の経済機能についてである。先に見たとおりマルクスは『経済学批判』プランで「国家という形態での市民社会の総括」という項目をあげている。マルクスでは経済と国家が「総括」関係に立つのであって、何か排中律で区分された関係のように理解されているわけでもない。国家や政治過程は、端初規定に自覚的に立脚すれば、社会の、したがって経済の「総括」に関わるのであるから、「総括」的経済機能、「総括」的経済組織の面が展開されねばならないのは当然なのである。国家は今日ますます経済組織としての比重を強めているが、しかしいわゆる自由主義期国家と言えども本質的に経済機能を有していたことは、ヒルシュら「唯物論的国家論」の詳述するところである。[13] このような経済国家の側面はマルクス国家論の混乱なのではまったくなく、むしろ逆に「最も有意義な」[14]側面なのである。なぜこれが奇妙にも混乱と映るのか。「国家」は「上部構造」だから「経済」を含まないなどというイメージに囚われているためだろうか。そこにもマルクス国家論の端初規定への反省の欠如があったのではないかというのが、我々の理解なのである。

[5] 表現国家

総括国家をもってマルクス国家論の端初規定とする場合、表現国家との関係が問題になる。先に引用したアンネンコフへの手紙に「市民社会の公的表現（l'expression officielle de la société civile）にほかならない政治国家」という表現があったが、マルクスの場合、この表現国家の事例は結構多い。

四三年九月のルーゲ宛て書簡で、すでに彼は「政治国家は〈公共事の相の下に〉というその形態において、総ての社会的な諸闘争、諸欲求、諸真理を表現しています」（MEW 1-345）と書いているし、『聖家族』でもフランス七月革命に言及しつつ、「ブルジョワジーは国家をむしろ彼らの排他的権力の公的表現（der offi-zielle Ausdruck）として、彼らの特殊利害の政治的承認として認識していた」（MEW 2-131）とある。『ドイチェ・イデオロギー』にも、「社会の諸個人がこれまで自分たちに全体表現（Gesamtausdruck）を与えた形態、つまり国家」（H-124）とか、「法とか法律とは、国家権力がその上に成立する、[法や法律とは]別の諸関係の徴候であり表現なのだ。……これら諸関係の下で支配している諸個人は、彼らの権力を国家として構成せねばならないのは言うに及ばず、これら特定の諸関係により制約された彼らの意志に国家意志としての、法律としての、普遍的表現を与えねばならない」（MEW 3-311）と書いている。

「表現」とは言うまでもなく、「別のあるもの」の「表現」なのである。つまり「国家」はそれ自身とは「別の諸関係」である「市民社会」の「表現」形態、ただし「全体表現」、「公的表現」、「普遍的表現」の形態なのである。「市民社会」は、したがってそれを構成する諸個人、諸集団は、単に自己（市民社会）を「総括」するだけではなく、自己を「全体的」「公的」「普遍的」に「表現」しもするということになる。政治行為は共同の表現行為であり、国家の諸機構は共同の表現物であり、諸法は共同の表現文である。ただしこの表現形態は、「市民社会」を構成する諸個人や諸集団が、自分たちを個性的なものとして表現したり（芸術作品など）、特殊的なものとして共同表現したり（家族や会社）する形態ではなく、「全体的」「公的」「普遍的」なものとして共同表現する形態なのである。この表現国家規定の場合も、「市民社会」が国家に〈固有の〉前提として立てられた上で、「市民社会」（の諸個人、諸集団）が自分たちに「全体表現」「公的表現」「普遍的表現」を共同で与える契機において、国家が「市民社会」から分節化してくる。

分業国家や階級国家の論理次元では、「市民社会」の特殊利害が共同利害として「表現」され、特殊意志は「国家意志」として「表現」され、社会的権力は公権力として「表現」され、「社会的諸闘争、諸欲求、諸真理」は「公共事の相の下に」「表現」されるのであって、その表現形態が国家として分節化するのであるから、この表現国家は後に見るように、幻想国家として展開する。しかし表現国家は〈即〉幻想国家なのではない。「公務」を分掌する個人や集団は自己に「普遍的表現」を与えねばならず、またマルクスの哲学第一モデルやハーバーマスの公共性論[15]にあるとおり、少なくとも共和制にあっては、市民は「公共空間」での「公共性」を尺度とする言論活動、コミュニケーション的行為を通して、おのれの私的特殊的なものを「浄化」し、自己を普遍的なものとして表現することが期待されるのである。市民社会の分業構造や階級分裂を前提にすると幻想国家へと展開するからといって、表現国家が端初規定として無意味だと考えるのも、間違っている。市民社会から国家が分節化するベクトルだけで考えず、国家を市民社会へと再吸収するという逆のベクトルでも考えなければならないのである。そこに市民社会と国家の結節点としての端初規定の特殊な意味を見ておかねばならない。

問題は総括国家とこの表現国家との関係である。筆者は、「全市民社会が自己を総括する」過程は「社会の諸個人が自分に全体表現を与える」過程を不可欠に含むが、さらにそれ以上の何かであると考える。「社会の公的総括」は、単なる表現関係を超えた実効性を要求する。実効的に総括しなければならない。したがって表現国家は総括国家の一契機であると理解するのが妥当ではあるまいか[16]。

[6]　上部構造国家

さて、マルクス国家論の端初規定についての我々の理解を一応整理したので、「生産諸関係の総体が社会の経済構造を、つまりその上に法的政治的上部構造がそびえ立つ実在的土台を形成する」(MEW 13-8)という、例の上部構造国家に一言触れておこう。私の理解では、この上部構造国家とは、市民社会――その経済構造のあり方が、その「社会的編成」や「精神的諸要素」のあり方を制約しているのだが――のあり方が、この社会の「自己総括」形態を分節化し、「自己総括」過程やその形態のあり方を制約するという、この制約関係を、イメージ的非概念的に表現したものにすぎない。この建築物との比喩は、「土台」が隠れているのに対して「上部構造」が「そびえ立つ」という、直接的意識に対する社会関係の転倒的現れを特徴づける点ではある種の有効性をもつが、両者の空間的相互分離やスタティックな関係をイメージさせるという意味では大変まずい。しかも「社会的編成」や「精神的諸要素」がこの比喩では消えてしまっているのである。実際は、市民社会がダイナミックに変動し、敵対的であれ調整的であれ諸勢力があれこれの理念を掲げて自己総括過程に参画し、自己総括の形態を分節化したり、転変させたりもし、またその分節化や転変により市民社会自身も反照的に制約されつつ、自己を再生産していくのである。フランス第二帝政の成立を扱った『ルイ・ボナパルトのブリューメール一八日』(一八五二年)と上部構造国家とを比較すると、こういう比喩によってマルクス国家論を理解することの危険がよく了解できるだろう。

しかしいずれにせよ、マルクスが上部構造国家を語ったのは、概念的展開としてでなく、単にイメージとして

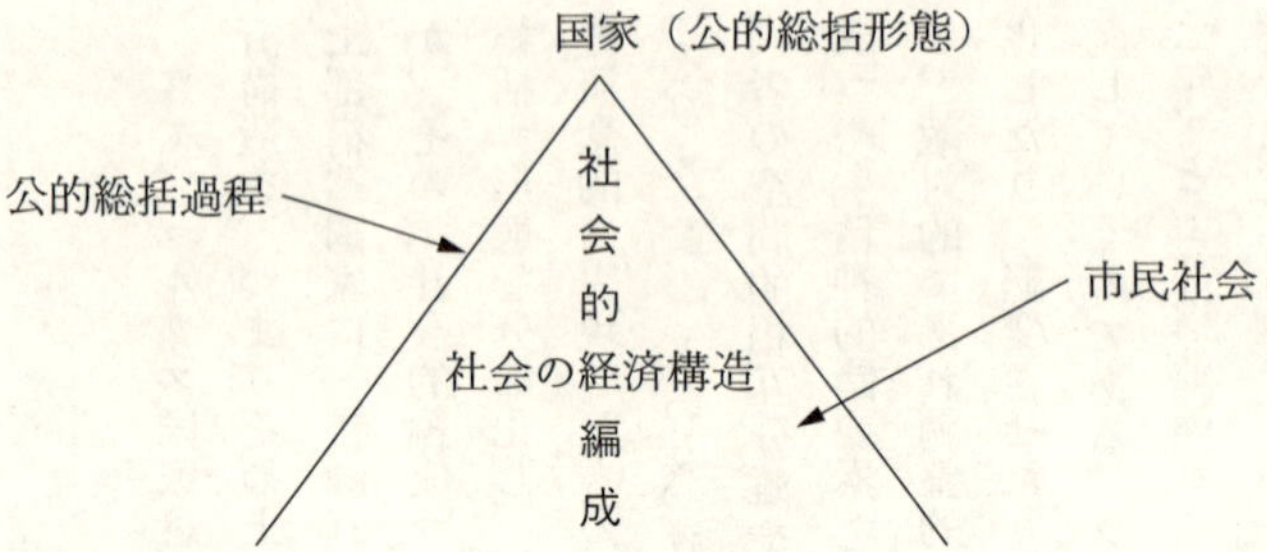

であったにすぎない。ところがというか、だからこそというか、この上部構造国家規定が最も有名になってしまったのである。なぜなら市民社会の特定のあり方からその自己総括のあり方を展開するという、真剣な経験的観察や概念的媒介という、最も難しい仕事を節約してくれるからである。

上図のとおり、マルクス経済論（経済学批判）は我々が現に営んでいる生活諸関係の総体である「市民社会」を「社会の経済構造」へと批判的に反省するのであり、国家論（政治学批判）は「市民社会」を「社会の公的総括」へと批判的に反省するのである。「市民社会」は「社会の経済構造」に還元されるのではなく、「社会的編成」という独自の審級を含むのであり、また「精神的諸要素」を含むのである。これらなしには現実の政治過程（公的総括過程）をとらええないことは明瞭である。

［7］ 分業国家

マルクスが「市民社会」に「解剖学」的メスを入れた際、「市民社会」は商品関係と資本関係、つまり分業／交換関係と物件的支配関係という重層性において現れた。そこでマルクス国家論の端初規定を展開する次の一歩は、「市民社会」の分業構造に着目しつつ、それに制約されて「社会の総括形態」が分業国家として立ち現れる次元にかかわる。

『ドイチェ・イデオロギー』には次のような文章がある。

「まさに特殊利害と共同利害とのこの矛盾から、共同利害は国家として自立的な姿態を取る。現実の個別諸利害や総利害から分離して。しかも同時に幻想的共同社会性として」（H-35）。

この文は基底稿の次の文章に後から書き込まれたものである。

「さらに分業と同時に個々の個人または個々の家族の利害と、相互に交通しあっている総ての諸個人の共同利害との間に矛盾が存在した。しかもこの共同利害は何か単に表象の中で「普遍者」としてあるのではなく、まずは現実に、労働を分割しあっている諸個人の相互依存性として実存しているのである」（H-34）。

これらはともにエンゲルス筆跡文（エンゲルスのオリジナルとは限らない）であるが、マルクスもこの箇所で次の書き込みをしている。

「まさに諸個人は単に彼らの特殊な——彼らにとっては［彼らの意識では］彼らの共同利害と合致しない——利害しか追求しないので、共同利害は彼らにとって「疎遠な」、彼らから「独立な」利害として、それ自身が再び特殊で独特の「普遍」利害として通用させられる」（H-35, 37）。

分業の進展とともに諸個人の関心は個別利害へと汲み尽くされる。そのために「労働を分割しあっている諸個人の相互依存性」という「共同利害」の面は諸個人に対し隠れてしまっており、あるいは外的で強制的で物件的なものとしてしか現象しなくなっている。だからちょうど商品の生産と交換という分業において、人と人との関係が物と物との関係として物件化して現象するように、あるいは経済的諸均衡が恐慌や競争の「強制法則」を介してしか実現しないように、「全市民社会が自己を総括する」場合も、この「総括」過程は、市民相互の自覚的総括関係としてではなく、自立的総括体としての国家に対する諸個人の服属関係として現象することになる。つまり、人と人との関係が人と自立的国家との関係として現象する。すなわちこの総括は、不可避的に職業的政治家や官僚によって分業的に担われ、さらには分業国家それ自身も立法機構、行政機構、司法機構、警察機構、軍事機構など内部にきわめて複雑な分業的編成を分節化させるという形で、「国家として自立的姿態を取る」ことになるのである。

ところが、この総括過程を分業的に担い、「全体表現」を分業的に遂行する諸個人、諸集団が体現する「共同利害」は、「それ自身が再び特殊で独特の「普遍」利害」にほかならない。なぜならこれら国家要員もまた、他の一般市民と同様、あくまで「なりわい（Nahrungszweige 食糧の枝）」として、分業の一環として、つまりは自分たちの「特殊利害」の実現行為として、「社会の公的総括」を排他的に営んでいるのだから。分業関係一般から権力関係が分節化してくるのは、まさにこのように「共同利害」の恒常的排他的分業の成立によるのである。つまり、分業関係が共同機能をも包摂することによって分業関係は権力関係を分節化するのである。

読者は『資本論』の価値形態論の第二形態から第三形態への移行を想起されたい。あの「商品世界」の中で某商品が「普遍的等価物」という「役割を演ずる」機能を分業的排他的に獲得するやいなや、貨幣支配の成立という形態で「商品世界」が「商品世界」としてはじめて「総括」されたわけである。

「商品世界の内部で普遍的な等価物の役割を演ずるというのがその特殊な社会的機能となり、したがってその社会的独占となる。この諸商品の中の特権的地位を、……ある特定の商品、つまり金が歴史的に獲得したのである」（MEW 23-83/84）。

歴史上の個々の国家において誰がこの「特権的地位」を獲得したかは「歴史的」な問題であって、ここではまったく問題にならないが、「市民社会」からその総括形態である「国家」が分節化するということ、またこの分節化は分業一般からの支配関係の分節化にほかならないということをはっきりと確認しておかねばならない。

加藤哲郎が「階級関係」だけでなく「公民関係」〈も〉と主張する問題は[17]、マルクスに即して言えば、この分業国家次元をどう位置づけるかに関わっているだろう。なぜなら階級国家や階級支配の道具として展開される道具国家を絶対化すると、この分業国家次元は独自性を失い、「公民関係」は事実上、階級支配を覆い隠すという仮象（Schein）の論理だけで片付けられてしまう結果になるからである。しかし、階級国家といえども分業国家でなくなるわけではない。たとえば『ドイチェ・イデオロギー』にはこうある。

「分業は、……いまや支配階級の内部でも、精神的労働と物質的労働の分業として現れ、その結果、この階級の内部で、一部はこの階級の思想家として立ち現れ（この階級の自己自身に関する幻想の形成を主な生業とする、能動的で概念構成的なイデオローグたち）、一方、他の部分はこの思想や幻想に対してより受動的、受容的に振る舞う。彼らは現実にこの階級の成員であって、自己自身に対する幻想や思想をつくる時間がないからである。のみならず、この階級の内部で、この分岐は両者の一定の対立や敵対へと展開することもありうる。だが、その階級自身が危険となるような実践的葛藤に際しては、どんな時も、この対立や敵対はおのずと消滅する。支配する思想が、支配する階級の思想ではないかのような、そして支配する思想が、支配する階級の力と区別されるような力を持っているかのような仮象も消滅するからである」（H-66）。

市民社会を総括し、自分たちに「公的表現」「普遍的表現」を与える営みは、支配的階級の内部でも分業的に営まれるのである。つまり階級国家は総括国家や表現国家と同じように、分業国家をも契機として自分の内部に包摂しているのである。

分業国家の独自性の否定ないし過小評価は、明らかに新旧スターリニズム体制の下での党・官僚支配の正当化とも結びついていた。なぜなら「社会」に、つまり国家機構（党を含む）の外部に、敵対的階級矛盾がない以上、「道具」としての国家に、独自の支配を認めるのはマルクス主義からの逸脱だという詭弁がまかり通ったからである。

公的機能を分業的に独占する国家の自立性は、階級国家の次元では、個別資本に対する「総括」された資本の利害の独自性、諸分派に対するブルジョワ階級総体の利害の独自性、諸階級諸勢力間の力の一時的均衡、指導階級としてのヘゲモニー機能などにより、再生産の独自的基盤を持つが、しかしまずは分業国家の論理でこれをとらえなければならないと筆者は考える。

逆の面で言えば、社会的権力として資本を把握する場合も、マルクスにおいては、単に所有・領有関係視点だけではなく、共同機能の分業的独占という分業論的権力把握の側面を不可欠の視点として持っている点にも注目すべきであろう。周知のとおり、マルクスは「資本による労働の実質的包摂」を論じつつ、次のように書いているのである。

「彼ら賃金労働者たちの諸機能の関連づけも、生産体全体としての彼らの統一も、彼らの外部に、彼らを集めて束ねる資本の中にある。彼らの諸労働の関連づけは、したがって、観念的には資本家のプランとして、実践的には資本家の権威として、彼らの行為をおのれの目的に服属させんとする他者の意志の権力として、彼らに対峙するのである」（MEW 23-351）。

国家を「権力関係の凝集」として理解するプーランツァス[18]のように、権力関係を公権力関係に限定しないで社会的諸権力の多様な形態を直視し、そのうえで「権力関係の凝集」としての国家を概念把握しようとする姿勢は、マルクス国家論の端初規定である「総括」国家に自覚的に立脚する限り、けっしてマルクスに外在的ではないと思われるが、こういった多様な社会的権力諸形態の概念把握のためにも、分業論的権力論の独自的意義は見失われてはならないだろう。

「官民関係」であれ経営権力であれ何であれ、このような分業論的権力関係の民主主義的な（ただしリベラル・デモクラシーの意味ではなく、デーモスの自己統治の意味の）、あるいはアソシエーション的な方向への前進というマルクスの解放論的展望の中心には、「機能の流動」（MEW 23-511）という基本イメージがある。全員が同一のことを同時に行うべきだというのではなく、指揮機能や共同機能のそのつどの機能的分業は存在し続けるにせよ、それらは特定の諸個人諸集団によって排他的恒常的に担われるのではなく、諸個人の「次々交替する活動様式」の一つとして担われるにすぎぬような「機能の流動」を確保しなければならない。また、そうしうるだけの社会的自己総括能力、自己統治能力を各人各集団が展開しなければならないのである。

［8］幻想国家

ところで分業国家についての『ドイチェ・イデオロギー』の叙述には、国家を「幻想的共同社会性（die illusorische Gemeinschaftlichkeit）」と規定する幻想国家規定が含まれている。

「まさに特殊利害と共同利害とのこの矛盾から、共同利害は国家として自立的な姿態を取る。現実の個別諸利害や総利害から分離して。しかも同時に幻想的共同社会性として」（H-35）。

廣松渉が推定するとおり[19]、この文の傍線部は、エンゲルスがマルクスの次の書き込みを受けて、再書き込みしたものと思われる。

「他方でその場合、共同的諸利害や幻想的に共同的な諸利害に不断に対立するこの特殊諸利害間の実践的闘争も、国家としての幻想的「普遍」利害による仲裁と制御を必要とする」（H-37）。

マルクスやエンゲルスがここで分業国家を「幻想的共同社会性」と規定するのは、先に見たとおり、「共同利害」の固定的排他的分業において、すでに分業一般から権力関係が分節化してしまっており、分掌されている「共同利害」そのものが、これら共同機能を独占する諸個人・諸集団の「特殊利害」を実現する形式に転じてしまっているからである。成員たちの〈直接的意識には〉共同利害の体現として現象し、したがって彼らがその中に自分たちを「全体表現」し続け、その中にある種の共同社会を幻視しているこの総括体は、〈我々の反省においては〉すでに一つの「自立的姿態を取った」権力にほかならないのである。

この「幻想的共同社会性」としての国家については「共同社会の代用品（Surrogaten der Gemeinschaft）」（H-120）と、まるでフロイトの幻想論を思わせるような表現もなされていて興味深い。幻想国家は「全市民社会の自己総括」を、このように当該諸個人の共同社会意識において、しかもこの意識がはらむ転倒構造においてつかんだものであり、政治過程において果たす情念やイデオロギーの意味を我々に反省させる貴重な視点である。しかし、マルクスは国家を単に「幻想的共同社会」として〈しか〉見なかった、とか、マルクスは国家の「本質」を「幻想的共同社会」として見た、という類いのよく見かける議論は、マルクス国家論の概念的全体連環の中で幻想国家が占める位置についての反省を欠いた、いわばつまみ食いの議論にとどまると思われる。

［9］　自由主義国家

分業国家をその機能面から見ると、その根幹は分業システムそのものを、つまり「労働を分割しあっている諸個人の相互依存性」を、ある均衡幅の内部で、社会的に再生産できるよう、一般的な（つまり個々の生産者の関心と力の外部にある）諸条件を確保することにある。ここでは分業国家のこれら諸機能のうち、自由主義国家のみを扱うことにするが、マルクスの自由主義国家論は『資本論』第一巻第二章冒頭の周知の命題で表現されている。

「これらの物を商品として相互に関係づけるためには、商品の番人たちは、その意志がそれらの物の中に宿っているところの人格として相互に振る舞いあわねばならず、したがって一方は他方の意志と一緒にだけ、だから各人は両者に共通の意志行為を介してのみ、自分の商品を手放すことによって他人の商品を手に入れるのである。彼らはしたがって相互に商品所有者として承認しあわねばならない。契約という形式をとる法関係は、それが法律的に発展していようがいるまいが、そこに経済的関係が反映している意志関係なのである」（MEW 23-99）。

また次の周知の一文も想起されたい。

「循環ないし商品交換の圏域——その制約の内部で労働力の買いや売りが運動するのだが——は、実際、天賦の人権の真のエデンであった。この圏域で唯一支配しているのは、自由、平等、所有、そしてベンサムである。自由！ なぜならある商品――たとえば労働力商品――の買い手と売り手は、彼らの自由な意志によってのみ規定されているからである。彼らは自由で法的に対等な人格として取引する。契約は彼らの意志がそこで共同の表現を与えられる最終結果である。平等！ なぜなら彼らは商品所持者としてのみ互いに関係しあい、等価物と等価物とを交換するからである。所有！ なぜなら各人は彼のものしか処分しないからである。ベンサム！ なぜなら両者の各々にとっては自分のことだけが問題なのだから」（MEW 23-189）。

分業国家は、私的所有者としての人格の相互承認と平等、各人の所有物に対する各人の処分の自由、したがってまた生産や交換の自由、そして契約という共同意志による各人の拘束、こういった分業社会のあり方を、法の形式で「普遍的に表現」し、公的に認知し、またその実効性の保障としての権力を備えるのである。これがロックの『政府二論』などで展開された自由主義国家論に対する、つまり自由、平等、所有、ベンサムという「天賦の人権の真のエデン」に対する、マルクス国家論の基本的位置づけである。

ただここでも、この自由主義国家を独自的次元として見ず、労働力売買に基づく搾取と支配を、あたかも自由で平等な交換当事者間の公正な交換行為として現象させるという「仮象」の論理でだけ理解してはならない。この「仮象」は本来、階級国家次元に属するのである。つまり商品関係が労働力をつかむことによって、またW（商品）とG（貨幣）との無際限の交替的連鎖である経済行為において、規定的動機がW―G―WからG―W―Gへと逆転することによって、商品関係一般から資本関係が分節化するのであるが、まさにこの分節化によって、自由主義国家の〈位置〉が、したがってまたその〈意味〉が構造的変化をこうむるのであって、そこをマルクスは「仮象」の論理でつかもうとする。

しかし自由主義国家は階級国家を覆い隠す「仮象」として問題にされる〈前に〉、あくまでそれ自身の論理的次元においてその問題性を問われるべきである。レーリッヒ『マルクスと唯物論的国家理論』第三部第二章「交換社会における国家」もこの点の区別がなされていない。[20] ただし言うまでもなく、歴史上のいわゆる自由主義期国家が階級国家でなかったと筆者は言っているのではない。ここではあくまで現に我々が入り込んでいる国家関係の論理的諸次元を論じているにすぎない。

とりわけ今日的関心で見ても大いに注目さるべきは、自由主義国家が自由や平等の下に規範化し権力で保障する人格のあり方が、マルクスの理解ではすでに「物件化（Versachalichung）」の地平にあるということである。相互に独立に（しかし自生的に社会的分業の一環として）営まれる私的諸労働は、その生産物である物件の交換の〈場〉においてはじめて、その私的諸労働の社会的性格（社会的総労働のあれこれの可除部分を含むという性格）を、交換的に獲得した物件や貨幣の一定量として、生産当事者に〈対して〉あらわにするのである。

「だから生産者たちにとっては彼らの私的諸労働の社会的諸関係は……彼らの労働自身における直接社会的な諸人格の諸関係としてではなく、むしろ諸人格の物件的諸関係、諸物件の社会的諸関係として現象する」（MEW 23-87）。

各種の法哲学が示すとおり、人格（Person）は物件（Sache）の所有・交換主体として、物件と不可分同時に定義され、この人格の意志は物件に「汲みつくされた（erschöpft）」あり方をしているのである。ヘーゲル風に表現すると「人格的意志は抽象的であり、外面的物件の中に汲み尽くされている。そして逆に、人格的意志は単に外面的であって、具体的な精神的意志ではないのだ」（『法の哲学』九四節補遺）。だから自由主義国家の諸規範が、ただちにアソシエーション型の未来社会を基礎づけるという見方も、没概念性の典型的特質を示しているのである。

[10] 階級国家

我々はやっとここで階級国家を論じうる地点に立った。つまり、階級国家は、少なくとも以上のような概念的展開を前提にして、はじめて内在的に語られうるのである。ただし、現実の政治過程や国家形態を論じるには、まだまだ前途遼遠であり、階級国家も、現代国家を論じるためのすべてでなく、基本契機の一つにすぎないのであるが。

『ドイチェ・イデオロギー』にはこうある。

「ブルジョワジーは一つの階級であって、もはや身分ではないので、もはや地方的でなく、ナショナルに自己を組織し、その平均利害に普遍的形式を与えることを強いられていた。共同体からの私的所有の解放を通して、国家は市民社会に並び立ち、市民社会の外部にある特殊な実存となった。だがこの国家は、ブルジョワたちが、対外的にも対内的にも、彼らの所有や彼らの利害の相互の保障のために必然的に身を委ねる組織形態以外の何物でもない。国家の自立性は今日では、身分が階級へと完全には展開していないような、先進的諸国においては除去された身分がなおもある役割を演じ、混交があるような、したがってそこでは住民のどの一部もそれ以外の部分に対する支配にまで至りえていないような、そういう諸国においてのみ見られる。とりわけドイツの場合がそうである。近代国家のもっとも完全な実例は北アメリカである。……国家は、支配する階級の諸個人が、その中で彼らの共通の利害を通用させ（geltend machen）、ある時代の市民社会全体を総括する形態であるから、総ての共通の諸制度は国家により媒介され、政治的形式をとるということになる」（H-146, 148）。

つまり社会の公的総括形態である国家が、同時に市民社会において支配する階級の「対外的にも対内的にも、彼らの所有や彼らの利害の相互の保障のために必然的に身を委ねる組織形態」として、「支配する階級の諸個人の、その中で彼らの共通の利害を通用させる形態」として、編成されている限りでは階級国家なのである。しかしこの表面的規定だけからは彼の階級国家論の歴史的意味はとらえきれない。本来は国家の生成史のレベルで論じられるべきことであろうが、ここで若干の確認をしておこう。

階級国家は身分国家との区別で見られた国家である。「身分（Stand）」というものは国家により付与または制限された権限（特権）に基づいている。だから身分が支配的秩序をなすのは、市民社会と国家の近代的分離以前の事態である。ところが「階級（Klasse）」の分化や支配は、身分を離れて、形式から見れば自由で平等な諸人格が、社会の中で営む経済行為の反復の結果として生じる。だから階級国家は身分国家と異なり、市民社会と国家の近代的分離を前提にしてはじめて成立するのであるが、同時に市民社会の支配的階級が「その中で彼らの共通の利害を通用させる形態」として国家を、つまり社会の公的総括形態を、機能させ掌握し再編成させた結果なのであり、市民社会の側から、支配的階級に有利に、国家と市民社会の相互分離を再び揚棄しようとする形態なのである。

ただし市民社会で支配する階級は、最初から直接政治権力を掌握するのでも、常に直接政治権力を掌握するのでもない。最初はむしろ、絶対君主制の形態で成立した主権国家を、市民社会における自分たちの支配の条件を普遍化し再生産するための「武器（weapon）」（MEGA² I-22-137）「道具（means）」（Ibid., 139）として機能させることから始まる。その後も、内外の政治的危機との関連で、ブルジョワ階級の機関として機能しない政治権力も出現する。たとえば『フランスの内乱』（一八七一年）でマルクスは、近代フランスにおける国家の転変史を次のように描いている。

絶対君主制という形で「中央集権化された国家権力」が始まる。それは生まれつつある「中間階級社会」にとって、封建制と闘う「強力な武器」として役立った。第一次フランス革命は、この「中央集権化された国家権力」の展開を妨げていた遺物を一掃し、第一帝政期に「近代的な国家上部構造」ができあがる。帝政崩壊後、政府は議会のコントロールのもとに置かれる形で、所有諸階級の「直接のコントロール」のもとに置かれたが、「支配諸階級の相争う諸分派（rival fractios）」へと分岐する。しかしこの間、近代工業の展開に伴い、資本と労働の階級的敵対が強まるなど「社会の経済的変化」が生じた結果、「国家権力はますます、労働に対する資本の全国的な権力、社会的奴隷化のために組織された公権力、「階級専制の一機関（an engine of class despotism）」」という性格を帯び始める。一八三〇年の革命で「政府は地主から資本家へと移転」し、四八年の二月革命の攻防の中で「秩序党」を中心とする「議会的共和制」が出現するが、これは「支配する階級の諸分派」の分岐を最小限に食い止める制度であった。しかし労働者反乱に対する鎮圧行動の中で、ルイ・ナポレオンの執行権力は抑圧権力をますます蓄積し、ついにはクーデターで「国民議会」自身をも解体することになる。第二帝政は「国民を統治する能力を、ブルジョワジーがすでに失い、労働階級がまだ獲得していない時代において可能な唯一の政府形態」であった。ところが第二帝政のもとで「ブルジョワ社会は政治的面倒（political care）から解放され」、誰にも予想されなかったほどの商工業の巨大な発展が見られることになるのである（MEGA² I-22-137～139）。

このあと普仏戦争で第二帝政が吹っ飛び、一八七一年のパリ・コミューンの敗北を経て、やっとフランスに共和制が定着するのであるが、このようなマルクスの叙述を見ると、彼の階級国家論の意図が、社会の公的総括をめぐる諸勢力の攻防や総括形態の転変史を、一方で総括過程そのもののもつ固有の構造の内部で追跡しつつも、同時に市民社会における資本制の展開と未展開という基本制約条件から、それら転変史の全体的意味を解読しようとするものであったと言えるだろう。市民社会自身が、その経済構造や社会的編成においてダイナミックに変容していく以上、社会の自覚的な公的総括過程や公的総括形態も変容を迫られるのであるが、両者は自動的には調整されず、亀裂や闘争は避けがたい。階級国家も土台と上部構造のような静態的なあり方で見られているのではなく、こういうダイナミズムの中で登場したり退場したりするのである。

第9章　註

（1）加藤哲郎「レーニン神話の解体、そしてどこへ?」『月刊フォーラム』社会評論社、一九九二年一一月号。
（2）大藪龍介『現代の国家論』世界書院、一九八九年、第一章参照。
（3）ソ連邦科学アカデミー国家・法研究所編『国家・法の一般理論』藤田勇監訳、日本評論社、一九七三年、上二一六頁。
（4）たとえば、プーランツァス『国家・権力・社会主義』原著一九七八年、田中正人・柳内隆訳、ユニテ、一九八四年、六頁以下参照。
（5）論理的「端初」と歴史的「端初」の関係についての理解のズレは、マルクスの『資本論』をめぐるエンゲルスとマルクスの手紙交換（たとえば一八六七年六月の手紙交換）にうかがわれる。

(6) J・ヒルシュ「唯物論的国家理論の諸要素」、C・V・ブラウンミュールほか『資本と国家――唯物論的国家論の諸問題』原著一九七三年、田口富久治ほか訳、御茶の水書房、一九八三年、第四章。

(7) たとえば、大藪、前掲書、二二六頁以下参照。

(8) 念のために確認しておくと、盟友エンゲルスの論争書『反デューリング論』(一八七八年)でも総括国家規定がでてくる。「国家は全社会の公的代表者であり、目に見える団体の姿でのその[全社会の]総括であった。だが国家がそのようなものであったのは、ただ、国家が、それぞれの時代に全社会を代表する階級の国家である限りであった」(MEW 20-261)。過去の事例の想起による訴えというエンゲルスの論争の特徴は気になるが、しかしここでも国家は「目に見える団体の姿でのその[全社会の]総括」として把握されており、少なくとも総括国家規定が、エンゲルスにおいても基本規定として自覚的無自覚的に用いられていたことを示すものである。

(9) 田畑稔「市民社会」『マルクス・カテゴリー事典』青木書店、一九九八年、参照。

(10) M・リーデル『市民社会の概念史』原著一九七九年、河上倫逸ほか訳、以文社、一九九〇年。

(11) 竹村英輔『グラムシの思想』青木書店、一九七五年、一四六頁参照。

(12) グラムシ『獄中からの手紙』上杉聡彦訳、合同出版、一九七八年、一五〇頁。

(13) 前掲『資本と国家』第四章など。

(14) Wilfried Röhrich, *Marx und die Materialistische Staatstheorie*, Darmstadt, 1980, S.56.

(15) ハーバーマス『公共性の構造転換』初版一九六一年、細谷貞雄訳、未來社、一九七三年、第二版一九九〇年、細谷貞雄・山田正行訳、同、一九九四年、参照。

(16) マルクスの表現国家論に着目したのは吉本隆明のすぐれた視点であった。「特に表現の問題でいえば、政治的表現もあり、思想的表現もあり、芸術的表現もあるというふうに、個々ばらばらに見ていた問題がだいたい統一的に見えるようになったということがあると思うんです。その統一する視点は何かと言いますと、すべて基本的には幻想領域だと思うんです」(『共同幻想論』初版一九六八年、角川文庫版、二四頁)。ただし、筆者は表現国家と幻想国家は概念的展開において異なる位置をもつと考える。

(17) 加藤哲郎『国家論のルネサンス』青木書店、一九八六年、八六頁など。

(18) プーランツァス、前掲書、第二章。

（19） 廣松渉『唯物史観と国家論』講談社学術文庫、一九八九年、三七頁。
（20） Wilfried Röhrich, ibid., S.62ff.

補論 1
［エンゲルス］

エンゲルスによる「哲学の根本問題」導入の経緯

シュタルケとエンゲルスの『フォイエルバッハ論』

「総ての哲学の，とくに近代の哲学の大きな根本問題は，思考と存在の関係に関する問題である．……根源的なものは何か，精神か自然か，この問題にどう答えるかによって，哲学者たちは二大陣営に分裂した．」
（エンゲルス『フォイエルバッハ論』1886年，マルクスの死の3年後）

章扉写真＝1888年のエンゲルス
（出典） *Der Bund der Kommunisten: Dokumente und Materialien, Band 3*, Dietz Verlag, Berlin. 1984.

エンゲルス（一八二〇―九五）はマルクスの死の三年後、一八八六年の初めに、『ルートゥヴィッヒ・フォイエルバッハとドイツ古典哲学の終焉』を書き、カウツキー（一八五四―一九三八）が編集する『ディー・ノイエ・ツァイト』の同年第四号に第一、第二節を、第五号に第三、第四節を掲載した。二年後の一八八八年、彼はこの論文に若干の修正を加え、前書きをつけ、またマルクスの覚書「フォイエルバッハに関するテーゼ」を、加筆の上で付録につけて、ディーツ社から単行本として出した。(1)

『フォイエルバッハ論』は、シュタルケ（一八五八―一九二六）の『フォイエルバッハ論』の論評という形式を取りながら、彼がマルクスとともに構築した「我々の見解（unsere Auffassung）」（MEW 21-263）と、ヘーゲル（一七七〇―一八三一）およびフォイエルバッハ（一八〇四―七二）との関係を、またそれを通して哲学一般との関係を、概括的に叙述しようとして書かれた。もしマルクスがこのテーマで論文を書くとしたら、どれほどの日時と文献、ノートを費やすだろうと想像すると、そしておそらく論文は完成を見なかったであろうことを考えると、エンゲルス独特の大胆さと通俗的叙述の能力に驚かされるだろう。たしかにエンゲルスはマルクスがこの問題で書き残した諸断片に、外見からは想像できないが、相当の神経を使っていて、それがこの論文の論理的一貫性をあちこちで寸断している。にもかかわらずこの論文を通して、マルクス死後の現実の中にエンゲルスが占めている一定の政治的ポジションから、マルクスが解釈され、総括され、つまりは取捨選択された。その意味でこの論文は「マルクス主義」の最初期の基本文献を構成するのである。

この論文がいわゆる「マルクス主義哲学」のその後の展開に与えた影響の大きさは周知のところである。とりわけ、ここで初めてエンゲルスは「哲学の根本問題」という視点を導入した。この導入が「マルクス主義哲学」にとってもっていた意味がどのようなものであったか、念のため大月全集版の原本となった Marx-Engels Werke の「ソ連共産党マルクス＝レーニン主義研究所」による「序言」から引用しておこう。

「エンゲルスは……哲学の歴史全体の最重要な特殊性が二つの主要方向――唯物論と観念論――の間の闘争にあることを証示した。彼は初めて（erstmalig）、哲学の根本問題――存在に対する思考の関係の問題、自然に対する精神の関係の問題――の古典的定義を与えた。……エンゲルスの偉大な貢献は、さまざまな哲学潮流間の闘争の歴史を手引きとして、イデオロギー領域における諸階級や諸党派の闘争がどのようになされたかを示すことによって、哲学の党派性（Parteilichkeit der Philosophie）を基礎づけたということである」（MEW 21-XII～XIII）。

ところが、これほど重要視されていたわりには、エンゲルスとシュタルケとを対比するという、最小限の作業すらなされていないというのはどういうことなのか。エンゲルスが『フォイエルバッハ論』を執筆した際に、実はフォイエルバッハを直接読んだ形跡がなく[2]、シュタルケに全面依存していることを考え合わすと、ますますもって初歩的手続きの欠如を感じる。

周知のとおり、エンゲルスは第二節冒頭で「総ての哲学の、とりわけ近代の哲学の大きな根本問題（Grundfrage）は思考と存在の関係についての問題である」（MEW 21-274）と切り出し、自説を展開した後で、「したがってシュタルケがフォイエルバッハについての彼の特徴づけに際して、まずは思考と存在の関係に関するこの根本問題へのフォイエルバッハの立場を研究しているのは、よく理解できる」（MEW 21-277）と書いている。これだけを読むと、あたかもエンゲルスはとうの昔から「哲学の根本問題」を了解していたかのような印象を受けるが、順序としてはまったく逆なのであって、シュタルケを読んだ上で、それに示唆されて、「哲学の根本問題」という視点の導入を図ったと考えるべきだろう。この事実を確認しただけでも、二つの『フォイエルバッハ論』をきちんと対照することの不可欠さが了解される。

［1］ シュタルケ『フォイエルバッハ論』の構成

エンゲルスが論評したシュタルケ（Carl Nikolaus Starcke, 以下とりあえずドイツ語読みでシュタルケと表記する）の『ルートゥヴィッヒ・フォイエルバッハ』（C. N. Starcke, *Ludwig Feuerbach*, Verlag von F. Enke, Stuttgart, 1885.）は、一八八五年にドイツ語で出版されたものである。[3] その二年前の一八八三年に、シュタルケはコペンハーゲン大学での博士論文『ルートゥヴィッヒ・フォイエルバッハ』をデンマーク語で公刊していた。ドイツ語版は、のちのフォイエルバッハ全集編纂者で、ヘルシンキ大学教授であったヴィルヘルム・ボーリン（一八三五―一九二四）の強い勧めで出版されたもので、シュタルケはその際、大幅な書き直しを行っている（S.XVII）。シュタルケのドイツ語版『フォイエルバッハ論』の目次は次のとおりである[4]（［ ］内は田畑の補足）。

序言（S-V～XVII）［時代と生涯］

序論（S-1～20）［近代哲学の根本問題］

フォイエルバッハの哲学

A. 形而上学（S-21～167）

第一期　一八二八～一八三七

（一）学位論文。死と不死に関する諸思想。アベラールとエロイーズ

（二）ベーコン。反ヘーゲルおよび近代の偽キリスト教の批判

（三）ライプニッツ

第二期　一八三八～一八四三

（一）ピエール・ベイル

（二）哲学とキリスト教。キリスト教の本質

（三）暫定的諸テーゼ。哲学の根本命題。身体と心の二元論に抗して

第三期　一八四四～一八七二

［ルター論。唯心論と唯物論］

B. 宗教哲学（S-168～230）

（一）ピエール・ベイル（一八三八）

（二）キリスト教の本質（一八四一）

（三）宗教の本質（一八四五）

（四）神統記（一八五七）

C．倫理学（S.231～288）

（一）序論的注釈

（二）決定論

（三）倫理的原理、同一性

（四）良心

（一）結論

これを見るとただちにわかるように、エンゲルス『フォイエルバッハ論』の第一節はシュタルケの「序言」を頭に置いたものであり、第二節ではシュタルケの「序論」と「A．形而上学」を、第三節ではシュタルケの「B．宗教哲学」と「C．倫理学」とを扱っているのである。

［2］　フォイエルバッハの歴史的位置づけ

「序言（Vorrede）」でシュタルケは、フォイエルバッハの時代と生涯についての簡単なスケッチを行っている。

一八世紀は「心臓において実在論的（realistisch）な時代」であった。有能で市民的で職人的な者が主要な役割を演じ、エゴイズムがモラルの原理とされた。これに対抗してルソーが「感情」という形式で「イデアール」の復活に言葉を与えたが、「感情」は無規定で、制約を忌避するために、一七八九年革命でも、一八四八年革命でも、「イデアール」は挫折を余儀なくされた。その結果「彼らは現実を尊重することを学んだ。そしてただこの現実尊重という点にのみ、我々の時代の実在論の本質があるのだ。しかし全体の基礎、下部構造は、それにもかかわらず観念論（Idealismus）であり続けている。実在論は、我々が我々のイデアールな流れに従う際に迷路に入り込まないための防御以上のものではない。共苦（Mitleid）、愛、真理への感激、そして法、これらはイデアールな力ではないのか」（S-VI）。

フォイエルバッハの思想史的位置は、このような構図の中で限定される。「我々の時代の実在論的なものは外皮、手段となり、これに対して核は観念論的となる。まさにフォイエルバッハこそは、実在論のコートを着たこの観念論的な時代へ向けての、オリジナルな設計図なのである」（S-VI）。だから、フォイエルバッハと唯物論を区別することが、彼の『フォイエルバッハ論』の重要なテーマとなってくる。

「哲学史における唯物論の意義は、不断に意識を覚醒させ続け、現実的神と現実的世界とが同時に存在しうるということの不可能性に注意を促す点にある」が、しかし、ではこの「現実的世界」とは何かという点で、「フォイエルバッハは唯物論者以上のものである」（S-XVI）。「唯物論者」は「イデアールな諸力」を「粗野な実在性のもとで投げ捨て」てしまうが、フォイエルバッハは「イデアールな諸力」を「実在性との自然的接触」を通して「血肉をもった紅顔の存在にする」ことを目指している（S-VII）のである。「フォイエルバッハは一つの新しい学問的原理をうちたてることで満足しようとせず、新しい宗教を導入しようとした。それは古い宗教のように、すでにできあがった、生ける、超権力的な神のまえにひざまずくよう、人間たちに教えるのではなく、可能な場合には、神的な生存が時代の経過の中で将来の諸世代のために準備されるよう、生活し活動するよう教えるのである」（S-XVI）。

エンゲルスがシュタルケの中にグリュン（Karl Grün 一八一七―八七）らの「真正社会主義」の流れを見たであろうことは容易に想像できる。(5) それを意識しつつエンゲルスは次のような歴史的位置づけをこれに対置している。

「一八世紀のフランスと同様、一九世紀のドイツでも哲学革命が政治崩壊の序曲となった」（MEW 21-265）。三〇年代の末にはヘーゲル学派が分裂し、青年ヘーゲル派は公然と宗教批判を行うに至ったが、それは「間接的には政治闘争であった」。そしてこの闘争の中で最も決然としていた部分は「英仏の唯物論へと押し戻された」。マルクスやエンゲルス自身を含めて、多くの者は依然としてヘーゲル哲学と唯物論の間を「うろつき回って」いたが、一八四一年に『キリスト教の本質』が出て「ズバリ唯物論を再び玉座につかせた」（エンゲルスはもっぱらこの点にフォイエルバッハの大きな「解放的作用」を認めている）。しかし、早くも一八四四年以降は「美文体」と「愛の神化」というフォイエルバッハの欠点が、グリュンらの「真正社会主義」と結合してしまったのである。そして四八年革命は哲学全体を押しのけてしまい、哲学が解放の中心に位置する時代を終わらせ、フォイエルバッハも「後景へと追いやられた」のである（MEW 21-272/273）。

シュタルケとは異なり、エンゲルスにとっては、フォイエルバッハは、第一に、単なるドイツ的現象であり、第二に、すでに過去の現象である。しかもエンゲルスでは、フォイエルバッハの積極性は、時期的には一八四一年から四四年までに限定されており、内容的には「唯物論一般」を「再び玉座につかせた」点に限定されている。

「英仏唯物論」に対するフォイエルバッハの独自性は、「美文体」と「愛の神化」というネガティヴな意味でしか了解されていない。このようにして「唯物論一般」プラス「愛の神化」というエンゲルスのフォイエルバッハ評価が提出されるのである。

［3］近代哲学の「根本問題」

「序論（Einleitung）」に移ろう。シュタルケは「序論」で、近代哲学の根本問題を概観し、そこにおけるフォイエルバッハの課題を確認しようとしている。その基本図式は次の文章からうかがえるとおりである。

「〈悟性諸概念はそれらの使用に際して感性へと制限されている〉というカント哲学の拒みがたい証明は、いかにして本質認識（Wesenserkenntnis）と和解されるのか。カント以降の全思弁が一致して行う努力は、これを基礎づけることである。ヒュームの懐疑論は、カントを通って我々の時代の一元論［エルンスト・ヘッケル（一八三四―一九一九）などを指すものと思われる］へと通じている。これに対して〈現実は思想に疎遠であり続けない〉という見解は、ヘーゲルの完全な観念論かそれとも唯物論へと通じている。この両者はただ、〈もし何かある認識が理解可能（begreiflich）であるべきならば、本質認識は原理的に可能でなければならない〉ということを要求するだけだろう。フォイエルバッハが初めて、［カントの］理性批判を超える次の一歩を歩むことによって、この要求に対し満足すべきものをなしたのだ。カントが悟性認識を感性に制限しつつも、この感性を本質認識の限界（Grenze）としてとらえ続けたのに対して、以下に見るとおり、フォイエルバッハの哲学は、感性の中に本質認識の限界ではなくその条件（Bedingung）を見いだす方向へと歩み出るのである」（S-5）。

新カント主義の台頭を頭に置きつつ、フォイエルバッハを宣揚しようとするシュタルケの問題意識が明瞭であろう。フォイエルバッハは、カント（一七二四―一八〇四）によって提出され、シェリング（一七七五―一八五四）やヘーゲルや唯物論が解決しえなかった課題、つまり現象と物自体の二元論の本当の解決へと道を開いたものとして位置づけられる。少し詳しく見てみよう。

①デカルト（一五九六―一六五〇）、スピノザ（一六三二―七七）、ライプニッツ（一六四六―一七一六）ら古い観念論。彼らはまだ合理的（rationell）なものである思惟と非合理的（irrationell）なものである現実という対立を知らなかった。判明な表象である概念のみが真の現実なので、判明でない表象は非現実的なものであり、〈現実的なものは合理的である〉という観念論の確信が維持されていた（S-1～2）。

②ロック（一六三二―一七〇四）、ヒューム（一七一一―一七六）からカントに至る経験論的二元論と懐疑論。彼らは経験の反省を通して、新しい問題に直面する。印象を受容する感性と感覚的多様の中に統一を持ち込む思考という二つの認識源泉が区別され、その結果、自我と物自体、現象と物自体の二元論が不可避となる。思考が与えるものは合理的であるが現実的ではなく、現実は非合理的であるという、思考と現実の分裂が生じる（S-1）。このようにして「悟性と感性という二つの認識様式をこのように相互に引き裂くことははたして正しいか、またどれほど正しいかという問題」（S-3）、「客観的現象と主観的現象の相互一致（gegenseitige Übereinstimmung）の可能性、概念把握可能性」という「根本問題（Grundproblem）」（S-9）、「自然の存在と

我々の思考の存在はいかにして同一的でありうるかという形而上学的問題（das metaphysische Problem）」(S-17) がクローズアップされてくることになった。

③フィヒテ（一七六二―一八一四）、シェリングからヘーゲルへ。絶対観念論ないし神的理性への回帰の方向での、二元論克服の努力。フィヒテは知識学の第二根本命題で〈物質的なものは自我と同様根源的（ursprünglich）である〉ことを認め、二元論的枠組みを残すが、シェリングは自然と意識は同一の絶対者が自己を表す二つの形式であると考えることにより〈思考と存在の同一性〉の問題に解決を与えようとした(S-6)。ヘーゲルはこの〈思考と存在の同一性〉がスピノザ主義的平行論にとどまるのを避けるために、〈実体、つまり世界の本質、を主体として、つまり認識する存在として〉とらえようとする。このように両者の統一をプロセスの成果としてとらえようとする点で、ヘーゲルは正しかったが、同時に絶対理念ないし神的理性を体系上の前提としている限りで、その解決に成功せず、〈思考と存在の同一性〉は単なる要請に終わったのである (S-16)。

④フォイエルバッハ。彼は［ α ］最初は普遍的理性の中に現実的なものを見る観念論から出発し、［ β ］やがて感性的個別的なものの中に現実的なものを見て、普遍（思考）との分裂に陥ったが、［ γ ］最終的には理性を感性的現実と結合することにより、カント二元論と「形而上学的諦念」を乗り越え、形而上学の新たな地平を切り開いた (S-19)。

「序論」では、このような整理の仕方で「根本問題」が論じられている。したがってシュタルケでは「根本問題」は、ロック、ヒューム、カントを通して、人間の「経験」や「認識」についての反省が進み、その前進の中で、思考と存在の分裂が自覚化されてくることによって、「思考と存在の関係に関する問題」がその後の哲学の課題として鋭く提出された事態だと了解されているのである。

エンゲルスは「根本問題」とか「思考と存在の同一性」という観点を受け入れながら、それを自分の文脈に置き換えて読み込んでいく。まずエンゲルスでは「存在に対する思考の関係、自然に対する精神の関係、この全哲学の最高の問題は、したがって、総ての宗教に劣らず、その根を未開状態の狭隘で無知な諸表象の中にもっている」（MEW 21-275）と了解されている。単純化すれば「自分自身の身体構造に関する全き無知」（MEW 21-274）がこのような「根本問題」へと人々を直面させているのである。

さらにエンゲルスでは、この「根本問題」は二つの「側面」に分けられる。第一は「何が根源的か、精神か自然か」（MEW 21-275）という「根源性」問題であり、第二は「我々の思考は現実の世界を認識できるのか」（MEW 21-275）という「認識可能性」問題である。

エンゲルスの「根本問題」理解のこの未開・無知視点については、とりあえず次のことを指摘しておこう。第一は、エンゲルスが「哲学の根本問題」を、〈現に〉哲学的に思考している諸個人が入り込んでいる特定の生活諸関係から概念把握せず、むしろ未開時代への歴史的遡源を通して了解しようとしていること、つまり歴史的先行形態の回想、先行事例の指示を通して、現存形態を了解するよう促そうとしているということである。これはエンゲルスにおける通俗主義である。第二に、この未開・無知視点は、「主要な闘争が宗教に向けられ」（MEW 21-272）、ヘーゲルもまたその「神学的」限界のゆえに乗り越えられた、四〇年代前半のドイツでの、エンゲルス自身の哲学体験を表していると言えるだろう。第三にこの未開・無知視点は、「哲学の揚棄」を実証的な諸科学の知識の前進に比重を置いて了解しようとするエンゲルスの哲学理解と表裏一体をなしているということである。

エンゲルスの「根本問題」理解のいま一つの特質は、エンゲルスではそれが「根源性」問題と、「もう一つの側面」である「認識可能性」問題に、並列的に二分されている、ということである。単純化して言えば、「根源性」問題としてエンゲルスが語ろうとしたのは、四〇年代初頭の反宗教唯物論体験、フォイエルバッハ体験におけるエンゲルス自身の根本問題なのであり、「認識可能性」問題としてエンゲルスが付け加えようとしたのは、カント復興に直面してフォイエルバッハを弁明し宣揚しようとする八〇年代のシュタルケの根本問題であったと言えるだろう。

もちろんシュタルケではこの両面は切り離せない。「根源性」というフィヒテ的用語が認識論と不可分であることは、シュタルケが、フィヒテ『知識学』の第二命題は事実上「物質的なものが自我と同様、根源的（ursprünglich）である」ことを言明しているにすぎない、と書いている（S-6）ことからも、容易に了解できるだろう。他方また、エンゲルスは「思考と存在の同一性」というシェリング―ヘーゲル的な用語を、単に「認識可能性」の問題として見ている（MEW 21-276）が、「思考と存在の同一性」こそ、彼らの絶対観念論的存在論の核心を表現していたのであって、エンゲルス自身「ヘーゲルにおいては……我々が現実世界の中に認識するものは、世界の思想適合的（gedankenmäßig）な内容にほかならない」（MEW 21-275）と書き、また「現実的なものは理性的である」というヘーゲルの命題を長々と解説しているのである。

つまりエンゲルスは「思考と存在の関係」の問題を「根本問題」として受け入れつつも、一方で、①デカルトら一七世紀観念論、②認識批判的二元論、③絶対観念論による二元論克服の試み、というシュタルケの「根本問題」のこの文脈を崩して、「総ての哲学の大きな根本問題」に置き換え、しかもそれを未開・無知に由来するものとして了解しつつ、四〇年代の自分の哲学体験を「根源性」問題として、またシュタルケが現に格闘している認識批判的二元論問題を「思考と存在の同一性の問題」として解釈・整理しようとしたと言えるだろう。その結果、シュタルケでは一つの問題だったものが、エンゲルスでは二つの「側面」に区分されることとなった。

[4] フォイエルバッハ三段階説

「A. 形而上学」に移ろう。シュタルケはここでフォイエルバッハの哲学的発展段階を三段階に区分して叙述している。シュタルケの基本了解は次の文章のとおりである。

「[α] もともとはフォイエルバッハは現実的なもの、実体を、普遍的なものの中に見た。[β] その後、彼は普遍的なものと抗争する個別的なものの中に、現実的なものを見た。一方で理性は個別と普遍の両者の間でキャッチボールされた。[γ] 最後に彼は、理性を感性的なものに結びつけることによって、確固とした立場を見いだそうと試みた。第一の立場は一八二八年 [博士論文] から一八三七年まで続いており、この時期の最後の重要な著作は『ライプニッツ論』[一八三七年] である。一八三八年の『ピエール・ベイル論』とともに、第二の立場がはっきりと取られている。この段階の終わりを限定するのは大変難しいが、私には一八四三年とするのが最上だと思われる。だから『将来の哲学の根本諸命題』が、この立場の最後の重要な作品となる。たしかにこの時期に〈感性〉が宣告されているが、この時期にはまだ形而上学的断念 (metaphysische Resignation) の痕跡がある。後には、フォイエルバッハはこのような形而上学的断念とは無縁であった。この [第二の] 時期には、人は感性的世界に甘んじねばならないのであるが、それはあたかも感性的現実の外部の、現実それ自体 (Wirklichkeit an sich) が問題であるかのごとくなのだ。一八四四年の『ルター論』とともに、やっとフォイエルバッハの思考の歴史の最後の段階が始まる」(S-19/20)。

エンゲルスがシュタルケ『フォイエルバッハ論』の中で積極的に評価しているのは、フォイエルバッハの発展段階を叙述したこの箇所だけと言っていいだろう。「この叙述は入念で一目で分かるように仕上げられている」(MEW 21-277)と。ところがエンゲルス自身は二段階説を取って、三段階説を取らないだけではなく、奇妙なことに三段階説そのものにコメントすらしていない。エンゲルスは「ヘーゲル主義」から「唯物論」への移行としてフォイエルバッハを二段階把握し、そしてこの移行時期を遅くとも『キリスト教の本質』(一八四一年)に見ている。

「フォイエルバッハの発展行程は、もちろんけっして正統でないにせよ、一人のヘーゲリアーナーが唯物論へと至る行程であり、その発展は、一定の段階で先行者ヘーゲルの観念論的体系とのトータルな決裂をもたらした」(MEW 21-277)。「その時、『キリスト教の本質』が現れた。それはズバリ唯物論を再び玉座につけることによって、この矛盾を一撃のもとに打ち砕いた」(MEW 21-272)。

『キリスト教の本質』に「唯物論」への移行を見るのは、あまりに大ざっぱで不正確な印象によるもので、文献的根拠も示されていない(7)。エンゲルスは①総ての哲学からの自然の独立、②人間の基礎としての自然、③自然の産物としての人間、④人間の本質の空想的反映としての神、をその指標として列挙している(MEW 21-273)が、これらは『キリスト教の本質』から取られたものではなく、ヘーゲル主義を離脱して以降の(したがってシュタルケの言う第三期を含む)フォイエルバッハ全体に関する(シュタルケを参照した上での)エンゲルスの大枠整理と理解すべきだろう。

シュタルケでは『キリスト教の本質』は第二期中期に置かれ、第二期後期には四三年の『将来哲学の根本諸命題』を中心に置いている。四四年の『ルター論』以降が第三期となる。シュタルケにとっては三段階か二段階かは、フォイエルバッハ解釈をめぐる決定的な対立点であった。というのも、ランゲ（一八二八—七五）の『唯物論史』（初版一八六六年）でも、またヴィンデルバント（一八四八—一九一五）の『近世哲学史』（初版一八七四〜八〇年）でも、フォイエルバッハはもっぱら『根本諸命題』など第二期で最終評価され、シュタルケが「形而上学的主著」（S-135）とみなしている『唯心論と唯物論』（一八六六年）など第三期がまったく無視されているからである。

フォイエルバッハが四八年革命以降、思想史の後景に退いたという事情を考えると、エンゲルスのみならず、新カント派も含めて、フォイエルバッハの第三期が視野に入らなかったのも不思議ではない。この点はフォイエルバッハの同時代人や哲学概説者たちと、専門のフォイエルバッハ研究者との間に、いつも見られる落差であると言ってよい。

しかしシュタルケの目から見れば、第二期に限定する限り、ランゲのフォイエルバッハ＝「形而上学的断念」論も、ヴィンデルバントのフォイエルバッハ＝「非合理主義」論も、ある範囲内で当たっているのである。『根本諸命題』の立場に関して言えば、ランゲの批判はかなりの程度覆しがたい。この［第二期の］自然科学的立場をランゲはまったく正しく形而上学的認識の断念として特徴づけているのだ」（S-125/126）。シュタルケの理解では、第二期は理性的普遍と感性的個別の分裂をまだ積極的には克服できていないのである。だからアルブレヒト・ラウのように（Albrecht Rau, *Ludwig Feuerbach's Philosophie: Die Naturforschung und die philosophische Kritik der Gegenwart*, 1882.）『根本諸命題』をフォイエルバッハ哲学の真の表現だと前提したうえで、ランゲを批判するというのも有効ではないのである（S-125）。シュタルケの理解では、感性、身体、自然から分離された単なる理論的理性を徹底的に克服しようとした点に『根本諸命題』の「偉大な労働」を見なければならない（S-109）が、しかしそれはまだネガティヴな意味にとどまっており、「『根本諸命題』にまだ欠けているのは自然のポジティヴな承認なのだ」（S-116）。

シュタルケはフォイエルバッハの「人間の哲学」構想にきわめて否定的である。エンゲルスはこれにも影響されて、フォイエルバッハ—若きマルクス関係の積極面をつかみ損なったと言わねばならない。周知のとおり、フォイエルバッハは『根本諸命題』の時期に「人間の哲学（Philosophie des Menschen）」（FSW II-245, 319）を構想した。

> 「思考と存在の統一は、人間がこの統一の根拠、この統一の主体として把握される時のみ、意味と真理を持つ。実在的存在者のみが実在的諸事物を認識する。思考が自立した主体ではなく、現実的存在者の述語であるところでのみ、思考されたものも存在から分離されていないのだ」（FSW II-313）。「人間の本質は共同性の中に、人間の人間との統一の中にのみ含まれている」（FSW II-318）。「人間の精神は直接には自然の産物ではない。自然から直接発生した人間はまだ純粋な自然存在者であって、人間ではなかった。人間は人間、文化、歴史の産物である。それどころか多くの植物や動物は人間の手による飼育で、もはやその原種を自然の中に確認できないほどに、変化を遂げているのだ」（FSW II-388/389, 下線部はシュタルケは引用せず）。「新しい哲学は、人間の土台としての自然を含めて、人間を哲学の唯一の普遍的で最高の対象とする」（FSW II-312）。

「人間の哲学」構想において、フォイエルバッハは「人間」概念を〈綜合的（synthetisch）に〉機能させつつ、

「自我」や「理性」、あるいはそれに二元論的に対立する「力学的自然」といった近代哲学の抽象的原理を脱し、「人間の土台としての自然」や「身体」や「感性」や「他の人間」や「共同性」といった視点を哲学原理に導入する画期的な道を開いたと言えるだろう。詳論は控えるが、若きマルクスはまさにこの〈綜合的に〉機能させられた「人間」概念という部分で、フォイエルバッハを受容しつつ、正面から乗り越えようとしたと言えるだろう。

ところがエンゲルス『フォイエルバッハ論』では、フォイエルバッハが「唯物論一般」（MEW 21-280）と「抽象的人間」（MEW 21-286）に分割されてしまっている。「その中でこの人間が生活している世界については何ら語られず、それゆえこの人間は同じ抽象的な人間にとどまっている」（MEW 21-286）と、「人間」概念がもっぱら〈捨象的（abstrahierend）に〉機能している面だけをとらえて、批判している。そのためにフォイエルバッハ↓若きマルクスのこの結節が見えなくなっている。この点はシュタルケにも相当ひきずられたのではないか。

実はシュタルケも、エンゲルスと同様、フォイエルバッハ第二期後期のこの「人間の哲学」の中に古い観念論の名残、二元論や非合理主義の痕跡を見ようとしている。そこではまだ「人間が彼の出発点であり、天動説的立場が地動説的立場によってまだ解体させられていない」（S-109）のである。シュタルケは「その主体が人間であるような理性は、自然を非合理なものとして自分に対立させる」（S-115）と批判する。シュタルケの理解では、二元論の克服のためには、「哲学の対象」は、単に「人間の土台としての自然を含めた人間」でなく、「現実的自然、つまり人間を産出した自然」（S-122）でなければならず、そのうえでこれを、「実体、つまり世界の本質を主体として、つまり認識するものとして把握」（S-10）しようとするヘーゲル的構想と、結びつけねばならないのだ。

［5］ フォイエルバッハの「形而上学」

では、シュタルケは「フォイエルバッハの形而上学」をどう了解しているのだろうか。エンゲルスは「形而上学」を、もっぱら「古い研究方法および思考方法」として了解して「弁証法的方法」をこれに対置する（MEW 21-294）。これはヘーゲル『小論理学』の「古い形而上学」理解に依拠しているのである。たとえば『小論理学』三四節補遺で、ヘーゲルは「古い形而上学は心を〈物〉として考える」とか、「精神を無過程な（prozeßlos）存在と考えるべきでない」などと書いている。エンゲルスはこれらを頭に置いているのだろう。ヘーゲルではもちろん「古い形而上学」は〈真の〉形而上学と区別されるのであるが、エンゲルスには「形而上学」を〈対象〉によってでなく、〈方法〉によって限定しようとする特異な視点が見られる。

一方、シュタルケにとっては「形而上学」は「本質の認識」、つまり現象との区別でカントが「物自体」としたものの認識なのであって、〈対象〉によって限定される。そして近代においては「思考と存在の同一性」の問題が「形而上学」の中心問題となっているのである。彼の『フォイエルバッハ論』の中心目標は「フォイエルバッハがカントの『純粋理性批判』が認識のために引いた限界を覆したこと、彼が独断的意味でなく批判的意味で形而上学、つまり本質の認識を再建したこと」を論証することにあった（S-165）。これは同時に、「総ての形而上学的認識の断念」に進みつつある同時代の「自然科学的立場」（S-126）と、フォイエルバッハとを、明確に区別しなければならないという彼の問題意識を背景にもっていた。

シュタルケはこの「フォイエルバッハの形而上学」を、「オルガニスムス」の哲学として再構成しようとしたと言えるだろう。その際、彼が依拠しているのは、フォイエルバッハ『遺された箴言』の次の命題である。

「マテリアリスムスというのは、まったく不適切で誤った諸表象を伴った特徴づけだ。こういう言い方が大目に見られるのは、思考や心の非物質性に思考の物質性が対立する限りにおいてである。しかし我々にとってはオルガーニッシュな生命、オルガーニッシュな作用、オルガーニッシュな思考しかない。したがってオルガニスムスが正しい表現なのだ」（Grün II-307）。

シュタルケは、フォイエルバッハがこの「オルガニスムス」に即して「自然の本質は意識の本質と同一である」（S-166）ことを展開し、カント二元論の克服という、ヘーゲルでもまだ「要請」にとどまっていた課題を解決したと解釈する。もっとも、フォイエルバッハの「形而上学」は「未整理」で、「形而上学的な部分は読みあわせたり構成したりせねばならない」（S-125）との認識から、シュタルケは相当強引な読み込みを行っている。しかも同時代の新カント主義やヘッケル「一元論」や自然科学的唯物論などに対抗して、論争的にフォイエルバッハを擁護する構えで書かれているので、シュタルケによる「フォイエルバッハの形而上学」の整理は、エンゲルスも書いているように、非常に読みづらいものである。それをあえて整理すれば次のとおりである。

㈠産出的自然と「限界」としての自然　フォイエルバッハ哲学の対象は「現実的自然、つまり人間を産出した自然」である（S-122）。（だからシュタルケも、物質的自然が「生きた身体」を産出するものとして「出発点」をなすという意味では、「この学説がマテリアリスムスと名付けられる根拠と正当性がある」（S-139）と考える。）しかしこの産出的自然は、カントや多くの唯物論者たちが想定しているような力学的化学的自然なのではなく、ポジティヴな意味で、人間の「限界（Grenze）」としての自然、「私から区別されているが、にもかかわらず私と最も内的に結合している非我、他の本質であるが、にもかかわらず私自身の本質である非我」（S-161）であるような自然にほかならない。「人間の現実は、人間を産出した自然の内部に完全に横たわっているのであって、人間の本質に余地を与えない自然はまったく問題でない」（S-131）。逆に言えば「自然は、いったん生命と意識を産出したのであるから、けっしてその本質において生命や意識に疎遠となったり、物自体となったりはできない」（S-160）のである。主体とは本質的に「主体―客体」であり、客体とは本質的に「客体―主体」なのである（FSW 10-218）。

②「生命の哲学」　その意味でフォイエルバッハの哲学は「生命の哲学、実践的哲学」（S-285）である。「世界は根源的には意志の客体、存在意志―所有意志の客体であるがゆえにのみ、初めて悟性の客体なのであり」（FSW 10-216）、「空間は時間と同様、直観の形式であるが、その理由はそれが私の存在形式―本質形式だからであり、私はそれ自体、空間的時間的本質であり、そのようなものとしてのみ直観し思考するからである」（FSW 10-215）。したがって、フォイエルバッハにおいては「感覚論」といっても、ロックやコンディヤックのように「観念の源泉」の探求という観点に基づくのではなく、認識における「愛、生命、実践の真理」という観点に基づいている（S-148）。

③自然の中の「連関」としての理性　「諸感官の福音を連関（Zusammenhang）において読むということが思考にほかならない」（FSW II-357）。「理性とは連関である。自然の中にのみ現実的で貫徹した、永遠から永遠へと中断することのない連関が存在する。したがって自然の中にのみ理性はある。我々の諸表象の経過の中では、表象された対象が現実の中で持つ連関を、我々が我々の諸表象のもとに再生産する度合いに応じて、単に断片的な仕方で、理性的連関が現れ出てくるにすぎない」（S-153）。（シュタルケがフォイエルバッ

ハを「非合理主義」と解するヴィンデルバントに激しく反発し、「彼の唯物論は「自然の体系」で代表されるような唯物論より、はるかに観念論である」(S-122) と考えるのは、この「自然の中にのみ理性がある」という点にかかわっている。) また自然においては一切は連関をなしているのであるから、「物自体」とは「物」を連関ゼロにおいて想像したものにすぎないので、「物自体」の実在性という観念は空想にすぎない。「私の空想はそれをゼロ結合において (in der Verbindung Null) 存在させうる。だが、そうだからこそこの空想は非現実的なのだ」(S-133)。

④現象論　だからフェノメナルなもの (das Phänomenale) は「自然」からそれるところに成立する。「感官像は頭脳の外部に実存する対象の模像 (Abbild) でもある。頭脳はその対象を感覚し、したがってこの頭脳とは異なる諸影響の下に置かれる。感官像はかかる模像として〈説明 (erklären)〉されるのであって、その時はじめて真偽が問題になるのである。最も粗野な空想でも諸事物の実在的連関を申告しているのであるが、〈説明〉の道においてこの連関が頭脳の外部で妥当させられる時にはじめて、この連関は空想的になるのである」(S-156)。そこに理性 (Vernunft) と空想 (Phantasie) の区別が生じる。ではなぜ我々は「空想」を持つのか。感覚は自然により「全面的に」制約されたものではあるが、我々の意識は直接には「それを一面的にしか把捉 (auffassen) しない」(S-123)。のみならず「心情 (Gemüt)」という利己的感情 (「心臓 (Herz)」という「理性」に対応した感情とは異なる感情) が働く (S-121)。「私の願望は私を、自然がその周りをめぐる中心、円錐の頂点としてしまい、自然の中の関連を、現実的理性を引き裂く。なぜなら私は自然のアルファ・オメガではないからだ。我々があれこれを我々の目標にするような仕方で、人間というものが自然の目標なのではない」(S-154)。このような利己的「心情」が働いて「感官像」は「頭脳の外部に」不当に妥当させられることになる。これが「空想」である。

⑤「自然の摂理」と「真の宗教」　したがって「空想」から「理性」への前進は、感情レベルでの「心情」から「心臓」への前進と不可分である。「空想」は実践において否応なく覆される。「願望の限界」を超える主観的願望は何ら充足されないことが「行為において」明らかになる（S-223/224）。けれども「世界はまさに我々の〈理性的な〉心臓の諸願望（Herzenswünsche）を充たすべきなのである。世界と願望とのこのような相互補完、このような同一性の可能性こそ、フォイエルバッハの哲学全体を通して鳴り響いている、本来の観念論的基本トーンなのだ」（S-157）。「我々は形而上学において関係、連関こそが遍在的カテゴリーであることを見た。人間は可能な限り種（Art）を実現すべきであって、これら連関、愛、理性といった普遍的規定に根をもたない総ての個人的幸福はふさわしくないのだ。それが消失すればするほど、人倫は発達し社会のきずなは固く結ばれるのだ」（S-224）。けれども個々人は、はたして自分の願望の多くを否定するような「必然」としての「自然の摂理」を愛しうるのか。「限界」概念の積極的位置づけでフォイエルバッハはこれに答える。「[私の]消滅の必然は、今日私の喜びの原因であるものと連関しているので、もし消滅の必然がなければ、この喜びもないのだ。私の喜びと悲しみとでもって、私は、私がその内部に存在する諸条件の狭い圏域[限界]に結び付けられているのであって、それを超えることなど単に[空想的]思想の中でしか興味をもちえない」（S-161）のだ。

このようにフォイエルバッハの「形而上学」は「宗教哲学」と「倫理学」へと展開されることになる。

[6]「物自体」をめぐって

ところでエンゲルスがカントの「物自体」への批判において、ヘーゲル『論理学』本質論の「物と性質」に依拠していたことは、「かかる見解の反駁のために決定的なことはすでにヘーゲルによって語られた」(MEW 21-276) と書いていることからも明らかだろう。『ユートピアから科学へ』英語版への序文でさらに率直にそのことを明記している (MEW 22-297)。そのこともあって、エンゲルスはカントの「物自体」をヘーゲルの「物自体」ないし「即自存在 (Ansichsein)」と混同してしまっている。たとえば「動植物の体内で産出される化学物質は有機化学がそれらを次々析出するまでは、かかる [カントの] 物自体であった」(MEW 21-276) と書いているが、ここでは「物自体」とは、〈まだ認識されていないもの〉として了解されている。つまりカントの「可能的経験」と「物自体」という、まったく正反対の概念がエンゲルスにより区別なしに受け止められており、これがその後の議論に無用の大混乱を持ち込むこととなったのである。(7)

では「フォイエルバッハがこれ [ヘーゲルによる物自体批判] に付け加えた唯物論的なものは、深いというよりエスプリに富んだものである」と書く時、エンゲルスは何を想定していたのだろうか。「エスプリに富んだ」という点に着目すると、シュタルケが要約している次の文章がまずは思い浮かぶ。

「〈世界は単に私の表象と感覚にすぎないのか、それとも私の外部の実存でもあるのか〉という問いは、〈妻ないし夫は私の感覚にすぎないのか、それとも私の外部の存在者であるのか〉という問いと同位である」

(S-148)。

しかしそれ以上に、エンゲルスは、「絶対脳」(S-163)とか「唯一脳」(S-156)とか「唯一の大オルガニスムス」(S-164)とかいった、シュタルケのいささか唐突な論議を想定していたかもしれない。この「絶対脳」は「絶対認識」の主体として、ヘーゲルの「絶対理念」に対応するのであって、そこでは形式が内容であり、思考が存在になっているとされるのである(S-167)。もちろんこういう「絶対脳」という考えが、フォイエルバッハ本人に存在しないことは、シュタルケ自身が確認している(S-164)のであるが、シュタルケは「各形而上学説の試金石は、それらの極端な論理的(したがって非現実的)帰結である」(S-150)としつつ、「単なる論理的な試し」(S-167)としてその導入を図っているのである。つまり「形而上学」ないし「本質の認識」は「絶対認識」なのであるが、フォイエルバッハはあくまで「現実的なものにとどまり」(S-164)つつ、「独断的意味ではなく、批判的意味で形而上学を再建した」(S-165)のであるから、フォイエルバッハにおいてはこの「絶対認識」は実在するのではなく、「単に論理的試しのおかげで、絶対認識と同じ高みに高まりうるにすぎない」(S-164)のである。

たとえば心身関係論について見てみよう。フォイエルバッハは周知のとおり「二重視点」論(S-150)を取る。私の「脳」や「オルガニスムス」は〈私にとっては〉心的非物質的なものとして、しかし〈他者にとっては〉身体的物質的なものとして、対象となる。しかしフォイエルバッハは心身平行論のようにこの「二重視点」を固定化しない。あくまで「オルガニスムス」において「心身の直接統一」があるのであって、「そこでは物質が思考し、身体が精神であり、逆に精神が身体で、思考が物質なのである」(FSW 10-163)。だから「心的なものと生理的なものとの差異」と〈見える〉ものは、我々の認識の「量的不完全性」(S-147)を「実在的根拠」に持つ「一つの想像物」(S-124) なのである。そこで「絶対認識」が「試し」として導入される。もし我々の「脳」が我々の「脳」自身について、総てを知り、総てを感覚すれば、心身の二重性という「想像物」は克服され、「物質的なものと非物質的なものとのあの区別も遠ざけられる」(S-151) のである。では誰がこの「絶対認識」を担うのか。心の物質性または非物質性の問題は、フォイエルバッハにおいては、非物質的なものと意識される「私の脳」と物質的なものと意識される「他者の脳」の関係の問題である。したがって自然が「唯一の脳」を産出し、「君の脳が私の脳になる」状態を想定すれば、この「唯一の脳」は「心と身体が同じ本質である」という絶対認識を行うだろう (S-167) というわけだ。

外界認識についてはどうか。「脳」の「内部」の「感官像」そのものは常に実在的なのであって、「説明の道」においてこれを、「脳」の「外部」に妥当させようとすることから真偽問題が生じた。これについて「絶対認識」視点を導入すれば、内なる「感覚像」と外なる「現実」との「差異」なるものが「単なる言葉の上の存在にすぎず、それ自体としてはゼロにすぎない」(S-152) ような状態が想定できる。ではこのような状態で現実を認識できるような主体はどのようなものか。「だからもし自然が、多数の脳や頭——腕や脚といったほかの器官を通してしか大きな自然との連関に入ることのない——を産出するかわりに、唯一の脳——その物質総てが一つの頭に詰められているような——を産出するとすれば、何の空想もなく、表象と現実との間に何の分裂もなかろう」(S-156)。

「絶対脳」という発想は、あくまで非現実的な「論理的試し」であり、さまざまな形而上学的立場の特徴づけのための方便にすぎないとシュタルケは繰り返し断っているが、むしろそこに、シュタルケのフォイエルバッハ解釈の特徴と限界が顕著に出ていると言えるだろう。端的に言えば「人間と人間の統一」を支えている「我と汝との区別の実在性」(FSW II-318) というフォイエルバッハ哲学の根本視点がこの「絶対脳」「唯一脳」では抹消されてしまっている。つまりシュタルケは社会存在論として展開さるべき問題を「オルガニスムス」論を肥大化させることで了解しようとしている。それが彼の自然宗教的フォイエルバッハ解釈に、実際上は連続しているのである。

［7］「観念論」と「唯物論」

シュタルケは、第三期のフォイエルバッハが自分の立場を「唯物論」とみなしたことに異を唱え、「彼の最終の思想が誤ったアドレスを受け取った」（S-124）ことについて、フォイエルバッハ自身に責任の一半があると見た。「彼の唯物論は「自然の体系」で代表されるような唯物論より、はるかに観念論である」（S-122）。その理由をシュタルケは次のように書いている。

「唯物論は感覚論ほど深く行けない。というのは、人は大なり小なり諸感官の直接推理を通じて外的世界の受容に至るからである。そして人が感覚論のもとに、単に〈実体とは意識の実体であり、意識をもつ状態にあるものである〉という見解を理解する限りで、感覚論の帰結は観念論なのだ。フォイエルバッハの感覚論はまさにこのような見解に通じている。彼がそれを唯物論と呼んだのは、総ての誤った観念論に反対するためであって、フィヒテの第二原則が証明するように、この誤った観念論にとっては、物質的なものは原理的に非合理なものとなってしまうのだ」（S-122）。

シュタルケにとって現実の「実践的理性」とは「生きた身体」と同じもの（S-139）なのであって、自然の産出したオルガニスムスとは異なる、何か別個の「理性」を原理とする「観念論」は「誤れる観念論」であり、必然的に自然を非合理と見てしまう二元論に陥る。しかし「唯物論」もオルガニスムスを外感の対象としての「物質」としてしか見ない。つまりオルガニスムスを「それが他者に対して定在する」限りでしか、見ていない（S-166）のである。もちろん「物質は生きた身体を産出する」という意味では「物質はその実在性とともに出発点をなす」のであるから、その限りで「この学説が唯物論と名付けられる根拠と正当性がある」（S-139）とシュタルケも認める。しかし自然によるオルガニスムスの産出において、また「空想」から「理性」への、「心情」から「心臓」への、オルガニスムスの歴史的前進において、まさに「現実的なものは理性的である」という観念論の存在観が実現していくことになる。そしてそれこそが「実体、つまり世界の本質を主体として、認識するものとして、とらえようとし」（S-10）、「絶対的なものは発展の結末において成果としてのみ見いだされ、……自然との私の統一は、私と自然の両者を支配しているプロセスの中にのみ見いだされる」（S-16）とした、ヘーゲルの正しい試みの真の解決なのだ。「後方では私は唯物論に完全に同意するが、前方ではそうではない」（Grün II-308）というフォイエルバッハの命題を、シュタルケはこのように理解するのである。

エンゲルスの方はどうか。彼は「根源的なものは何か、精神か自然か」という問いへの回答として唯物論と観念論を同時に定義する。この問いへの回答で哲学者たちは「二大陣営」に分裂するのである。

「自然に対する精神の根源性を主張し、したがって終局的には何らかの種類の世界創造を受け入れた者たちは……観念論の陣営を形成した。自然を根源的なものとみなした他の者たちは唯物論のさまざまな学派に属する」（MEW 21-275）。

これによって「物質と精神の関係についての一定の見解に基づく一般的世界観である唯物論」(MEW 21-278)「唯物論一般」(MEW 21-280)が定義され、その「特殊形態」として一八世紀唯物論、一九世紀五〇年代のドイツの自然科学的唯物論、それにマルクスとエンゲルス自身の唯物論が区別されることになる。ただちに了解されるのは、エンゲルスの観念論はシュタルケの「空想(Phantasie)」論に、エンゲルスの唯物論はシュタルケの「理性(Vernunft)」論に対応しているということである。このことはエンゲルスが「総ての哲学の最高の問題」を「総ての宗教と同様、未開状態の局限された無知な諸表象の中に、その根をもつ」(MEW 21-275)としていることからも了解されるのであって、つまり未開状態下の無知→「世界創造」を認める観念論→世界自身の関連をあるがままに把握する唯物論、という図式が働いているのである。このことは、マルクスと自分の、唯物論への移行期を回想した次の文章からも明瞭に読み取れよう。

「ヘーゲル哲学からの分離はここでも唯物論的立場への回帰によって生じた。つまり現実的世界——自然と歴史——を、先入見となった観念論的思いつきなしにそれに接近するあらゆる人に、それ[現実世界]が自分自身を与えるがままに、把握しようと決心した。つまり空想的(phantastisch)な関連においてでなく、それ自身の関連(Zusammenhang)において把握された諸事実と一致しないあらゆる観念論的思いつきを容赦なく犠牲にしようと決意した。そして唯物論とはそれ以上の意味をまったくもたない」(MEW 21-292)。

このようにしてエンゲルスの哲学理解の根本的欠陥が浮かびあがってくる。つまり哲学的意識諸形態を、現に人々が入り込んでいる生活諸関係から展開するという、マルクス的課題設定の忘却である。たとえばエンゲルスは「シュタルケはフォイエルバッハの観念論を正しくない場所に求めている」（MEW 21-281）としつつ、「観念論とは、理想的目標の追求である」とか「哲学的観念論は倫理的理想、つまり社会的理想への信仰を中心軸とする」というのは「ドイツの俗物」の「迷信」である（MEW 21-281）と指摘する。また「人間を動かす総てのものは人間の頭脳を経過せねばならない」ということや「人類が少なくとも目下のところ、大枠において進歩的方向で動いている」ということは「唯物論と観念論の対立に絶対何の関係もない」（MEW 21-282）とも指摘する。そして「フォイエルバッハにおける実際の観念論」は「恋愛、友情、共同苦悩、犠牲」を強調することそのものにあるのでなく、「それらに宗教の名でもって崇高な聖別を与える時に初めて、それらが完全な有効性を獲得するに至ると主張する点にある」（MEW 21-285）と了解している。あくまで観念論＝宗教＝空想なのである。

現に人々が入り込んでいる生活諸関係から哲学的意識諸形態をとらえようとする視点の欠如は、「唯物論」理解についても見られる。彼はシュタルケが「唯物論という名前に対する俗物の偏見に許しがたい譲歩を行っている」としつつ、「俗物は唯物論のもとに大食、大酒のみ、目や肉体の快楽、傲慢な奴、金銭の貪欲、吝嗇《りんしょく》、所有欲、利潤亡者、取引所詐欺、要するに彼自身が密かにひたっている不潔な悪徳の総てを理解している。そして観念論のもとに、徳や普遍的人間愛や一般に「よりよい世界」といったものへの信仰を理解している」（MEW 21-282）としている。しかしこれら「俗物の偏見」が形成される生活諸関係から、はたして哲学的意識諸形態は超然としているのだろうか。エンゲルスは、デカルトからヘーゲルへ、ホッブスからフォイエルバッハへ「哲学者たちを真に駆り立てたもの、それは自然科学と産業との強力でますます速度を早める突進的進歩であった」（MEW 21-277）と書いているが、どうして「自然科学と産業」だけなのか。近代市民社会において「自然科学と産業」と不可分一体である商品交換、貨幣経済、資本制生産、競争、資本蓄積などの展開が「哲学者たちを駆り立てた」面はどうして視野の外に出てしまうのだろうか。マルクスがフェティシズム論や物件化論で分析したように、「市民社会の唯物論」や「抽象的自然科学的唯物論」や「国家の観念論」を含む、近代の日常的意識や哲学的意識の転倒は、エンゲルスが思い込むような「未開状態の狭隘で無知な諸表象」に「根をもつ」のではなく、〈現に〉我々が入り込んでいる生活諸関係に「根を持つ」のである。そこから出発してはじめて、伝統的諸表象の現在的再生産も概念把握されるのだ。

自然諸科学の成果に対するエンゲルスの手放しの賛美も、これと不可分である。自然科学者たちはどんな社会的位置から、どんな道具（観念道具と物理的道具）を用いて、どんな組織をつくって、どんな動機や利害関心から、自然を観察しているのかを、「自然諸科学批判」として展開するという方向性は見られない。

この問題は、エンゲルスにおける「現実（Wirklichkeit）」概念の曖昧さとかかわっていると見るべきだろう。彼は一方で「唯物論は自然を唯一〈現実的なもの〉ととらえる」（MEW 21-272）と見ているが、マルクスと自分の「唯物論」を語る時は「〈現実的〉世界―自然と歴史」（MEW 21-292）と言い換えている。そして「自然」と「歴史」と「現実」との相互関係は考え抜かれることなく並列されている。他方では「〈現実的なもの〉は理性的である」というヘーゲル観念論の基本命題から、その革命的帰結である「人間たちの頭脳の中で理性的なものは、たとえそれが現存する外見上の現実性と矛盾しようとも、〈現実的〉になるよう定められている」（MEW 21-267）という信念を導きだし、これを肯定的に了解しているし、「思考と存在の同一性」という観念論的存在論を「不可知論」批判と同一視して、「実践、つまり実験と産業」の立場からこの「思考と存在の同一性」を積極的に基礎づけようともしているのである（MEW 21-276）。

「自然の根源性」としてのエンゲルスの「唯物論」定義について、一言付け加えておけば、シュタルケがフォイエルバッハの『宗教の本質講義』から次の引用をしているということである。

「私にとって、自然が根源的なものであるのは、自然宗教が自然をそう見て崇拝しているからなのではありません。むしろ自然が根源的なもの、直接的なものであるから、自然が諸民族の根源的で直接的な感覚、したがって自然と親密な感覚に対して、そのようなものとして現象するに違いないと、私は結論づけるのです」(FSW VIII-111)。

自然の再生産リズムに包摂されながら、マルクス風に言えば「自然に対する神話化する (mythologisierend) 関係」(MEGA² II-1-45) を生きていた、前近代的生活諸関係にはらむ自生的自然主義と、分業の展開を通して労働対象、労働手段のみならず、作業や欲求そのものまで抽象的諸要素に次々「差異化」「分析」(MEGA² II-1-321～580) して生活を営んでいる近代市民社会において、はじめて実践的対象となり、理論的に自覚されてくるような、力学的、化学的、DNA的、ニューロン的などの自然をもって、「精神に対して根源的」とみなすような「唯物論」との差異を、エンゲルスの定義ではとらえることができない。これは、生活諸関係から哲学的意識諸形態をとらえようとしなかったエンゲルスの「唯物論」定義の一つの、しかし重要な帰結であると思われる。

[8]「哲学の終わり」

シュタルケは「自然科学的立場」を「総ての形而上学的認識の断念」として限界づけ、これへの対抗においてフォイエルバッハを「形而上学」の批判的復興者として位置づけようとしている。エンゲルスの方は逆に、「ヘーゲルとともに哲学一般は終わる」(MEW 21-270) と見ている。

「この観方［マルクスの歴史観］は哲学を歴史の領域で終わらせるが、それはちょうど、弁証法的な自然観が総ての自然哲学を不要で不可能なものにしているのと同様である。問題は諸連関を頭の中で捻り出すことではなく、諸事実の中に発見することである。自然や歴史から追放された哲学にとってまだ残るのは、単に純粋な思考の国、つまり思考諸過程そのものの諸法則に関する学説、論理学と弁証法だけである」（MEW 21-306）。

エンゲルスの理解では、「歴史哲学」であれ「自然哲学」であれ「哲学」という意識形態は、「まだ知られていない現実的諸連関を観念的で空想的な諸連関で代用する」ことによって「全体像（Gesamtbild）」を与えようとするものである（MEW 21-295）。したがって、彼の場合「哲学」は本質的に彼の言う「観念論」だということになる。こういう「哲学」という知の形態は、「実証的諸科学」を素材に「それらの成果を弁証法的思考により総括すること」（MEW 21-270）を通して獲得される「全体像」で置き換えねばならない。だから〈素材〉としての「実証諸科学」のほかに、それらを「総括する」〈道具〉として「純粋な思考の国、つまり思考諸過程そのものの諸法則に関する学説、論理学と弁証法」が必要なので、これだけは従来の哲学の中で今後も残るということになる。こう見るとエンゲルスの「哲学の揚棄」構想はヘーゲル哲学に大変似通ったものである（図参照）。

	ヘーゲル哲学		エンゲルス
《実質》	自然哲学	→	弁証法的自然観
《実質》	精神哲学	→	唯物論的歴史観

《形式》論理学と弁証法——→論理学と弁証法

一八四六年（ブリュッセル時代）に、愛人をめぐるヘスとエンゲルスとのトラブルもあって、エンゲルスはマルクスと険悪な状態になったことがあったようだ。時あたかもマルクスたちがヴァイトリングらの「職人共産主義」、さらにはグリュンやクリーゲらフォイエルバッハ系の「哲学的共産主義」と決別していく、厳しい内部対立の時期でもあった。(8) その時、マルクスはエンゲルスについて、ケルンの同志やトゥリーアに帰郷中の妻に手紙で悪しざまに書き送ったようだ。これらの手紙は残っていないが、ビュルガース（在ケルン）のマルクス宛て返書（四六年二月末付）の次の一節は「哲学的良心の清算」ないし「共産主義からの哲学の一掃」の〈質〉をめぐって、エンゲルスとマルクスの間に対立的緊張があったことを示唆しているだろう。(9)

「エンゲルスの精神状態についての君［マルクス］の判断は、彼のその他の振る舞いほどには僕を驚かせなかった。哲学や思弁に対する彼の嫌悪は、それらの本質の洞察から来ているというよりは、むしろはるかに、それら哲学や思弁が彼のあまり根気のない精神に生ぜしめるに違いない煩わしさから来ているのです。……なぜなら彼が自分に課した課題は、すぐれて記述的（deskriptiv）なものだったからです。いまや彼の平易な叙述の才能でもってしては、ヘスが彼の一見深遠そうな瞑想でもってするのと同じほどしか遠くへ行けないような瞬間が来ているのかもしれません。だから君は力を貸してやって、利用できる新しい素材を提供してやらねばなりません」（MEGA^2 III-1-506）。

「哲学の揚棄」の〈質〉をめぐるマルクスとエンゲルスの間のこのような対立的緊張を視野に入れずに、両者を無差別に一体化することはもはや許されないだろう。マルクスは理性主義哲学で現実と闘うことから出発した。しかし理性主義の限界を体験して、人間主義哲学へと移行しつつ、実在勢力との歴史的結合を図る。だが、実践を本格化させるなかで、個別存在の中に「内住」する「普遍」「本質」にしか目を向けない哲学を「清算」することを決意する。「現実に実存する、活動している人間たち」、「彼らの現前の生活諸条件」、「彼らの所与の社会的諸連関」、そしてまた現状に代わるべき〈具体的〉否定形態の構想へと向かう関心が、哲学には根本的に欠落していることが自覚されてくる。「現実的なポジティヴな学」は主として「経済学批判」として展開される。この「ポジティヴな学」は「一般的帰結の総括」との不断の往復運動を伴うが、後者はあくまで「導きの糸」としての暫定的開放的性格を保持したままである。局面ごとの実践的理論的集中点で、そのつど一般仮説や哲学的反対主張や基本価値の提示や方法的反省がなされるが、集中点は歴史的に推移し、それら一般命題群は教義としての体系化を試みられないまま、バックグラウンドに退き、新たに「呼び出される」のを待機する。俗流意識や実証主義との対決が迫られて、とくに批判的概念把握との関連で、自分の哲学的出自の肯定的意味も強く自覚したが、同時に、自分が長年の研究の労苦の末に立てた説が、まるで万能の鍵を与えるような「歴史哲学」と解されることを拒み続けたのである。

エンゲルスの方は、とくにマルクスの晩年と死後、〈自分の〉見解ではなく、「我々の見解」(MEW 21-263)を体系化して叙述することに努めた。エンゲルスのこの努力と才能がなければ、歴史におけるマルクスの重みも、労働者や大衆の歴史的運動との結合も、もっともっと小さなものであったことは疑いえないだろう。しかし、体系化するということは、プロセスとして生きられ続けたマルクスの思想行程から、「真の」マルクス主義が分離・固定され、開かれたプロセスが閉じられるということであり、取捨選択されるということであり、端的に言えば、マルクスの思想行程がエンゲルスのマルクス解釈の素材となったということである。体系化する作業を通して、事実上の「哲学化」コースをたどり、事実上「我々の見解」こそ「真の」哲学という自己主張も伴ってくる。

逆に言えばマルクスを、晩年のエンゲルスによって叙述された「マルクス主義」ないし「マルクス主義哲学」に対する一つのオールタナティヴとして、つまりもう一つの選択肢として読むことは、可能でありまた必要でもあろう。私はそういう姿勢でマルクス再読作業を続けている。私の理解では、それは我々が現代へ向かって真にマルクスを超えるための不可欠の前提作業なのである。ここではそのケース・スタディーの一つとして、晩年のエンゲルスが「マルクス主義」の中に「哲学の根本問題」という観点を導入した経緯を、シュタルケ『フォイエルバッハ論』との対照という形式を取りつつ、追ってみた。

補論1　註

煩雑を避けるため、引用については本書の凡例以外に次の略記号を用いた。

・S＝C. N. Starcke, *Ludwig Feuerbach*, Verlag von F. Enke, Stuttgart, 1885.（シュタルケのドイツ語版『フォイエルバッハ論』）

・Grün＝Karl Grün, *Ludwig Feuerbach in seinem Briefwechsel und Nachlaß*.（グリュン編集のフォイエルバッハ書簡・遺稿集）

（1）このほか削除された草稿の一部が残されている（MEW 20-466～470）が、これは草稿段階では第二節の、一八世紀唯物論の三つの狭さを論じた後に置かれていたものである。

（2）「彼の引用の仕方からみてそれ以外推量できないのだが、エンゲルスはこの著作の執筆に際して、明らかにフォイエルバッハのテクストを手に取っていない。フォイエルバッハ自身により編まれた一〇巻の著作集も四〇年代に出た単行本の諸版も。エンゲルスは三〇年代のフォイエルバッハや一八四六年以降のフォイエルバッハについては、明らかにシュタルケに頼っている。これは一つの歴史的―哲学的醜聞であるが、この醜聞は内容から見て、シュタルケという、フォイエルバッハを好意をもって穏健化した人に、エンゲルスが乗っかっているという皮肉を含んでいる。さらに若いエンゲルスにより受容された一八四一年と一八四六年の間のフォイエルバッハの著作、したがって『キリスト教の本質』から『宗教の本質』までに関しては、彼は自分の記憶に頼っているように見える。あるいはせいぜいのところ、『聖家族』のような自分のものに当たったかもしれないが」(W. Lefèvre, Das Feuerbach Bild Friedrich Engels', in *Ludwig Feuerbach und die Philosophie der Zukunft*, hrg. von H-J. Braun usw., Akademie Verlag, Berlin, 1989, S.715.)。なお日本で読まれた代表的な『フォイエルバッハ論』解説としては、プレハーノフによるロシア語訳(一八九二年)への訳者注があり、『評釈フォイエルバッハ論』と題して一九三〇年に日本語訳が出た(川内唯彦訳、叢文閣)。戦後の日本でも『フォイエルバッハ論』は「マルクス主義哲学」の基本テクストとして広く読まれ、解釈論争も盛んに行われ、野田弥三郎(全訳解説『フォイエルバッハ論』青木文庫、一九五二年)や森宏一(『原典解説・フォイエルバッハ論』青木書店、一九六五年)などがあるが、しかしこれらはいずれも祖述ないし敷衍という性格のものである。

(3) シュタルケとの対照が行われなかった理由の一つに、この本が稀覯であるということもあるかもしれない。筆者の場合は学生時代の担当教授であった故伊達四郎氏の蔵書からコピーさせていただいた。氏は弘文堂西哲叢書の『フォイエルバッハ』(一九三九年)で知られる日本のフォイエルバッハ研究の先駆けの一人であった。

(4) 「扉」にはフォイエルバッハの葬儀に際し、友人Hektor(ゲルマン博物館書記)が読み上げた詩(Grün II-115)から、次の箇所が引用されている。これはシュタルケのフォイエルバッハ観を象徴的に示していると言えるだろう。

人は君を信仰なきもの、神なきものと呼び
君を悪しきものにかぞえる
そしてキリスト教徒たちは自分を
この最高に義なるものと呼ぶ

おお、君はあまりに多くを信じただけなのに
理想をさえも

すでにこの地上において
到達可能な最高の目標として

（5）グリュンは一八四五年に「フォイエルバッハと社会主義者」を書き、フォイエルバッハを哲学と社会主義の「橋渡し」と位置づけた（Deutsches Bürgerbuch für 1845.）。『ドイチェ・イデオロギー』にはグリュンに対する激しい批判が見られる（MEW 3-473f.）。グリュンはフォイエルバッハの死の二年後にフォイエルバッハ書簡集と遺稿を編纂、自ら書いた伝記をつけて出版した（*Ludwig Feuerbach in seinem Briefwechsel und Nachlaß sowie in seiner Philosophischen Entwicklung*, dargestellt von Karl Grün, Bd. 1-2, 1874.）。グリュンについては、良知力『ヘーゲル左派と初期マルクス』岩波書店、一九八七年、所収の「プルードン主義者カール・グリューン」参照。

（6）フォイエルバッハの自己了解としての「唯物論」については、拙論「マルクス「唯物論」のルーツを探る」『情況』一九九一年一月号、参照。若きエンゲルスがフォイエルバッハを丹念に読んだのは一八四五年の『宗教の本質』までだろう。だから第二期と第三期についてのシュタルケの議論をまったく理解できなかったとは思えない。若きエンゲルスのフォイエルバッハへの言及の主なものには次のものがある。①『シェリングと啓示』四一年末～四二年初（MEW Eg.2-190, 219）、②『聖家族』第六章二a「ヒンリヒス第二」四四年九月（MEW 2-97～99）、③四四年一一月一九日付のシュティルナーについてのマルクスへの書簡（MEW 27-12）、④四五年二月のマルクスへの書簡（MEW 27-20）、⑤四五年二月の「ドイツにおける共産主義の急速な進展」（MEW 2-515）、⑥四六年八月一九日付マルクスへの書簡（『宗教の本質』について、MEW 27-33/34）、⑦「フォイエルバッハ覚書」四六年秋（『根本諸命題について』H-158/159）、⑧四六年一〇月一八日付マルクス宛て書簡（『宗教の本質』について、MEW 27-55, 58）。

（7）この点については次の著作に詳しい。Allegra De Laurentiis, *Marx' und Engels' Rezeption der Hegelschen Kantkritik*, Peter Lang, Frankfurt am Main, 1983.

（8）四六年三月三一日付ヴァイトリングのヘスへの手紙（*Der Bund der Kommunisten: Dokumente und Materialien*, Dietz, 1983, Bd. 1, S.307-308.）参照。

（9）マルクスと「哲学」および「哲学の揚棄」との関係については、本書第1章参照。

補論 2
［国家哲学］

東ドイツ哲学の歴史的検証

「諸国家は哲学者たちによって指導されねばならないとする，古代思想家プラトンの要請は，この32年来，地球の六分の一で，つまり社会主義ソ同盟で実現しているのだ.」

（ゲルハルト・ハーリッヒ「レーニンとスターリンの哲学的業績を讃えて」，『テークリッヘ・ルントシャウ』1949年５月13日号）

章扉写真＝ベルリンの壁崩壊（1989年11月）
（出典） *Der Spiegel*, 13, November 1989.

一国の哲学のあり方が、東ドイツほど根本的に暴露され、批判にさらされ、自己反省されたことは、おそらく歴史上かつてなかったろう。我々は、このような徹底的自己吟味という苦業を回避する口実をあれこれもっているが、国家崩壊の結果、東ドイツの哲学者たちにはそれが強いられた。その結果、我々は国家哲学の生態を知り、社会論としての哲学論を今日的に展開する上で、貴重なドキュメントを持つことになったのである(1)。

［1］ G・ヘルツベルクの自己批判

一九六〇年代の後半に旧東ドイツで「マルクス主義哲学の体系」をめぐる論争があり、日本でも芝田進午らによる紹介がなされた(2)。そこでG・ヘルツベルクという哲学者の「唯物論と実践」という論文も翻訳紹介されたのを覚えているだろうか。そのヘルツベルクが、ベルリンの壁が崩壊した五年後の一九九四年に出版された『内側から見た東ドイツ哲学』という証言集で自己検証を行っている。「モデル・ケース——グントルフ・ヘルツベルク」と題されたこの長い自己告白・自己検証の文章は、東ドイツにおける哲学および哲学者たちの生態を伝える貴重なドキュメントであり、この証言集に並載されているP・ルーベンなど他の諸証言と比べても、我々読者に多くの反省を迫る迫力をもっていて大変印象深かった。いまここでそれを紹介する余地はないが、この証言の最後でヘルッベルク自身が「まとめ」を書いているので、少し長いが紹介しておこう。

「G・H［G・ヘルッベルク］が自分の歴史から学んだことは、哲学と著述しか念頭にない者はいつかは諸抗争に入り込まねばならなかったということである。彼は思考に対する国家や党の全般的不信を過小評価した。同時に、彼は「イデオロギーの優位」という最も重要な事実を、知りかつ忘れようとした。

当時彼が気づいていなかったことは、「プラハの春」［一九六八年］がどれほど強く内面的に彼を変え、「アカデミー改革」［一九六九年］が彼の外面的生活をいかに強く変えたかということである。彼は研究し哲学者になろうとした。何年かはうまくいったが、そのあと彼はイデオローグにならねばならず、それを欲しなかった（あるいはできなかった）。批判やさまざまな邪推にもかかわらず、自分の道をさらに進むことは、大いなる戦術的熟達を必要としたろう。彼の同僚の若干はこのことができた。G・Hのようにまったく戦術的には考えなかった者は、たとえ自分の乏しい才覚を使い果たしても、少しの可能性しかなかった。つまり自分の身を屈し、灰色のネズミになる（典型的なアカデミーの運命）か、それとも反抗して追放されるかである。後者の場合も沈黙するか、それとも異論派になるかの二つの道があった。

G・H個人の問題は単に細部問題にすぎない。いかなる理由と原因が東ドイツ哲学の崩壊へと導いたかについては、一層の検討が必要である（そしてこの問題はマルクス主義理論の理論としての真偽性を熟考することによっては解明されないのだ）。

マルクス主義哲学の東ドイツ哲学への没落の本質的な理由として私は次の諸点を見ている。

①それは国家哲学となってしまっていた（その点に関して必要なすべてを、一八七四年にニーチェは語った）。そしてまた党哲学になってしまった。

②このような地位のおかげで、それは哲学一般に対する独占権を持った（定義独占、解釈独占、教授独占）。

③この独占とともに、それは同時に真善美に対する独占権、歴史と未来の独占権を要求した。——それはまた諸科学に対する独占権を要求したが、諸科学により継続的に斥けられた。

④職業的に哲学しようとした場合の、個人の従属。哲学科に進む際、文献を手に入れる際、出版可能性を手に入れる際、そして哲学を教授する際など。——身を潜める小さな場所もあった（たとえば人民劇場での専属哲学者であるといった）。だが、たとえば文筆家たちがしていたように、西側や地下で出版する可能性はなかった。

⑤党（党規律）と国家保安部による哲学者たちの監視。これは逸脱した思想を異端のようにした。

⑥平板な思考の統一哲学という帰結を伴った中央集権化。——ソ連のように、国土の大きさのために比較的多くのセンターや学派が、そしてそれとともに地方的多様性が生じ、さまざまな学説が共存しうるところでは、事情は少しはましだった。

⑦ユーゴスラビアやポーランドやチェコスロバキアやハンガリーのマルクス主義哲学からの隔絶。

⑧西欧マルクス主義、とりわけアントニオ・グラムシからの隔絶。

⑨ヘルシンキでの全欧安保会議決議文書の空文化。それによって諸観念や諸情報の交換はどこでも決まったチャンネルへと誘導されたり、妨げられたりした。

⑩すべての精神的災いのなかの最悪のものとしての検閲。なぜならそれは自己検閲をはらみ、それによっ

てオールタナティヴなき思想に導き、不可避的に質の堕落に導くからだ。

私の考えでは以上が、次のような、その他のすべての没落現象を構造化したところの、構造的な主要根拠である。

⑪凡庸（Mittelmäßigkeit）が（直接または間接に）報われるという結果を伴った安全思考。

⑫ヒエラルヒー的思考。ある言明の正しさはその言明の担い手の地位に依存するのである。

⑬招聘や任命は、業績にではなくまずは忠誠度に（事情によれば追従に）従って行われた。やり方は公然とではなく、党のレベルで、閉じられた門の背後で決定された。

⑭候国的な振る舞い。つまり一定の領域では競争は存在することが許されなかった。

⑮公共的な学問的討論の欠如。そのために誤った見解が攻撃不能にとどまりえたし、公式見解から逸脱した意見は討論での検証のチャンスを得られなかった。

⑯スタイルの欠如。その理由は哲学者たちが学者の公共性に転じなかったからではなく、名目上の読者層として（指導する）労働者階級をもち、現実の読者層として検閲をもったからである。——複数制的諸社会ではこれらの理由は消失し、その結果マルクス主義哲学もまた、社会主義や東ドイツ・マルクス主義の崩壊の後にも、存続し続けるだろう。

では一体、国家と党というぶかぶかの服を着たこの東ドイツ哲学のうち、何が残りうるのだろうか。多くはない。マルクスとエンゲルスの著作の発行（『マルクス・エンゲルス著作集』と記念碑的墓石である『新マルクス・エンゲルス全集』）とマルクス主義哲学の生成に関する研究。凡庸だが勇気あるローベルト・ハーヴェマンの講義。哲学史に関する若干の研究。ヴォルフガング・ハイゼやロータール・キューネやその他少数の者のテクスト。

そして忘れてならないのは、東ドイツから出た哲学的著作の唯一の世界的成功であったルドルフ・バーロの『オールタナティヴ』は、非合法で産み出され、著者を監獄に入れたということである(3)」。

[2] 国家哲学でもある党哲学の生態

1 「書かれていない」社会的コンテクスト

ヘルツベルクのこの告白を読み、まず確認しなければならないのは、一九六七年の彼の体系論争の論文「唯物論と実践」と一九九四年の歴史的自己検証「モデル・ケース——グントルフ・ヘルツベルク」との間の驚くべき乖離そのものである。つまり自分の哲学的見解の体系的記述と、哲学的意識が生産・再生産された社会的様式、哲学的行為が果たした社会的役割、哲学者たちが入り込んでいた組織実態や彼らの生態などについての批判的吟味との間の、驚くべき乖離そのものである。

論文「唯物論と実践」は、「実践」と「物質」のいずれを「マルクス主義哲学」の端初概念と見るかをめぐるあの体系論争において、比較的に原理的な問題提起者であったヘルムート・ザイデルの論文「現実に対する人間の実践的関係と理論的関係」への折衷的な批判であったと言えるだろう。つまり自らは旧体系に対する正面からの批判を回避し、逆に原理的批判者ザイデルを批判する体裁を取りながら、旧体系の単純擁護からも自己を区別し、実質は両者の折衷を企てるという性質のものであった。それから二七年を隔てて、ヘルツベルクは、あの体系論争の「書かれていない」半面を我々に告げるのである。一見、文献詮索的な体系論争、解釈論争の現実的〈意味〉は、そこで「書かれた」テクストだけではなく、論争がなされた社会的コンテクストという「書かれていない」諸条件を反省することなしには明らかにならないということを、我々は改めて思い知らされるのである。

ヘルツベルクが「体系論争」を回顧して行う第一の確認は、それが「影の討論」であったということである。

2 「影の討論」

「それは東ドイツに典型的な影の討論(Schattendiskussion)であった。つまりこの討論では、実践概念が中心カテゴリーか否かという問題とはまったく別の事柄が問題だったのだ。実は国家主義的官僚的正統マルクス主義に対するユーゴスラビアのプラクシス哲学の挑戦が問題だったのであるが、このことは全討論を通して、誰からも一度も言明されなかった」[4]。

つまり東独での体系論争は、旧体系に対するプラクシス派哲学の論争の「影」であったにすぎない。「プラクシス派の哲学者たちは、マルクスから出発しつつ、我々の時代の水準の解放論的要求でもって批判哲学を仕上げることが可能であることを証示していた」が、「社会主義のための批判的活動主義的解放論哲学を展開する」という姿勢に欠けていた東ドイツ哲学者たちは、「密かに」それから学んだザイデルを除いて、それに歩み寄ることがなかった。だからザイデルは集中批判を浴びて退却を余儀なくされた。このようにヘルツベルクは回顧している。

ここで明らかにされている「書かれていない」コンテクストは、東ドイツにおける哲学刷新運動の可能性の問題である。そしてソ連東欧諸国におけるその不均等性と他国の哲学刷新運動との連携と遮断の問題である。哲学が既存のシステムをどれほど正当化し、弁護したのかが常に問われるが、それだけでなく、いやそれ以上に、哲学刷新運動が、ユーゴの原像において、また東ドイツにおける「影」において、現存システム刷新のためにどこまで貢献できたのか。できなかったとすればなぜできなかったのか。それともそういう過剰な期待を哲学に対して持つこと自体が、そもそも哲学の自己過大視だったのか。これこそがあの「体系論争」で本当に問われなければならなかった問題だったのである。そしてこれは、哲学運動が既存社会システムの変革にどんな役割を果たしうるのかというマルクスの哲学論の根本問題にも直接連続する問題であろう。

3　「道具化」と「機関哲学者」

ヘルツベルクが「体系論争」を回顧して確認する第二の点は、哲学の「道具化」の問題である。ザイデル論文が出た時、彼は科学アカデミー哲学研究所にポストを得たばかりであった。ザイデルの構想への批判的見解を述べたところ、上司から『ドイツ哲学雑誌』への批判論文執筆を勧められ、名誉に思って原稿を書いた。最初は「同調的批判」という姿勢で書いたが、部長から四度にわたって修正を要求される。その結果、印刷されたものはザイデルへの全面否定に近い、「自分としては認めがたいもの」となる。彼は「自分を道具化（instrumentalisieren）させてしまった」と感じた。

ここで表明されている「書かれていない」コンテクストは、個性的哲学と機関哲学との葛藤ということである。このような葛藤は、もちろん日本を含め普遍的に見られる。論文「唯物論と実践」は、ヘルツベルクという個人名で発表され、個性的哲学は形式的には否定されていないが、実質は「機関」がいわばヘルツベルクを〈通して〉書いたものでなければならなかったのである。

ヘルツベルクはこの葛藤にとらわれ続けたようで、五年後に新実証主義哲学批判の本を執筆することになった時についても、苦い体験を次のように綴っている。

「私は自分が考えたことを書かなかったが、少なくともそのうちの若干は救いたいと思い、間もなく各文章ごとに、義務と洞察の間の妥協を受け入れねばならなかった。この本を書くのは苦痛であったが、その上、それ［原稿］が厳しく批判された時、大きな幻滅がやってきた。私は何度も書き直したが、それを救うことができなかった[5]」。

ちなみに、編者カプフェラーの指摘では、公式見解の合唱と個人研究室での「真理探究」という「哲学的二重生活」(philosophische Doppelexistenz) が東ドイツの専門哲学者に共通する特質であった[6]。

4　組織論としての哲学論

この事実は、我々に〈組織論としての哲学論〉の重要性を示唆している。〈組織論としての哲学論〉という言い方は一見奇妙に聞こえ、ソ連東欧諸国の哲学者たちの特異性のみを反映しているように聞こえる。しかし彼らの特異性から出発して、逆に〈組織論〉という視点から哲学史全体を反省してみる価値も大いにあるだろう。哲学的行為を純個人的行為としてしか見ないのは、哲学的意識が陥りやすい自己倒錯と言うべきであって、筆者の了解では「哲学史が我々に叙述するのは高遠な精神の系列であり、思惟する理性の英雄の画廊である」(ヘーゲル『哲学史』緒論) などという哲学史の読み方は、哲学史の読み方としても古いのである。哲学的行為を純個人的行為として見るという前提に立つ限り、体系論としての哲学論と社会論としての哲学論は乖離したままに終わるだろう[7]。

『内側から見た東ドイツ哲学』から読める限りでは、組織として見れば、主に次の四つの哲学組織系列が区別されるだろう。

①国家哲学でもある党哲学

これは党中央委員会イデオロギー局を頂点に、各級党学校、中央委員会付属社会科学アカデミー、ドレスデン軍事アカデミー、労働組合大学などを包摂している。[8] P・ルーベンは同じ『内側から見た東ドイツ哲学』に収めた証言「カードル哲学者になるチャンス」で「カードル哲学にとって、諸個人による哲学的真理探究が問題なのではない。共産党の指導グループの諸決定の実現のために、世界観的党派性を表明することが問題なのである。……それは弁護論的であり、その意識的担い手もそのことをよく知っている」[9]と書いている。しかし「党哲学」は最初からそうだったのではない。これは「志を同じくするものの闘争同盟としての党」から「政府機関としての党」への転形に対応して、「人間的解放のための個人的アンガジュマン」が「党の指令の受容」や政治局決定への「宣伝主義的解釈付与」に代位した結果なのである。[10] ルーベンは、この転換がソ連では一九二九年から三一年に行われたデボーリン批判で、東ドイツでは一九五六年から五八年のハーリッヒ事件で生じたと見ている。

我々は「党哲学」一般と「国家哲学」でもある「党哲学」とを区別する必要がある。私自身は「党哲学」が、負の意味も含めて、今後も当分は歴史的存在理由を持ち続けるだろうと考える。なぜなら我々は、自己統治の主体である理念としての「人民」と既成の権力に服属する実在の「人民」との大きな乖離を歴史的所与として持たざるをえないからである。しかし「党哲学」を積極的に主張する者は、哲学的解放論の哲学的権力弁護論への転形、政治路線的結合体の世界観的セクトへの退行、哲学の内包化なき哲学の外延化といった、「党哲学」にまといつく深刻な問題を見据えておかねばならない。「党哲学」の問題は「哲学とプロレタリアートの歴史的ブロック」という、哲学に対するマルクスの関係の第二モデルに関わっているが、マルクス自身はこのモデルを放棄している。その意味も問うておかねばならないだろう。

他方「国家哲学」でもある「党哲学」については、それがいわゆる「ソ連型社会主義」の致命的欠陥の一つであったことは今日では広く承認されている。「国家哲学」と「国家宗教」の差異など、検討課題は残るが、歴史的には周辺部革命の国家集権主義を構成するものとして総括されるだろう。哲学的には複数性（plurality）を認識論的社会論的に包摂できなかったことが反省されねばならない。

ハーリッヒは一九四九年五月にレーニンとスターリンの哲学的業績を讃えて「諸国家は哲学者たちによって指導されねばならないとする、古代思想家プラトンの要請は、この三二年来、地球の六分の一で、つまり社会主義ソ同盟で実現しているのだ」と書いている。[11]たしかに一定の哲学が歴史上初めて国家権力と排他的に結合したとも言えよう。レーニンやスターリンはプラトンの言う「哲人」ではなかったといった議論が重要なのではない。「哲人政治」という観念そのものの幻想性が、実在する「哲人政治」に即して反省されるべきであろう。

②専門的哲学組織

大学哲学部（一九五一年導入）や科学アカデミー哲学研究所（六二年設立）に属するいわゆる「専門哲学者」たちの「党哲学」からの独自性をめぐっては、カプフェラーとルーベンは評価を異にしている。カプフェラーは、システムの中で哲学を教え、研究し、公刊する「専門哲学者」の全員が「カードル哲学の構成要素」であったとみなしており、その役回りは「敵対思想像の生産」などで、「専門的インプットのカードル哲学」を提供することにあったと見ている。[12]

これに対してルーベンは両者の差異を強調する。大学や科学アカデミーの哲学者たちは党にではなく、国家に雇用され、大学専門学校省やアカデミー総裁の管轄下にあった。これら専門哲学研究機関ではカードル哲学者たちに指導ポストを占めさせることを通じて、党の要求の貫徹が図られ、カードル哲学者の養成の場ともなったが、国際的評判への配慮から、大学アカデミー制度と党制度との区別、前者の形式的独自性を抹殺することができなかった。[13] 総じて言えば、専門哲学研究機関は「党哲学」に対する形式上の自立性、したがってまた、機関哲学とは異なる個性哲学の形式的可能性を保持していたが、実質的には「党哲学」の強いコントロールのもとに置かれ、その結果「哲学的二重生活」が専門哲学者たちに共通するスタイルとなったと言えるだろう。

ルーベンによれば、専門哲学者たちの党への関係を実体的に規定したのは、政治的解放に必要な道具としての労働者党というマルクスの観念を彼らが個々に承認したことにあった。ドイツの共産党を「理性の案内道具と感じた点において、彼らは彼らの時代の息子であり娘であった」が、「「哲学の実現」によるプロレタリアートの揚棄を実践する現実の試みの歴史的結果としてカードル哲学を把握するという悲劇的帰結」が待ち受けていたのである。[14] だからここでも単に「党哲学」による抑圧だけが問題だったのではなく、専門哲学的意識自身の幻想性も問題だったのだ。

③私的哲学サークル

ヘルツベルクの場合、一九七一年頃から友人や同僚を自宅に招き、定期的な討論の会合を持った。「このサークルは反対派であることを念頭に置いたものではなく、公共性の欠如と重苦しく感じる精神的孤立を埋めあわそうとした」にすぎなかったが、後にフラクション形成だと非難され、シュタージ（国家保安部）協力者のサークル会員により逐一密告されていた。[15] 哲学史上、私的サークルは大学とならぶ哲学の最も重要な組織形態であったが、東ドイツでは私的哲学サークルは制度の外部にあるという意味で制度側からは大変恐れられたようであり、「個人的な仕事はそれだけですでに直接、嫌疑の対象なのだ」[16]とも彼は書いている。ヘルツベルクのこの私的サークルは、二〇年後の東ドイツ末期には「新フォーラム」のためのイニシアティヴ・グループに合流したらしい。

④哲学メディア

『ドイツ哲学雑誌』のJ・シュライター編集長（当時）が我々に語ったところでは、ブロッホおよびルカーチの影響下で編集されていた同誌は、ハンガリー事件に関わる編集長ハーリッヒの逮捕（一九五六年）以降は「党哲学」の機関誌になり、印刷前に中央委員会の検閲を受けた[17]。ヘルツベルクが論文や著書を出版するためにどれほど「義務と洞察の妥協」に悩んだかは、先に見たとおりである。マルクスとの関係で言えば、哲学に対するマルクスの関係の第一モデルである「意志としての哲学」に見られる公共性論や検閲批判が、ソ連東欧の異論派により彼らの武器としてしばしば引用されたことは周知のとおりである。

［3］新実証主義的哲学批判かマルクス的哲学批判か

では、我々は東ドイツ哲学をどういう方向で批判すべきか。『内側から見た東ドイツ哲学』所収のH・M・ゲルラッハの証言「理性への出発——ある幻想の破壊？」が確認するように、東ドイツ哲学の「ブルジョワ哲学」像は、ルカーチの『理性の破壊』（一九五四年）などを図式化した〈ルカーチなきルカーチ主義〉とも言うべきものであった。ヘーゲル以降、非マルクス主義哲学は一路下降線をたどり、非合理主義的帝国主義イデオロギーに落ち込む、と。しかし、このような外部の「敵対思想像」のレッテル化、内在批判の欠如は、ヘルツベルクが東ドイツ哲学の主要欠陥の一つにあげた「我々自身の社会の分析に際してのリアリズムの欠如[18]」と表裏一体のものであったのである。つまり東ドイツ哲学は自分たち自身が現に入り込んでいる生活諸関係の批判的吟味という、自らの思想の拠点づくりに失敗したと言うべきだろう。

ヘルツベルクも東ドイツ哲学に無批判であったわけではない。彼の批判方向は科学的認識の厳密さを尺度にしたものである。彼はすでに学生時代に、「諸科学に対するマルクス主義のイデオロギー的要求をはねつけた」ハーヴェマンの講義を聴き[19]「独断のまどろみから醒める」のであるが、自らハーヴェマン支持者集会で「哲学の不当な要求に抗して」という報告を行っている。[20]哲学研究所就職時にも「哲学が厳密な学となりうる」よう貢献しようという抱負を書いている。[21]

やがてネオ・ポジティヴィスム批判を担当して批判対象から大きな影響を受け、またN・ハルトマンの「存在論」の「透明で隠喩的でない言語」が模範的に見える。

「私は哲学の欠陥(その不明瞭さ、その疑似論証、ほとんど追跡不能の証明、その不遜さ、その不正確な言語)を、初めてまったく明瞭に理解した。私はこの時より、単に美しく確信的に聞こえるだけの総ての哲学への嫌悪を身につけたが、ネオ・ポジティヴィズム的哲学拒絶を共にすることはなかった。ハルトマンに依って私が形成した次のような考えが、いまや確固としたものとなった。哲学はそれ固有の対象を持ち、学でありうるが、そのためには哲学は自分自身に批判的に光をあて、……明瞭な言語を話し、検証可能な主張をたて、諸科学の方を向き、あらゆる言明を現実に即して検証し、古くなったテーゼは早く突き放さねばならない[22]」。

このようにして、彼は「弁証法的唯物論」は「形而上学だと特徴づけうる」という結論に至った。[23]彼の告白をつぶさに聞いた我々には、彼がこのような哲学批判に至った思想行程の重みを強く感じる。ここでは「マルクス主義哲学」の存在の自明性の上に、ネオ・ポジティヴィズム的哲学批判が重ね合わされたのである。たしかに哲学批判ないし哲学の自己批判は、現代哲学の多くの潮流が共有する地盤であって、哲学の「揚棄」のプロセスは後戻り不能と見るべきだろう。新実証主義による分析的哲学批判がこの面で行った貢献も大きい。むしろ「世界観」であることを全面に押し出す「マルクス主義哲学者」の中に、かえって哲学的意識形態に対するナイーヴな信奉者が多いことも認めなければならない。しかし、マルクスの思想ははたして哲学であったのか、マルクスのラディカルな哲学批判は、東ドイツ哲学の現実に即してどれほどの有効性を持つのか。これらについては、ヘルツベルクの口からは一言も語られないままである。

補論2 註

(1) まとまったものとしては、ノルベルト・カプフェラーの編集による証言集『内側から見た東ドイツ哲学』(意訳。原題は、N. Kapferer hrg., *Innenansichten Ostdeutscher Philosophen*, Darmstadt, 1994. 直訳すると「東ドイツ哲学者たちの内側からの見方」)参照。なお、カプフェラーには『東ドイツ一九四五年～一九八八年におけるマルクス・レーニン主義哲学の敵対思想像』(原題は、N. Kapferer, *Das Feindbild der marxistisch-leninistischen Philosophie in der DDR 1945-1988*, Darmstadt, 1990.)という包括的研究もある。また、東ドイツを代表する哲学雑誌『ドイツ哲学雑誌』誌上で行われた歴史的検証については、季報『唯物論研究』第三七号掲載のJ・シュライター編集長に対する我々のインタビュー「自己批判的マルクス主義への道」および、同誌第三五／三六号掲載の拙論「東ドイツ・マルクス主義哲学の危機と模索」参照。東ドイツ解体後の情況については同誌三八／三九号掲載のシュテッフイ・リヒター「世界へ出て自分自身へ至る道——東部ドイツ一哲学者の覚書」参照。

(2) 芝田進午編訳『現代のマルクス主義哲学論争』青木書店、一九六九年。

(3) N. Kapferer hrg., ibid., S.69-71.

(4) Ibid., S.47.

(5) Ibid., S.62.

(6) Ibid., S.145.

(7) この点については、拙論「すべての人間は哲学者である——アントニオ・グラムシと哲学の現実諸形態」『情況』一九九七年年七月号、参照。グラムシは哲学の社会的実在形態の三層分化を確認し、「一つの時代の哲学」は「あれこれの哲学者の哲学、あれこれの知識人集団［政党を含む］の哲学、人民大衆のあれこれの部分の哲学」という分化する三つの要素の相互関係としてのみ実在すると見ている（『獄中ノート』Q10 II-13,『グラムシ選集』第一巻、合同出版、二六三頁）。ヘルツベルク自身、自らの人生の選択肢を整理して、自分は「哲学者になろうとした」が「そのあとイデオローグにならねばならず、それを欲しなかった」ために職と出版機会を喪失するに至ったと書いている（Ibid., S.69）。この場合、「真の」哲学は専門的で個性的な哲学行為とその所産だけを指すべきであって、機関哲学や通俗哲学はいかに哲学を僭称していても哲学ではなく「イデオロギー」にすぎないという意味でこう語っているとすれば、この自己了解は大変混乱している。自分だけをイデオロギー（観念学）的倒錯の例外と意識することは、それ自身イデオロギー的倒錯の一典型であろう。哲学の異なる現実形態のあいだの選択が問題だったのだ。

（8）N. Kapferer hrg., ibid., S.18.
（9）Ibid., S.17.
（10）Ibid., S.8-9.
（11）Ibid., S.9.
（12）Ibid., S.144.
（13）Ibid., S.22.
（14）Ibid., S.19.
（15）Ibid., S.64.
（16）Ibid., S.57.
（17）J・シュライター「自己批判的マルクス主義の道」、季報『唯物論研究』第三七号、一九九〇年一二月、参照。
（18）N. Kapferer hrg., ibid., S.65.
（19）ローベルト・ハーヴェマン『ドグマなき弁証法?』篠原正瑛訳、弘文堂新社、一九六七年、参照。
（20）N. Kapferer hrg, ibid., S.40.
（21）Ibid., S.44.
（22）Ibid., S.62.
（23）Ibid., S.65.

あとがき

この本は、マルクス再読の書であり、野心としてはマルクス像の変革を目的とするものであるが、それはまた、私個人の思想的総括の書でもある。だから、この本には青年時代の楽しい思い出や苦い思い出がいっぱい詰まっている。私は、田舎町での少年時代を終えて、一九六〇年代初めに大学に入り、一年ほどの知的彷徨の末に、学生運動に積極的にコミットすることになった。とはいっても、運動組織化の中心にいたわけではなく、研究会を中心とした活動であったのだが。このコミットメントを通して、私は、視野と関心を広げ、批判精神を養い、また人々との協働という活動スタイルを身につけることができた。ただしそれは、ある種の権威主義的な思考様式、コミュニケーション様式、行為様式の受容という、非常に大きな制約の内部でのことであった。一言で言えば、この矛盾したあり方が、私の青年時代そのものであったように思う。

このようにして、七〇年代の終わり、三〇歳代の末に、危機を迎えたのである。私に訪れてきた危機は、思想的自立の危機であった。いろいろ紆余曲折はあったが、〈インディペンデントに考え、対話的に協働する〉というのが、この危機からの私の出口であった。なぜもっと早く自立できなかったのか。自責の思いは強い。けれども、〈はたして自分が、権威主義的中間期を経過することなく、直接、インディペンデントに生きられたか?〉

と自問すると、私に限って見れば、それは現実的でなかったように思われる。もちろん、こういう言い方には、いくばくかの自己弁明も含まれよう。しかし直接の危機をくぐりぬけ、ある時間が経過し、自分の転回をある程度、客観化できる局面が訪れると、やはり自分が肯定―否定のプロセスを経過しつつ、過程的に生きている姿が見えてきたのである。

私は、この転回に際して、フロイトの言う「現実原理」を受けいれて、いわゆる現実主義者になったわけではない。むしろそれまで奉じてきたさまざまな信念について、自分の目で再読し、自分の頭で再考してみようということであった。とりわけ原形をとどめないほど上から上へと「加上」(富永仲基)された「マルクス主義」からいったん身を引き、オリジナル・マルクスに直接アタックしてみたいという非常に強い思いがあった。このようにしてマルクス再読が始まったのである。

「マルクスにおいて「唯物論」は何を意味したか」を季報『唯物論研究』第六号に発表したのが一九八二年七月だったから、マルクス再読への着手は、八〇年代の初めということになる。一九八六年からは大阪哲学学校で「マルクスを読む」シリーズを五年にわたって三一回続けた。マルクス再読を市民や活動家たちと一緒にやれたことは、たいへん有難いことであった。その後も、マルクス再読論文を多数発表したが、このうち社会理論、解放理論に当たる部分を、一九九四年に『マルクスとアソシエーション』というタイトルで新泉社から先行出版した。これは当時、「ソ連型社会主義体制」の大崩壊を受けて、社会主義の再生をめぐる議論が沸騰しており、私としてもぜひともこの議論にコミットしたいと思ったからである。そしてこの本の「あとがき」で、続けて二冊出版し、三部作とする旨、予告した。実際、そうするつもりでいた。

ところが、幸か不幸か『マルクスとアソシエーション』には大きな反響をいただいた。それまでにはなかったことであるが、立場や専門や課題を異にするいろいろな集会や研究会や講演会に招かれるようになった。この勢いも借りて、大藪龍介さんや石井伸男さんと下相談の上、伊藤誠、正木八郎、渡辺憲正の各氏にもコミットいただき、一〇〇人を超えるマルクス研究者の参加を得て、『マルクス・カテゴリー事典』（青木書店、一九九八年）を編集、出版した。私が編集に関わっている季報『唯物論研究』でも、一九九七年と九九年の二度にわたって「アソシエーションの理論と実践」特集を組んだ。また、これをベースに共同研究を呼びかけて、二〇〇三年三月には『アソシエーション革命へ』（社会評論社）を出すことができた。これは基礎研究ながら、アソシエーション論を思想史的文脈で扱うのではなく、現代の社会変革論として扱ったものである。また松田博さんに教えられて、マルクス・アソシエーション論を現代へと超える中間点に、グラムシ『獄中ノート』、とりわけ市民社会論や陣地戦論やヘゲモニー論やグラムシ自身のアソシエーション論を位置づけることができるようになった。アソシエーション運動をめぐっては、協同組合、労働組合、NPO、NGO、セルフヘルプ・グループなどいろいろな実践領域の人たちや、政治学者、経済学者、社会学者、グラムシ研究者などさまざまな専門領域の人たちとの対話ができ、いろいろ学びながらの仕事の連続であったし、現在もそうである。

このようにして、アソシエーション論よりも着手がはるかに早かったにもかかわらず、三部作の残り二冊は、さらに一〇年近くも放置される結果となった。幸い、新泉社の安喜健人さんが訪ねてこられ、マルクス三部作の完結を促してくださった。これで、くすぶっていたものが再発火した。二冊を一冊にまとめたものを、出来上がってみると、こんな大冊になってしまった。「読者への配慮が欠けているではないか」という叱責が私の中からも聞こえてくる。主として時間的制約のため、読者に対し十分行き届いた表現努力がなされているとも言いがたい。言い訳にはならないが、これまで膨大なマルクス研究文献が積み上げられているわけだから、新しいマルクス像を提示すると主張する以上は、最小限度の文献的根拠の提示は不可欠であった。また、新しいマルクス像は、その頂点にアソシエーション論があるとしても、本書で扱ったような広く分厚い裾野もあるのだ、ということも示さねばならなかったのである。

＊

本書は、以下の既発表の論文を素材として、新たに書き下ろしたものである。第4章、第9章、補論1および補論2のみ、既発表のものに一部加筆したにとどまる。

〔第1章〕
・「廣松渉——マルクスと哲学の間」『情況』一九九四年一一月号
・「哲学に対するマルクスの関係（中）——マルクスと哲学・4つの基本モデル」、季報『唯物論研究』第五六／五七号、一九九六年四月
〔第2章、第3章〕
・「マルクスの意識論」、季報『唯物論研究』第三三／三四号、一九八九年一一月
・「マルクス意識論の一般規定——「意識＝反映」説との対比の試み」、札幌『唯物論』第三五号、一九九〇年七月
〔第4章〕
・「「哲学の外への転回」の途上で——前「唯物論」期マルクスの「唯物論」批判」『広島経済大学研究論集』第二三巻四号、二〇〇二年三月
〔第5章、第6章〕
・「唯物論へのマルクスの移行」、季報『唯物論研究』第一〇／一一号、一九八三年九月

・「マルクス「唯物論」のルーツを探る」『情況』一九九一年一二月号

〔第7章〕

・「物質の哲学的概念について・覚え書き」、季報『唯物論研究』第一三／一四号、一九八四年七月

・「マルクスとレーニンの差異について」『社会主義理論学会年報』創刊号、一九九二年四月

・「二一世紀と「批判的唯物論」の存在理由」、季報『唯物論研究』第八二号、二〇〇二年一一月

〔第8章〕

・「廣松渉とマルクス「唯物論」」、季報『唯物論研究』第一九／二〇号、一九八五年一二月

・「カントと唯物論（1）」、季報『唯物論研究』第一号、一九八一年四月

・「カントの物質概念――カントと唯物論（2）」、季報『唯物論研究』第三号、一九八一年一〇月

・「カントと「心の物質性」の問題」、季報『唯物論研究』第二四号、一九八七年三月

〔第9章〕

・「マルクス国家論の端初規定」『現代と展望』第三五号、一九九三年夏

〔補論1〕

・「シュタルケとエンゲルスのフォイエルバッハ論――エンゲルスによる「哲学の根本問題」導入の経緯」、杉原四郎、降旗節男、大藪龍介編『エンゲルスと現代』御茶の水書房、一九九五年七月

〔補論2〕

・「哲学に対するマルクスの関係（上）――東ドイツ哲学の歴史的検証」、季報『唯物論研究』第五五号、一九九五年一二月

*

森信成さん、小野義彦さんには学生時代、直接の思想的薫陶をうけた。高橋昭二さんにはその厳密な学風で鍛えていただいた。尊敬する石堂清倫さんからは何度も激励の言葉をいただいた。私のマルクス研究の主たる批判対象であった廣松渉さんからも、新しい地平への脱皮という点できわめて多くの影響を受けた。すべて故人になられたが、生きておられれば、どんなコメントがいただけただろうか。

高橋昭二さん、丸山珪一さん、鷲田小弥太さん、本林達三さん、石崎嘉彦さん、大田孝太郎さん、平等文博さんには、生活の糧を得るうえでお世話になった。どうにか生活の破綻を免れることができたのも、この人たちのおかげであった。

季報『唯物論研究』や大阪哲学学校や二一世紀研究会を一緒にやっているすべての友人たち。二一世紀研究会創立直後に逝った高橋準二さん。長年にわたって活動をともにしてきた山本晴義さん、笹田利光さん、平等文博さん、木村倫幸さん。実務を引き受けてくれているだけでなく、いつもアドヴァイスをいただいている山口協さん、高根英博さん、中村徹さん。これらの方々にも謝意を表したい。

本書の出版にあたっては、大阪経済大学学会から出版助成金を支給いただいた。また、新泉社の安喜健人さんの激励と努力に負うところ大であった。

皆さんに、この場を借りて心からお礼申し上げる。

二〇〇四年三月二〇日　大阪・東淀川にて

田畑　稔

人名解説・索引

ア行

アドルノ（T.W. Adorno　1903-1969　ドイツのフランクフルト学派を代表する哲学者）
73
アリストテレス（Aristoteles　BC384-BC322　マケドニア出身の古代ギリシャの大哲学者）
187, 191, 358-359, 380, 444
アルチュセール（L. Althusser　1918-1990　フランスのマルクス主義哲学者）
10, 67-68, 71-72, 74, 160, 261, 324-326, 339, 421
アンネンコフ（P.V.　Annenkov　1812-1887　ロシアの著述家）
441, 445-447
石井伸男（1942-　哲学者）
339, 532
石塚正英（1949-　社会思想史研究家）
231
石堂清倫（1904-2001　思想家，翻訳者，運動史研究者）
6, 65, 72, 535
イッカー（C. Ikker　論文「マルクス『リスト草稿』の成立時期」の筆者）
339
ヴァイトリング（W.C. Weitling　1808-1871　ドイツの初期労働者共産主義の理論家）
299, 301-303, 507, 511
ヴァーグナー（A. Wagner　1835-1917　マルクスは晩年に彼の『経済学教科書』第2版を抜粋し注記している）
107
ヴァルデンフェルス（B. Waldenfels　1934-　現代ドイツの現象学哲学者）
105-106, 131
ヴィンデルバント（W. Windelband　1848-1915　新カント派の西南ドイツ学派の創始者）
489, 495
ヴェストファーレン（Jennie　Westfahren　1814-1881　4歳年上のマルクスの妻の旧姓）
202
ウエーバー（M. Weber　1864-1920　ドイツを代表する社会学者）
430
ヴォルテール（F.M.A. Voltaire　1694-1778　18世紀フランスの啓蒙思想家）
278
ヴォールファールト（G. Wohlfahrt　ヘーゲル無限判断論の研究者）
429

エーヴァーベック（A.H. Ewerbeck　1816-1860　義人同盟パリ・グループのリーダー）
276
エスキロス（A. Esquiros　新バブーフ主義者で，無神論に反対した）
293
エピクロス（Epikouros　BC341?-BC270　後期ギリシャ哲学の原子論者）
68，184-188，190-193，394
エルヴェシウス（C-A Helvetius　1715-1771　18世紀フランスの唯物論哲学者）
281，294，297，300，304-305，308，312-315，337
エンゲルス（F. Engels　1820-1895　マルクスの盟友，マルクス主義の教義化を主導）
4，7，10，13，28，40，43，67，74-75，81-83，129，177，183，232，236，263，270-272，282，293，311，325，327-328，343-344，351-352，354，381-382，436，438，441，444，458，462-463，470-471，475-477，479，481-482，485-486，488-493，497-498，501-511，518
オーエン（R. Owen　1771-1858　19世紀前半に活躍したイギリスの社会主義者）
304-305，307-308，337-338
大藪龍介（1938-　国家論研究者）
435，470-471，532
オッカム（William of Ockham　1285?-1347/49　イギリスのスコラ学者，フランシスコ会士）
313

カ行

カウツキー（K. Kautsky　1854-1938　エンゲルス直系のマルクス主義理論家）
65，436，442，475
加藤哲郎（1947-　政治学者）
435，459，470-471
カフィエロ（C. Cafiero　1846-1892　イタリアの労働運動家で国際労働者アソシエーションのメンバー）
345
カプフェラー（N. Kapferer　1948-　東ドイツ哲学史研究者）
522，524，528-529
カベ（E. Cabet　1788-1856　フランスのイカリア派共産主義のリーダー）
289，293-295，299，301-305，335，337
カーレフ（デボーリン派の哲学者，論文「マルクス主義における哲学の問題」〔原1925年〕の筆者）
66-67，72
ガローディ（R. Garaudy　1913-　フランスの共産主義哲学者でのちにイスラム主義に転身）
335-336
カント（Immanuel Kant　1724-1804　啓蒙期ドイツの哲学者，ドイツ観念論哲学の出発）
12-13，27，31，49，98，101-102，153，205，211，265，273，314，349，357，360，366，380-381，389-397，404，406-408，429，482-484，486，492-493，497

ギヴサン（H. Givsan 『唯物論と歴史』〔独語版1981年〕の著者）
72
キケロ（M.T. Cicero　BC106-BC43　古代ローマの政治家でストア哲学者）
444
クラーク（S. Clark　1675-1729　ニュートンの弟子，ライプニッツとの論争で有名）
230
グラムシ（A. Gramsci　1891-1937　マルクス主義の刷新を図ったイタリアの思想家）
6，74，389，436，450-452，471，517，528-529，532
クリーゲ（H. Kriege　1802-1850　義人同盟メンバー，渡米して「真正社会主義」を宣伝）
42，272，507
グリュン（Karl Grün　1817-1887　「真正社会主義」の代表的人物）
42，272，481，493，501，507，511
クルス（A. Cluß　1820頃-1889頃　共産主義者同盟のメンバー，のちにアメリカでマルクス主義を広める）
259
クローチェ（B. Croce　1866-1952　ナポリを拠点に活躍したイタリアの哲学者，歴史家）
74
ゲー（J. Gay　1807-?　フランスの初期共産主義者，1843年にデザミ，ナヴェールとともに『共有体年鑑』を刊行）
295，304-305
ケーギ（P. Kägi 『史的唯物論の生成』〔独語版1965年〕の著者）
75，303，337-338
ゲルラッハ（H.M. Gerlach　旧東独の哲学者で，主にいわゆる「後期ブルジョワ哲学」批判を行った）
526
古在由重（1901-1990　戦後の日本の唯物論哲学の中心人物の一人）
130
コルシュ（K. Korsch　1886-1961　マルクス主義の実証主義化と闘った思想家）
65-66，72
コルニュ（A. Cornu　1888-?　大作『マルクス，エンゲルス，生涯と仕事』〔1955-68年〕の著者）
10，260
コンスタン（A. Constant　1767-1830　新バブーフ主義の中の唯心論派）
293
コンディヤック（E.B. de Condillac　1714-1780　フランスの感覚論的哲学者）
312-313，494
コント（A. Comte　1798-1857　サン＝シモンの流れを汲み，実証主義を唱える）
75

サ行

ザイデル（H. Seidel　旧東独の哲学者，ユーゴ・プラクシス派の視点を導入しようとした）

519-521
ザスーリッチ（V.I. Zasulich　1849-1919　ロシアの女性革命家）
60
サン＝シモン（C.H. Saint-Simon　1760-1825　フランスの社会改革者）
298，302-303，338，364
シェリング（F.W.J. Schelling　1775-1854　ドイツ観念論哲学の代表者の一人）
397，483-484，486，511
ジェンセン（K.M. Jensen　『マルクスとマッハの彼方へ――ボグダーノフの生きた経験の哲学』〔英語版1978年〕の著者）
132
芝田進午（1930-2001　旧東独での哲学論争を紹介した『現代のマルクス主義哲学論争』〔青木書店 1969年〕の編訳者）
515，528
シャッパー（K. Schapper　1812-1870　義人同盟→共産主義者同盟の指導者）
171-172，344
シュタイン（L. von Stein　1815-1890　ヘーゲル学派の流れを汲むドイツの国家学者）
335-336，364
シュタルケ（C.N. Starcke　1858-1926　デンマークの人で『L. フォイエルバッハ』〔独語版1885年〕の著者）
475-484，486-505，509-511
シュッフェンハウアー（W. Schuffenhauer　1930-　旧東独で刊行されたフォイエルバッハ全集の編者）
260
シュティルナー（M. Stirner　1806-1856　ヘーゲル左派，45年の『唯一者とその所有』で衝撃を与えた）
265，325，327-328，344，350，511
シュトラウス（D.F. Strauß　1808-1874　ヘーゲルの流れを汲むドイツの神学者）
317
シュミット（A. Schmidt　1931-　フランクフルト学派の哲学者）
381
シュライター（J. Schreiter　旧東独の哲学者で，主に論理実証主義や解釈学の批判を担当した）
525，528-529
シュルツ（W. Schultz　1797-1860　『生産の運動』の著者）
241
シュンペーター（J.A. Schumpeter　1883-1950　20世紀を代表する経済学者の一人）
75
ジンメル（G. Simmel　1858-1918　ドイツの「生の哲学」者，社会学者）
430
スターリン（I.V. Stalin　1879-1953　レーニン死後，ロシア共産党の最高指導者に）
4，338，436，524
スピノザ（B. de Spinoza　1632-1677　オランダの哲学者）
310-311，317，394，483

スミス（Adam Smith　1723-1790　スコットランドの道徳哲学者，経済学の父ともいわれる）
56，241，245，331，333
ソクラテス（Sokrates　BC470/469-399　古代ギリシャの哲学者，アゴラで市民と対話した）
169，173
ゾルゲ（F.A. Sorge　1828-1906　マルクスの盟友の一人で，3月革命敗北後ニューヨークに渡り，社会主義運動を組織）
259，345

タ行

タウベルト（Inge Taubert　旧東独でマルクス・レーニン主義研究所に所属，新メガの編者）
73，229-230，260，282
高橋昭二（1927-1984　ドイツ観念論哲学研究）
73，229，429，535
ディドロ（D. Diderot　1713-1784　18世紀フランスの唯物論哲学者）
292，314，429
デカルト（R. Descartes　1596-1650　17世紀フランスの哲学者）
311-313，315，351，483，486，503
デザミ（T. Dezamy　1803-1850　フランスの唯物論的共産主義派の理論家）
251，291，294-305，336-337
デボーリン（A.M. Deborin　1881-1963　ソ連の哲学者，30年に若手哲学幹部により批判）
66-67，523
デモクリトス（Demokritos　BC460頃-BC370/360　古代ギリシャの原子論者）
184-190
寺沢恒信（1919-　『意識論』〔大月書店 1984年〕の著者）
129
ドゥンス・スコトゥス（J. Duns Scotus　1265/66-1308　スコットランド出身のスコラ学者）
312-313
ド・ブロス（C. de Brosse　1709-1777　フランスの歴史研究家，『フェティッシュの崇拝』〔原1760年〕の著者）
200，231
富永仲基（1715-1746　『出定後語』などで「加上」論を展開）
5，531
トラウト（J.D. Trout　『読本・同時代の唯物論』〔原1995年〕の編者）
93，131，428
トラシ（Destutte de Tracy　1754-1834　イデオロジ＝観念学の提唱者）
338
トリスタン（F. Tristan　1803-1844　近代フランス・サンディカリズムの女性リーダー）
293

ドルバック（P.H.T. Holbach　1723-1789　18世紀フランスの唯物論者）
277, 292, 296, 360-361

ナ行

ナヴェール（J.J. Navel　フランスの初期共産主義者，1843年にデザミ，ゲーとともに『共有体年鑑』を刊行）
295
ニーチェ（F.W. Nietsche　1844-1900　19世紀後半のドイツの思想家）
517
ニュートン（I. Newton　1642-1727　イギリスの自然哲学者，力学者）
103, 230, 280, 359-360

ハ行

ハイゼ（W. Heise　1925-1987　旧東独の哲学者，「ハンガリー事件」以降，ルカーチを批判しつつ，ルカーチの『理性の破壊』を利用して「ブルジョワ哲学」を批判）
518
ハイデッガー（M. Heideggar　1889-1976　『存在と時間』を書いたドイツの哲学者）
68
ハイネ（H. Heine　1797-1856　マルクスとも親交のあったドイツの詩人）
338
ハインリッヒ（M. Heinlich　『価値の科学』〔独語版1991年〕の著者）
381
バウアー（B. Bauer　1809-1882　青年期マルクスに影響を与えたヘーゲル左派の哲学者）
89, 185-186, 212, 224-225, 230, 276-277, 281, 284, 288, 307, 310-311, 317, 326, 350, 361-362
ハーヴェマン（R. Havemann　1910-1982　ソ連でのスターリン批判を受けて，フンボルト大学の講義で党哲学の介入を批判し，講義無期限停止処分に）
518, 526-527, 529
ハウク（W.F. Haug　ドイツで刊行中の『歴史的批判的マルクス主義事典』の編者）
132
パウロ（Paulos　0頃-60　初期キリスト教の代表的伝道者）
5, 157
バガトゥーリア（G.A. Bagaturija　1965年に出た『ドイチェ・イデオロギー』第1章新版の編者，現在，新メガ編集委員）
81
バークリー（G. Berkely　1685-1753　アイルランドの哲学者，主観的観念論を展開）
96-97, 105
バシュラール（G. Bachelard　1884-1962　フランスの科学哲学者）
68
花崎皋平（1931-　哲学者，『マルクスにおける科学と哲学』〔社会思想社 1972年〕の著者）
129, 132

ハーバーマス（J. Habermas　1929-　フランクフルト学派第二世代の哲学者，コミュニケーション的行為の哲学を展開）
73-74，454，471
バブーフ（F.N. Babeuf　1760-1797　ジャコヴァン主義の帰結として共産主義を唱え，陰謀による革命を企てた）
289-290，292，294，303-304，306-307，335，337，364
パブロフ（I.P. Pawlow　1849-1936　ロシアの心理学者）
130-131
ハーリッヒ（W. Harig　ハンガリー事件との関連で10年の獄中生活を余儀なくされた東独の党哲学者）
4，523-524，526
バリバール（É. Balibar　1942-　アルチュセールの流れを汲む，現代フランスの哲学者）
71-73
ハルトマン（Nicolai Hartmann　1882-1950　新しい存在論を展開したドイツの哲学者）
527
バルニコル（E. Barnikol　バウアーの『発見されたキリスト教』〔独語版1843年〕を1927年に復刻，解説）
284
バルベ（A. Barbés　1809-1870　1839年蜂起失敗，2月革命敗北で再度無期懲役，ナポレオン3世により恩赦）
290
バーロ（R. Bahro　1935-　緑の党の創設に関わった旧東独出身の思想家，著書を西ドイツで発行したため8年間の刑に服し，79年西ドイツに追放）
519
ピストーリウス（C.B.H. Pistorius　1763-1823　ド・ブロス『フェティッシュ精神の崇拝について』の独語訳者）
200
ビュヒナー（L. Büchner　1824-1899　19世紀ドイツの生理学的唯物論者）
271
ヒューム（D. Hume　1711-1776　スコットランド出身のイギリス経験論哲学者）
482-484
ビュレ（A-E. Buret　1810-1842　フランスのシスモンディ派の経済学者）
241
ビュルガース（H. Bürgers　1820-1878　評論家でマルクスの友人）
507
ピヨ（J-J. Pillot　1808-1877　ブランキらとともに闘った新バブーフ主義者，医者で文筆家）
291
平等文博（1953-　大阪哲学学校運営委員長）
339，535
ヒル（N. Hill　1883-1970　『成功哲学』の著者）
388，427
ヒルシュ（J. Hirsch　フランクフルト大学社会科学部共同研究『唯物論的国家理論の諸

問題』〔独語版1973年〕の共著者）
440, 452, 471
廣松渉（1933-1994　哲学者,「物象化」を基軸に，新しいマルクス解釈と存在論を展開）
10, 29, 68-71, 74-75, 160, 261, 282, 303, 325-327, 333-334, 337, 339, 420-421, 426, 430-431, 462, 472, 533-535
ブイコフ（V.V. Buikob 「認識過程の構造の研究にとっての『資本論』の認識論的意義」〔露語版1964年〕の著者）
127, 132
フィヒテ（J.G. Fichte　1762-1814　ドイツ観念論の哲学者）
31, 73, 265, 273, 317, 338, 397, 484, 486, 500
フィヒテ（I.H. Fichte　1796-1879　ドイツの哲学者，フィヒテの息子）
73, 229
フォイエルバッハ（Ludwig Feuerbach　1804-1872　ヘーゲル学派からヘーゲル批判へと転じ，ドイツ３月革命前期に活躍した哲学者）
10-11, 40-42, 47, 86-87, 100, 131, 144, 212, 231, 235, 252, 254-255, 260-267, 269-273, 275, 277-279, 281-283, 287-288, 300-301, 307, 309, 311, 314-315, 317-319, 324-327, 334, 426, 475-484, 486-501, 503-505, 507, 509-511
フォクト（K. Vogt　1817-1895　ドイツの民主主義者，科学主義的唯物論者）
271
ブオナローティ（F.M. Buonaroti　1761-1837　バブーフの陰謀に参加し，ネオ・バブーフ主義のリーダー）
289-290, 335, 337
フッサール（E. Husserl　1859-1938　現象学の創設者）
88
フライリッヒラート（F. Freiligrath　1810-1876）
348
ブラウン（E. Braun 『哲学の揚棄――マルクスと後継者たち』〔原1992年〕の著者）
73
ブラッケ（W. Bracke　1842-1880　ドイツ社会主義のアイゼナッハ派指導者の一人）
345
プラトン（Platon　BC428/427-BC348/347　古代ギリシャの哲学者，ソクラテスの弟子）
4, 43, 296, 390, 524
ブランキ（L.A. Blanqui　1805-1881　マルクスと同時代のフランスの革命家）
290, 295, 335
プーランツァス（N. Poulantzas　1936-1979　1970年代に現代国家論を展開したギリシャ出身の思想家）
461, 470-471
フーリエ（F.M.C. Fourier　1772-1837　フランスの社会改革者，ユートピア社会主義者）
279-281, 283-284, 294, 296-297, 299, 300-305, 307, 337
プリーストリー（J. Priestley　1733-1804　イギリスの化学者，神父でかつ唯物論哲学者）
314
プルードン（P-J. Proudhon　1809-1865　マルクスと同時代のフランスの社会主義者）

57, 301-303, 306, 337-338, 346, 442
プレハーノフ（G.V. Plechanov　1856-1918 「ロシア・マルクス主義の父」といわれ，マルクス主義のロシアへの普及に貢献，マルクス主義を「独自の哲学」として主張した）
28, 73, 311, 339, 343-344, 510
フロイト（S. Freud　1856-1939　オーストリーの精神科医，精神分析学の創始者）
463, 531
プロチノス（Plotinos　205-270　新プラトン派の哲学者）
381
ブロック（O-R. Bloch「マルクス，ルヌヴィエ，そして唯物論の歴史」〔仏語版1977年〕を書いたフランスの唯物論史家）
309, 339
ブロッホ（E. Broch　1885-1977　ドイツの哲学者，1961年ベルリンの壁の構築を機に東ドイツを去る）
343, 525
フロロフ（I. Frolov　ソ連で刊行された『哲学事典』〔露語版1967年〕の編者）
130
ベイル（P. Bayle　1647-1706 『歴史的批判事典』を刊行して宗教的ドグマティズムと闘ったフランスの哲学者）
380, 478, 487
ペクエール（C. Pecqueur　1801-1887　フーリエ派の社会主義者）
241
ヘクトール（E. Hektor　1824-1874　フォイエルバッハ晩年の友人，社民党によるフォイエルバッハ支援を呼びかける，詩人で博物館書記）
510
ヘーゲル（G.W.F. Hegel　1770-1831　マルクスに多大な影響を与えたドイツ観念論哲学の大成者）
7, 12-13, 27, 31-32, 43, 47, 53-55, 57-59, 64-66, 86, 96, 102, 104, 131-132, 153, 157-158, 164, 173, 178-179, 181-186, 188, 192, 194, 196, 198, 202-203, 205-206, 208-212, 221, 227, 231, 235, 243, 251, 254, 257, 262-263, 265-266, 270, 273-274, 276, 281-283, 309-311, 315, 317-318, 327, 333, 337, 349, 351, 355, 381, 389, 397-404, 406-411, 420, 425, 429, 438, 444, 446, 466, 475, 478, 481-486, 488, 491-493, 497-498, 501-506, 522, 526
ベーコン（F. Bacon　1561-1626 「知は力なり」で有名なイギリスの司法官で経験論哲学者）
315-316, 478
ヘス（Moses Hess　1812-1875　ドイツの社会主義者，40年代の初めまでマルクスにも影響を与えた）
42, 230-232, 250-251, 276, 282, 289, 327, 333-335, 507, 511
ヘッケル（E.H. Haeckel　1834-1919　ドイツの動物学者，一元論哲学提唱者）
482, 493
ヘップナー（J. Höppner　旧東独の科学アカデミー中央歴史研究所研究員，初期社会主義研究）
232, 261, 281, 283-284, 303, 308, 333, 335-337

ベーメ（J. Böhme　1575-1624　靴職人で神秘思想家）
316
ヘルツベルク（G. Herzberg　1940-　旧東独の哲学者で，主に論理実証主義批判を担当）
515-516，519-521，525-526，528-529
ベルナイス（K.L. Bernays　1815-1879　マルクスと親交のあった著述家）
275
ヘルメス（C.H. Hermes　1800-1856　『ケルン新聞』編集にも携わった宗教哲学者）
200
ベルンシュタイン（H. Börnstein　1805-1892　パリのドイツ語新聞『フォアヴェルツ』の編集者）
275
ベルンシュタイン（E. Bernstein　1850-1932　エンゲルスの弟子で，のちに修正主義を展開したドイツの社会主義者）
65，73，442
ベンサム（J. Bentham　1748-1832　イギリスの功利主義哲学者）
304-305，337，465
ボグダーノフ（A.A. Bogdanov　1873-1928　「経験一元論」を唱えたロシアの多才な思想家）
4，66-67，132，177
ボッビオ（N. Bobbio　1909-　現代イタリアの政治思想家）
451
ホッブス（T. Hobbs　1588-1679　17世紀イギリスの唯物論哲学者，近代国家論の創始者）
131，185，313，315，503
ボーリン（W. Bolin　1835-1924　第２次フォイエルバッハ全集の編集者）
477
ホルツ（H.H. Holz　オランダのマルクス主義哲学者，主に自然弁証法研究）
130
ポンペリ（E. de Pmpery　1812-1895　フーリエ主義を信奉する著述家）
279

マ行

マクミュラン（E. McMullin　アメリカのノートルダム大学哲学教授，『近代哲学における物質概念』〔英語版1963年〕の編者）
364，381
松田博（1942-　グラムシ研究者）
6，532
マッチーニ（G. Mazzini　1805-1872　イタリア革命の指導者）
335
マールクシュ（G. Márkus　ルカーチの弟子で，「初期マルクスの認識論的見解」〔1960年〕の筆者）
260，283
マレシャル（P-S. Maréchal　1750-1803　初期フランス共産主義者で無神論・唯物論派の

詩人）
290, 292-293
メンケ（W. Mönke 『モーゼス・ヘス哲学社会主義著作集』〔独語版1961年〕の編者）
232
モア（H. More 1614-1687 17世紀イギリスのケンブリッジ・プラトン学派の哲学者）
229
モーザー（P.K. Moser 『読本・同時代の唯物論』〔原1995年〕の編者）
93, 131, 428
モルリ（Morelly 自然法に基づき共産主義を主張した18世紀フランスの哲学者）
294, 298
モレショット（J. Moleschott 1822-1893 ドイツの生理学者，生理学的唯物論者）
271, 369
モンシャン（Ch. N. Mondshian アルメニアの哲学史家で『エルヴェシウス』〔独語版1959年〕の著者）
284, 339

ヤ行

吉本隆明（1924- 評論家，『共同幻想論』などで幻想国家論を展開）
471

ラ行

ライプニッツ（G.W. Leibniz 1646-1716 モナド論を展開したドイツの哲学者）
185, 196, 230, 478, 483, 487
ラウ（A. Rau 1843-1920 フォイエルバッハ主義者，『フォイエルバッハの哲学，自然研究と現在の哲学的批判』〔独語版1882年〕の著者）
271, 489
良知力（1930-1985 社会思想史家，マルクスに批判された人物の側からマルクスや彼の生きた時代を照らし出す）
334, 511
ラーピン（N.I. Lapin 旧ソ連のマルクス研究家で，『若きマルクス』〔独語版1974年〕の著者）
260
ラボック（J. Lubbock 1834-1913 『文明の起源と人類の原始状態』の著者）
231
ラムネ（F.R. de Lamennais 1782-1854 フランスのカトリック社会主義者）
364
ランゲ（F.A. Lange 1828-1875 ドイツの新カント派哲学者で『唯物論史』の著者）
230, 489
リカード（D. Ricardo 1772-1823 イギリスの古典経済学者）
56-57
リスト（F. List 1789-1846 『経済学の国民的体系』を著したドイツの国民経済学者）
259, 328, 330-333, 339-340
リーデル（M. Riedel 1936- 現代ドイツのヘーゲル研究者）

444，471
リヒター（S. Richter　1956-　旧東独出身の日本思想史研究者）
528
リービッヒ（J. von Liebig　1803-1873　マルクスと同時代のドイツの化学者）
368-369，377
ルカーチ（G. Lukacs　1885-1981　ハンガリーの思想家，『歴史と階級意識』の著者）
10，66，260，420，430-431，525-526
ルーゲ（A. Ruge　1802-1880　マルクスと『独仏年誌』を共同編集したドイツのジャーナリスト）
213，232，275-276，284，288，295，299，301，307，336，453
ルソー（J-J. Rousseau　1712-1778　ジュネーヴ出身，フランスで活躍した社会思想家）
212，232，479
ルター（M. Luther　1483-1546　宗教改革者）
157，278，478，487
ルーベン（Peter Ruben　1942-　東独を追放された哲学者，「普遍労働」論を展開）
132，516，523-525
ルヌビエ（C. Renouvier　1815-1903　マルクスが唯物論史素描で利用した『近代哲学史便覧』の著者）
309-313，315，339
ルフェーブル（W. Lefévre　論文「エンゲルスのフォイエルバッハ像」〔独語版1990年〕の著者）
510
ルリア（A.R. Luria　1902-1977　いわゆるヴィゴツキー学派の心理学者）
429
ルロア（Le Roy　1598-1679　オランダの医師，哲学者）
313
レットガース（K. Röttgers　『批判と実践』〔独語版1975年〕の著者）
380
レーニン（W.I. Lenin　1870-1924　ロシア革命の父，死後，哲学領域でも「哲学のレーニン的段階」が語られた）
4，8，10，13，28，67，74，88，90，129-131，177，282，357，360，370，379，435-436，524
レーリッヒ（W. Röhrich　1936-　ドイツの政治学者，国家論史研究）
466，471-472
ロック（J. Locke　1632-1704　イギリスの経験論哲学者）
311-314，360，465，483-484，494
ローレンティース（A. de Laurentiis　1952-　イタリア出身で，『マルクスとエンゲルスによるヘーゲルのカント批判の受容』〔独語版1983年〕の著者）
511

カール・マルクス略年譜

生　涯	著　作
生い立ち	
1818　ユダヤ人弁護士の子としてドイツ西部のトゥリーアに生まれる	
1835　ボン大学で法学を学ぶ	
ヘーゲル左派	
1836　ベルリン大学に移りヘーゲル左派に近づく	1841『デモクリトスとエピクロスの自然哲学の差異』執筆（博士論文）
1842.10　ケルンで『ライン新聞』編集者に	1842. 7『『ケルン新聞』第179号の社説』
1843. 2　発禁処分がらみで編集者を辞す	1842.10/11　いわゆる『木材窃盗法論文』
1843. 6　イェンニー・ヴェストファーレンと結婚	1843.夏『ヘーゲル国法論批判』
思想の生成	
1843.10『独仏年誌』共同編集のためパリへ移住	1844. 2『ユダヤ人問題』『ヘーゲル法哲学批判序論』(『独仏年誌』創刊号)
	1844.4-8『経済学哲学草稿』執筆
1844. 8　エンゲルスと再会，生涯の盟友になる	1845. 2『聖家族』(一部エンゲルス分担)
	1845. 3『フォイエルバッハに関するテーゼ』執筆
1845. 2　プロシャの圧力でパリを追放され，ブリュッセルへ移住	1845.9-46.夏『ドイチェ・イデオロギー』執筆（エンゲルスと共同作業）
1846. 1「共産主義通信委員会」結成	1847. 7『哲学の貧困』(プルードン批判)
48年革命	
1847. 1　義人同盟（後の共産主義者同盟）に加盟	1848. 2『共産党宣言』
	1848. 3『ドイツにおける共産党の要求』
1848　フランスで2月革命勃発，3月パリへ ドイツで3月革命勃発，4月ドイツへ	1850『フランスにおける階級闘争』
	1850. 3『共産主義者同盟中央委員会のよびかけ』(永続革命論提唱)
1848. 6　ケルンで『新ライン新聞』発行	
1849. 8　革命敗北でロンドンに亡命，困窮が続く	1852. 5『ルイ・ボナパルトのブリューメール18日』
1850. 9　共産主義者同盟分裂	
1852.11　共産主義者同盟解散	
経済学研究期	
1851-62『ニューヨーク・デーリー・トリビューン』通信員	1857.8-58.6『経済学批判要綱』(第一次『資本論』草稿）執筆
	1859. 6『経済学批判・第一分冊』
1851.11-70.9　エンゲルス，マンチェスターのエルメン・アンド・エンゲルス商会に勤務，マルクスを経済的支援	1861-63　第二次『資本論』草稿執筆
	1863-65　第三次『資本論』草稿執筆
国際労働者アソシエーション	
1864. 9　国際労働者アソシエーション設立	1864.10　国際労働者アソシエーションの『創立宣言』『暫定規約』
1871.3-5　パリで革命，パリ・コミューン樹立	1867. 9『資本論』第一巻初版
1872. 9　国際労働者アソシエーション，ハーグ大会で総評議会ニューヨーク移転決議，分裂	1871. 5『フランスにおける内乱』
老マルクス	
1875-80　各国労働者政党結成の動きに批判的にコミット	1875. 5　いわゆる『ゴータ綱領批判』執筆
	1879-81　土地所有・民族学研究ノート作成
1881.12　妻イェンニー死去	1881. 3『ザスーリッチへの手紙』執筆
1883. 3　ロンドンで死去（64歳）	

著者略歴

田畑　稔（たばた・みのる）

1942年大阪市に生まれる．大阪大学大学院文学研究科博士課程哲学哲学史専攻単位取得退学．富山大学教養部助教授（哲学担当），広島経済大学経済学部教授（倫理学担当）を経て，2002年から大阪経済大学人間科学部教授（人間論，哲学担当）．専門はドイツ哲学およびマルクスの研究．近年のテーマとしては「アソシエーション革命」「日常生活世界の哲学」「人類史再考」「人間科学の新展開」など．

季報『唯物論研究』編集長，大阪哲学学校参与，21世紀研究会代表世話人．

主な著書に『現代日本の宗教』（共著，新泉社，1985年），『天皇制を哲学する』（共著，三一書房，1987年），『企業モラルを哲学する』（共著，三一書房，1988年），『証言・唯物論研究会事件と天皇制』（共著，新泉社，1989年），『マルクスとアソシエーション』（新泉社，1994年），『マルクス・カテゴリー事典』（共編著，青木書店，1998年），『21世紀入門』（共著，青木書店，1999年），『アソシエーション革命へ』（共編著，社会評論社，2003年）など．

マルクスと哲学——方法としてのマルクス再読　**大阪経済大学研究叢書第46冊**

2004年6月30日　第1刷発行

著　者＝田畑　稔
発行所＝株式会社 新 泉 社
東京都文京区本郷2－5－12
振替・00170-4-160936番　TEL 03(3815)1662　FAX 03(3815)1422
印刷・太平印刷社　製本・榎本製本

ISBN4-7877-0400-1　C1010

改訂新版 唯物論哲学入門

森 信成 著

四六判上製・248 頁・定価 1800 円＋税

宗教的・政治的・経済的疎外とそれからの解放という，人間生活の根本にかかわる問題をわかりやすく説いた定評あるロングセラー．民主主義，弁証法についての見事な考察が現代社会を鋭くえぐる．独力で哲学を勉強し，世界観を得たい人のために最適の入門書．解説＝山本晴義

新装版 社会倫理思想史

マルクス主義的人間観序論

山本晴義 著

A 5 判・280 頁・定価 2000 円＋税

資本主義社会形成期における倫理思想（ホッブス，ルソー，マルクス）から説きおこし，独占資本主義段階における代表的なブルジョアジーの倫理思想（ヤスパース，マルクーゼ）を系統的にあとづけて解説する．マルクス主義の立場から書かれたユニークな倫理思想史の入門書．

現代日本の宗教

宗教イデオロギーへの批判的視角

山本晴義 編

四六判・264 頁・定価 1800 円＋税

高度経済成長の自信に満ちた未来像が崩壊し，この不安の隙間に阿含密教，統一教会，真光教などが輩出した．本書はその現状分析に，戦前の宗教批判の歴史と反省を加えて，田畑稔ら 9 人の論者が宗教的世界観にひかれる若い世代に科学的批判的な視点を提示する．